Aneignungsrechte im europäischen Internationalen Privatrecht

Internationalrechtliche Studien

Beiträge zum Internationalen Privatrecht, zum Einheitsrecht und zur Rechtsvergleichung

Herausgegeben von Ulrich Magnus und Peter Mankowski

Band 77

PETER LANG

Benedikt von Erdmann

Aneignungsrechte im europäischen Internationalen Privatrecht

Die Regelung des Art. 33 EuErbVO und die Möglichkeit der Übertragung der Lösung des negativen Konflikts durch § 32 IntErbRVG auf die Problematik im Internationalen Gesellschaftsrecht

PETER LANG

Bibliografische Information der Deutschen Nationalbibliothek
Die Deutsche Nationalbibliothek verzeichnet diese Publikation
in der Deutschen Nationalbibliografie; detaillierte bibliografische
Daten sind im Internet über http://dnb.d-nb.de abrufbar.

Zugl.: Freiburg (Breisgau), Univ., Diss., 2018

D 25
ISBN 978-3-631-77320-8 (Print)
ISBN 978-3-631-77369-7 (E-PDF)
ISBN 978-3-631-77370-3 (EPUB)
ISBN 978-3-631-77371-0 (MOBI)
DOI 10.3726/b14890

Peter Lang – Berlin · Bern · Bruxelles · New York ·
Oxford · Warszawa · Wien

Diese Publikation wurde begutachtet.

www.peterlang.com

Für Charlotte

Mein besonderer Dank gilt meinem Doktorvater, Herrn Prof. Dr. Jan von Hein, für die Betreuung und die Begutachtung der Dissertation und die damit verbundenen wertvollen und weiterführenden Hinweise und Anregungen. Weiter danke ich Herrn Prof. Dr. Hanno Merkt, LL.M. (Univ. of Chicago) für die zügige Erstellung des Zweitgutachtens.

Herrn Prof. Dr. Ulrich Magnus und Herrn Prof. Dr. Peter Mankowski danke ich für die Aufnahme in ihre Schriftenreihe „Internationalrechtliche Studien“.

Der FAZIT-Stiftung gilt mein Dank für die Gewährung eines Promotionsstipendiums.

Meine aufrichtige Dankbarkeit gilt meiner Frau Charlotte, die mit ihrer außergewöhnlichen Lebensfreude, Energie und Liebe an meiner Seite war und mir dadurch das Verfassen der Arbeit erheblich erleichtert hat. Ihr ist diese Arbeit gewidmet.

Meiner Familie danke ich dafür, dass ich mich immer auf sie verlassen kann und sie mir dadurch den notwendigen Rückhalt gegeben hat.

Dr. Tobias Polke danke ich für die gemeinsame Zeit in der rechtswissenschaftlichen Bibliothek in Hamburg, seine verlässliche Freundschaft und die vielen Diskussionen und Gespräche in den Pausen, durch die das Schreiben der Arbeit kurzweiliger wurde. Auch meinen anderen Freunden danke ich dafür, dass sie für mich da waren und immer ein offenes Ohr hatten.

Die vorliegende Arbeit wurde im Juni 2017 eingereicht und von der Albert-Ludwigs-Universität Freiburg als Dissertation angenommen.

Hamburg, August 2018 *Benedikt von Erdmann*

Inhaltsverzeichnis

Einleitung

A. Thema der Arbeit

Die in einigen Rechtsordnungen bestehenden Aneignungsrechte, die die Zuordnung von bestimmten Vermögen an den Staat vorsehen, bereiten in grenzüberschreitenden Sachverhalten insbesondere dann Schwierigkeiten, wenn in der anderen beteiligten Rechtsordnung kein Aneignungsrecht im betroffenen Rechtsgebiet vorgesehen ist. In rein nationalen Sachverhalten entstehen durch Aneignungsrechte hingegen keine Schwierigkeiten, weil die jeweilige Rechtsordnung ein aufeinander abgestimmtes System bildet.

Im erbrechtlichen Bereich greift ein Aneignungsrecht auf das Vermögen einer ohne Erben verstorbenen Person zu. Dieser Behandlung eines sog. erbenlosen Nachlasses steht das Modell gegenüber, in dem der Staat als „letzter" gesetzlicher Erbe eingesetzt wird, wenn keine anderen, vorrangigen Erben vorhanden sind. Treffen in einem grenzüberschreitenden Sachverhalt beide Regelungsmodelle aufeinander, kann ein positiver oder ein negativer Konflikt entstehen, deren Behandlung ein schon seit langer Zeit umstrittener Gegenstand des Internationalen Erbrechts ist. Mit der seit dem 17. August 2015 geltenden Europäischen Erbrechts-Verordnung[1] (EuErbVO) besteht innerhalb der Europäischen Union ein vereinheitlichtes Internationales Erbrecht. Die Verordnung enthält mit ihrem Art. 33 eine Regelung, die sich mit dem Zusammentreffen der unterschiedlichen Modelle für die Behandlung eines erbenlosen Nachlasses in einem grenzüberschreitenden Sachverhalt befasst. Mit Art. 33 der Europäischen Erbrechts-Verordnung, dessen Vorbild Art. 16 des Haager Erbrechtsübereinkommens von 1989[2]

---

1 Verordnung (EU) Nr. 650/2012 des Europäischen Parlaments und des Rates vom 4.7.2012 über die Zuständigkeit, das anzuwendende Recht, die Anerkennung und Vollstreckung von Entscheidungen und die Annahme und Vollstreckung öffentlicher Urkunden in Erbsachen sowie zur Einführung eines Europäischen Nachlasszeugnisses, ABl. 2012 L 201, 107.

2 Haager Übereinkommen über das auf die Rechtsnachfolge von Todes wegen anzuwendende Recht vom 1.8.1989, Text und dt. Übersetzung in MittRhNotK 1997, 271; Art. 16 Haager Erbrechtsübereinkommen: *„Ist nach dem aufgrund dieses Übereinkommens anzuwendenden Recht weder ein durch letztwillige Verfügung des Erblassers eingesetzter Erbe oder Vermächtnisnehmer noch eine natürliche Person als Erbe vorhanden, so schließt die Anwendung dieses Rechtes nicht aus, daß ein Staat oder eine von ihm*

ist,[3] erhält die Problematik des Aufeinandertreffens der unterschiedlichen Regelungsmodelle im Internationalen Erbrecht neue Relevanz. Das europäisch vereinheitlichte Kollisionsrecht bildet die Grundlage dafür, die sich ergebenden Fragestellungen aus einer europäischen Perspektive zu betrachten und eine eingehende Untersuchung der Regelung des Art. 33 vorzunehmen. Es ergibt sich folglich die Notwendigkeit, die mit der Behandlung von erbenlosem Nachlass im grenzüberschreitenden Bereich auftretenden Fragestellungen aus einer europäisch-autonomen, vom jeweiligen nationalen Recht abstrahierenden Sichtweise zu beantworten. Zudem reagierte der deutsche Gesetzgeber mit einer Begleitgesetzgebung zur Europäischen Erbrechts-Verordnung (Internationales Erbrechtsverfahrensgesetz; IntErbRVG).[4] Insbesondere die Einführung eines dem deutschen Recht zuvor unbekannten Aneignungsrechts in § 32 IntErbRVG als Antwort auf die Regelung des Art. 33 EuErbVO, zeigt die Bedeutung der europäischen Vereinheitlichung auch für den grenzüberschreitenden Fall eines erbenlosen Nachlasses.

Im Gesellschaftsrecht von Großbritannien[5] besteht mit sec. 1012 des Companies Act 2006 (CA 2006)[6] ein Aneignungsrecht für das Vermögen einer konstitutiv aus dem Register gelöschten Gesellschaft.[7] Befindet sich ehemaliges Vermögen einer gelöschten britischen Gesellschaft in einem ausländischen Staat, dessen Rechtsordnung kein Aneignungsrecht für Vermögen von beendeten Gesellschaften vorsieht, stellt sich die Frage nach der Zuordnung des Vermögens. Eine Vereinheitlichung des Internationalen Gesellschaftsrechts in der Europäischen Union hat bisher nicht stattgefunden, so dass eine sich mit diesem Problem befassende Regelung nicht besteht.[8] Allerdings hat die Rechtsprechung

---

bestimmte Einrichtung das in ihrem Hoheitsgebiet belegene Nachlaßvermögen in Besitz nehmen darf.".

3 MüKoBGB/*Dutta*, EuErbVO Art. 33 Rn. 1; beckOGK/*J. Schmidt*, EuErbVO Art. Art. 33 Rn. 2.

4 Internationales Erbrechtsverfahrensgesetz (IntErbRVG) vom 29. Juni 2015, BGBl. I S. 1042.

5 Unter der Kurzbezeichnung Großbritannien wird in dieser Arbeit das Vereinigte Königreich Großbritannien und Nordirland verstanden.

6 Gesetzestext verfügbar unter http://www.legislation.gov.uk/ukpga/2006/46/contents.

7 Der CA 2006 gilt für ganz Großbritannien; der territoriale Anwendungsbereich wurde durch sec. 1284 (1) CA 2006 auch auf Nordirland erstreckt.

8 Vgl. MüKoBGB/*Kindler*, IntGesR Rn. 66; zu den bestehenden Vorschlägen einer Kodifizierung siehe unter 2. Teil B II 3.

des EuGH zur primärrechtlich verbürgten Niederlassungsfreiheit gem. Artt. 48, 54 AEUV[9] für eine einheitliche Anknüpfung an das Gründungsstatut der Gesellschaft in sog. Zuzugsfällen gesorgt. Der damit ausgelöste Anstieg von sog. Scheinauslandsgesellschaften mit der Rechtsform der Limited nach englischem Gesellschaftsrecht hat die Häufigkeit der Problematik des Aneignungsrechts in grenzüberschreitenden Sachverhalten befördert. Allerdings spielt das britische Aneignungsrecht im Internationalen Privatrecht auch schon dann eine Rolle, wenn eine beendete britische Gesellschaft über keinen Sitz, sondern nur über Vermögen außerhalb von Großbritannien verfügt hat.[10]

Dem Bestehen von Aneignungsrechten im Bereich des Erb- und Gesellschaftsrechts kommt im Internationalen Privatrecht eine große Bedeutung zu, denn es handelt sich um Rechtsgebiete, bei denen es häufig zu grenzüberschreitenden Sachverhalten kommt.[11] Aufgrund der Ähnlichkeit der jeweiligen Formen von Aneignungsrechten bietet sich eine gemeinsame Betrachtung an. Hierdurch können Rückschlüsse zur möglichen Lösung der auftretenden Konflikte gezogen werden. Die Tatsache, dass die Europäische Union in der Europäischen Erbrechts-Verordnung eine Regelung betreffend Aneignungsrechte im erbrechtlichen Bereich getroffen hat, führt zu der Fragestellung, inwiefern hieraus Lösungsansätze für die Behandlung der Aneignungsrechte im Bereich des Internationalen Gesellschaftsrechts entnommen werden können. Zudem betrifft die Problematik der Aneignungsrechte eine Vielzahl von allgemeinen Lehren des Internationalen Privatrechts (Qualifikation, Behandlung von Eingriffsnormen, Anpassung), die aus einer europäischen Perspektive zu betrachten sind und anschließend gleichmäßig auf beide Formen von Aneignungsrechten angewendet werden können. Insbesondere durch die neue EuErbVO sind Bereiche

9 EuGH 09.03.1999, Rs C-212/97, Slg. 1999, I-1459 – *Centros*; EuGH 05.11.2002, Rs C-208/00, Slg. 2002, I-9919 – *Überseering*; EuGH 30.9.2003, Rs. C 167/01, Slg. 2003, I-10155 – *Inspire Art*.

10 Siehe OLG Jena NZG 2007, 877.

11 Erbrecht: 450 000 internationale Erbrechtsfälle in der EU: Pressemitteilung der Europäischen Kommission 7.7.2012, IP/12/576; Gesellschaftsrecht: Zahlen Deutschland: 41.499 gegründete Ltd. zwischen 1996 und 2006: Becht/Mayer/Wagner, Where Do Firms Incorporate? Deregulation and the Cost of Entry, 14 Journal of Corporate Finance (2008), 241: mehr als 46.000 Ltd. bis Nov. 2006: Westhoff, GmbHR 2007, 474; im Jahr 2014 wurde noch bei 0,7 % der eingetragenen Betriebsgründungen die Rechtsform der Limited gewählt, Quelle: https://de.statista.com/infografik/3374/gewaehlte-rechtsform-bei-eingetragenen-betriebsgruendungen-in-deutschland/, abgerufen am 8.7.2016.

des Allgemeinen Teils des Internationalen Privatrechts in einen europäischen Kontext zu stellen.[12]

B. Gang und Ziel der Darstellung

In einem ersten Teil erfolgt die Darstellung der sachrechtlichen Regelungen, die ein Aneignungsrecht beinhalten und die jeweilige dazugehörige Sachverhaltskonstellation. Dem gegenübergestellt wird auch die alternative Regelung mit einem Fokus auf die deutsche Rechtsordnung. Dies bildet die Grundlage für die anschließend folgende Darstellung der Konflikte im Internationalen Erb- und Gesellschaftsrecht im zweiten Teil der Arbeit. Während im Internationalen Erbrecht die Regelung des Art. 33 EuErbVO im Mittelpunkt steht, liegt der Schwerpunkt im Internationalen Gesellschaftsrecht auf der Hinführung zu einer Lösungsmöglichkeit der durch das Aneignungsrecht verursachten Problematik. Im Internationalen Erbrecht werden die Voraussetzungen des Art. 33 EuErbVO tiefgehend analysiert und von der Vorschrift offen gelassene Probleme dem Versuch einer Lösung zugeführt. Ein eigener Abschnitt befasst sich mit der Qualifikation von Aneignungsrechten für einen erbenlosen Nachlass. Zudem wird das im deutschen Sachrecht als Antwort auf Art. 33 EuErbVO normierte Aneignungsrecht in § 32 IntErbRVG untersucht.

Im Internationalen Gesellschaftsrecht wird zunächst die Beeinflussung der Anknüpfung durch das europäische Primärrecht und die dazu ergangene Rechtsprechung des EuGH zusammengefasst. Besondere Beachtung erfährt im Weiteren die Qualifikation von Regelungen zum Aneignungsrecht und zur Möglichkeit der Wiedereintragung der Gesellschaft des britischen Rechts. Die Behandlung der Aneignungsrechte im Internationalen Gesellschaftsrecht schließt mit dem Vorschlag einer Sachnorm zur Lösung der auftretenden Probleme, nachdem die bisher vertretenen Lösungswege aufgezeigt wurden.

Ziel der Arbeit ist es unter dem Oberbegriff der Aneignungsrechte im Internationalen Privatrecht, die im heutigen Recht relevanten Sachverhaltskonstellationen mit ihren auftretenden Fragestellungen darzustellen und unter Berücksichtigung eines europäischen Verständnisses der allgemeinen Lehren des Internationalen Privatrechts überzeugende Lösungen zu entwickeln. Der Versuch durch die vorliegende Arbeit dieses Ziel zu erreichen steht auch im Zusammenhang mit der aktuellen Diskussion über die Kohärenz des europäischen

12 Vgl. MüKoBGB/*Dutta*, EuErbVO Vorbem. zu Art. 20 Rn. 46ff.; *Looschelders*, in: FS Coester-Waltjen 2015, S. 531ff.

Internationalen Privatrechts, die unter anderem die Frage nach dem allgemeinen Teil des europäischen Internationalen Privatrechts betrifft.[13] Durch die gemeinsame Darstellung von Internationalem Erb- und Gesellschaftsrecht soll die Arbeit das Ziel erreichen, einen Lösungsvorschlag für den Konfliktfall eines Aneignungsrechts im Internationalen Gesellschaftsrecht zu entwickeln, die europarechtskonform ist und durch Klarheit und Rechtssicherheit besticht.

C. Begriffe

Einige der häufig genutzten Begriffe in dieser Arbeit sind im Vorfeld zu erklären, um Missverständnisse zu vermeiden.

Unter *erbenlosem Nachlass* versteht man den Nachlass einer Person, zu dem keine erbberechtigen Personen, mithin weder gewillkürte Erben noch natürliche Personen als Intestaterben, vorhanden sind.[14] In der folgenden Arbeit wird der Nachlass daher dann als erbenlos bezeichnet, wenn die obige Definition erfüllt ist. Dies ist deswegen gesondert zu erwähnen, weil einige Rechtsordnungen, darunter das deutsche Recht mit § 1936 BGB, den Staat als „letzten" gesetzlichen Erben einsetzen und damit im Grunde der Nachlass nicht erbenlos, sondern nur an Stelle einer natürlichen Person der Staat Erbe ist. Dieses Rechtsinstitut wird im Folgenden als Fiskuserbrecht bezeichnet. Andere Staaten setzen hingegen echte Erbenlosigkeit voraus und gewähren dem Staat nach Feststellung der Erben- und damit Herrenlosigkeit des Nachlasses ein Zugriffsrecht (Heimfall(s)recht / Aneignungsrecht) anstelle eines Erbrechts. Die Bezeichnung des Aneignungsrechts bzw. Heimfallrechts betrifft daher das Recht des Staates, sich einen erbenlosen Nachlass anzueignen.[15] Im britischen Recht wird für dieses Recht die Bezeichnung *bona vacantia* benutzt.[16] Die folgende Arbeit, die sich mit

---

13 Vgl. *Basedow*, in: Kohärenz im Internationalen Privat- und Verfahrensrecht der Europäischen Union 2016, S. 3, 10; *Rühl/von Hein*, RabelsZ 2015, 701, 725–731; MüKoBGB/ *von Hein*, EGBGB Art. 3 Rn. 69ff.; *Jayme*, in: Brauchen wir eine Rom 0-Verordnung? 2013, 34; *Wilke*, in: Brauchen wir eine Rom 0-Verordnung? 2013, 24.

14 Vgl. MüKo/*Dutta*, Art. 25 EGBGB Rn. 171; Handwörterbuch zur deutschen Rechtsgeschichte, Band 2, S. 51; MüKo/*Leipold*, § 1936 Rn. 3; Staudinger/*Werner*, § 1936 Rn. 1.

15 Handwörterbuch zur deutschen Rechtsgeschichte, Band 2, S. 51; Tomaschek, S. 1; Blase, S. 2.

16 Blase, S. 3; *bona vacantia* hat im britischen Recht zwei Bedeutungen: zum einen wird damit ausgedrückt, dass herrenloses Vermögen vorliegt und zum anderen wird gleichzeitig das Recht der Aneignung als *bona vacantia* bezeichnet: *the crown's right to bona vacantia*, Palmer/McKendrick, S. 207; die Bezeichnung *bona vacantia* wird allerdings teilweise auch grundsätzlich für erbenlosen Nachlass genutzt, unabhängig von der

den beiden Instituten des Zugriffs auf Vermögen durch den Staat und den daraus ergebenden kollisionsrechtlichen Problemen auseinandersetzt, bezeichnet sowohl das Recht zur Einziehung des erbenlosen Nachlasses als auch das Recht am verbliebenen Vermögen einer beendeten juristischen Person als Heimfall- oder Aneignungsrecht. Wird im erbrechtlichen Bereich generell die Zuordnung des Nachlassvermögens an den Staat angesprochen, wird als Oberbegriff das „Zugriffsrecht des Staates" auf das Vermögen verwendet.

Um aufzuzeigen, welches Regelungskonzept die beteiligten Staaten verfolgen, werden Staaten, in denen ein Aneignungsrecht für erbenlosen Nachlass besteht als „Aneignungsrechtsstaaten" und Staaten, in denen ein Fiskuserbrecht vorhanden ist, als „Erbrechtsstaaten" bezeichnet.[17]

Ausgestaltung der nationalen Regelung, vgl. Staudinger/*Dörner*, EGBGB Art. 25 Rn. 203.

17 Vgl. zu dieser Begriffsbildung Staudinger/*Dörner*, EGBGB Art. 25 Rn. 206.

1. Teil: Materielles Recht

A. Einleitung

Dieser erste Teil der Arbeit widmet sich den sachrechtlichen Regelungen im Erb- und Gesellschaftsrecht, die ein Aneignungsrecht enthalten. Die Darstellung der materiell-rechtlichen Konstellationen, in denen ein solches modernes Heimfallrecht eine Rolle spielt und die alternative Regelungsmöglichkeit zu diesem Heimfallrecht, bilden die Grundlage für die Untersuchung der Probleme im Internationalen Privatrecht. Unter B. erfolgt ein kurzer Abriss der geschichtlichen Herkunft und Entwicklung von Heimfallrechten. Anschließend erfolgt unter C. die Beschreibung des Heimfallrechts im Bereich des Erbrechts und die alternative Lösungsmöglichkeit durch ein gesetzliches privatrechtliches Erbrecht des Staates anhand der deutschen Regelung. Das Heimfallrecht im Bereich des britischen Gesellschaftsrechts im Fall von noch vorhandenem Vermögen einer beendeten Gesellschaft wird unter D. beschrieben. Eine Beschreibung der alternativen Lösung zum Heimfallrecht erfolgt anhand der Auflösung und Beendigung einer deutschen Gesellschaft mit begrenzter Haftung (GmbH).

B. Geschichtliche Entwicklung der staatlichen Zugriffsrechte

Die Betrachtung des historischen Ursprungs der staatlichen Zugriffsrechte und ihrer Entwicklung führt zu einem tiefergehenden Verständnis für die bestehenden Zugriffsrechte im modernen Recht, die zum Teil als Heimfall- bzw. Aneignungsrecht ausgestaltet sind. Dieses Verständnis ist hilfreich, wenn es um die Auslegung und Einordnung der ausländischen Rechtsinstitute geht und die Frage nach deren Qualifikation zu beantworten ist.

I. Ursprung des historischen Begriffs „Heimfall(s)recht"

Bei der geschichtlichen Betrachtung der Zugriffsrechte ist zunächst das Verständnis des Terminus „Heimfall(s)recht" zu konkretisieren: unter einem Heimfallrecht im ursprünglichem Sinne wird die aus dem historischen deutschen Recht[18] stammende Befugnis zur Aneignung von erbenlosen Nachlässen durch

18 Mit dem historischen deutschen Recht sind die germanischen Rechtsvorstellungen in Abgrenzung zum römischen Recht gemeint.

eine den Individuen übergeordnete Instanz verstanden.[19] Der Begriff Heimfallrecht stammt folglich aus dem erbrechtlichen Bereich[20] und umfasst in seiner ursprünglichen Bedeutung nicht jegliche Aneignungsrechte. Im heutigen Zivilrecht in Deutschland wird der Begriff des Heimfalls allerdings nicht für den Zugriff des Staates auf einen erbenlosen Nachlass gem. § 1936 BGB genutzt. Der Begriff taucht jedoch im Erbbaurechtsgesetz (ErbbauRG) und Wohnungseigentumsgesetz (WEG) auf. Im ErbbauRG wird unter dem Heimfall gem. § 2 Nr. 4 ErbbauRG die Verpflichtung des Erbbauberechtigen verstanden, das Erbbaurecht beim Eintreten bestimmter Voraussetzungen auf den Grundstückseigentümer zu übertragen. Im WEG ist ein sog. Heimfallanspruch in § 36 WEG geregelt. Gem. § 36 Abs. 1 WEG kann als Inhalt eines Dauerwohnrechts vereinbart werden, dass der Berechtigte verpflichtet ist, das Dauerwohnrecht beim Eintritt bestimmter Voraussetzungen auf den Grundstückseigentümer oder einen von diesem zu bezeichnenden Dritten zu übertragen. Beide Heimfallrechte stellen ein bedingtes dingliches Erwerbsrecht dar, das jeweils auf einer privatrechtlichen Vereinbarung beruht.[21] Aufgrund der privatrechtlichen Vereinbarungen geht es in diesen Fällen nicht um die Zuordnung von herrenlosem Vermögen an eine übergeordnete Instanz, so dass diese Rechtserscheinungen nicht mit dem historischen Heimfallrecht am erbenlosen Nachlass vergleichbar sind.[22] In der weiteren Betrachtung bleiben diese Heimfallrechte im heutigen deutschen Recht daher unberücksichtigt. Die Bezeichnung des Heimfallrechts findet sich damit in seiner ursprünglichen Bedeutung nicht im heutigen deutschen Recht.[23]

---

19 Siehe *Blase*, Das Heimfallrecht der englischen Krone, 1965, S. 2; vgl. *Lange/Kuchinke*, Erbrecht, [5]2001, § 13 II 1 b; *Tomaschek*, Das Heimfallsrecht, 1882, S. 1: „Heimfallsrecht ist das jemanden aus einem öffentlich-rechtlichen oder aus einem besonderen, von dem gemeinen Erbrecht verschiedenen Privatrechtstitel zustehende Recht, erblose Verlassenschaften an sich zu ziehen."

20 Präzise gesagt, stehen Erbrecht und Heimfallrecht im Ausschließlichkeitsverhältnis: entweder das Vermögen wird erbrechtlich weitergegeben oder durch ein Heimfallrecht angeeignet. Dennoch spielt sich das Heimfallrecht im erbrechtlichen Bereich ab, weil es um die Behandlung des Nachlasses des Verstorbenen geht, vgl. *Vogt*, Das gesetzliche Erbrecht des Fiskus, 1906, S. 9.

21 MüKoBGB/*Engelhardt*, WEG § 36 Rn. 2; MüKoBGB/*Heinemann*, ErbbauRG § 2 Rn. 25.

22 Vgl. *Blase*, Das Heimfallrecht der englischen Krone, 1965, S. 3.

23 Auch in § 32 IntErbRVG wird die Bezeichnung „Aneignungsrecht" anstelle des Begriffs „Heimfallrecht" verwendet, auch wenn § 32 IntErbRVG ein Heimfallrecht i.S.d. ursprünglichen Bezeichnung darstellt.

II. Verständnis des Zugriffs auf den erbenlosen Nachlass

Die unterschiedliche Ausgestaltung des Zugriffs des Staates auf einen erbenlosen Nachlass entspringt den verschiedenen historischen Ursprüngen der jeweiligen Regelungsarten.

1. Römisches Recht

Schon im frühen römischen Recht war erbenloser Nachlass unter der Bezeichnung *bona vacantia* bekannt.[24] Erbenloser Nachlass galt als herrenlos (*res nullius*) und konnte von jedermann ergriffen werden.[25] Dies geschah zunächst noch durch einseitige Aneignung (*occupatio*) der herrenlosen Sachen, später durch Ersitzung der Erbenstellung (*usucapio pro herede*).[26] Diese Ersitzung erfolgte innerhalb einer Frist von einem Jahr und hatte zur Folge, dass der Ersitzer die gültige Erbenstellung an der gesamten Erbschaft erhielt.[27] Die bestehende Regelung wurde im Jahr 18 v. Chr. durch die *Lex Iulia de maritandis ordinibus* geändert: erbenloser Nachlass fiel als *bona vacantia* an den republikanischen Staatsschatz (*aerarium populi Romani*).[28] Dieser Staatsschatz bildete zunächst eine Kasse für sich, die später mit der kaiserlichen Kasse (*fiscus*) verschmolz.[29] Der *fiscus* wurde nicht als Erbe betrachtet, aber erbenähnlich behandelt.[30] Der *fiscus* und damit der Staat wurde als Gesamtrechtsnachfolger des Nachlasses angesehen und musste als solcher die Gläubiger befriedigen und Vermächtnisse erfüllen.[31] Der *fiscus* im römischen Recht war berechtigt die Erbschaft auszuschlagen und verfügte damit über das Recht sich des erbenlosen Nachlasses

24 *Pfützner*, Der Fiskus als gesetzlicher Erbe, 1904, S. 2; *Sinning*, Der Fiskus als gesetzlicher Erbe, 1914, S. 1.

25 *Hausmaninger/Selb*, Römisches Privatrecht, ^{9}2001, S. 353.

26 *Maresch*, Das Erbrecht des Fiskus, 1900, S. 3f.; *Mayer*, Das Erbrecht des Fiskus, 1908, S. 2f.; *Maresch*, Das Erbrecht des Fiskus, 1900, S. 3f.; *Sinning*, Der Fiskus als gesetzlicher Erbe, 1914, S. 1.

27 *Kaser/Knütel*, Römisches Privatrecht, ^{17}2003 § 72 Rn. 3; *Mayer*, Das Erbrecht des Fiskus, 1908, S. 3.

28 *Hausmaninger/Selb*, Römisches Privatrecht, ^{9}2001, S. 338; *Kipp/Coing*, Erbrecht, ^{10}1955, S. 49; *Lange/Kuchinke*, Erbrecht, ^{5}2001, § 13 II 1 a; *von Lübtow*, Erbrecht, 1971, S. 87; *Maresch*, Das Erbrecht des Fiskus, 1900, S. 4; *Mayer*, Das Erbrecht des Fiskus, 1908, S. 4; *Pfützner*, Der Fiskus als gesetzlicher Erbe, 1904, S. 3; *Sinning*, Der Fiskus als gesetzlicher Erbe, 1914, S. 1.

29 *Mayer*, Das Erbrecht des Fiskus, 1908, S. 4

30 *Hausmaninger/Selb*, Römisches Privatrecht, ^{9}2001, S. 338;

31 Vgl. *Lange/Kuchinke*, Erbrecht, ^{5}2001, § 13 II 1 a; *von Lübtow*, Erbrecht, 1971, S. 87.

anzunehmen, jedoch nicht über die Pflicht dazu. Schlug der *fiscus* die Erbschaft aus, blieb Raum für die *usucapio pro herede,* also für eine Ersitzung des Vermögens durch Dritte.[32] Im römischen Recht entwickelte sich der Zugriff auf den erbenlosen Nachlass demzufolge zu einem erbrechtsähnlichen Anspruch des Fiskus.

2. Deutsches Recht

Im Gegensatz zum römischen Recht bestand im deutschen Recht nicht für jedermann die Möglichkeit die Erbschaft durch Aneignung bzw. Ersitzung der Erbenstellung zu erlangen.[33] Vielmehr fiel der erbenlose Nachlass durch ein Heimfallrecht stets an bestimmte Personengruppen oder Personen. Während anfangs der erbenlose Nachlass an die Gesamtheit der zum jeweiligen Volk gehörenden Personen bzw. an die Gemeinde (*vicini*) fiel, stand das Heimfallrecht später dem König zu.[34] Im Mittelalter ging das Heimfallrecht mit der Gerichtsgewalt auf die mit der Gerichtsbarkeit belehnten Landesherren (Gerichtsherrn) und später auch auf die Städte über.[35] Das Heimfallrecht wurde nicht als Erbrecht betrachtet und führte auch nicht zu einer erbrechtsähnlichen Stellung der begünstigten Partei. Die Rezeption des römischen Rechts führte dazu, dass das Heimfallrecht zurückgedrängt wurde und der Fiskus mit seiner erbrechtsähnlichen Stellung als Universalsukzessor bei erbenlosen Nachlässen wieder Bedeutung erlangte.[36]

In der modernen deutschen Rechtsordnung findet sich die Behandlung des erbenlosen Nachlasses nach den Vorstellungen des römischen Rechts, indem der Staat wie ein Erbe behandelt wird. Andere europäische Rechtsordnungen

---

32 *Mayer*, Das Erbrecht des Fiskus, 1908, S. 5.

33 *Sinning*, Der Fiskus als gesetzlicher Erbe, 1914, S. 3.

34 *Lange/Kuchinke*, Erbrecht, [5]2001, § 13 II 1 b; *von Lübtow*, Erbrecht, 1971, S. 88; *Maletzky*, Das Erbrecht des Fiskus, 2001, S. 13; *Pfützner*, Der Fiskus als gesetzlicher Erbe, 1904, S. 8f.; *Sinning*, Der Fiskus als gesetzlicher Erbe, 1914, S. 3; *Vogt*, Das gesetzliche Erbrecht des Fiskus, 1906, S. 5.

35 *Brunner*, Quellen und Geschichte des Deutschen Rechts, [5]um 1900, S. 288; *von Lübtow*, Erbrecht, 1971, S. 88; *Maletzky*, Das Erbrecht des Fiskus, 2001, S. 13; *Pfützner*, Der Fiskus als gesetzlicher Erbe, 1904, S. 9f.; *Planitz*, Deutsches Privatrecht, 1948, S. 234; *Sinning, Der Fiskus als gesetzlicher Erbe, 1914, S. 4f.*; *Vogt*, Das gesetzliche Erbrecht des Fiskus, 1906, S. 5f.

36 *Graupner/Dreyling*, ZVglRWiss 1983, 193; *Lange/Kuchinke*, Erbrecht, [5]2001, § 13 II 1 b.

hingegen lösen die Problematik von erbenlosen Nachlässen durch ein Aneignungsrecht (Heimfallrecht).[37]

III. Heimfallrechte im britischen Recht

Im britischen Recht ist die Rolle von Heimfallrechten weitaus ausgeprägter. Ein Heimfallrecht wird in Großbritannien als *the crown's right to bona vacantia*[38] bezeichnet und steht demnach der Krone zu.[39] Im modernen britischen Recht sind Heimfallrechte vor allem im erb- und gesellschaftsrechtlichen Bereich von Bedeutung. Im Erbrecht fällt erbenloser Nachlass gem. sec. 46 (1) (vi) Administration of Estates Act 1925 der Krone zu, dasselbe gilt gem. sec. 1012 CA 2006 für das Vermögen einer aus dem britischen Handelsregister gelöschten Gesellschaft. Ein Heimfallrecht wird im britischen Recht demnach dann herangezogen, wenn Vermögen herrenlos – also sog. *bona vacantia* – ist. Grundsätzlich handelt es sich bei den Heimfallrechten an herrenlosem Vermögen in Großbritannien um alte Rechte, die der Krone aufgrund der sog. *Royal Prerogative* zustehen. Im 17. Jahrhundert setzte sich in England die Auffassung durch, dass die Befugnisse der Krone Gegenstand des common law sind und, dass es daher keine Befugnisse geben kann, die nicht abgeschafft oder durch ein Gericht kontrolliert werden können.[40] Von den Gerichten wurde in der Folgezeit akzeptiert, dass der Monarch und die Krone bestimmte Befugnisse, Rechte, Privilegien und Immunitäten besitzen müssen, die nicht von den privaten Bürgern geteilt werden, die dazu dienten, die Staatsführung aufrecht zu erhalten.[41] Der Begriff *Royal Prerogative* stellt einen Sammelbegriff für diese besonderen Rechte dar.[42] Zu diesen Prärogativrechten zählt auch das Recht auf *bona vacantia* als Einkommen der Krone (*royal income)*.[43] Hieraus ergibt sich, dass hinter den britischen Heimfallrechten der Gedanke steht, dass herrenlose Vermögen aufgrund eines königlichen Vorrechts der Krone zustehen. Die Rechte an den *bona vacantia* (Heimfallrechte) überträgt die Krone seit der Regentschaft von König Georg III. der Staatskasse,

---

37 Vgl. *Graupner/Dreyling*, ZVglRWiss 1983, 193, 194; *Lange/Kuchinke*, Erbrecht, [5]2001, § 13 II 1 d; § 13 II 2; *Maletzky*, Das Erbrecht des Fiskus, 2001, S. 14f.

38 Siehe *Palmer/McKendrick*, Interests in goods, [2]1998, S. 207.

39 Die Begriffe Heimfallrecht und *bona vacantia* gleichsetzend *Blase*, Das Heimfallrecht der englischen Krone, 1965, S. 3.

40 *Bradley/Ewing*, Constitutional and administrative law, [15]2011, S. 246.

41 *Bradley/Ewing*, Constitutional and administrative law, [15]2011, S. 246.

42 *Blase*, Das Heimfallrecht der englischen Krone, 1965, S. 6; *Bradley/Ewing*, Constitutional and administrative law, [15]2011, S. 246.

43 *Blase*, Das Heimfallrecht der englischen Krone, 1965, S. 13.

im Gegenzug erhält der jeweilige Monarch eine vom Parlament in der Höhe bestimmte Zuwendung pro Jahr und auf Lebenszeit (*civil list*).[44] Aufgrund dieser Regelung stehen die Heimfallrechte nur noch dem Namen nach der englischen Krone zu, tatsächlich handelt es sich um Regelungen, die den Staat als Zuordnungsobjekt zum Ziel haben.[45]

IV. Zusammenfassung

Die geschichtliche Betrachtung hat gezeigt, dass sich hinter der jeweiligen Ausgestaltung des staatlichen Zugriffsrechts ein unterschiedliches Verständnis dieses Rechts verbirgt. Es wird vertreten, dass die in den europäischen Rechtsordnungen gewählte Ausgestaltung mit dem zum Zeitpunkt des Inkrafttretens der Zivilgesetzbücher vorherrschenden Auffassung zusammenhängt und damit das Produkt einer historischen Zufälligkeit ist.[46] Während die älteren Gesetzbücher die aneignungsrechtliche Lösung verfolgen, findet sich in den neueren Gesetzbüchern die durch die Rezeption des römischen Rechts aufgekommene erbrechtliche Lösung.[47] Zwar ist es offensichtlich, dass zwischen der gewählten Ausgestaltung und der geschichtlichen Entwicklung der staatlichen Zugriffsrechte ein Zusammenhang besteht, dennoch erscheint es nicht ausreichend, die jeweilige heute bestehende Ausgestaltung ausschließlich mit dem Zeitpunkt des Inkrafttretens der Zivilgesetzbücher zu begründen. Jedenfalls entschied sich der deutsche Gesetzgeber für eine erbrechtliche Ausgestaltung nach dem Vorbild des römischen Rechts, auch um zu verhindern, dass der Zugriff des Staates auf das im eigenen Territorium belegene Vermögen beschränkt ist.[48] Die Auswirkungen der unterschiedlichen Regelungen auf das Internationale Privatrecht wurden bei der Wahl zwischen den möglichen Ausgestaltungen folglich bedacht.

C. Das Heimfallrecht im Erbrecht

Im folgenden Abschnitt erfolgt die Darstellung der erbrechtlichen Konstellation, in der ein Heimfallrecht (Aneignungsrecht) in Erscheinung tritt. Als Einstieg wird unter I. die grundsätzliche Ausgestaltung des Erbrechts in Europa unter

---

44 *Blase*, Das Heimfallrecht der englischen Krone, 1965, S. 121.

45 Das Einkommen der Krone aus den *bona vacantia*-Regelungen wird zu Beginn der Regentschaft des Monarchen an den Fiskus abgetreten, vgl. sec. 1, Civil List Act 1952; *Blase*, Das Heimfallrecht der englischen Krone, 1965, S. 121f.

46 Vgl. *Heckel*, Das Fiskuserbrecht im internationalen Privatrecht, 2006, S. 62.

47 *Heckel*, Das Fiskuserbrecht im internationalen Privatrecht, 2006, S. 62.

48 Mot. V, S. 379.

Bezugnahme auf das in Deutschland bestehende Erbrecht beschrieben. Unter II. erfolgt die Darstellung des Falles von erbenlosem Nachlass, dessen Lösungsmodelle unter III. aufgezeigt werden.

I. Privatrechtliches Erbrecht in Europa

Das Erbrecht ist in allen Ländern der europäischen Union Privatrecht. Erbrecht als Privatrecht bedeutet, dass das Vermögen des Erblassers in private Hand übergeht und nicht an den Staat fällt. [49] Als Beispiel für die privatrechtliche Ausgestaltung kann das deutsche Erbrecht herangezogen werden: Geschichtlich betrachtet ist das Erbrecht in seiner jetzigen Form neben Einflüssen des deutschen und römischen Rechts insbesondere durch die Vorstellungen des Liberalismus entstanden.[50] Das Erbrecht ist daher vom Grundsatz geprägt, dass sich der Staat so weit wie möglich zurückhält.[51] Dadurch wird die Freiheit des Einzelnen gegenüber dem Staat mit der dazugehörigen Konzeption der privatrechtlichen Eigentumsordnung und der Freiheit über das eigene Vermögen zu verfügen verwirklicht. [52] Denn besonders die Möglichkeit über sein Vermögen selbst über den Tod hinaus zu verfügen, trägt zur Verwirklichung der Freiheit des Erblassers bei.[53] Eine Beteiligung des Staates erfolgt lediglich durch die Erbschaftssteuer. Durch diese partizipiert der Staat und mit ihm die Allgemeinheit am Erbe.[54] Allerdings erfolgt diese Beteiligung nur indirekt: der Staat hat einen wertmäßigen Geldanspruch und wird nicht Miterbe am Nachlass.[55]

II. Der staatliche Zugriff auf den erbenlosen Nachlass

Eine Ausnahme von dieser grundsätzlichen Konzeption scheint die Behandlung erbenlosen Nachlasses darzustellen: Ist für den Nachlass des Erblassers kein Erbe vorhanden, springt der Staat als Zuordnungsobjekt für den Nachlass ein und greift auf diesen zu. Der staatliche Zugriff auf erbenlose Nachlässe stellt aber

---

49 *Brox/Walker*, Erbrecht, [27]2016, Rn. 22; MüKoBGB/*Leipold*, Einl. zum ErbR Rn. 9f.; *ders.*, Erbrecht, [20]2014, Rn. 62; *Muscheler*, Erbrecht Band 1, 2010, Rn. 292.

50 *Brox/Walker*, Erbrecht, [27]2016, Rn. 22; vgl. auch *Lange/Kuchinke*, Erbrecht, [5]2001, § 1 III, § 1 V.; *Leipold*, Erbrecht, [21]2016, Rn. 60.

51 *Lange/Kuchinke*, Erbrecht, [5]2001, § 1 V 3; *Muscheler*, Erbrecht Band 1, 2010, Rn. 575.

52 *Brox/Walker*, Erbrecht, [27]2016, Rn. 22; *Lange/Kuchinke*, Erbrecht, [5]2001, § 1 III.; *Leipold*, Erbrecht, [21]2016, Rn. 60.

53 *Leipold*, Erbrecht, [21]2016, Rn. 60.

54 *Lange/Kuchinke*, Erbrecht, [5]2001, § 1 V 6; *Leipold*, Erbrecht, [21]2016, Rn. 74.

55 *Muscheler*, Erbrecht Band 1, 2010, Rn. 292.

keine Ausnahme von der privaten Ausgestaltung des Erbrechts dar, sondern folgt dem zwingenden Bedürfnis, Vermögenswerte zuzuordnen und eine Abwicklung zu ermöglichen.[56] Rechtsvergleichend betrachtet ist diese Regelung des erbenlosen Nachlasses in allen Staaten vorzufinden.[57] Erbenloser Nachlass liegt dann vor, wenn weder gewillkürte noch gesetzliche Erben vorhanden sind. Allerdings hängt das Fehlen von gesetzlichen Erben von der konkreten Ausgestaltung des jeweiligen nationalen Erbrechts ab: einige Rechtsordnungen kennen eine unbegrenzte gesetzliche Erbfolge,[58] andere Rechtsordnungen hingegen begrenzen die gesetzliche Erbfolge[59]. Bei einer Begrenzung der gesetzlichen Erbfolge liegt erbenloser Nachlass vor, sobald keine durch Testament eingesetzten Erben und keine mehr zu beachtenden gesetzlichen Erben vorhanden sind. Gibt es keine Begrenzung der gesetzlichen Erbfolge, ist es im Prinzip nicht möglich, dass keine Verwandten vorhanden sind, die als gesetzliche Erben fungieren könnten. Ein Nachlass wird bei dieser Ausgestaltung daher dann als erbenlos angesehen, wenn keine erbberechtigten Personen auffindbar sind oder erbberechtigte Personen z.B. aufgrund einer Ausschlagung der Erbschaft nicht als Erbe herangezogen werden können.[60]

III. Ausgestaltungen des staatlichen Zugriffsrechts

Während im Ergebnis das Problem eines erbenlosen Nachlasses in allen europäischen Ländern durch eine Zuordnung des Vermögens an den Staat geregelt ist, divergiert jedoch die konkrete Ausgestaltung des Zuordnungsvorgangs in den einzelnen Rechtsordnungen. Dabei können die Regelungen grundsätzlich in zwei verschiedene Modelle eingeteilt werden: entweder liegt eine erbrechtliche oder eine aneignungsrechtliche Ausgestaltung vor.[61]

---

56 *Dörner*, IPRax 2012, 235, 236; *Dutta*, RabelsZ 73 (2009), 547, 595; *Heckel*, Das Fiskuserbrecht im internationalen Privatrecht, 2006, S. 60; *Nordmeier*, IPRax 2013, 418.

57 *Denkinger*, Europäisches Erbkollisionsrecht–Einheit trotz Vielfalt?, 2009, S. 189f.; zusammenfassende Vergleichung der nationalen Regelungen *Heckel*, Das Fiskuserbrecht im internationalen Privatrecht, 2006, S. 60f.; *Nordmeier*, IPRax 2013, 418.

58 Z.B. Deutschland: § 1929 Abs. 1 BGB spricht von „ferneren Ordnungen" als gesetzliche Erben und enthält damit keine Begrenzung.

59 Z.B. Frankreich: gem. Art. 734 Nr. 4, 745 Code civil ist die gesetzliche Erbfolge auf Seitenverwandte bis zum 6. Grad des Erblassers beschränkt.

60 *Lange/Kuchinke*, Erbrecht, [5]2001, § 13 III 2.

61 Vgl. statt aller Staudinger/*Dörner*, EGBGB Art. 25 Rn. 205; MüKoBGB/*Dutta*, 6. Aufl. 2015, EGBGB Art. 25 Rn. 171.

1. *Fiskuserbrecht*

Der erste Lösungsweg besteht darin, dem Staat eine private Erbenstellung einzuräumen. In Deutschland ist dieser Weg in § 1936 BGB geregelt. Es handelt sich dabei um ein wirkliches privates Erbrecht.[62] Das heißt, der Staat wird einem gewöhnlichen Erben gleichgestellt und privatrechtlicher Gesamtrechtsnachfolger am Nachlass.[63] Die deutsche Regelung in § 1936 BGB hat nicht den Zweck, dem Staat einen Anteil am Nachlass zu sichern, sondern verfolgt eine Ordnungsfunktion, so dass diese Regelung nicht der grundsätzlichen Konzeption des privaten Erbrechts widerspricht.[64]

Gem. § 1936 BGB ist der Staat bzw. das Bundesland, in dem der Erblasser seinen letzten Wohnsitz oder gewöhnlichen Aufenthalt hatte, als Erbe berufen, wenn weder ein Verwandter, Ehegatte oder Lebenspartner vorhanden ist. Durch die fehlende Begrenzung der gesetzlichen Verwandtenerbfolge im deutschen Recht wird der Grundsatz der Subsidiarität des staatlichen Erbrechts verfolgt.[65] Das Vorhandensein von Erben i.S.d. § 1936 BGB wird wie in § 1930 BGB verstanden und meint sowohl Erbfähigkeit als auch Erbberechtigung.[66] Demnach ist auch kein Erbe i.S.d. § 1936 BGB vorhanden, wenn ein potentieller Erbe vom Erblasser testamentarisch enterbt wurde (§ 1938 BGB), wenn der Erbe die Erbschaft ausgeschlagen hat (§ 1953 Abs. 1 BGB), wenn der Erbe auf sein Erbrecht verzichtet hat (§ 2346 Abs. 1 S. 1 BGB) oder wenn der Erbe erbunwürdig ist (§ 2344 Abs. 1 BGB).[67] Damit der Staat seiner Ordnungsfunktion nachkommen kann und es tatsächlich keinen herrenlosen Nachlass gibt, gelten einige Sonderregelungen beim staatlichen Erbrecht: aufgrund der fehlenden Erwähnung des Staates kann dieser nur durch testamentarische Einsetzung eines anderen Erbens von der Erbfolge ausgeschlossen werden; der Staat kann die Erbschaft nicht ausschlagen (§ 1942 Abs. 2 BGB); damit der Staat als Zwangserbe erhalten bleibt, ist zudem eine Erbunwürdigerklärung gem. § 2344 Abs. 1 BGB ausgeschlossen und der Staat kann aufgrund der fehlenden Nennung in § 2346 Abs. 1 BGB keinen Erbverzichtsvertrag über sein Erbrecht abschließen.[68] Diese Regelungen

---

62 MüKoBGB/*Leipold*, BGB § 1936 Rn. 19; *Mayer*, ZEV 2010, 445, 447; BeckOK BGB/*Müller-Christmann*, BGB § 1936 Rn. 1; Staudinger/*Werner*, BGB § 1936 Rn. 2.

63 *Brox/Walker*, Erbrecht, [27]2016, Rn. 78; MüKoBGB/*Leipold*, BGB § 1936 Rn. 19; BeckOK BGB/*Müller-Christmann*, BGB § 1936 Rn. 8.

64 MüKoBGB/*Leipold*, BGB § 1936 Rn. 2; *Muscheler*, Erbrecht Band 1, 2010, Rn. 292.

65 Staudinger/*Werner*, BGB § 1936 Rn. 3.

66 MüKoBGB/*Leipold*, BGB § 1936 Rn. 6; BeckOK BGB/*Müller-Christmann*, BGB § 1936 Rn. 3.

67 MüKoBGB/*Leipold*, BGB § 1936 Rn. 6; BeckOK BGB/*Müller-Christmann*, BGB § 1936 Rn. 3.

68 *Brox/Walker*, Erbrecht, [27]2016, Rn. 82; *Leipold*, Erbrecht, [21]2016, Rn. 230.

führen dazu, dass der Staat gesetzlicher Zwangserbe ist und sich folglich nicht seiner Aufgabe erbenlose Nachlässe abzuwickeln, entziehen kann.[69] Die Feststellung, dass kein anderer Erbe als der Staat vorhanden ist, trifft das Nachlassgericht gem. § 1964 Abs. 1 BGB. Durch diese Feststellung wird gem. § 1964 Abs. 2 BGB die Vermutung begründet, dass der Staat gesetzlicher Erbe ist.

In der europäischen Union haben unter anderen folgende Staaten, die Behandlung von erbenlosen Nachlässen ebenfalls durch ein privatrechtliches Erbrecht des Staates gelöst: Italien,[70] Spanien,[71] Polen,[72] Griechenland[73].[74]

2. *Heimfallrecht*

Die andere Lösung des Problems von erbenlosen Nachlässen besteht darin, dem Staat ein Aneignungsrecht zu gewähren. Ist der Zugriff des Staates auf einen erbenlosen Nachlass als ein Aneignungsrecht ausgestaltet, tritt der Staat nicht als gesetzlicher Erbe und damit als erbrechtlicher Gesamtrechtsnachfolger für den Nachlass ein, sondern eignet sich das wegen fehlender Erben herrenlose Vermögen an. Im Gegensatz zur erbrechtlichen Ausgestaltung ist das Vermögen zunächst als herrenlos anzusehen (*bona vacantia*) und fällt anschließend zur Vermeidung von Herrenlosigkeit dem Staat an oder wird von diesem angeeignet.[75]

Als Aneignungsrecht sind die Regelungen für den erbenlosen Nachlass beispielsweise in Frankreich,[76] Belgien,[77] England,[78] Schweden,[79] Finnland,[80] Niederlande[81] und Österreich[82] ausgestaltet.[83]

---

69 *Lange/Kuchinke*, Erbrecht, [5]2001, § 13 IV 2 d; *Muscheler*, Erbrecht Band 1, 2010, Rn. 1638.
70 Art. 586 Codice civile Italien.
71 Art. 956 Código civil Spanien; vgl. zur Einordnung als Fiskuserbrecht *Löber/Huzel*, in: Erbrecht in Europa, [2]2008, Erbrecht in Spanien Rn. 52.
72 Art. 935 § 3 Kodeks cywilny (polnisches Zivilgesetzbuch).
73 Art. 1824 griechisches Zivilgesetzbuch.
74 Siehe auch Staudinger/*Dörner*, EGBGB Art. 25 Rn. 205; *Graupner/Dreyling*, ZVglRWiss 1983, 193, 195; zu weiteren Rechtsordnungen *Heckel*, Das Fiskuserbrecht im internationalen Privatrecht, 2006.
75 *Dörner*, IPRax 2012, 235, 236; *Dutta*, RabelsZ 73 (2009), 547, 595; *Nordmeier*, IPRax 2013, 418, 419.
76 Art. 724 Code Civil Frankreich.
77 Art. 768 Code Civil Belgien.
78 Sec. 46 (vi) Administration of Estates Act 1925.
79 Kapitel 5 § 1 Ärvdabalken (Erbgesetzbuch).
80 Chapter 5 (Escheat), section 1 Code of Inheritence.
81 Art. 4:189 Burgerlijk Wetboek.
82 § 750 Allgemeines Bürgerliches Gesetzbuch.
83 Vgl. *Denkinger*, Europäisches Erbkollisionsrecht–Einheit trotz Vielfalt?, 2009, S. 205.

IV. § 32 IntErbRVG

Eine zumindest im deutschen Recht neue Erscheinungsform stellt § 32 des Internationalen Erbrechtsverfahrensgesetzes (IntErbRVG) dar.[84] Mit dieser Vorschrift tritt neben das in Deutschland bestehende Fiskuserbrecht ein Aneignungsrecht für erbenlose Nachlässe. Das führt zu der Besonderheit, dass in Deutschland beide Modelle der Behandlung von erbenlosen Nachlässen vorhanden sind. Das parallele Bestehen dieser beiden Modelle in der deutschen Rechtsordnung hat seinen Grund in den Schwierigkeiten im Bereich des Internationalen Privatrechts, welche durch die international unterschiedliche Ausgestaltung der Behandlung von erbenlosem Nachlass und dem Lösungsansatz des Art. 33 EuErbVO hervorgerufen werden.[85] Durch § 32 IntErbRVG soll der nicht von Art. 33 EuErbVO gelöste Konflikt bei grenzüberschreitenden erbenlosen Nachlässen bewältigt werden. Dieser sog. negative Konflikt besteht dann, wenn Erbstatut das Recht eines Staates mit Aneignungsrecht ist, das im Ausland belegenes Nachlassvermögen nicht erfasst und das Vermögen in einem Staat belegen ist, dessen Recht lediglich ein Fiskuserbrecht kennt, das dem nicht zur Anwendung berufenen Erbstatut dieses Staates unterfällt. Eine Kollision der beiden Rechte wird allerdings vermieden: Während das Fiskuserbrecht erbrechtlich zu qualifizieren ist und daher zur Anwendung berufen ist, wenn die Rechtsnachfolge von Todes wegen dem deutschen Recht unterliegt, kommt die Anwendung des Aneignungsrechts nur dann in Betracht, wenn die Rechtsnachfolge von Todes wegen einem ausländischen Recht unterliegt.[86]

V. Fazit

Beide Formen der Behandlung von erbenlosem Nachlass sorgen dafür, dass trotz fehlender Erben eine Zuordnung des Vermögens des Verstorbenen erfolgt und verhindern damit die Herrenlosigkeit solchen Vermögens. Die jeweiligen Ausgestaltungen stehen daher gleichberechtigt nebeneinander und

---

84 Eingeführt mit dem Gesetz zum Internationalen Erbrecht und zur Änderung von Vorschriften zum Erbschein sowie zur Änderung sonstiger Vorschriften vom 29.06.2015– Bundesgesetzblatt Teil I 2015 Nr. 26, 03.07.2015, S. 1042.

85 Siehe zu § 32 IntErbRVG bei 2. Teil A VII.

86 Vgl. Begründung des Gesetzentwurfs IntErbRVG BT Drucksache 18/4201, S. 40; BR Drucksache 644/14, S. 53f.; MüKoBGB/*Dutta*, EuErbVO Art. 33 Rn. 9; NK-NachfolgeR/*Köhler*, EuErbVO Art. 33 Rn. 5; *ders.*, in: Internationales Erbrecht 2015, § 4 Rn. 169; NK-BGB/*Looschelders*, EuErbVO Anhang zu Art. 33 Rn. 2; jurisPK-BGB/*Ludwig*, EuErbVO Art. 33 Rn. 6; beckOGK/*J. Schmidt*, EuErbVO Art. 33 Rn. 29.

werfen keine Probleme auf, solange es sich um einen rein nationalen Sachverhalt handelt.

D. Das Heimfallrecht im Gesellschaftsrecht

Im Gesellschaftsrecht kann sich ebenfalls die Frage nach der Zuordnung von Vermögen stellen. Diese Frage wird aufgeworfen, wenn eine Gesellschaft rechtlich beendet ist, jedoch noch Vermögen der ehemaligen Gesellschaft vorhanden ist. Die nationalen Rechtsordnungen lösen auch dieses Problem auf unterschiedliche Weise, wobei jedoch in der Regel eine Zuordnung an ein Privatrechtssubjekt erfolgt.[87] Für diesen Weg wird unter I. das deutsche Recht zur Gesellschaft mit begrenzter Haftung (GmbH) dargestellt. Die zweite Möglichkeit ist die Zuordnung des noch vorhandenen Vermögens einer beendeten Gesellschaft an den Staat. Dieser Weg wird innerhalb der Europäischen Union lediglich seitens des britischen, des irischen[88] und des zypriotischen[89] Rechts verfolgt. Das zypriotische Gesellschaftsrecht basiert weitgehend auf dem britischen Recht,[90] auch die Regelung im irischen Gesellschaftsrecht stimmt mit der britischen Regelung weitgehend überein. Die Darstellung der Lösung der Vermögenszuordnung an den Staat erfolgt daher unter II. nur in Hinblick auf das britische Gesellschaftsrecht.

I. Die Gesellschaft mit beschränkter Haftung

Bei der Gesellschaft mit begrenzter Haftung (GmbH) handelt es sich um die am meisten genutzte Rechtsform in Deutschland.[91] Daher erfolgt die Darstellung der Behandlung von vorhandenem Vermögen nach der Beendigung der Gesellschaft anhand dieser Gesellschaftsform.

---

87 Beispiel Frankreich: Die Gesellschaft behält ihre Rechtsfähigkeit, bis kein Vermögen mehr vorhanden ist, vgl. *Cozian/Viandier/Deboissy*, Droit des sociétés, [21]impr. 2008, Rn. 467; *Mansel*, in: LA Kegel 2002, S. 111, 112 m.w.N.; *Borges*, IPRax 2005, 134, 135 m.w.N.; Beispiel Italien: die konstitutive Löschung der Gesellschaft aus dem Register bewirkt die Rechtsnachfolge der ehemaligen Gesellschafter in noch bestehendes Vermögen, vgl. *Kindler*, Italienisches Handels- und Wirtschaftsrecht, [2]2014 § 4 Rn. 226 m.w.N.

88 Vgl. sec. 734 (4) Companies Act 2014 Republik Irland i.V.m. Part III State Property Act 1954 Republik Irland.

89 Vgl. sec. 328 The Companies Law of Cyprus Republic „Property of dissolved company to be *bona vacantia*".

90 *Papathoma-Baetge*, ZVglRWiss 2001, 471, 472.

91 MüKoGmbHG/*Fleischer*, GmbHG Einl. Rn. 201.

1. Entstehung der GmbH

Bei der GmbH handelt es sich gem. § 13 Abs. 1 GmbHG um eine juristische Person. Als solche ist die GmbH rechtsfähig und kann umfassend Trägerin von Rechten und Pflichten sein.[92] Daher kann die GmbH insbesondere auch Inhaberin von Vermögen sein, das unabhängig von den Gesellschaftern ist. Zur Entstehung gelangt die GmbH durch Eintragung in das Handelsregister gem. § 11 Abs. 1 GmbHG (konstitutive Eintragung).[93]

2. Beendigung der GmbH

Die Beendigung ist im Gegensatz zur Entstehung der GmbH nicht explizit geregelt.[94] Mit der Beendigung oder auch Erlöschen der GmbH fällt diese als juristische Person weg und hört damit auf, als Rechtspersönlichkeit zu existieren.[95] Folge dieser Beendigung ist, dass eine Zuordnung von noch vorhandenem Vermögen an die rechtlich nicht mehr bestehende Gesellschaft nicht in Betracht kommt. Die Problematik tritt jedoch nur im Ausnahmefall ein. Unter a. wird der Normalfall der Beendigung der Gesellschaft beschrieben: bei diesem zeigt sich, dass das Problem der Vermögenszuordnung nicht auftritt. Unter b. erfolgt die Schilderung des Ausnahmefalles der Beendigung, in dem sich das Problem der Vermögenszuordnung stellt.

a. Normalfall der Beendigung

Bei der Beendigung der GmbH handelt es sich im Regelfall um einen gestreckten Vorgang, der in drei Phasen unterteilt werden kann.[96] Als erstes tritt ein in § 60 Abs. 1 GmbHG genannter oder ein im Gesellschaftsvertrag gem. § 60 Abs. 2 GmbHG vereinbarter Auflösungsgrund ein. Der Eintritt eines Auflösungsgrundes ist der Beginn der Liquidationsphase: Die Gesellschaft ändert ihren ursprünglichen Zweck zum Liquidationszweck[97] bzw. der

---

92 Roth/Altmeppen GmbHG § 13 Rn. 2f.; Baumbach/Hueck/*Fastrich*, GmbHG § 13 Rn. 2f.; MüKoGmbHG/*Merkt*, GmbHG § 13 Rn. 4.

93 Roth/Altmeppen GmbHG § 11 Rn. 2; Baumbach/Hueck/*Fastrich*, GmbHG § 11 Rn. 2; Michalski/*Lieder*, GmbHG § 13 Rn. 14; MüKoGmbHG/*Merkt*, GmbHG § 11 Rn. 147, § 13 Rn. 8; BeckOK GmbHG/*Wilhelmi*, GmbHG § 13 Rn. 12.

94 MüKoGmbHG/*Merkt*, GmbHG § 13 Rn. 10.

95 MüKoGmbHG/*Berner*, GmbHG § 60 Rn. 10; Ulmer/*Casper*, GmbHG § 60 Rn. 93; Scholz/*K. Schmidt/Bitter*, GmbHG § 60 Rn. 7.

96 Ulmer/*Casper*, GmbHG § 60 Rn. 10f.; Michalski/*Nerlich*, GmbHG § 60 Rn. 3.

97 Roth/Altmeppen GmbHG § 60 Rn. 6; Henssler/Strohn/*Arnold*, GmbHG § 60 Rn. 4; Ulmer/*Casper*, GmbHG § 60 Rn. 11; Michalski/*Nerlich*, GmbHG § 60 Rn. 4; Scholz/*K. Schmidt/Bitter*, GmbHG § 60 Rn. 5.

Liquidationszweck überlagert den ursprünglichen Zweck[98]; gem. § 66 GmbHG werden Liquidatoren bestimmt, deren Aufgabe es gem. § 70 GmbHG ist, die laufenden Geschäfte zu beenden, die Verpflichtungen der aufgelösten Gesellschaft zu erfüllen, die Forderungen derselben einzuziehen und das Vermögen der Gesellschaft in Geld umzusetzen; gem. § 72 GmbHG wird das verbliebene Vermögen an die Gesellschafter verteilt. Das Ziel der Liquidation besteht folglich darin, die Gesellschaftsgläubiger zu befriedigen und das verbleibende Vermögen unter den Gesellschaftern zu verteilen.[99] Erst zum Schluss der Liquidation ist die Löschung der GmbH gem. § 74 Abs. 1 S. 2 GmbHG im Handelsregister einzutragen. Mit diesem Schritt tritt die Beendigung der Gesellschaft ein.[100] Aufgrund dieser Systematik des 5. Abschnitts des GmbHG tritt mit der Auflösung der Gesellschaft in der Regel noch nicht ihre Beendigung ein.[101] Eine Ausnahme davon bildet die Auflösung durch Löschung wegen Vermögenslosigkeit gem. § 60 Abs. 1 Nr. 7 GmbHG i.V.m. § 394 FamFG, wodurch eine sofortige Beendigung der Gesellschaft ohne vorheriges Liquidationsverfahren bewirkt wird.[102] Dieser Fall ist allerdings für die vorliegende Betrachtung ohne Belang, da es bei Vermögenslosigkeit nicht zu der Frage der Zuordnung des Vermögens kommt.

Letztendlich steht die GmbH im Falle ihrer Beendigung in der Regel solange als Zuordnungsobjekt für das Gesellschaftsvermögen bereit, bis dieses innerhalb des Liquidationsverfahrens ordnungsgemäß verteilt wurde.

b. Ausnahme: Löschung trotz vorhandenen Vermögens

Die Zuordnung des Vermögens der Gesellschaft kann dann problematisch werden, wenn die Gesellschaft trotz noch vorhandenen Vermögens aus dem Handelsregister gelöscht wird, also eine nur vermeintliche Vermögenslosigkeit der Gesellschaft vorliegt. Während gem. § 74 Abs. 2 S. 1 GmbHG die Löschung aus dem Register den Abschluss des Liqiudationsverfahrens und damit den Abschluss der Verteilung des Vermögens bildet und daher unproblematisch die

---

98 MüKoGmbHG/*Berner*, GmbHG § 60 Rn. 17.

99 Baumbach/Hueck/*Haas*, GmbHG § 60 Rn. 2.

100 Roth/Altmeppen GmbHG § 60 Rn. 7; MüKoGmbHG/*Berner*, GmbHG § 60 Rn. 22; Ulmer/*Casper*, GmbHG § 60 Rn. 18; Baumbach/Hueck/*Haas*, GmbHG § 74 Rn. 16; Michalski/*Nerlich*, GmbHG § 60 Rn. 7.

101 MüKoGmbHG/*Berner*, GmbHG § 60 Rn. 16; Baumbach/Hueck/*Haas*, GmbHG § 60 Rn. 2.

102 Henssler/Strohn/*Arnold*, GmbHG § 60 Rn. 42; MüKoGmbHG/*Berner*, GmbHG § 60 Rn. 16; Baumbach/Hueck/*Haas*, GmbHG § 60 Rn. 3.

Beendigung der Gesellschaft eintritt, stellt sich die Frage, ob diese Rechtsfolge auch bei lediglich vermeintlicher Vermögenslosigkeit eintritt.

aa. Beendigung durch Vermögenslosigkeit–Deklaratorische Wirkung der Löschung

Der Löschung der GmbH aus dem Register wurde früher größtenteils lediglich deklaratorische Wirkung zugesprochen.[103] Für die Beendigung der Gesellschaft wurde das Kriterium der Vermögenslosigkeit herangezogen: die Gesellschaft galt als beendet, sobald sie über kein Vermögen mehr verfügte.[104] Vorteil dieses Modells ist, dass die Gesellschaft stets als Zuordnungsobjekt für das jeweilige Vermögen zur Verfügung steht. Gegen diese Auffassung spricht jedoch, dass Rechtsunsicherheit entsteht, wenn eine Gesellschaft als beendet gilt, ohne dass es hierfür eines von außen feststellbaren Aktes bedarf; außenstehende Parteien können nicht zweifelsfrei feststellen, wann die Vermögenslosigkeit eintritt und wann die GmbH damit aufhört zu existieren.[105] Diese Auffassung wird daher heute mehrheitlich nicht mehr vertreten.

bb. Konstitutive Wirkung der Löschung

Spricht man der Löschung hingegen konstitutive Wirkung zu, führt das dazu, dass die GmbH trotz vorhandenen Vermögens mit Eintragung der Löschung beendet ist und damit aufhört zu existieren.[106] Hierbei stellt sich nun die Frage, wem dieses Vermögen zugeordnet werden kann. Zur Lösung wurden verschiedene Vorschläge unterbreitet. Eine Lösung besteht darin, dass die Gesellschaft zwar mit der Löschung beendet wird, jedoch ihr Fortbestehen für die zur Zeit der Löschung begründeten Rechte und Pflichten fingiert wird.[107] Eine weitere Lösung schlägt die Konstruktion einer Nachgesellschaft vor, die als Gesamthand der ehemaligen Gesellschafter über das noch vorhandene Vermögen verfügen soll.[108] Ein anderer Vorschlag lässt eine Art Nach-GmbH bestehen, die insoweit über Rechtsfähigkeit verfügt, dass die zur Liquidation nötigen Handlungen vorgenommen werden können.[109]

---

103 Vgl. statt aller MüKoGmbHG/*H. F. Müller*, GmbHG § 74 Rn. 29 m.w.N.

104 MüKoGmbHG/*H. F. Müller*, GmbHG § 74 Rn. 29.

105 Statt vieler MüKoGmbHG/*Berner*, GmbHG § 60 Rn. 26.

106 Statt aller Scholz/*K. Schmidt*, GmbHG § 74 Rn. 13 m.w.N.

107 *Hönn*, ZHR 1974, 50, 77.

108 Ausführlich dazu Hachenburg/*Ulmer*, GmbHG Anh. § 60 Rn. 37.

109 MüKoGmbHG/Berner GmbHG § 60 Rn. 32; mit Begründung *Heller*, Die vermögenslose GmbH, 1989, S. 128.

cc. Lehre vom Doppeltatbestand

Durchgesetzt hat sich die Lehre vom Doppeltatbestand.[110] Danach ist es für die Beendigung der Gesellschaft erforderlich, dass kumulativ Vermögenslosigkeit und Löschung aus dem Register vorliegen.[111] Durch diese Lösung wird zum einen vermieden, dass allein durch die Vermögenslosigkeit die Gesellschaft beendet wird und der Rechtsverkehr aufgrund des Fehlens einer nach außen gerichteten Klarstellung in Unsicherheit über die Existenz der Gesellschaft bleibt, zum anderen wird dafür gesorgt, dass sich das Problem der Zuordnung von Vermögen nicht stellt, wenn die Gesellschaft gelöscht wird, obwohl noch Vermögen vorhanden ist.[112]

c. Nachtragsliquidation

Findet sich nach der Löschung der Gesellschaft im Handelsregister noch Vermögen der Gesellschaft, besteht nach der Lehre vom Doppeltatbestand die Gesellschaft als Rechtssubjekt fort. Dadurch ist aber noch nicht gelöst, wie verfahren wird, um dieses Vermögen zu verteilen. Dies erfolgt im Wege der Nachtragsliquidation.[113] Durch die Nachtragsliquidation wird die endgültige Beendigung der Gesellschaft ermöglicht.[114] Zur dogmatischen Begründung der Nachtragsliquidation wird die aktienrechtliche Regelung in § 273 Abs. 4 AktG analog herangezogen.[115]

3. Ergebnis

Es hat sich gezeigt, dass der mehraktige Prozess bis hin zur Vollbeendigung, die i.d.R. durch Löschung der Gesellschaft aus dem Register eintritt, im

---

110 Vgl. BFH, BFHE 246, 188 (Rn. 21) = DStRE 2014, 1230, 1231; Thüringer Oberlandesgericht, Urteil vom 13. Juli 2011 – 7 U 689/10 –, juris (Rn. 20); OLG Celle, Beschluss vom 03. Januar 2008 – 9 W 124/07 –, juris (Rn. 1); LG Stade, Urteil vom 24. Januar 2013 – 4 O 223/12 –, juris (Rn. 18); MüKoGmbHG/*H. F. Müller*, GmbHG § 74 Rn. 32 m.w.N.

111 Statt aller Scholz/*K. Schmidt*, GmbHG § 60 Rn. 56, § 74 Rn. 14; Grundlegend hierzu *ders.*, GmbHR 1988, 209, 211.

112 Vgl. Scholz/*K. Schmidt*, § 74 Rn. 14.

113 Roth/Altmeppen GmbHG § 74 Rn. 21; Baumbach/Hueck/*Haas*, GmbHG § 74 Rn. 20; MüKoGmbHG/*H. F. Müller*, GmbHG § 74 Rn. 43.

114 Roth/Altmeppen GmbHG § 74 Rn. 21; MüKoGmbHG/*H. F. Müller*, GmbHG § 74 Rn. 52.

115 Baumbach/Hueck/*Haas*, GmbHG § 74 Rn. 20; MüKoGmbHG/*H. F. Müller*, GmbHG § 74 Rn. 42; Michalski/*Nerlich*, GmbHG § 74 Rn. 46 m.w.N.

Normalfall dafür sorgt, dass jegliches Vermögen verteilt wird und keine Frage nach der Zuordnung des Gesellschaftsvermögens auftritt. Im Ausnahmefall, der Löschung der Gesellschaft aus dem Register aufgrund vermeintlicher Vermögenslosigkeit, stellt sich die Frage nach der Zuordnung des Vermögens. Gelöst wird diese Zuordnungsfrage, indem man mit der h.M. der Löschung aus dem Register allein keine beendigende Wirkung für die Gesellschaft zuspricht. Auf diese Weise bleibt die Gesellschaft solange als Zuordnungssubjekt für das Vermögen bestehen, bis tatsächlich das gesamte Vermögen, dann im Wege der Nachtragsliquidation, verteilt worden ist.

Zusammenfassend verdeutlicht die Darstellung der Lösungsmöglichkeiten, dass in Deutschland dem Staat bei der Beendigung von Gesellschaften hinsichtlich des Vermögens keine ordnende Rolle zugesprochen wird. Ein Aneignungsrecht besteht in diesem Zusammenhang daher nicht.

II. Die Private Company Limited by Shares

Bei der Private Company Limited by Shares (*Limited*) handelt es sich um eine mit der GmbH vergleichbare britische Rechtsform[116]: die Limited verfügt über eine eigene Rechtspersönlichkeit[117] und die Haftung ihrer Gesellschafter ist auf das Gesellschaftskapital beschränkt[118].

1. *Entstehung der Limited*

Zur Gründung einer Gesellschaft i.S.d. CA 2006 braucht es gem. sec. 7 (1) (a) CA 2006 lediglich eine oder mehrere Personen, die einen Gesellschaftsvertrag (*memorandum of association*) unterschreiben und gem. sec. 7 (1) (b) CA 2006 die Anforderungen zur Registrierung erfüllen. Gem. sec. 7 (2) CA 2006 darf kein gesetzeswidriger Zweck (*unlawful purpose*) verfolgt werden. Gem. sec. 9 (1) CA 2006 müssen der Gesellschaftsvertrag, der Registrierungsantrag (*application for registration*), die in sec. 9 (2), (4) und (5) CA 2006 geforderten Dokumente und eine Entsprechungserklärung (*statement of compliance*) beim *registrar* eingereicht werden. Der *registrar* überprüft gem. sec. 14 CA 2006 die eingereichten Dokumente daraufhin, ob alle Voraussetzungen erfüllt sind, trägt diese schließlich in das Register ein und stellt gem. sec. 15 (1) CA 2006 eine Bescheinigung aus, dass die Gesellschaft gegründet ist (*certificate of incorporation*). Die

116 Schall/*Schall*, CA 2006 sec 4 Rn. 2.
117 Sec. 16 (1), (2) CA 2006.
118 Sec. 3 (1), (2) CA 2006.

Auswirkung dieser Bescheinigung ist gem. sec. 16 (2) unter anderem, dass die Gesellschaft als juristische Person entsteht. Folge ist, dass die Gesellschaft eine eigenständige Rechtsperson darstellt, die Trägerin von Rechten und Pflichten sein kann.[119] Das bedeutet, dass die Gesellschaft selbst Eigentümerin ihres Vermögens und Schuldnerin ihrer Verpflichtungen ist, wodurch sie unabhängig von den Gesellschaftern ist.[120]

2. *Beendigung der Limited*

Die Beendigung der Limited wird im britischen Recht im Gegensatz zum deutschen Recht als Auflösung (*dissolution*) bezeichnet.[121] Mit der Löschung der Gesellschaft aus dem Register tritt die *dissolution*[122] der Gesellschaft ein: damit enden sowohl die Rechtspersönlichkeit der Gesellschaft als auch die Beziehung zwischen der Gesellschaft und ihren Mitgliedern.[123] Die Gesellschaft fällt damit als Rechtssubjekt weg.[124] Im Gegensatz zum deutschen Recht hat die Löschung aus dem Register konstitutive Wirkung und führt unmittelbar zur Beendigung der Gesellschaft (sec. 1000 (6) CA 2006; sec. 1003 (5) CA 2006): ein Fortbestehen der Gesellschaft wie nach der deutschen Lehre vom Doppeltatbestand gibt es in England nicht.[125]

3. *Gründe für die Beendigung der Limited*

Für die Beendigung der Limited gibt es mehrere Verfahren. Es ist zwischen einer Beendigung durch Löschung der Gesellschaft als Abschluss der zwingenden oder freiwilligen Liquidation und der Beendigung durch Löschung seitens des *registrars* aufgrund der Vermutung der fehlenden Geschäftstätigkeit zu unterscheiden. Während bei der zwingenden oder freiwiligen Liquidation (*winding up*) der Gesellschaft der Beendigung ein Prozess vorausgeht, in dem das Vermögen der Gesellschaft gesammelt und veräußert wird, ihre

---

119 *Hannigan*, Company law, [4]2015, Rn. 1–37.

120 Schall/*Schall*, CA 2006 sec 16 Rn. 2.

121 Zur unterschiedlichen Begrifflichkeit in England und Kontinentaleuropa vgl. *French*, Mayson, French & Ryan on Company Law, [35]2018–2019, 20.16.1.

122 Im der weiteren Bearbeitung wird der deutsche Terminus *Beendigung* für diesen Vorgang verwendet.

123 *Bailey/Groves*, Corporate insolvency, [5]2017, 19.1; *French*, Mayson, French & Ryan on Company Law, [35]2018–2019, 20.16.1; *Hannigan*, Company law, [4]2015, Rn. 24–91.

124 *French*, Mayson, French & Ryan on Company Law, [35]2018–2019, 20.16.1.

125 Schall/*Schall/Günther*, CA 2006 ssec 1000–1011 Rn. 2.

Verbindlichkeiten beglichen werden und ein eventueller Überschuss an die berechtigten Personen verteilt wird,[126] fehlt ein solcher Prozess, wenn die Gesellschaft durch Streichung aus dem Register aufgrund der Vermutung fehlender Geschäftstätigkeit beendet wird. Das Eingreifen des Aneignungsrechts ist davon abhängig, dass ehemaliges Vermögen der Gesellschaft nach Löschung aus dem Register vorhanden ist. Dieser Fall tritt i.d.R. dann auf, wenn die Gesellschaft ohne vorangehendes Liquidationsverfahren beendet wird. Aus diesem Grund wird im Folgenden dieser Weg der Beendigung der Gesellschaft betrachtet.

a. Beendigung ohne vorherige Liquidation

Die Beendigung der Gesellschaft ohne vorausgehende Liquidation ist in Part 31, Chapter 1 des CA 2006 geregelt.

Sec. 1000 CA 2006 regelt das Verfahren der Löschung einer nicht mehr geschäftstätigen Gesellschaft aus dem Register (*Registrar's power to strike off defunct company*). Am Ende dieses Verfahrens steht gem. sec. 1000 (4) die Streichung der Gesellschaft aus dem Register mit der Wirkung der Beendigung gem sec. 1000 (6) CA 2006. Grundlage für die Streichung der Gesellschaft ist die Vermutung des *registrar*s, dass es sich um eine nicht mehr geschäftstätige Gesellschaft handelt, sec. 1000 (1) CA 2006 („*is not carrying on business or in operation*"). Diese Vermutung basiert häufig auf der fehlenden Einreichung der geforderten Berichte durch die Gesellschaft (*annual reports*).[127]

Die Löschung aus dem Register kann aber auch freiwillig von der Gesellschaft gem. sec. 1003 (1) CA 2006 beantragt werden (*voluntary striking off*). Bei diesem Verfahren wird durch den *registrar* gem. sec. 1003 (4) CA 2006 eine Mitteilung in der Gazette veröffentlicht, dass der Name der Gesellschaft aus dem Register gestrichen wurde. Gem. sec. 1003 (5) CA 2006 bewirkt die Veröffentlichung der Mitteilung in der Gazette die Löschung der Gesellschaft. Dieses Verfahren soll es Gesellschaften ermöglichen schnell und günstig eine Beendigung herbeizuführen.[128] Gem. sec. 1004 (1) CA 2006 darf ein Antrag auf Streichung aber nicht gestellt werden, wenn die Gesellschaft in den letzten drei Monaten irgendeine Geschäftstätigkeit aufgewiesen hat.

---

126 *Hannigan*, Company law, ^{4}2015, Rn. 24–1.

127 Schall/*Schall/Günther*, CA 2006 ssec 1000–1011 Rn. 9.

128 *Hannigan*, Company law, ^{4}2015, Rn. 24–93.

b. Bedeutung der Löschung durch den registrar

Die Mehrheit der britischen Gesellschaften wird nicht formal liquidiert, sondern durch den *registrar* aus dem Register gestrichen.[129] Bei der Beendigung der Gesellschaft durch Streichung aus dem Register ohne vorheriges Liquidationsverfahren handelt es sich um ein gesondertes Regelungssystem, welches das Aneignungsrecht der Krone und die Möglichkeit der Wiedereintragung mit anschließender Durchführung eines Liquidationsverfahrens der Gesellschaft durch interessierte Personen beinhaltet und damit eine Liquidation nur im Bedarfsfall vorsieht.[130] Diese Liquidation lediglich im Bedarfsfall korreliert mit der Voraussetzung der Registerstreichung gem. sec. 1000 (1) CA 2006, dass es sich um eine nicht mehr geschäftstätige Gesellschaft handeln muss. Somit dient diese Streichung auch vorrangig dazu, das Register auf die Führung von aktiven Gesellschaften zu beschränken, gleichzeitig wird durch die Streichung auch die Nichteinhaltung von Publizitätsvorschriften sanktioniert.[131] Die Streichung der Gesellschaft aufgrund der Nichteinhaltung von Publizitätsvorschriften stellt allerdings besonders für sog. Scheinauslandsgesellschaften, also Gesellschaften, die außerhalb von Großbritannien ihren tatsächlichen Verwaltungssitz haben und sich lediglich der britischen Gesellschaftsform bedienen, eine Gefahr dar.[132]

4. Aneignungsrecht für nach der Beendigung der Gesellschaft noch vorhandenes Vermögen

Ist nach der Löschung der Gesellschaft aus dem Register und mit der damit einhergehenden Beendigung der Gesellschaft noch Vermögen vorhanden, ordnet sec. 1012 (1) CA 2006 an, dass dieses als *bona vacantia* – herrenloses Gut – behandelt wird und als solches der Krone, dem Duchy of Lancaster oder dem Duke of Cornwall zugeordnet wird. Mit diesem Vermögen wird anschließend gem. sec. 1012 (1) (b) CA 2006 genauso verfahren wie mit sonstigem *bona vacantia*. Die Verwaltung und Verwertung dieses Vermögens erfolgt durch das *Treasury Solicitors Departement.*[133] Dieses durch das Aneignungsrecht erlangte

129 *Hannigan*, Company law, [4]2015, Rn. 24–92.
130 Schall/*Schall/Günther*, CA 2006 ssec 1000–1011 Rn. 6f.
131 Schall/*Schall/Günther*, CA 2006 ssec 1000–1011 Rn. 9.
132 Vgl. *Westhoff*, GmbHR 2007, 474, 479; *Zimmer/Naendrup*, ZGR 2007, 789, 800.
133 Schall/*Schall/Günther*, CA 2006 ssec 1000–1011 Rn. 1.

Vermögen der gelöschten Gesellschaft steht wie beim Aneignungsrecht im erbrechtlichen Bereich gem. sec. 1 Civil List Act 1952 dem Fiskus und nicht mehr der Krone zu.

5. *Wiedereintragung der Gesellschaft in das Register*

In Part 31, Chapter 3 des CA 2006 wird die Möglichkeit geregelt, die gelöschte Gesellschaft wieder in das Register einzutragen (*restoration to the register*). Zu unterscheiden ist die Wiedereintragung durch den *registrar* (sec. 1024 CA 2006) von der Wiedereinsetzung durch ein Gericht (sec. 1029 CA 2006).

Die Beantragung der Wiedereintragung durch den *registrar* kann gem. sec. 1024 (3) CA 2006 lediglich durch einen vormaligen *director* oder durch einen vormaligen Gesellschafter erfolgen. Voraussetzungen für die Wiedereintragung sind eine bestehende Geschäftstätigkeit der Gesellschaft zum Zeitpunkt der Löschung (sec. 1025 (2) CA 2006), die schriftliche Zustimmung des *Crown representative*, wenn Vermögen als *bona vacantia* an die Krone gefallen ist, die Einreichung der erforderlichen Unterlagen sowie die Zahlung anfallender Strafen (sec. 1025 (5) (a)-(b) CA 2006) und die Einreichung eines *statement of compliance* (sec. 1026 CA 2006).

Im Gegensatz dazu ist der Kreis der Antragsberechtigten bei der Wiedereintragung durch ein Gericht sehr weit, denn gem. sec. 1029 (2) CA 2006 werden neben dem ehemaligen *director*, die ehemaligen Gesellschafter, insbesondere Gläubiger der Gesellschaft und letztendlich alle Personen, die ein Interesse in der Angelegenheit haben, erfasst. Auch die materiellen Anforderungen sind deutlich weiter gefasst als bei der Wiedereintragung durch den *registrar*. Gem. sec. 1031 (1) (a) CA 2006 ist eine Wiedereintragung durch das Gericht möglich, wenn die Gesellschaft durch den *registrar* gelöscht wurde und zur Zeit der Löschung noch Geschäftstätigkeit aufwies. Gem. sec. 1031 (1) (b) CA 2006 ist eine Wiedereintragung durch das Gericht möglich, wenn die Gesellschaft freiwillig gelöscht wurde und eine der Voraussetzungen in ssec. 1004–1009 CA 2006 nicht erfüllt war. Außerdem ist eine Wiedereintragung gem. sec. 1031 (1) (c) CA 2006 auch dann möglich, wenn dies durch das Gericht als gerecht („*just*") angesehen wird. Als gerecht kann das Gericht die Wiedereintragung ansehen, wenn zum Beispiel noch Vermögen der ehemaligen Gesellschaft vorhanden ist, welches ordnungsgemäß abgewickelt werden soll.[134] Die Beantragung der Wiedereintragung der Gesellschaft vor Gericht bietet somit auch Gläubigern der ehemaligen Gesellschaft die Möglichkeit nach Wiedereintragung zu vollstrecken

134 Schall/*Schall/Günther*, CA 2006 ssec 1024–1034 Rn. 5.

oder ein Liquidationsverfahren einzuleiten.[135] Für beide Formen der Wiedereintragung beträgt die Frist sechs Jahre nach Beendigung der Gesellschaft, ssec. 1024 (4), 1030 (4) CA 2006. Wird die Gesellschaft wieder in das Register eingetragen, ist die Gesellschaft je nach Verfahren gem. sec. 1028 (1) oder gem. sec. 1032 (1) CA 2006 ex tunc wiederhergestellt. Das bedeutet, dass diese so zu behandeln ist, als wäre sie niemals aus dem Register gelöscht worden („*deemed to have continued in existence as if it had not been dissolved or struck off the register*"). Die Folgen der Wiedereintragung für das Vermögen, welches als *bona vacantia* an die Krone gefallen ist, wird in sec. 1034 CA 2006 geregelt. Durch die Wiedereintragung der Gesellschaft erlangt diese ihr ehemaliges Vermögen zurück. Gem. sec. 1034 (2) (a) (b) CA 2006 bleiben zwischenzeitliche Verfügungen über das ehemalige Gesellschaftsvermögen während der Verwaltung jedoch unberührt, die Gesellschaft erhält zum Ausgleich eine Summe, die den Vermögenswerten entspricht. Von dieser Summe können angemessene Kosten der Krone für die Veräußerung abgezogen werden, sec. 1034 (3) CA 2006.

III. Fazit

Sowohl der deutsche als auch der britische Weg der Zuordnung von Vermögen einer aus dem Register gelöschten Gesellschaft löst die Zuordnungsfrage und ermöglicht eine Abwicklung des noch vorhandenen Vermögens, wodurch den Interessen von Gläubigern und Gesellschaftern gedient wird. Damit zeigt sich, dass – wie auch schon beim Aneignungsrecht im erbrechtlichen Bereich – beide Verfahrensweisen gleichberechtigt nebeneinander bestehen und, solange es sich um einen rein nationalen Sachverhalt handelt, keine Schwierigkeiten verursachen.

135 Schall/*Schall/Günther*, CA 2006 ssec 1000–1011 Rn. 2.

2. Teil: Kollisionsrecht innerhalb der Europäischen Union

Im 2. Teil dieser Arbeit soll die Behandlung von grenzüberschreitenden Sachverhalten, in denen entweder das Aneignungsrecht im erbrechtlichen Bereich (A.) oder das Aneignungsrecht im gesellschaftsrechtlichen Bereich (B.) zu beachten ist, stattfinden.

A. Europäisches Internationales Erbrecht

Die Befassung mit der Problematik eines internationalen erbenlosen Nachlasses hat durch die Europäische Erbrechtsverordnung neue Relevanz erhalten, denn die Verordnung enthält in ihrem Art. 33 eine Vorschrift, die für diese speziellen Sachverhalte konzipiert ist.

Es stellen sich die Fragen nach der Konzeption dieser Regelung, nach den Voraussetzungen an die das Eingreifen der Regelung geknüpft ist und vor allem, inwiefern es Art. 33 EuErbVO gelingt, die durch die verschiedenen Ansätze bestehenden Konflikte im Internationalen Erbrecht zu entschärfen. Die Beantwortung dieser Fragen ist Teil der nachfolgenden Ausführungen. Allerdings soll die Betrachtung nicht dabei stehen bleiben, sondern insbesondere dort, wo die EuErbVO keine Antworten bereithält, nach möglichen Lösungen suchen.

Bevor zu den problematischen Fragestellungen vorgedrungen wird, erfolgt eine Hinführung über die EuErbVO, wobei deren wichtigste Etappen, Beweggründe und Ziele aufgezeigt werden (I.). Es folgt eine kurze Darstellung der von der EuErbVO erfassten Sachverhalte sowie der Regelungen zum Internationalen Erbrecht und zur Internationalen Zuständigkeit (II.). Um zu einem besseren Verständnis der Regelung der Verordnung für erbenlosen Nachlass zu gelangen und, um die Entwicklung der Behandlung dieser Frage zu beurteilen, erfolgt eine kurze Erläuterung der Behandlung vor Geltung der EuErbVO (III.). Im Anschluss erfolgt die eingehende Beleuchtung von Art. 33 EuErbVO (IV.), die Behandlung der Frage nach der Qualifikation von Fiskus- und Aneignungsrecht (V.) und die Suche nach der Lösung des negativen Konflikts (VI.), wobei die Lösung im deutschen Recht noch einmal gesondert betrachtet wird (VII.).

I. Die europäische Erbrechtsverordnung

Die europäische Erbrechtsverordnung gliedert sich in sieben Kapitel. Liegt ein grenzüberschreitender Sachverhalt eines erbenlosen Nachlasses vor, befinden sich die relevanten Regelungen in Kapitel I mit der Festlegung des Anwendungsbereichs und den Begriffsbestimmungen, in Kapitel II mit der Festlegung der internationalen Zuständigkeit in Erbsachen und in Kapitel III mit den Bestimmungen über das anwendbare Erbstatut.

1. Entstehungsgeschichte der Europäischen Erbrechtsverordnung

Bis hin zur Rechtsetzung der Europäischen Union im Internationalen Erbrecht sind viele Vorarbeiten notwendig gewesen, die sich über einen Zeitraum von mehr als zehn Jahren erstreckt haben. Die Kompetenz zur Vereinheitlichung des Internationalen Privatrechts in der Europäischen Union wurde durch den Vertrag von Amsterdam[136] mit Art. 65 lit. b EG-Vertrag explizit eingeführt. Maßnahmen in diesem Bereich mussten gem. Art. 67 Abs. 1 EG-Vertrag i.d.F. des Vertrages von Amsterdam einstimmig vom Rat beschlossen werden. Der Vertrag von Nizza[137] führte durch seinen Art. 67 Abs. 5 UAbs. 2 EG-Vertrag das Verfahren des Art. 251 EG-Vertrag i.d.F. des Vertrages von Nizza auch für Rechtsakte zur Vereinheitlichung des Internationalen Privatrechts unter Ausschluss der familienrechtlichen Aspekte ein. Dies ermöglichte es, Maßnahmen im Bereich des Internationalen Privatrechts durch eine qualifizierte Mehrheit im Rat zu beschließen. Für die EuErbVO spielte dies eine Rolle, da aufgrund einer Gegenstimme Maltas keine Einstimmigkeit im Rat hergestellt werden konnte.[138] Nach Unterzeichnung des Vertrages von Amsterdam findet sich schon im Wiener Aktionsplan vom 31.12.1998[139] im Teil II. Punkt 41 lit. c die Ankündigung, dass eine Prüfung der Möglichkeit, Rechtsakte betreffend die internationale Zuständigkeit, das anwendbare Recht sowie die Anerkennung und Vollstreckung gerichtlicher Entscheidungen in Güterstands- und Erbschaftssachen vorgenommen werden soll. Ein im Jahr 2001 folgendes Maßnahmenprogramm des Rates[140] sah unter Abschnitt D. die Ausarbeitung eines entsprechenden Rechtsinstruments vor. Es folgte eine rechtsvergleichende Studie des Deutschen Notarinstituts zu den erbrechtlichen Regelungen, den

---

136 Vertrag von Amsterdam zur Änderung des Vertrags über die Europäische Union, der Verträge zur Gründung der Europäischen Gemeinschaften sowie einiger damit zusammenhängender Rechtsakte, ABl. 1997 C 340, S. 1.

137 Konsolidierte Fassung des Vertrags über die Europäische Union, ABl. 2002 C 325, S. 5.

138 Vgl. *Lechner*, ZErb 2014, 188, 190.

139 ABl. 1999 C 19.

140 ABl. 2001 C 12.

Internationalen Verfahrensrecht und Internationalen Privatrecht der Mitgliedstaaten der Europäischen Union,[141] die von der Europäischen Kommission in Auftrag gegeben und in Zusammenarbeit von Heinrich Dörner und Paul Lagarde verfasst wurde. Diese Studie schlägt in ihrer Zusammenfassung unter 2. die Harmonisierung des Internationalen Erbrechts der Europäischen Mitgliedstaaten vor.[142] Die Kommission legte anschließend am 1.3.2005 ein Grünbuch zum Erb- und Testamentsrecht[143] vor. Dieses Grünbuch sollte eine umfassende Konsultation der Öffentlichkeit zu Fragen der gesetzlichen und testamentarischen Erbfolge mit Auslandsbezug ermöglichen.[144] Es folgte eine Beteiligung des Europäischen Parlaments, die in einen Bericht mit Empfehlungen an die Kommission zum Erb- und Testamentrecht[145] (sog. *Gargani-Report*) mündete. In diesem forderte das Europäische Parlament die Kommission auf, einen Legislativvorschlag vorzulegen.[146] Am 14.10.2009 erfolgte dann der offizielle Vorschlag der Kommission zur Verabschiedung einer Verordnung im Internationalen Erbrecht[147]. Schlussendlich führten diese umfangreichen Vorarbeiten zur Verabschiedung der EuErbVO[148] am 4.7.2012 gemäß dem ordentlichen Gesetzgebungsverfahren. Als Rechtsgrundlage nennt die Verordnung Art. 81 Abs. 2 des Vertrages über die Arbeitsweise der Europäischen Union (AEUV).[149] Für die EuErbVO sind die lit. a, c und f des Art. 81 Abs. 2 AEUV herangezogen worden.

---

141 Der Volltext der Studie ist im Internet abrufbar unter http://ec.europa.eu/civiljustice/publications /docs/testaments_successions_de.pdf

142 DNotI, Internationales Erbrecht in der EU, S. 184.

143 KOM (2005) 65 endg.

144 KOM (2005) 65 endg, S. 2.

145 Bericht vom 16.10.2006, Az. A6-0359/2006.

146 Bericht vom 16.10.2006, Az. A6-0359/2006, S. 4 I. 1.

147 Vorschlag für eine Verordnung der Europäischen Parlaments und des Rates über die Zuständigkeit, das anzuwendende Recht, die Anerkennung und die Vollstreckung von Entscheidungen und öffentlichen Urkunden in Erbsachen sowie zur Einführung eines Europäischen Nachlasszeugnisses, KOM (2009) 154 endg.

148 Verordnung (EU) Nr. 650/2012 des Europäischen Parlaments und des Rates vom 4.7.2012 über die Zuständigkeit, das anzuwendende Recht, die Anerkennung und Vollstreckung von Entscheidungen und die Annahme und Vollstreckung öffentlicher Urkunden in Erbsachen sowie zur Einführung eines Europäischen Nachlasszeugnisses, ABl. 2012 L 201, 107.

149 Vertrag über die Arbeitsweise der Europäischen Union ABl. EU C 115, S. 47; Art. 81 Abs. 2 AUEV ist die Nachfolgevorschrift von ex.-Art. 65 lit. b EGV.

2. Anlass zur Regelung des Internationalen Erbrechts

Der Beweggrund der Europäischen Union sich mit der Regelung des Internationalen Erbrechts zu befassen, ist insbesondere die Schwierigkeit des Erblassers seinen Nachlass zu planen, wenn es sich um einen grenzüberschreitenden Erbfall handelt.[150] Zwar sieht die Kommission die Ursache für diese Schwierigkeiten in den abweichenden materiellen Erbrechten der Mitgliedstaaten, verweist aber zugleich auf die fehlende Kompetenz zur Harmonisierung des materiellen Erbrechts in der EU.[151] Als Probleme werden sodann unter anderem die Frage nach der internationalen Zuständigkeit und die Frage nach dem anwendbaren Recht identifiziert.[152] Als bestmögliche Lösung wird letztendlich die Harmonisierung von Kollisionsnormen und Zuständigkeitsregeln herausgearbeitet.[153]

Die Kommission liefert auch Zahlen, um den Handlungsbedarf zu verdeutlichen. Es wird angenommen, dass 9–10% der jährlichen Erbfälle und damit in absoluter Zahl ca. 450 000 Erbfälle pro Jahr eine internationale Dimension aufweisen.[154] Diese Erbfälle sollen einen Gesamtwert von 123, 3 Mrd. Euro aufweisen; es wird dabei aufgrund der internationalen Dimension der Erbfälle mit Kosten von 2–5% (durchschnittlich 3%) gerechnet, zusätzlich fallen Kosten aufgrund der zeitlichen Verzögerung bei internationalen Erbfällen an.[155] Neben den erhöhten Kosten und der zeitlichen Verzögerung seien Erben bei einem grenzüberschreitenden Erbfall mit rechtlicher Unsicherheit konfrontiert.[156] Die Kosten der Verfolgung von erbrechtlichen Ansprüchen könne im Einzelfall die Grenze zur wirtschaftlichen Sinnhaftigkeit überschreiten, so dass seitens der Erben der Verzicht auf das Erbe vorteilhafter sei.[157] Das Potential einer EU-weiten Lösung wird durch eine jährliche Ersparnis von 4 Mrd. Euro beschrieben.[158] Die Kommission weist zudem darauf hin, dass das Ausmaß der geschilderten Probleme durch die weiter steigende Mobilität der europäischen Bürger innerhalb der Mitgliedstaaten weiter an Bedeutung gewinnen werde.[159] Zusammenfassend soll ein europäisches Internationales Erbrecht die Rechtsunsicherheit bei

150 SEK (2009) 411 endg, S. 2.
151 SEK (2009) 411 endg, S. 2.
152 SEK (2009) 411 endg, S. 3.
153 SEK (2009) 411 endg, S. 10.
154 SEK (2009) 411 endg, S. 4.
155 SEK (2009) 411 endg, S. 4.
156 SEK (2009) 410 final, S. 18.
157 SEK (2009) 410 final, S. 18.
158 SEK (2009) 411 endg, S. 5.
159 SEK (2009) 410 final, S. 19.

der Vererbung beseitigen, die Durchsetzung der erbrechtlichen Ansprüche der Erben beschleunigen und die anfallenden Kosten reduzieren.[160]

Für den Fall eines grenzüberschreitenden erbenlosen Nachlasses lassen sich natürlich nicht die Interessen der Erben als Begründung für den Regelungsbedarf übertragen. An die Stelle der Erben treten bei einem erbenlosen Nachlass jedoch die Nachlassgläubiger, deren Interesse an einer voraussehbaren, klaren und kostengünstigen Abwicklung des Nachlasses durchaus mit denen der Erben vergleichbar ist. Auch der Aufwand für Gerichte, die mit einem Fall des erbenlosen Nachlasses befasst sind, vor allem in Form der Einholung von Gutachten, ließe sich durch eine Regelung begrenzen. Daneben deuten die Anzahl der Erbfälle mit internationaler Dimension sowie die weiter steigende Mobilität der EU-Bürger darauf hin, dass auch das Problem von erbenlosen Nachlässen zumindest nicht sinken wird und demgemäß eine Regelung als durchaus sinnvoll zu betrachten ist.

II. Erbfälle im Rahmen der EuErbVO

In diesem Abschnitt werden die grundlegenden Regelungen der EuErbVO dargestellt. Diese sind bei jedem grenzüberschreitenden Erbfall und somit auch bei einem erbenlosen Nachlass von Bedeutung. Zunächst wird der Anwendungsbereich der EuErbVO dargestellt (1.). Der sachliche Anwendungsbereich spielt beim erbenlosen Nachlass insbesondere bei der Frage nach der Voraussetzung der Erbenlosigkeit sowie bei der Frage nach der Qualifikation des Aneignungsrechts eine Rolle. Der räumliche Anwendungsbereich ist relevant für die Unterscheidung von grundsätzlich universeller Anwendbarkeit der Kollisionsregeln (Art. 20 EuErbVO) und der Begrenzung auf Mitgliedstaaten (Art. 33 EuErbVO). Der Geltungsbereich der EuErbVO (2.) hat Relevanz für die Einordnung, welche Mitgliedstaaten als Drittstaaten zu behandeln sind, und damit ebenfalls Auswirkungen auf die Frage, in welchen Konstellationen Art. 33 EuErbVO Anwendung findet. Die Bestimmung des anzuwendenden Rechts (3.) sowie die Regeln zur internationalen Zuständigkeit (4.) sind unmittelbar bei jedem grenzüberschreitenden erbenlosen Nachlass anzuwenden.

1. Anwendungsbereich der EuErbVO

Der Anwendungsbereich wird abgesehen vom räumlich-persönlichen Anwendungsbereich in der EuErbVO selbst geregelt.

160 Vgl. auch Erwägungsgründe 7, 37, 46, 67 der EuErbVO.

a. Sachlicher Anwendungsbereich

Der sachliche Anwendungsbereich umfasst gem. Art. 1 Abs. 1 S. 1 EuErbVO „die Rechtsnachfolge von Todes wegen". Der Ausdruck „Rechtsnachfolge von Todes wegen" wird in Art. 3 Abs. 1 lit. a EuErbVO als „jede Form des Übergangs von Vermögenswerten, Rechten und Pflichten von Todes wegen, sei es im Wege der gewillkürten Erbfolge oder durch eine Verfügung von Todes wegen oder im Wege der gesetzlichen Erbfolge" definiert. Dieselbe Definition enthält auch der Erwägungsgrund[161] 9 der EuErbVO. Von dieser Definition ist der Übergang von Vermögenswerten auf Erben als auch auf Vermächtnisnehmer erfasst.[162] Weiterhin wird jegliche Ausgestaltung der Rechtsnachfolge von Todes wegen, bei der es teilweise Unterschiede in den einzelnen Mitgliedstaaten gibt, erfasst.[163]

Art. 1 Abs. 1 S. 2 EuErbVO enthält einen Ausschluss für Steuer- und Zollsachen sowie verwaltungsrechtliche Angelegenheiten. Darüber hinaus enthält Art. 1 Abs. 2 EuErbVO einen Negativkatalog. Dieser listet auf, welche Bereiche vom Anwendungsbereich der EuErbVO nicht erfasst sind. ErwG[164] 11 erwähnt diesbezüglich, dass die EuErbVO nicht für Bereiche des Zivilrechts gilt, die nicht die Rechtsnachfolge von Todes wegen betreffen; bestimmte Bereiche, die nicht in den Anwendungsbereich fallen, sollen zur Schaffung von Klarheit in der Verordnung ausdrücklich genannt werden. Zur weiteren Bestimmung des sachlichen Anwendungsbereichs kann Art. 23 EuErbVO herangezogen werden. Art. 23 EuErbVO bestimmt in Abs. 1 den Grundsatz der Nachlasseinheit und enthält in Abs. 2 einen Katalog, der die Reichweite des Erbstatuts näher umschreibt. Aus der Bestimmung der Reichweite des Erbstatuts lässt sich auch auf den Umfang des sachlichen Anwendungsbereichs schließen, da sich daraus ergibt, welche Fragen der Rechtsnachfolge von Todes wegen zuzuordnen sind.[165]

---

161 Der EuErbVO sind 83 Erwägungsgründe vorangestellt, die im Folgenden mit ErwG abgekürzt werden.

162 BeckOGK/*J. Schmidt*, EuErbVO Art. 3 Rn. 2; die Frage, ob auch Vindikationslegate unter das Erbstatut fallen, wird unter 2. Teil A IV 2 b bb behandelt.

163 BeckOGK/*J. Schmidt*, EuErbVO Art. 3 Rn. 2.

164 Die Erwägungsgründe sind Bestandteil der Verordnung und können daher zur Auslegung der Regelungen der Verordnung herangezogen werden, vgl. Calliess/Ruffert/*Wegener*, EUV Art. 19 Rn. 16.

165 MüKoBGB/*Dutta*, EuErbVO Art. 1 Rn. 2 und Art. 23 Rn. 1 mwN; vgl. Palandt/*Thorn*, EuErbVO Art. 1 Rn. 1.

b. Räumlicher Anwendungsbereich des Kollisionsrechts der EuErbVO

Der räumliche Anwendungsbereich bestimmt, welche territorialen Bezüge ein Sachverhalt aufweisen muss, damit er von der betreffenden Regelung erfasst wird.

In der EuErbVO wird ganz zu Beginn des *Kapitel III – Anzuwendendes* Recht in Art. 20 EuErbVO – *Universelle Anwendung* bestimmt, dass das nach dieser Verordnung bezeichnete Recht auch dann anzuwenden ist, wenn es nicht das Recht eines Mitgliedstaates ist. Durch diese Bestimmung wird klargestellt, dass Sachverhalte auch dann von den Kollisionsregeln der EuErbVO erfasst sind, wenn diese Bezüge zu Drittstaaten aufweisen. Umstritten ist hierbei, in welcher Ausprägung neben dem drittstaatlichen Bezug ein mitgliedstaatlicher Bezug vorhanden sein muss, damit der Sachverhalt in den räumlichen Anwendungsbereich der EuErbVO fällt.[166] Diese Problematik wird im Folgenden ausgeführt. Für Art. 33 EuErbVO hat dies Relevanz, weil dessen Anwendbarkeit im Gegensatz zu den sonstigen Vorschriften des Kapitels III auf Mitgliedstaaten beschränkt wird. Diese Beschränkung ist allerdings umstritten: teilweise wird eine Ausdehnung des Art. 33 EuErbVO auch auf Sachverhalte mit Bezügen zu Drittstaaten vorgeschlagen.[167] Aus diesem Grund ist die grundsätzliche Frage nach der Möglichkeit der Erfassung von Drittstaatensachverhalten durch die Kollisionsnormen der EuErbVO einer Betrachtung zu unterziehen.

aa. Eingrenzung der Problematik

Während reine Binnenmarktsachverhalte[168] aufgrund ihres ausschließlichen Kontexts zur Europäischen Union und damit als Kern des Regelungsbereichs europäischer Maßnahmen zweifelsfrei vom räumlichen Anwendungsbereich der EuErbVO erfasst sind, ist dies für Sachverhalte mit Drittstaatenbezug nicht unumstritten.[169] Ein solcher Bezug zu einem Drittstaat kann in unterschiedlichen Konstellationen auftreten.

Ein Drittstaatensachverhalt kann zunächst ein solcher sein, der Bezüge zu zwei verschiedenen Mitgliedstaaten und zu einem Drittstaat aufweist. Die Erfassung dieser Konstellation durch den räumlichen Anwendungsbereich europäischer

---

166 Siehe hierzu unter 2. Teil A II 1 b aa.

167 Siehe dazu unten bei 2. Teil A IV 3 c.

168 Erbrechtliche Sachverhalte mit Bezügen zu zwei oder mehreren Mitgliedstaaten iSd EuErbVO.

169 Dies ist abhängig von der umstrittenen Frage, ob die EU über die primärrechtliche Kompetenz verfügt, einen Sachverhalt zu regeln, der nur einen Mitgliedstaat berührt, vgl. dazu unter 2. Teil A II 1 b cc.

Kollisionsnormen wird nicht in Frage gestellt, weil auch das Verhältnis zweier Mitgliedstaaten untereinander betroffen ist.[170] Weiter besteht die Möglichkeit, dass ein Sachverhalt Bezüge zu nur einem Mitgliedstaat und einem Drittstaat aufweist. Hierbei handelt es sich um die streitige Konstellation, bei der sich die Frage nach der primärrechtlichen Kompetenz der EU zur Regelung dieser Fälle stellt. Die Erfassung solcher Sachverhalte ist von der Entscheidung dieser Frage abhängig. Darüber hinaus wird noch eine dritte Konstellation angeführt: ein Drittstaatensachverhalt könne auch ein solcher sein, bei dem nur Bezüge zu Drittstaaten bestehen.[171] Bei diesen Sachverhalten wird es jedoch an einer internationalen Zuständigkeit mitgliedstaatlicher Gerichte fehlen,[172] so dass sich die Frage, ob die Kollisionsnormen der EuErbVO die Anwendung des drittstaatlichen Rechts erfassen dürfen, nicht stellt. Außerdem besteht kein qualitativer Unterschied zu dem Fall, der sich zwischen nur einem Mitgliedstaat und einem Drittstaat abspielt. In beiden Fällen kann das Fehlen eines Verhältnisses der Mitgliedstaaten untereinander und damit einhergehend die Frage nach der primärrechtlichen Kompetenz zur Schaffung von einschlägigen Kollisionsnormen diskutiert werden. Folglich wird nur die Konstellation behandelt, bei der Bezüge zu nur einem Mitgliedstaat und einem Drittstaat bestehen.

---

170 Vgl. *Basedow*, CML Rev. 2000, 687, 702; *Greeske*, Die Kollisionsnormen der neuen EU-Erbrechtsverordnung, 2014, S. 23; noch zur alten Rechtslage *Herweg*, Die Vereinheitlichung des internationalen Erbrechts im europäischen Binnenmarkt, 2004, S. 232; *Kindler*, IPRax 2010, 44, 48: als Beispiel nennt *Kindler* einen Fall, bei dem nur Bezug zu einem Mitgliedstaat und einem Drittstaat besteht; *Leible/Staudinger*, EuLF 2000/01, 225, 230.

171 *Majer*, ZEV 2011, 445, 447 der diese als *reine Drittstaatensachverhalte* bezeichnet und nur bei diesen die Frage nach der europarechtlichen Regelungskompetenz aufwirft, während er Drittstaatensachverhalte im Verhältnis zwischen einem Mitgliedstaat und einem Drittstaat problemlos als erfasst ansieht.

172 ErwG 30 der EuErbVO erklärt die Zuständigkeiten der VO als abschließend; Aus Art. 11 EuErbVO und ErwG 31 der EuErbVO ergibt sich, dass mitgliedstaatliche Gerichte nur in Ausnahmefällen für eine Erbsache mit einem engen Bezug zu einem Drittstaat zuständig sind. Im Umkehrschluss besteht daher in der Regel keine Zuständigkeit mitgliedstaatlicher Gerichte, wenn die Erbsache lediglich Bezüge zu Drittstaaten aufweist; siehe auch *Majer*, ZEV 2011, 445, 447 der die Relevanz dieses Problems davon abhängig macht, ob ein Rückgriff auf nationale Zuständigkeitsnormen möglich und damit die Zuständigkeit eines mitgliedstaatlichen Gericht gegeben ist; eine Restzuständigkeit des mitgliedstaatlichen Zuständigkeitsrecht verbleibt jedoch nicht: statt vieler MüKoBGB/*Dutta*, EuErbVO Vorbem. zu Art. 4 Rn. 24 mwN.

bb. Erfassung von Drittstaatensachverhalten durch die EuErbVO

Zunächst ist festzustellen, wie sich die EuErbVO selbst zu der streitigen Konstellation des Drittstaatensachverhalts verhält.

Die Bestimmung des Art. 20 EuErbVO enthält keine Beschränkung auf Drittstaatensachverhalte mit Bezug zu zwei verschiedenen Mitgliedstaaten.[173] Es werden dem Wortlaut des Art. 20 EuErbVO folgend also jegliche internationalen Erbfälle durch den räumlichen Anwendungsbereich der Kollisionsnormen erfasst, wenn die Zuständigkeit eines mitgliedstaatlichen Gerichts gegeben ist. In ErwG 7 wird das Funktionieren des Binnenmarktes als Argument für die Schaffung der EuErbVO verwendet. Zudem wird der europäische Rechtsraum erwähnt, der den Bürgern eine sichere Planung ihres Nachlasses ermöglichen soll. Diese Begrifflichkeiten vermitteln den Eindruck, dass sich die EuErbVO in ihrem Anwendungsbereich auf Sachverhalte mit Bezügen zu mehreren Mitgliedstaaten und damit auf solche mit territorialem Bezug zum Binnenmarkt beschränkt. Allerdings schließt das Argument des funktionierenden Binnenmarkts nicht aus, dass darüber hinaus auch Fälle geregelt werden sollen, die sich auf Drittstaaten beziehen. Die Nennung des europäischen Rechtsraums kann zudem so interpretiert werden, dass ein vollständig einheitliches Internationales Erbrecht angestrebt wird. Ließe man aber bei Drittstaatensachverhalten neben der EuErbVO das autonome Kollisionsrecht der Mitgliedstaaten anwendbar, wäre das Ziel eines europäischen Rechtsraums aufgrund der weiterhin bestehenden Divergenzen zwischen den Mitgliedstaaten gefährdet. In ErwG 37 wird zu Beginn zwar auf die Vorteile des Binnenmarkts Bezug genommen, jedoch am Ende explizit gefordert, dass zur Schaffung von Rechtssicherheit das Kollisionsrecht auch Drittstaatenfälle erfassen soll. Damit wird die gem. Art. 20 EuErbVO universelle Anwendung der Kollisionsnormen bestätigt. ErwG 80 erwähnt neben der Freizügigkeit, die sichergestellt werden soll, noch einen Unions-Kontext, in dem der Nachlass geregelt werden soll. Augenscheinlich sind dies Aspekte, die im streitigen Drittstaatensachverhalt keine Rolle spielen, da sich das Ziel der Freizügigkeit auf die Mitgliedstaaten beschränkt. Dabei ist aber zu beachten, dass sich ErwG 80 auf das Prinzip der Subsidiarität und dem Prinzip der Verhältnismäßigkeit bezieht und begründen möchte, dass diesen Prinzipen entsprochen wird. In diesem Kontext bedarf es zuvörderst eines Belegs, weshalb eine Regelung im mitgliedstaatlichen Rahmen erforderlich ist. Die Nennung von

173 Vgl. Bonomi/Wautelet/*Bonomi*, EuErbVO Art. 20 Rn. 3; MüKoBGB/*Dutta*, EuErbVO Art. 20 Rn. 1; jurisPK-BGB/*Eichel*, EuErbVO Art. 1 Rn. 22; *Majer*, ZEV 2011, 445, 447 beckOGK/*J. Schmidt*, EuErbVO Art. 1 Rn. 10.

Freizügigkeit und die Bezugnahme auf einen Unions-Kontext sind daher nicht als Einschränkung des Anwendungsbereichs zu verstehen. Folglich ergibt sich neben Art. 20 EuErbVO, der ausdrücklich alle Internationale Erbrechtsfälle in der EU vom Anwendungsbereich der Kollisionsnormen erfassen möchte, auch keine Beschränkung aus den der Verordnung vorangestellten ErwG.

cc. Primärrechtliche Zulässigkeit der Erfassung von Drittstaatensachverhalten

Fraglich ist indessen, ob die EU über die Kompetenz verfügt, jegliche Sachverhalte in den Anwendungsbereich des Kollisionsrechts miteinzubeziehen. Die Kompetenzgrundlage der EuErbVO ist Art. 81 AEUV.

Bei der Diskussion, ob Maßnahmen, die auf Art. 81 AEUV gestützt sind, auch Drittstaatensachverhalte erfassen können, mithin Art. 81 AEUV die Schaffung allseitiger Kollisionsnormen (universelle Anwendung) abdeckt, handelt es sich um eine Fortführung zur Diskussion um die vorherige Kompetenzgrundlage in Art. 65 des Vertrages zur Gründung der Europäischen Gemeinschaft (EGV) a.F.[174] Im Gegensatz zum heutigen Art. 81 AEUV setzte Art. 65 EGV a.F. für ein Tätigwerden der Europäischen Gemeinschaft voraus, dass dies „für das reibungslose Funktionieren des Binnenmarkts erforderlich“ ist. Aufgrund dieser Formulierung stellte sich die Frage, ob Kollisionsnormen mit universeller Anwendung einen Bezug zum Binnenmarkt aufwiesen und damit die oben genannte Voraussetzung der Kompetenznorm erfüllten. Zum Teil wurde das Kriterium des Binnenmarktbezuges eng ausgelegt mit der Folge, dass Art. 65 EGV a.F. nicht als taugliche Kompetenzgrundlage für allseitige Kollisionsnormen angesehen wurde.[175] Nach anderer Ansicht bildete Art. 65 EGV a.F. eine taugliche Kompetenzgrundlage für solche Kollisionsnormen.[176] Entweder wurde das Kriterium des Binnenmarktbezugs nicht als Einschränkung verstanden, also weit ausgelegt, oder auch bei Drittstaatensachverhalten ein ausreichender Bezug zum Binnenmarkt festgestellt. Die Rechtsprechung des EuGH im Fall *Owusu*[177]

---

174 ABl. 2002 C 325, S. 33.

175 Vgl. *Herweg*, Die Vereinheitlichung des internationalen Erbrechts im europäischen Binnenmarkt, 2004, S. 23; *Remien*, CML Rev. 2001, 53, 75f.

176 *Mansel*, Festschrift für Prof. Dr. Tuğrul Ansay'a Armağan 2006 (Ankara), 185, 195f.; *Roth*, EWS 2011, 314, 317; *Struycken*, ZEuP 2004, 276, 278, der das Merkmal „Binnenmarkt“ in Art. 65 EGV a.F. als Hervorhebung für das Prinzip der Subsidiarität ansieht und insofern darin keine Aussage über die Rechtssetzungskompetenz bzgl. allseitiger Kollisionsnormen erblickt.

177 EuGH 1.3.2005, Rs. C-281/02, Slg. 2005, I-1383–*Andrew Owusu/N.B. Jackson*.

stärkte die Sichtweise, die das Kriterium des Binnenmarktbezugs nicht als Hindernis für die Schaffung von allseitigen Kollisionsnormen ansah. In dem vom EuGH behandelten Fall handelte es sich zwar um Zuständigkeitsvorschriften des Brüsseler Übereinkommens, dennoch lassen sich die Aussagen des EuGH auf allseitige Kollisionsnormen übertragen. Der EuGH bestätigte, dass die einheitlichen Zuständigkeitsvorschriften im Rahmen des Brüsseler Übereinkommens zum Funktionieren des Binnenmarkts beitrügen[178]; dies schließe aber nicht die Anwendung auf Sachverhalte aus, die nicht den Binnenmarkt in seinem Verständnis als das Verhältnis mehrerer Mitgliedstaaten untereinander betreffen.[179] Als Begründung führte der EuGH an, dass durch die Vereinheitlichung der Zuständigkeitsvorschriften Kompetenzkonflikte vermieden werden und damit die Hemmnisse für das Funktionieren des Binnenmarkts beseitigt werden, die sich aus den Unterschieden der nationalen Rechtsordnungen ergeben.[180] Der EuGH geht mit dieser Begründung über das enge Verständnis bezüglich eines Binnenmarktbezugs hinaus. Mithin werden auch der Erfassung von Sachverhalten, die sich zwischen einem Mitgliedstaat und einem Drittstaat abspielen, positive Auswirkungen auf das Funktionieren des Binnenmarkts zugesprochen. Diese Aussage lässt sich auf allseitige Kollisionsnormen entsprechend übertragen[181]: Die Hemmnisse für das Funktionieren des Binnenmarkts, die sich aus den Unterschieden der nationalen Rechtsordnungen ergeben, können zumindest durch die Schaffung allseitiger Kollisionsnormen abgemildert werden.

Der Vertrag von Amsterdam führte neben einer neuen Nummerierung auch zu einer neuen Formulierung der betreffenden Kompetenz in Art. 81 AEUV. Art. 81 Abs. 2 AEUV erklärt nun die Ergreifung von Maßnahmen in Bereich des Internationalen Privatrechts für möglich, „insbesondere, wenn dies für das reibungslose Funktionieren des Binnenmarkts erforderlich ist". Diese neue Formulierung führte nach nahezu einhelliger Meinung in der Literatur zu einer Abschwächung der Voraussetzungen der Kompetenzgrundlage: Die Einfügung von „insbesondere" verdeutliche, dass es sich bei dem Kriterium des Binnenmarktbezugs lediglich um ein hervorgehobenes Regelungsziel oder -beispiel handele, das durch die Schaffung von einheitlichen europäischen Kollisionsnormen

178 EuGH 1.3.2005, Rs. C-281/02, Slg. 2005, I-1383–*Andrew Owusu/N.B. Jackson,* Tz. 33.

179 EuGH 1.3.2005, Rs. C-281/02, Slg. 2005, I-1383–*Andrew Owusu/N.B. Jackson,* Tz. 34.

180 EuGH 1.3.2005, Rs. C-281/02, Slg. 2005, I-1383–*Andrew Owusu/N.B. Jackson,* Tz. 34.

181 Vgl. Streinz/*Leible*, AEUV Art. 81 Rn. 12 der die Entscheidung des EuGH in diesem Zusammenhang erwähnt.

verfolgt werden darf.[182] Damit sei die Möglichkeit geschaffen worden neben der Förderung des Binnenmarktes weitere Ziele zu verfolgen, wodurch ein breiteres Anwendungsfeld für die Schaffung von Kollisionsnormen entstanden sei.[183] Insgesamt habe diese Neuformulierung zur Folge, dass sich die umstrittene Frage nach der kompetenzrechtlichen Grundlage in Bezug auf europäisches IPR bei Drittstaatensachverhalten erledigt habe.[184]

Vereinzelt wird jedoch weiterhin die kompetenzrechtliche Reichweite für Drittstaatensachverhalte angezweifelt.[185] Gegen die Verneinung einer einschlägigen Regelungskompetenz spricht jedoch der eindeutige Wortlaut. Die Einfügung von „insbesondere" verdeutlicht, dass die Förderung des Binnenmarkts einen Schwerpunkt der Maßnahmen darstellt, jedoch daneben die Möglichkeit besteht weitere Ziele zu verfolgen. Untermauert wird dieser Wortlaut durch das Vorhandensein der vielschichtigen Zielsetzungen, die durch die Europäische Union verfolgt werden sollen. Zu diesen gehört gem. Art. 3 Abs. 2 EUV und gem. Art. 67 Abs. 1 AEUV das Ziel der EU, einen Raum der Freiheit, der Sicherheit und des Rechts zu bilden. Dieser einheitliche Raum des Rechts und die damit zusammenhängende Erhöhung der Rechtssicherheit kann im international-privatrechtlichem Bereich allerdings nur durch allseitige Kollisionsnormen erreicht werden, da ansonsten ein Anwendungsbereich der jeweiligen

---

182 Vgl. *Dutta*, EuZW 2010, 530, 531; Grabitz/Hilf/Nettesheim/*Hess*, AEUV Art. 81 Rn. 7; *Jayme*, IPRax 2008, 72; Streinz/*Leible*, AEUV Art. 81 Rn. 11; von der Groeben/Schwarze/Hatje/*Lenzing*, AEUV Art. 81 Rn. 6; Calliess/Ruffert/*Rossi*, AEUV Art. 81 Rn. 13f.; *Roth*, EWS 2011, 314, 317; beckOGK/*J. Schmidt*, EuErbVO Art. 1 Rn. 10; *Wagner*, IPRax 2007, 292.

183 Streinz/*Leible*, AEUV Art. 81 Rn. 11 weist darauf hin, dass hierdurch die Begründung für den Erlass von Maßnahmen in wirtschaftsfernen Bereichen erleichtert wird; Calliess/Ruffert/*Rossi*, AEUV Art. 81 Rn. 13 spricht von einer eher kompetenzbegründenden Funktion dieses Kriteriums.

184 *Dutta*, EuZW 2010, 530, 531; MüKoBGB/*von Hein*, EGBGB Art. 3 Rn. 36; *Jayme*, IPRax 2008, 72; Streinz/*Leible*, AEUV Art. 81 Rn. 9; von der Groeben/Schwarze/Hatje/*Lenzing*, AEUV Art. 81 Rn. 6; auch *Majer*, ZEV 2011, 445, 448; Calliess/Ruffert/*Rossi*, AEUV Art. 81 Rn. 14; *Roth*, EWS 2011, 314, 318; *Wagner*, IPRax 2007, 292; *Wilke*, GPR 2012, 334, 335; *ders.*, RIW 2012, 601, 608.

185 Zustimmend, dass stets ein Binnenmarktbezug erforderlich ist, diesen in Drittstaatensachverhalten aber nicht ausschließend *Greeske*, Die Kollisionsnormen der neuen EU-Erbrechtsverordnung, 2014, S. 24f.; *Kindler*, IPRax 2010, 44, 48; *Majer*, ZEV 2011, 445, 448f. verneint eine Kompetenz der EU für Drittstaatensachverhalte aufgrund der Prinzipien der Subsidiarität und Verhältnismäßigkeit.

unterschiedlichen nationalen Kollisionsnormen verbleiben würde.[186] Zudem fehlt es schon an einer europarechtlichen Definition eines Drittstaatensachverhalts. Die Feststellung, wann nun ein reiner Drittstaatensachverhalt vorliegt und wann noch ein ausreichender Bezug zu einem oder mehreren Mitgliedstaaten gegeben ist, würde folglich den zuständigen mitgliedstaatlichen Gerichten obliegen. Die Gefahr der uneinheitlichen Entscheidung führt zu einer Erhöhung der Rechtsunsicherheit für die Parteien.[187] Auch der Auffassung, dass die Schaffung allseitiger Kollisionsnormen dem bei allen Rechtssetzungsakten zu beachtenden Prinzipien der Subsidiarität und Verhältnismäßigkeit gem. Art. 5 Abs. 1 EUV widersprechen,[188] ist nicht zu folgen. Denn die verfolgten Ziele, der Schaffung eines Raums des Rechts und der Erhöhung der Rechtssicherheit und Vermeidung des forum shopping durch vereinheitlichtes Kollisionsrecht in den Mitgliedstaaten, ist durch eine Gesetzgebung der einzelnen Mitgliedstaaten nur schwerlich zu erreichen, so dass ein Verstoß gegen den Grundsatz der Subsidiarität gem. Art. 5 Abs. 3 EUV ausgeschlossen ist.[189] Ein Verstoß gegen das Prinzip der Verhältnismäßigkeit gem. Art. 5 Abs. 4 EUV ist ebenfalls nicht ersichtlich.

dd. Ergebnis

Der räumliche Anwendungsbereich der EuErbVO ist auch eröffnet, sobald bei einer Rechtsnachfolge von Todes wegen ein Bezug zu nur einem Mitgliedstaat vorhanden ist. Das heißt, dass auch bei Bezügen zu Drittstaaten die EuErbVO zur Bestimmung des anzuwendenden Sachrechts heranzuziehen ist und dabei auch drittstaatliches Sachrecht für anwendbar erklärt werden kann. Als Folge verdrängt die EuErbVO vollständig das autonome Internationale Erbrecht der Mitgliedstaaten.[190]

---

186 Vgl. *Herweg*, Die Vereinheitlichung des internationalen Erbrechts im europäischen Binnenmarkt, 2004, S. 232 die dies jedoch lediglich als Praktikabilitätserwägung ansieht; vgl. Streinz/*Leible*, AEUV Art. 81 Rn. 12.

187 Vgl. *Dörner*, ZEV 2010, 221, 222, der die Vermeidung dieser Abgrenzungsfrage befürwortet; *Mansel*, Festschrift für Prof. Dr. Tuğrul Ansay'a Armağan 2006 (Ankara), 185, 197.

188 *Kindler*, IPRax 2010, 44, 48; *Majer*, ZEV 2011, 445, 448f.

189 Vgl. *Roth*, EWS 2011, 314, 319.

190 MüKoBGB/*Dutta*, EuErbVO Vorbem. zu Art. 20 Rn. 66; *ders.*, FamRZ 2013, 4, 8; *Janzen*, DNotZ 2012, 484, 493; *Müller-Lukoschek*, Die neue EU-Erbrechtsverordnung, [2]2015 § 2 Rn. 15; *Richters*, ZEV 2012, 576.

c. Zeitlicher Anwendungsbereich

Der zeitliche Anwendungsbereich ist durch die EuErbVO selbst geregelt. Art. 84 UAbs. 1 EuErbVO bestimmt, dass diese am zwanzigsten Tag nach Veröffentlichung im Amtsblatt der Europäischen Union in Kraft tritt. Dies entspricht der Grundregel des Art. 297 Abs. 1 UAbs. 3 AEUV. Der Beginn der Geltung der EuErbVO ist, mit einigen wenigen Ausnahmen, gem. Art. 84 UAbs. 2 EuErbVO der 17. August 2015. Ab diesem Zeitpunkt sind die Vorschriften der Verordnung anzuwenden. Von dieser zeitlichen Geltung der Verordnung ist die Regelung in Art. 83 Abs. 1 EuErbVO zu unterscheiden, die festlegt auf welche Sachverhalte die Vorschriften der Verordnung in zeitlicher Hinsicht anzuwenden sind (intertemporale Anwendbarkeit).[191] Art. 83 Abs. 1 EuErbVO bestimmt, dass die Vorschriften der Verordnung auf die Rechtsnachfolge von Personen Anwendung findet, die am 17. August 2015 oder danach verstorben sind. In den Abs. 2–4 des Art. 83 EuErbVO sind Regelungen enthalten, die die Gültigkeit einer Rechtswahl oder einer Verfügung von Todes wegen vor Anwendbarkeit der Verordnung betreffen. Dadurch soll Rechtssicherheit und Vertrauensschutz für die Erblasser trotz der Einführung der EuErbVO gewährleistet werden.[192]

2. Geltungsbereich der EuErbVO

Der Geltungsbereich der EuErbVO bestimmt, in welchen Ländern die Verordnung gilt und damit von den Gerichten und Behörden des jeweiligen Landes anzuwenden ist.

a. Grundsätzlicher Geltungsbereich europäischer Verordnungen

Bei der Europäischen Erbrechtsverordnung handelt es sich um eine Verordnung gem. Art. 288 Abs. 2 AEUV. Demnach hat die Verordnung allgemeine Geltung. Sie ist damit in allen ihren Teilen verbindlich und gilt in jedem Mitgliedstaat der Europäischen Union unmittelbar. Die allgemeine Geltung führt dazu, dass die Verordnungen grundsätzlich in allen Mitgliedstaaten gelten.[193] Für Maßnahmen im Bereich der justiziellen Zusammenarbeit sind allerdings Besonderheiten bezüglich einzelner Mitgliedstaaten zu beachten, die den Geltungsbereich der betreffenden Maßnahmen beschränken.

---

191 MüKoBGB/*Dutta*, EuErbVO Art. 84 Rn. 2; beckOGK/*J. Schmidt*, EuErbVO Art. 84 Rn. 2.

192 Vgl. MüKoBGB/*Dutta*, EuErbVO Art. 83 Rn. 1; Palandt/*Thorn*, EuErbVO Art. 83 Rn. 1.

193 Grabitz/Hilf/Nettesheim/*Nettesheim*, AEUV Art. 288 Rn. 99.

b. Besonderheiten im Bereich der justiziellen Zusammenarbeit

Gem. Art. 1 des dem AEUV beigefügten Protokolls Nr. 21[194] beteiligen sich das Vereinigte Königreich und Irland nicht an der Annahme von Maßnahmen des *Dritten Teil Titel V* des AEUV. Im *Dritten Teil Titel V* ist die justizielle Zusammenarbeit in Zivilsachen im Rahmen des Raums der Freiheit, der Sicherheit und des Rechts geregelt. In diesem Teil befindet sich auch die Ermächtigungsgrundlage für die EuErbVO, Art. 81 AEUV. Gem. Art. 2 des Protokolls Nr. 21 zum AEUV sind solche Maßnahmen für das Vereinigte Königreich und Irland nicht bindend und anwendbar und berühren nicht die Zuständigkeiten, Rechte und Pflichten dieser Staaten. Gem. Art. 3 Abs. 1 und gem. Art. 4 des Protokolls Nr. 21 zum AEUV besteht die Möglichkeit der Beteiligung des Vereinigten Königreichs und Irlands an Maßnahmen der justiziellen Zusammenarbeit (sog. „*opt-in*").[195] ErwG 82 EuErbVO stellt klar, dass seitens des Vereinigten Königreichs und Irlands ein „opt-in" nicht erklärt worden ist.

Gem. Art. 1 des Protokolls Nr. 22[196] beteiligt sich Dänemark ebenfalls nicht an der Annahme von Maßnahmen bezüglich der justiziellen Zusammenarbeit. Solche Maßnahmen sind für Dänemark gem. Art. 2 des Protokolls Nr. 22 nicht bindend und anwendbar und berühren nicht die Zuständigkeiten, Rechte und Pflichten Dänemarks. Dänemark verfügt gem. dem Protokoll Nr. 22 zum AEUV nicht über die Möglichkeit eines *opt-ins* bezüglich einzelner Maßnahmen im Bereich der justiziellen Zusammenarbeit. Gem. Art. 7 des Protokolls Nr. 22 zum AEUV kann Dänemark lediglich mitteilen, dass es von dem Protokoll ganz oder zum Teil keinen Gebrauch mehr machen möchte. Die Folge dieser Mitteilung wäre allerdings die Anwendbarkeit aller einschlägigen Maßnahmen für Dänemark.[197] Darüber hinaus besteht für Dänemark die Möglichkeit gem. Art. 8 des Protokolls Nr. 22 zum AEUV mitzuteilen, dass Teil I des Protokolls Nr. 22 aus den Bestimmungen des Anhangs zum Protokoll Nr. 22 besteht. Das hätte zur Folge, dass Dänemark gem. Artt. 3 und 4 des Anhangs zum Protokoll Nr. 22 die Möglichkeit eines partiellen *opt-ins* erhalten würde. Ein Referendum in Dänemark vom 3.12.2015, in dem es unter anderem um die Frage des *opt-ins* ging, wurde mehrheitlich abgelehnt, so dass es weiterhin bei der Sonderrolle Dänemarks bleibt.[198]

---

194 ABl. C 115, S. 295.

195 Vgl. auch ErwG 82.

196 ABl. C 115, S. 299.

197 Vgl. auch ErwG 83, in dem nicht die Möglichkeit eines gezielten opt-ins seitens Dänemarks erwähnt wird.

198 *Mansel/Thorn/Wagner*, IPRax 2016, 1, 3.

c. Bedeutung der Begrenzung des räumlichen Geltungsbereichs

Diese Sonderstellung des Vereinigten Königreichs, Irlands und Dänemarks führt zu der Frage, wie diese Staaten im Rahmen der EuErbVO zu behandeln sind. Die EuErbVO enthält hierzu keine explizite Bestimmung. Um der Sonderstellung dieser Mitgliedstaaten und der damit einhergehenden fehlenden Bindung an Maßnahmen im Bereich der justiziellen Zusammenarbeit zu entsprechen, können diese nicht als Mitgliedstaaten i.S.d. EuErbVO behandelt werden. Ansonsten würden Vorschriften, die auf einen Mitgliedstaat verweisen, auf diese Staaten angewandt,[199] was jedoch gerade durch die ausgehandelten Protokolle vermieden werden soll. Das Vereinigte Königreich, Irland und Dänemark sind daher in Bezug auf die EuErbVO wie Drittstaaten, also andere Nicht-Mitgliedstaaten der EU, zu behandeln.[200] Das bedeutet, dass Gerichte des Vereinigten Königreichs, Irlands und Dänemarks die EuErbVO bei grenzüberschreitenden Fällen der Rechtsnachfolge von Todes wegen nicht anwenden, sondern das jeweilige autonome Internationale Zuständigkeits- und Erbrecht heranziehen. Gerichte der beteiligten Mitgliedstaaten können aber durch die gem. Art. 20 EuErbVO universell anwendbaren Kollisionsnormen auf das Recht dieser Staaten verwiesen werden. Im Wortlaut des Art. 33 EuErbVO hingegen ist eine Beschränkung auf Mitgliedstaaten enthalten.[201]

---

199 Z.B. enthält Art. 4 EuErbVO die Bestimmung darüber, wann die Gerichte der Mitgliedstaaten zuständig sind; verstünde man unter Mitgliedstaaten auch das Vereinigte Königreich, Irland und Dänemark, könnten andere mitgliedstaatliche Gerichte die Gerichte des Vereinigten Königreichs, Irlands oder Dänemarks gem. Art. EuErbVO für zuständig halten, obwohl diese nicht an die EuErbVO gebunden sind, vgl. MüKoBGB/*Dutta*, EuErbVO Vorbem. zu Art. 1 Rn. 29.

200 Bajons/Fischer-Czermak/Fucik, Europäische Erbrechtsverordnung, S. 23; Bonomi/Wautelet/*Bonomi*, EuErbVO Introduction Rn. 16, Art. 3 Rn. 4; *Döbereiner*, MittBayNot 2013, 358, 359; MüKoBGB/*Dutta*, EuErbVO Vorbem. zu Art. 1 Rn. 29; *ders.*, FamRZ 2013, 4; jurisPK-BGB/*Eichel*, EuErbVO Art. 1 Rn. 21; *Janzen*, DNotZ 2012, 484; NK-NachfolgeR/*Köhler*, EuErbVO Art. 3 Rn. 2; *Lehmann*, ZErb 2013, 25; *Pintens*, Erbfälle unter Geltung der Europäischen Erbrechtsverordnung, 2014, S. 4; beckOGK/*J. Schmidt*, EuErbVO Art. 1 Rn. 7 mwN; vgl. auch *Simon/Buschbaum*, NJW 2012, 2393; *Richters*, ZEV 2012, 576, 577; Palandt/*Thorn* EuErbVO Vorbem. Rn. 1; *Wilke*, RIW 2012, 601f.

201 Siehe ausführlich dazu unten bei 2. Teil A IV 3 c.

3. *Bestimmung des anzuwendenden Rechts*

Die Artt. 21–33 EuErbVO enthalten die Kollisionsnormen der EuErbVO. Die grundlegenden Kollisionsnormen bilden dabei die Artt. 21–23 EuErbVO. Art. 22 Abs. 1 EuErbVO ermöglicht die subjektive Bestimmung des anzuwendenden Rechts. Der Erblasser kann eine Rechtswahl bezüglich des für die Rechtsnachfolge von Todes wegen anzuwendenden Rechts treffen, allerdings beschränkt auf das Recht eines Staates, dessen Staatsangehörigkeit der Erblasser innehat. Ist seitens des Erblassers keine Rechtswahl erfolgt, bestimmt sich das anzuwendende Recht objektiv nach der allgemeinen Kollisionsnorm des Art. 21 EuErbVO. Gem. Art. 21 Abs. 1 EuErbVO ist das Recht des Staates anzuwenden, in dem der Erblasser im Zeitpunkt seines Todes seinen letzten gewöhnlichen Aufenthalt hatte. Art. 21 Abs. 2 EuErbVO enthält eine Ausnahmeregelung zu Abs. 1, indem bei einer offensichtlich engeren Beziehung zu einem anderen Staat als dem nach Abs. 1 bestimmten, dessen Recht anzuwenden ist. Art. 23 Abs. 1 EuErbVO bestimmt die Reichweite des nach Art. 21 EuErbVO oder nach Art. 22 EuErbVO anzuwendenden Rechts. Es soll die gesamte Rechtsnachfolge von Todes wegen diesem Recht unterliegen. Damit folgt die EuErbVO dem Konzept der Nachlasseinheit.[202] In Art. 23 Abs. 2 EuErbVO werden einige erbrechtliche Bereiche genannt, die der Rechtsnachfolge von Todes wegen angehören und damit dem anzuwendenden Recht unterliegen. Durch die Einfügung von „insbesondere" wird verdeutlicht, dass es sich nicht um eine abschließende Aufzählung handelt. In den Artt. 24–33 EuErbVO sind Sonderkollisionsnomen enthalten, die Fälle betreffen, in denen die allgemeinen Anknüpfungen nicht passen.[203] Artt. 31, 34, 35, 36 EuErbVO enthalten Regelungen, die den Allgemeinen Teil des Kollisionsrechts betreffen.[204]

4. *Internationale Zuständigkeit*

Die EuErbVO enthält in *Kapitel II – Zuständigkeit* Regelungen für die Zuständigkeit von Gerichten bei grenzüberschreitenden Erbfällen. Art. 4 und Art. 10 EuErbVO enthalten dabei die grundsätzlichen Zuständigkeitsregeln, während Artt. 5–9 EuErbVO und Artt. 11–13 EuErbVO einige Ausnahmen enthalten. Die Zuständigkeitsregeln der EuErbVO verfolgen das Ziel eines Gleichlaufs von

---

202 ErwG 37 S. 4 EuErbVO; *Dutta*, FamRZ 2013, 4, 9; *Wilke*, RIW 2012, 601, 607.
203 *Dutta*, FamRZ 2013, 4, 9
204 Vgl. *Looschelders*, in: FS Coester-Waltjen 2015, 531.

internationaler Zuständigkeit und anwendbaren Recht.[205] Art. 4 EuErbVO erklärt demnach die Gerichte des Mitgliedstaates für zuständig, in dem der Erblasser im Zeitpunkt seines Todes seinen letzten gewöhnlichen Aufenthalt hatte und nutzt damit das gleiche Kriterium wie bei der Bestimmung des anzuwendenden Rechts. Hat der Erblasser bezüglich des anzuwendenden Rechts eine Rechtswahl gem. Art. 22 EuErbVO getroffen, besteht die Möglichkeit der Zuständigkeit der Gerichte des Mitgliedstaates dessen Recht gewählt wurde, Artt. 5–9 EuErbVO. Dadurch wird verhindert, dass bei einer Rechtswahl des Erblassers die Gerichte des Mitgliedstaates seines letzten gewöhnlichen Aufenthalts zuständig sind, und anwendbares Recht und Zuständigkeit auseinanderfallen.[206]

Art. 10 EuErbVO ermöglicht unter bestimmten Voraussetzungen die Zuständigkeit eines mitgliedstaatlichen Gerichts, auch wenn der Erblasser seinen letzten gewöhnlichen Aufenthalt in einem Drittstaat hatte. Dadurch wird gewährleistet, dass bei Bezügen des Erbfalls zu einem Mitgliedstaat auch ein Gericht dieses Mitgliedstaates zuständig ist obwohl der Erblasser seinen letzten gewöhnlichen Aufenthalt nicht in diesem Mitgliedstaat hatte.[207] Schlussendlich enthält Art. 11 EuErbVO eine Notzuständigkeit, die eingreift, wenn ein Verfahren eigentlich in einem Drittstaat zu führen ist, dies aber unmöglich oder unzumutbar ist und ein enger Bezug zu dem jeweiligen Mitgliedstaat vorliegt. Gem. ErwG 30 sind die Zuständigkeitsregeln der EuErbVO abschließend und in ihrer Reihenfolge zwingend. Daher bleibt bei grenzüberschreitenden Erbfällen für mitgliedstaatliches Zuständigkeitsrecht kein Raum mehr.[208]

III. Behandlung des erbenlosen Nachlasses vor Geltung der EuErbVO

Zum Verständnis der Problematik des erbenlosen Nachlasses im Internationalen Erbrecht bietet sich eine kurze Betrachtung der Behandlung eines solchen Falles aus deutscher Sicht vor Geltung der EuErbVO an. Das autonome Internationale Erbrecht in Deutschland regelte das anzuwendende Recht bei einer Rechtsnachfolge von Todes wegen in Art. 25 EGBGB a.F. Gem. Art. 25 EGBGB a.F. unterlag

205 ErwG 27 S. 1 EuErbVO; MüKoBGB/*Dutta*, EuErbVO Vorbem. zu Art. 4 Rn. 2; *ders.*, FamRZ 2013, 4, 6; beckOGK/*J. Schmidt*, EuErbVO Art. 4 Rn. 1, 39; *Wilke*, RIW 2012, 601, 604.

206 Vgl. *Wilke*, RIW 2012, 601, 603.

207 Vgl. *Dutta*, FamRZ 2013, 4, 6; *Wilke*, RIW 2012, 601, 604.

208 Vgl. MüKoBGB/*Dutta*, EuErbVO Vorbem. zu Art. 4 Rn. 24; *Müller-Lukoschek*, Die neue EU-Erbrechtsverordnung, [2]2015 § 2 Rn. 27.

die Rechtsnachfolge von Todes wegen dem Recht des Staates, dem der Erblasser zum Zeitpunkt seines Todes angehörte. Dem Erbstatut unterlag unbestritten die Feststellung der Erbenlosigkeit.[209]

1. Keine spezielle Regelung im autonomen Kollisionsrecht

Das autonome Kollisionsrecht in Deutschland enthielt keine spezielle Regelung für den Fall eines erbenlosen Nachlasses.[210] Die Darstellung der Behandlung eines erbenlosen Nachlasses im Internationalen Erbrecht erfolgt daher anhand der potentiell auftretenden Sachverhaltskonstellationen.

2. Mögliche Sachverhaltskonstellationen eines erbenlosen Nachlasses

Die beiden Modelle der Behandlung des erbenlosen Nachlasses (Erbrechtsmodell und Aneignungsrechtsmodell) können mit deutscher Beteiligung in drei verschiedenen Konstellationen aufeinandertreffen. Diese werden im Folgenden dargestellt, wobei der Fokus auf der Identifizierung der Probleme mitsamt den unter Geltung des autonomen Internationalen Erbrechts vorgebrachten Lösungsansätzen liegt, wozu insbesondere die Frage der Qualifikation von Aneignungsrechten gehört. Eine Bewertung der zum autonomen Internationalen Erbrecht gefundenen Lösungen soll in diesem Abschnitt nicht stattfinden.

a. 1. Konstellation: Aufeinandertreffen zweier Staaten mit Erbrechtsmodell

Die erste Konstellation betrifft das Aufeinandertreffen des deutschen Erbrechtsmodelles mit einem ausländischen Erbrechtsmodell. Dieses trat auf, wenn gem. Art. 25 Abs. 1 EGBGB a.F. auf deutsches Erbrecht verwiesen wurde und Nachlassgegenstände in einem anderen Staat belegen waren, der wie Deutschland eine erbrechtliche Ausgestaltung für die Zuordnung des erbenlosen Nachlasses an den Staat gewählt hat. Nach dem anwendbaren deutschen Erbstatut wurde die Erbenlosigkeit des Nachlasses festgestellt und anschließend das Land bzw. der Bund gem. § 1936 BGB zum gesetzlichen Erben berufen. Die aus deutscher Sicht unumstrittene erbrechtliche Qualifikation des gesetzlichen Erbrechts des Staates führte dazu, dass bei Verweisung auf deutsches Erbrecht das Fiskuserbrecht für

---

209 Vgl. nur Staudinger/*Dörner*, EGBGB Art. 25 Rn. 203; MüKoBGB/*Dutta*, 6. Aufl. 2015, EGBGB Art. 25 Rn. 171.

210 Eine spezielle Regelung für diesen Fall enthielten dagegen das österreichische IPRG mit § 29 und das italienische IPRG mit Art. 49.

den gesamten im Inland und im Ausland belegenen Nachlass anwendbar war.[211] Verfolgte der betreffende ausländische Staat, in dem erbenloser Nachlass belegen war, ebenfalls das Erbrechtsmodell, wurde die Erbenstellung des ausländischen, in diesem Fall des deutschen Staates berücksichtigt, so dass der gesamte Nachlass dem deutschen Fiskuserbrecht unterlag.[212]

Ein Aufeinandertreffen zweier Erbrechtsmodelle erfolgte auch dann, wenn Art. 25 Abs. 1 EGBGB a.F. ein ausländisches Erbstatut für anwendbar erklärte und zumindest Teile des erbenlosen Nachlasses in Deutschland belegen waren. In diesem Fall stellte das ausländische Erbstatut die Erbenlosigkeit fest und berief im Anschluss den eigenen Staat als gesetzlichen Erben. Die erbrechtliche Qualifikation von Fiskuserbrechten bewirkte, dass auch die Erbeinsetzung des ausländischen Staates aus deutscher Sicht volle Berücksichtigung fand: das ausländische Fiskuserbrecht war für den gesamten, auch für den in Deutschland belegenen Nachlass anwendbar.[213]

Demnach ergaben sich beim Zusammentreffen zweier Erbrechtsstaaten aufgrund der gleichen inländischen Ausgestaltung des staatlichen Zugriffsrechts auf erbenlosen Nachlass keine Schwierigkeiten bei der Frage nach der Zuordnung des Vermögens. Die übereinstimmende Ausgestaltung im Sachrecht übertrug sich damit auf die international-privatrechtliche Ebene: Aufgrund der erbrechtlichen Qualifikation entstanden keine Konflikte.

b. 2. Konstellation: Aufeinandertreffen von Erbrechts- und Aneignungsrechtsmodell

Das Aufeinandertreffen des deutschen Erbrechtsmodelles mit einem ausländischen Aneignungsrechtsmodell erfolgte dann, wenn Art. 25 Abs. 1 EGBGB a.F. auf deutsches Erbrecht verwies und sich erbenloser Nachlass in einem Aneignungsrechtsstaat befand.

Das deutsche Erbrechtsmodell wurde erbrechtlich qualifiziert und war daher von der Verweisung des Art. 25 Abs. 1 EGBGB a.F. erfasst, wodurch

---

211 KG Berlin, IPRax 1986, 41, 42; MüKoBGB/*Birk*, 5. Aufl. 2010, EGBGB Art. 25 Rn. 177; *Bungert*, MDR 1991, 713; Staudinger/*Dörner*, EGBGB Art. 25 Rn. 203, 206; MüKoBGB/*Dutta*, 6. Aufl. 2015, EGBGB Art. 25 Rn. 176; Erman/*Hohloch*, 14. Aufl. 2014, EGBGB Art. 25 Rn. 23a; BeckOK BGB/*Lorenz/Wall*, EGBGB Art. 25 a.F. Rn. 25; Soergel/*Schurig*, EGBGB Art. 25 Rn. 29; Palandt/*Thorn*, 74. Aufl. 2015, EGBGB Art. 25 Rn. 10.

212 Vgl. Staudinger/*Dörner*, EGBGB Art. 25 Rn. 206; *Heckel*, Das Fiskuserbrecht im internationalen Privatrecht, 2006, S. 166.

213 Vgl. Staudinger/*Dörner*, EGBGB Art. 25 Rn. 206.

sich das staatliche Erbrecht grundsätzlich auf den gesamten, auch den im Aneignungsrechtsstaat belegenen Nachlass erstreckte. Der Belegenheitsstaat hielt sein Aneignungsrecht jedoch gleichzeitig für den in seinem Territorium belegenen erbenlosen Nachlass für anwendbar. Daraus ergab sich die Situation, dass für den im Aneignungsrechtsstaat belegenen Nachlass sowohl das deutsche Fiskuserbrecht als auch das jeweilige Aneignungsrecht anwendbar waren und den Zugriff auf den Nachlass beanspruchten (sog. positiver Konflikt).

Aus deutscher Sicht wurde zur Lösung dieses Konflikts vertreten, das ausländische Aneignungsrecht als besondere Vorschrift i.S.d. Art. 3 Abs. 3 EGBGB a. F. (heute Art. 3a Abs. 2 EGBGB)[214] einzuordnen.[215] Art. 3 Abs. 3 EGBGB a.F. regelte den Vorrang des Einzelstatuts vor dem Gesamtstatut.[216] Dadurch wich das erbrechtliche Gesamtstatut zurück, so dass der positive Konflikt gelöst werden konnte. Die Lösung über eine Anwendung des Art. 3 Abs. 3 EGBGB a.F. ermöglichte es, das Problem des positiven Konflikts sowie die Tatsache, dass das deutsche Fiskuserbrecht gegenüber dem Aneignungsrechtsstaat schwer durchzusetzen war, auf internationalprivatrechtlicher Ebene zu entschärfen.[217]

---

214 Die heutige Regelung in Art. 3a Abs. 2 EGBGB stimmt mit der vorherigen Regelung in Art. 3 Abs. 3 EGBGB a.F. weitgehend überein, vgl. MüKoBGB/*von Hein*, EGBGB Art. 3a Rn. 1, 18. Allerdings beschränkt sich die Regelung auf Kollisionsnormen aus dem 3. Abschnitt (Familienrecht), der Verweis auf den 4. Abschnitt (Erbrecht) wurde mit Gesetz zum Internationalen Erbrecht und zur Änderung von Vorschriften zum Erbschein sowie zur Änderung sonstiger Vorschriften vom. 29. Juni 2015, BGBl. I, S. 1042, gestrichen.

215 Vgl. schon MüKoBGB/*Birk*, 5. Aufl. 2010, EGBGB Art. 25 Rn. 175; Staudinger/*Dörner*, EGBGB Art. 25 Rn. 206, 574; MüKoBGB/*Dutta*, 6. Aufl. 2015, EGBGB Art. 25 Rn. 176; *Firsching*, IPRax 1986, 25, 27; BeckOK BGB/*Lorenz/Wall*, EGBGB Art. 25 a.F. Rn. 25; **a.A.**: schon *Raape*, Internationales Privatrecht, ^{5}1961 § 38 IV 1; Soergel/*Schurig*, EGBGB Art. 25 Rn. 30 der ein Aneignungsrecht nicht für eine bes. Vorschrift i.S.d. Art. 3a Abs. 2 EGBGB hält, weil es im Grunde auch bei einem Aneignungsrecht um die ordnungsgemäße Abwicklung des Nachlasses geht.

216 MüKoBGB/*von Hein*, EGBGB Art. 3a Rn. 14.

217 Grundsätzlich zu dieser Aufgabe des Art. 3a Abs. 2 EGBGB MüKoBGB/*von Hein*, EGBGB Art. 3a Rn. 15; speziell zum positiven Konflikt Soergel/*Schurig*, EGBGB Art. 25 Rn. 30 Schurig weist darauf hin, dass sich das deutsche Fiskuserbrecht zwar nicht durchsetzen könne, jedoch die Möglichkeit eines Ausgleichs mit Gegenständen, die sich nicht im Aneignungsrechtsstaat befinden, möglich sei.

c. 3. Konstellation: *Aufeinandertreffen von Aneignungsrechts- und Erbrechtsmodell*

Ein Aufeinandertreffen eines ausländischen Aneignungsrechtsmodells und dem deutschen Erbrechtsmodell bestand, wenn Art. 25 Abs. 1 EGBGB a.F. auf das Erbrecht eines Aneignungsrechtsstaats verwies und erbenloser Nachlass in Deutschland belegen war.

Das deutsche Fiskuserbrecht war aufgrund der Verweisung auf ein ausländisches Erbstatut nicht zur Anwendung berufen. Fraglich war daher, ob das ausländische Aneignungsrecht für den in Deutschland belegenen Nachlass anwendbar war. Das hing davon ab, wie dieses qualifiziert wurde: bei einer erbrechtlichen Qualifikation wäre dieses grundsätzlich auf den gesamten Nachlass anwendbar und würde auch den in Deutschland belegenen Nachlass erfassen.

Jedoch wurde das Aneignungsrecht aus deutscher Sicht nahezu einhellig auf das Territorium des Aneignungsrechtsstaats beschränkt, wobei Unterschiede hinsichtlich der Qualifikation des ausländischen Aneignungsrechts bestanden. Folgende Ansätze wurden vertreten.

aa. Erbrechtliche Qualifikation mit anschließender territorialer Begrenzung

In einem ersten Schritt qualifizierte die herrschende Literatur die Beteiligung des Staates an erbenlosen Nachlässen unabhängig von ihrer Ausgestaltung als Fiskuserbrecht oder Aneignungsrecht erbrechtlich, so dass diese von der Verweisung des Art. 25 Abs. 1 EGBGB a.F. erfasst wurde.[218] In einem zweiten Schritt wurde jedoch trotz der erbrechtlichen Qualifikation und des damit grundsätzlich verbundenen Prinzips des Einheitsstatuts eine Erstreckung des ausländischen Aneignungsrechts auf in Deutschland belegenen erbenlosen Nachlass nahezu einhellig abgelehnt.[219]

---

218 MüKoBGB/*Birk*, 5. Aufl. 2010, EGBGB Art. 25 Rn. 173; *Bungert*, MDR 1991, 713, 715; Staudinger/*Dörner*, EGBGB Art. 25 Rn. 203, 214; MüKoBGB/*Dutta*, 6. Aufl. 2015, EGBGB Art. 25 Rn. 172; *Kegel/Schurig*, Internationales Privatrecht, [9]2004 § 7 III 3 b cc bbb (S. 353); *Kropholler*, Internationales Privatrecht, [6]2006, § 51 IV 2 d (S. 443f.); SpringerPK/*Looschelders*, EGBGB Art. 25 Rn. 5; BeckOK BGB/*Lorenz/Wall*, EGBGB Art. 25 a.F. Rn. 25; jurisPK-BGB/*Ludwig*, EGBGB Art. 25, 26 Rn. 73; *Rauscher*, Internationales Privatrecht, [4]2012 Rn. 487; Soergel/*Schurig*, EGBGB Art. 25 Rn. 29; Staudinger/*Stoll*, Bearbeitung 1996, Int SachenR Rn. 180; Palandt/*Thorn*, 74. Aufl. 2015, EGBGB Art. 25 Rn. 10; in Bezug auf das österreichische Aneignungsrecht *Schwimann*, ZfRV 1966, 57, 59 mwN.

219 MüKoBGB/*Birk*, 5. Aufl. 2010, EGBGB Art. 25 Rn. 173; *Bungert*, MDR 1991, 713, 714; *Dörner*, IPRax 2012, 235, 236f.; Staudinger/*ders.*, EGBGB Art. 25 Rn. 214;

Dieses Qualifikationsergebnis wurde durch eine Anwendung der funktionalen bzw. der lege fori Qualifikation erreicht. Die Beteiligung des Staates am erbenlosen Nachlass ist im deutschen Sachrecht erbrechtlich ausgestaltet, so dass hiervon ausgehend auch die ausländische Regelung zur Beteiligung des Staates am erbenlosen Nachlass in Form eines Aneignungsrechts erbrechtlich qualifiziert wurde.[220] Dies entspricht einer Qualifikation lege fori. Weiterhin wurde für die erbrechtliche Qualifikation des ausländischen Aneignungsrechts das im deutschen Erbrecht vorherrschende Prinzip der Universalsukzession angeführt,[221] das im Internationalen Erbrecht durch das Prinzip der Nachlasseinheit verwirklicht wird[222]. An der Geltung eines Erbstatuts für den gesamten Nachlass solle unabhängig von der konkreten Ausgestaltung des Fiskuserbrechts festgehalten werden. I.R.d. funktionalen Qualifikation stand die Funktion des Aneignungsrechts für die Begründung der erbrechtlichen Qualifikation im Mittelpunkt. Dieses diene – wie das Fiskuserbrecht gem. § 1936 BGB – der Ordnung des Nachlasses und sei aufgrund dieser Funktion, die mit der des deutschen Fiskuserbrecht vergleichbar sei, erbrechtlich zu qualifizieren.[223] Weiterhin spreche für eine erbrechtliche Qualifikation, dass der Staat aufgrund des Fehlens von Erben nicht in subjektive Rechte eingreife, sondern die Aneignung des Nachlasses dem Schutz der Nachlassgläubiger diene, indem der Staat in die Rechte und Pflichten des Erblassers eintrete.[224] Dies entspreche funktional ebenfalls dem deutschen Fiskuserbrecht.

bb. Sachenrechtliche Qualifikation

Teilweise wurde eine sachenrechtliche Qualifikation des Aneignungsrechts befürwortet,[225] die dazu führte, dass das Aneignungsrecht aufgrund der

---

MüKoBGB/*Dutta*, 6. Aufl. 2015, EGBGB Art. 25 Rn. 172; *Heckel*, Das Fiskuserbrecht im internationalen Privatrecht, 2006, S. 112; BeckOK BGB/*Lorenz/Wall*, EGBGB Art. 25 a.F. Rn. 25; *ders.*, RPfleger 1993, 433; jurisPK-BGB/*Ludwig*, EGBGB Art. 25, 26 Rn. 73; *Nordmeier*, IPRax 2013, 418, 421; Palandt/*Thorn*, 74. Aufl. 2015, EGBGB Art. 25 Rn. 10; **a.A.:** *Rauscher*, Internationales Privatrecht, [4]2012 Rn. 487.

220 MüKoBGB/*Birk*, 5. Aufl. 2010, EGBGB Art. 25 Rn. 173; Staudinger/*Dörner*, EGBGB Art. 25 Rn. 203.

221 Soergel/*Schurig*, EGBGB Art. 25 Rn. 29.

222 Soergel/*Schurig*, EGBGB Vor Art. 25 Rn. 1.

223 *Bungert*, MDR 1991, 713, 715; *Kropholler*, Internationales Privatrecht, [6]2006 § 51 IV 2 d (S. 443f.).

224 *Schwimann*, ZfRV 1966, 57, 60.

225 *Firsching/von Hoffmann*, Internationales Privatrecht, 1997 § 9 Rn. 57; *von Hoffmann/Thorn*, Internationales Privatrecht, [9]2007 § 6 Rn. 6; *Looschelders*, Die Anpassung im

Anknüpfung an die Belegenheit nur für den im eigenen Territorium belegenen Nachlass zur Anwendung berufen wurde.

Begründet wurde diese Qualifikation mit der kollisionsrechtlichen Interessenlage, die für eine Anknüpfung nach der Belegenheit des Nachlasses spreche, weil das Aneignungsrecht im Gegensatz zum Fiskuserbrecht gerade nur den im Inland belegenen Nachlass erfassen wolle.[226]

cc. Öffentlich-rechtliche (hoheitliche) Qualifikation

Ein weiterer Meinungsstrang nahm eine öffentlich-rechtliche Qualifikation des Aneignungsrechts vor.[227] Diese Qualifikation entspringt dem Gedanken, dass sich der Staat aufgrund der ihm zustehenden Souveränität das wegen fehlenden Erben herrenlose Vermögen aneignet. Folge der öffentlich-rechtlichen Qualifikation sei, dass das Aneignungsrecht dem Territorialitätsprinzip unterliege, wonach es nur innerhalb des Territoriums des Aneignungsstaates Geltung beanspruchen könne. [228] Als Begründung dieser Qualifikation wurde der Unterschied des Aneignungsrechts zum Fiskuserbrecht hervorgehoben: während das Fiskuserbrecht eine privatrechtliche Konstruktion darstelle, gehöre das Aneignungsrecht zum öffentlichen Recht.

dd. Praktische Auswirkungen der verschiedenen Ansätze

Alle vertretenen Auffassungen zur Qualifikation des Aneignungsrechts waren sich im Ergebnis darüber einig, dass sich dieses auf das jeweilige Territorium des Aneignungsrechtsstaates beschränkte. Dieses Ergebnis wurde allerdings durch unterschiedliche Qualifikationen des Aneignungsrechts erreicht. Die Begrenzung des Aneignungsrechts auf das jeweilige Territorium hatte zur Folge, dass

---

internationalen Privatrecht, 1995, S. 362; *Neuner*, Der Sinn der international-privatrechtlichen Norm: eine Kritik der Qualifikationstheorie, 1932, S. 98 kommt im Ergebnis dazu, dass gegenüber Aneignungsrechtsstaaten das Okkupationsprinzip und damit die Anwendung der lex rei sitae gelten sollte; *Wolff*, Das Internationale Privatrecht Deutschlands, [3]1954 § 13 V (S. 54).

226 *Looschelders*, Die Anpassung im internationalen Privatrecht, 1995, S. 362.

227 BVerwG, IPRspr. 2004 Nr. 85; KG Berlin, IPRax 1986, 41, 42 es wird eine öffentlich-rechtliche Qualifikation für möglich gehalten; *Ferid*, Internationales Privatrecht, 1986 § 9 Rn. 9–48; *Firsching*, in: FS Kralik 1986, S. 371, 376; *ders.*, IPRax 1986, 25, 27; Erman/*Hohloch*, 14. Aufl. 2014, EGBGB Art. 25 Rn. 23a; MüKoBGB/*Leipold*, BGB § 1936 Rn. 38.

228 Vgl. *von Bar/Mankowski*, Internationales Privatrecht, [2]2003 § 4 Rn. 63.

sich die Frage nach der Zuordnung des in Deutschland belegenen Nachlasses stellte (sog. negativer Konflikt).

Bei Annahme einer erbrechtlichen oder öffentlich-rechtlichen Qualifikation des Aneignungsrechts musste zunächst das Problem gelöst werden, wie man zur Anwendbarkeit deutschen Sachrechts gelangte. Teilweise wurde hierzu dem Aneignungsrecht entweder aus dem Wortlaut oder durch Auslegung eine versteckte einseitige Kollisionsnorm entnommen und unter Annahme einer sog. versteckten Rückverweisung die Anwendung deutschen Rechts erreicht.[229] Außerdem könnte eine Anwendung deutschen Rechts mit der Annahme einer Rückverweisung kraft abweichender Qualifikation[230] begründet werden. Die erbrechtliche Qualifikation des staatlichen Zugriffsrechts auf erbenlosen Nachlass aus deutscher Sicht führte zu einer Gesamtverweisung auf das Kollisionsrecht der ausländischen Rechtsordnung. Wurde das Zugriffsrecht des Staates dort sachenrechtlich qualifiziert und damit der lex rei sitae unterstellt, trat eine Rückverweisung auf deutsches Recht kraft abweichender Qualifikation ein. Unter Anwendung des deutschen Rechts bestanden unterschiedliche Auffassungen, wie die Zuordnung des Vermögens an den Staat zu gewährleisten war. Neben der Auffassung, dass durch die Rückverweisung auf deutsches Recht eine direkte Anwendung des § 1936 BGB ermöglicht werde,[231] wurde auch eine analoge Anwendung des § 1936 BGB[232] sowie die Konstruktion eines Aneignungsrechts unter Heranziehung der Wertungen der §§ 928 Abs. 2, 958 BGB vertreten.[233]

---

229 MüKoBGB/*Birk*, 5. Aufl. 2010, EGBGB Art. 25 Rn. 173; *Bungert*, MDR 1991, 713, 716; *Dörner*, IPRax 2012, 235, 237; Staudinger/*ders.*, EGBGB Art. 25 Rn. 214; Erman/*Hohloch*, 14. Aufl. 2014, EGBGB Art. 25 Rn. 23a; BeckOK BGB/*Lorenz/Wall*, EGBGB Art. 25 a.F. Rn. 25; *Nordmeier*, IPRax 2013, 418, 421; Soergel/*Schurig*, EGBGB Art. 25 Rn. 31; für die britische Regelung *Graupner/Dreyling*, ZVglRWiss 1983, 193, 199.

230 Vgl. allgemein zum Renvoi kraft abweichender Qualifikation MüKoBGB/*von Hein*, EGBGB Art. 4 Rn. 70; *von Hoffmann/Thorn*, Internationales Privatrecht, [9]2007 § 6 Rn. 82; *Kropholler*, Internationales Privatrecht, [6]2006 § 24 II 1 a (S. 168f.).

231 Vgl. Staudinger/*Dörner*, EGBGB Art. 25 Rn. 214; *ders.*, IPRax 2012, 235, 237; MüKoBGB/*Dutta*, 6. Aufl. 2015, EGBGB Art. 25 Rn. 175, der § 1936 BGB lediglich so anpassen möchte, dass sich die Regelung auf das eigene Territorium beschränkt; Soergel/*Schurig*, EGBGB Art. 25 Rn. 31, der den Vorteil dieser Annahme darin sieht, dass sich das Problem eines Normenmangels nicht stellt.

232 Vgl. *Heckel*, Das Fiskuserbrecht im internationalen Privatrecht, 2006, S. 123.

233 Vgl. *Graupner/Dreyling*, ZVglRWiss 1983, 193, 201 möchten § 958 Abs. 2 BGB direkt anwenden und nehmen für unbeweglichen Nachlass eine analoge Anwendung des § 928 Abs. 2 BGB an; *von Hoffmann/Thorn*, Internationales Privatrecht, [9]2007 § 9 Rn. 57 für eine analoge Anwendung des § 958 Abs. 2 BG; *Kropholler*, Internationales Privatrecht, [6]2006 § 51 IV 2 d (S. 443f.); *Looschelders*, Die Anpassung im

Nahm man aus deutscher Sicht eine sachenrechtliche Qualifikation an, gelangte man durch die allseitige sachenrechtliche Kollisionsnorm zur Geltung deutschen Sachenrechts für den in Deutschland belegenen erbenlosen Nachlass. Problematisch war beim Verweis auf deutsches Sachrecht, dass die deutsche Regelung für erbenlosen Nachlass mit § 1936 BGB im Erbrecht und nicht im Sachenrecht geregelt war und diese daher nicht von der sachenrechtlichen Verweisung umfasst war. Zur Lösung bot sich auch in diesem Fall die Konstruktion eines Aneignungsrecht in Analogie zu den §§ 928 Abs. 2, 958 BGB an.[234]

3. *Fazit zur Rechtslage vor Geltung der EuErbVO*

Ein internationaler Erbfall vor Geltung der EuErbVO, bei dem keine Erben vorhanden waren, konnte einen positiven oder einen negativen Konflikt auslösen.[235] Der negative Konflikt zeichnete sich dadurch aus, dass es an einer anwendbaren Vorschrift für die Zuordnung des erbenlosen Nachlasses in einem Erbrechtsstaat fehlte. Der positive Konflikt hingegen betraf das Problem, dass auf den in einem Aneignungsrechtsstaat belegenen Nachlass sowohl das anwendbare Fiskuserbrecht eines Erbrechtsstaates als auch das anwendbare Aneignungsrecht des Belegenheitsstaates zugreifen wollte.

Die Lösung des negativen Konflikts erfolgte über eine Anwendung des Sachrechts des Erbrechtsstaats, welche über eine versteckte Rückverweisung begründet wurde. Aufgrund des Fehlens eines Aneignungsrechts in den Erbrechtsstaaten wurde ein solches über Analogien konstruiert, um zu einer Zuordnung des Vermögens an den Staat zu gelangen. Der positive Konflikt wurde aus deutscher Sicht mit einer Beschränkung des anwendbaren Erbstatuts gelöst, wodurch dem anwendbaren Aneignungsrecht der Vorrang gewährt wurde.

Allen Konstellationen war gemein, dass die Einordnung der ausländischen Regelung als entweder erbrechtlich oder aneignungsrechtlich entscheidend für die Frage war, welcher Staat letztendlich zugriffsberechtigt war. Diese Einordnung konnte in Fällen fehlender Eindeutigkeit der ausländischen Vorschrift

---

internationalen Privatrecht, 1995, S. 363; SpringerPK/*ders.*, EGBGB Art. 25 Rn. 5 spricht sich hier für eine analoge Anwendung von § 958 Abs. 2 BGB aus.

234 Vgl. *von Hoffmann/Thorn*, Internationales Privatrecht, 9 2007 § 9 Rn. 57 „sachenrechtliches Aneignungsrecht in Analogie zu § 958 II BGB"; *Looschelders*, Die Anpassung im internationalen Privatrecht, 1995, 363f.

235 Die Betrachtung der Rechtslage ist zwar aus deutscher Perspektive erfolgt, allerdings lassen sich die Erkenntnisse allgemein auf das Verhältnis von Erbrechts- und Aneignungsrechtsstaaten übertragen, vgl. *Heckel*, Das Fiskuserbrecht im internationalen Privatrecht, 2006, S. 161–166.

schwer vorzunehmen sein und musste nicht zwingend mit der Einordnung durch die ausländische Rechtsprechung und Literatur übereinstimmen.

Für eventuelle Nachlassgläubiger, die an einer Ordnung des Nachlasses interessiert waren, ergab sich ein undurchsichtiges Bild. Darunter litt insbesondere die Vorhersehbarkeit, an welchen Staat sich die Nachlassgläubiger zu wenden haben.[236]

Aus diesen genannten Problemen wäre es wünschenswert, wenn Art. 33 EuErbVO zu einer Vermeidung der Konflikte beiträgt, indem durch eine eindeutige Bestimmung des zum Zugriff berechtigten Staates sowohl der positive als auch der negative Konflikt gelöst wird.[237]

IV. Die Regelung des Art. 33 EuErbVO

Nachdem deutlich geworden ist, welche Probleme das Aufeinandertreffen der verschiedenen Modelle im autonomen Internationalen Erbrecht verursacht hat, soll im Folgenden begutachtet werden, inwiefern Art. 33 EuErbVO zu einer Lösung der Probleme beigetragen hat. In diesem Rahmen soll eine umfassende Betrachtung des Art. 33 EuErbVO stattfinden, zu der die Fragen nach der Rechtsnatur der Vorschrift (1.), nach den Voraussetzungen seiner Anwendbarkeit (2. und 3.) sowie nach der Rechtsfolge (4.) gehören.

1. Rechtsnatur des Art. 33 EuErbVO

Bevor eine Betrachtung der Voraussetzungen des Art. 33 EuErbVO erfolgt, ist zu klären, welche Rechtsnatur Art. 33 EuErbVO zukommt. Zu Art. 16 des Haager Erbrechtsübereinkommens, der Vorbild für Art. 33 EuErbVO ist,[238] wird vertreten, dass dieser eine sachrechtliche Regelung enthält[239] und es sich damit nicht um eine Kollisionsnorm, sondern um eine Sachnorm handelt. Diese Auffassung kann auf den nahezu gleichlautenden Art. 33 EuErbVO übertragen werden.[240] Begründet wurde die Einordnung als sachrechtliche Regelung damit, dass Art. 16 Haager Erbrechtsübereinkommen nicht das anwendbare Recht regele, sondern nur bestimme, dass ein Aneignungsrecht nicht durch das zur Anwendung

---

236 *Heckel*, Das Fiskuserbrecht im internationalen Privatrecht, 2006, S. 171.

237 So zu einer Lösung auf europäischer Ebene *Dutta*, RabelsZ 73 (2009), 547, 596.

238 Vgl. *Dutta*, FamRZ 2013, 4, 11; MüKoBGB/*ders.*, EuErbVO Art. 33 Rn. 1; *Nordmeier*, IPRax 2013, 418, 422; beckOGK/*J. Schmidt*, EuErbVO Art. 33 Rn. 2.

239 *Heckel*, Das Fiskuserbrecht im internationalen Privatrecht, 2006 S. 177, 211.

240 In Art. 33 EuErbVO wurde im Vergleich zu Art. 16 des Haager Erbrechtsübereinkommens lediglich der Gläubigerschutzvorbehalt ergänzt.

berufene Erbstatut an der Aneignung gehindert ist bzw. eine Berechtigung des betreffenden Staates zum Zugriff geregelt wurde.[241] Da sich Art. 33 EuErbVO im Kapitel III der EuErbVO mit der Überschrift „Anzuwendendes Recht“ befindet, stellt sich jedoch die Frage, ob die Vorschrift entgegen dieser Auffassung als kollisionsrechtliche Regelung zu verstehen ist.

Zunächst gilt es, den Unterschied zwischen einer Kollisionsnorm und einer Sachnorm zu klären. Während eine Kollisionsnorm zwischen mehreren potentiell anwendbaren Rechtsordnungen die anwendbare auswählt, handelt es sich bei einer Sachnorm um eine Regelung, die zu einer Entscheidung in der Sache führt.[242] Hinsichtlich der Kollisionsnormen ist noch eine weitere Differenzierung möglich. Es gibt zum einen die Kollisionsnormen, die eine von mehreren potentiell anwendbaren Rechtsordnungen zur Anwendung berufen und damit die Aufgabe übernehmen, die den eben beschriebenen Unterschied zu einer Sachnorm ausmacht. Solche Kollisionsnormen werden als selbstständige Kollisionsnorm beschrieben, weil sich aus ihnen ohne Zuhilfenahme anderer Vorschriften unmittelbar das anwendbare Recht ergibt.[243] Eine Kollisionsnorm kann zum anderen auch eine Vorschrift sein, die eine Hilfs- oder Ergänzungsnorm zu den selbstständigen Kollisionsnormen darstellt und die Funktion hat, eine sinnvolle Anknüpfung durch die selbstständigen Kollisionsnormen zu ermöglichen.[244] Solche Vorschriften werden als unselbstständige Kollisionsnormen bezeichnet, weil sich aus diesen allein nicht das anwendbare Recht ergibt.[245]

Diese Unterscheidung ist auf Art. 33 EuErbVO zu übertragen. Art. 33 EuErbVO stellt dann eine Sachnorm dar, wenn als Rechtsfolge eine Entscheidung in der Sache getroffen wird. Das heißt, Art. 33 EuErbVO müsste bestimmen, dass der Aneignungsrechtsstaat den erbenlosen Nachlass erhält, indem er den Zugriff durch das Aneignungsrecht regelt. Demgegenüber stellt die Vorschrift eine Kollisionsnorm dar, wenn sie entweder das anwendbare Recht bestimmt oder als eine Hilfs- bzw. Ergänzungsnorm zu den selbstständigen Kollisionsnormen der

---

241 *Heckel*, Das Fiskuserbrecht im internationalen Privatrecht, 2006 S. 177, 211.

242 Vgl. nur *Kegel/Schurig*, Internationales Privatrecht, 92004 § 1 VIII 1 (S. 53).

243 MüKoBGB/*von Hein*, Einl. IPR Rn. 88; *von Hoffmann/Thorn*, Internationales Privatrecht, 92007 § 4 Rn. 6; *Kegel/Schurig*, Internationales Privatrecht, 92004 § 6 I 1 (S. 301); *Kropholler*, Internationales Privatrecht, 62006 § 13 I (S. 103).

244 MüKoBGB/*von Hein*, Einl. IPR Rn. 88; *Kropholler*, Internationales Privatrecht, 62006 § 13 I (S. 103).

245 MüKoBGB/*von Hein*, Einl. IPR Rn. 88; *von Hoffmann/Thorn*, Internationales Privatrecht, 92007 § 4 Rn. 7; *Kegel/Schurig*, Internationales Privatrecht, 92004 § 6 I 1 (S. 301); *Kropholler*, Internationales Privatrecht, 62006 § 13 I (S. 103).

EuErbVO fungiert. Eine selbstständige Kollisionsnorm stellt Art. 33 EuErbVO jedenfalls nicht dar, weil sich das anwendbare Recht i.R.d. EuErbVO für den Bereich der Rechtsnachfolge von Todes wegen aus Artt. 21 und 22 EuErbVO und nicht aus Art. 33 EuErbVO selbst ergibt.[246] Bei Art. 33 EuErbVO handelt es sich somit entweder um eine Sachnorm oder eine unselbstständige Kollisionsnorm. Gegen die Annahme einer Sachnorm spricht zunächst ein Wortlautargument. Die auf das Aneignungsrecht bezogenen Formulierung „berührt [...] nicht" in Art. 33 EuErbVO spricht dafür, dass die Anwendung des Aneignungsrechts nicht durch die Vorschrift bestimmt wird, sondern, dass diese regelt, dass das durch Art. 21 EuErbVO bestimmte Erbstatut einem anwendbaren Aneignungsrecht nicht im Wege steht. Damit geht nicht einher, dass Art 33 EuErbVO selbst eine Regelung hinsichtlich des Aneignungsrechts trifft.

Die Beantwortung dieser Frage hängt auch davon ab, wie ein Aneignungsrecht zu qualifizieren ist. Qualifiziert man dieses ebenso wie das Fiskuserbrecht erbrechtlich, kann kein Konflikt zwischen mehreren nebeneinander anwendbaren Rechtsordnungen entstehen, denn für die Rechtsnachfolge von Todes wegen wird stets nur auf eine Rechtsordnung verwiesen. In diesem Fall würde Art. 33 EuErbVO die Rechtsfolge entnommen werden können, dass das Aneignungsrecht, welches dann durch Auslegung als solches identifiziert werden müsste, den in seinem Territorium belegenen Nachlass ergreifen könnte. Damit würde der Zugriff mittels des Aneignungsrechts selbst geregelt sein. Dies wäre eine Entscheidung in der Sache, nämlich die Aneignung durch den Aneignungsrechtsstaat, und folglich eine sachrechtliche Regelung. Gegen dieses Verständnis spricht neben dem Wortlautargument auch, dass die Frage bestehen bleiben würde, über welche Kollisionsnorm das Aneignungsrecht zur Anwendung berufen werden würde, denn im Falle des positiven Konflikts verweist die erbrechtliche Kollisionsnorm gerade nicht auf das Recht des Aneignungsrechtsstaats.

Geht man hingegen davon aus, dass Fiskuserbrecht und Aneignungsrecht unterschiedlich zu qualifizieren sind, wie es in dieser Arbeit vertreten wird,[247] entsteht ein tatsächlicher Konflikt zwischen den beteiligten Rechtsordnungen. Das Fiskuserbrecht wird durch die erbrechtliche Kollisionsnorm für anwendbar erklärt, während das Aneignungsrecht gleichzeitig durch eine andere Kollisionsnorm zur Anwendung berufen ist. In diesem Fall ist die Regelung so zu

246 Auch eine Verweisung auf die lex rei sitae kann Art. 33 EuErbVO nicht entnommen werden, weil eine solche Regelung nicht vom sachlichen Anwendungsbereich der EuErbVO erfasst wäre; siehe hierzu unter 2. Teil A V 2 d.

247 Siehe dazu unten 2. Teil A V.

verstehen, dass sich das erbrechtliche Einheitsstatut[248] unter den tatbestandlichen Voraussetzungen des Art. 33 EuErbVO nicht auf den Nachlass im Aneignungsrechtsstaat erstreckt.[249] Es erfolgt damit eine Abweichung von Artt. 21 Abs. 1, 23 Abs. 1 EuErbVO, die zu einer Lösung des positiven Konflikts führt. Der Vorrang des Aneignungsrechts wird somit durch eine Beschränkung des durch die erbrechtliche Kollisionsnorm ausgesprochenen Rechtsanwendungsbefehls erreicht.[250] Aufgrund dieser Funktion kann die Vorschrift auch als besondere kollisionsrechtliche Anpassungsregel bezeichnet werden[251] und stellt damit eine Ergänzungsnorm zu den Artt. 21 Abs. 1, 23 Abs. 1 EuErbVO, den selbsständigen Kollisionsnormen der EuErbVO, dar.

Art. 33 EuErbVO regelt daher weder die internationalprivatrechtliche Anwendbarkeit des Fiskuserbrechts oder des Aneignungsrechts noch bestimmt es den Zugriff des Aneignungsrechtsstaats selbst. Es handelt sich um eine unselbstständige Kollisionsnorm, die sich auf die erbrechtlichen Kollisionsnormen der EuErbVO bezieht, indem es die Reichweite des Erbstatuts im Spezialfall des erbenlosen Nachlasses bei Zusammentreffen von Erbrechtsstaat und Aneignungsrechtsstaat für den positiven Konflikt bestimmt.

Entsprechend dieser Auffassung kann zwischen der Frage nach den Voraussetzungen des Art. 33 EuErbVO und der Frage nach der Qualifikation von Fiskuserbrecht und Aneignungsrecht unterschieden werden. Im Folgenden werden zunächst die Voraussetzungen des Art. 33 EuErbVO näher betrachtet. Der Tatbestand der Vorschrift erfordert das Vorliegen von erbenlosem Nachlass (unter 2.) und die Belegenheit zumindest eines Teils des Nachlasses in einem Mitgliedstaat mit Aneignungsrechts (unter 3.).

2. Erste Voraussetzung: erbenloser Nachlass

Art. 33 EuErbVO setzt die Erbenlosigkeit des betreffenden Nachlasses voraus. Dabei stellt sich als erstes die Frage, welches Recht über die Feststellung der Erbenlosigkeit entscheidet (unter a.). Zudem gilt es zu bestimmen, wann die EuErbVO einen Nachlass als erbenlos ansieht (unter b.).

---

248 Art. 23 Abs. 1 EuErbVO „gesamte Rechtsnachfolge von Todes wegen".

249 Vgl. MüKoBGB/*Dutta*, EuErbVO Vorbem. Art. 20 Rn. 41 sowie Art. 33 Rn. 6 „Der Anwendungsbereich des Erbstatuts wird […] zurückgedrängt […]"

250 Auf diese Weise funktioniert auch Art. 3a Abs. 2 EGBGB, vgl. MüKoBGB/*von Hein*, EGBGB Art. 3a Rn. 14, daher kann Art. 33 EuErbVO in seiner Funktion mit Art. 3a Abs. 2 EGBGB verglichen werden.

251 Vgl. MüKoBGB/*Dutta*, EuErbVO Vorbem. zu Art. 20 Rn. 47, Art. 33 Rn. 1.

a. Feststellung der Erbenlosigkeit unterliegt dem Erbstatut

Grundlage des Konflikts zwischen Staaten mit Fiskuserbrecht und solchen mit Aneignungsrecht ist die Feststellung, dass ein Nachlass erbenlos ist. Art. 33 EuErbVO ist eine spezielle Vorschrift für den Fall eines internationalen erbenlosen Nachlasses und setzt daher voraus, dass „[...] weder ein durch Verfügung von Todes wegen eingesetzter Erbe oder Vermächtnisnehmer für die Nachlassgegenstände noch eine natürliche Person als gesetzlicher Erbe vorhanden [...]" ist.

Bei einem Erbfall, der Bezüge zu mehreren Staaten aufweist, ist zunächst zu klären, nach welchem Sachrecht die Erbenlosigkeit festzustellen ist.[252] Die Frage, ob die grundsätzliche Feststellung der Erbenlosigkeit dem Erbstatut unterliegt ist von der Frage zu trennen, welchem Statut die jeweiligen nationalen Lösungen bezüglich eines erbenlosen Nachlasses unterliegen.

Während unter Geltung des autonomen Internationalen Erbrechts die Feststellung der Erbenlosigkeit unbestritten dem Erbstatut unterlag, gilt es i.R.d. EuErbVO dies anhand der Bestimmungen der Reichweite des Erbstatuts zu überprüfen. Gem. Art. 23 Abs. 2 lit. b 1. Alt EuErbVO umfasst das Erbstatut die „Berufung der Berechtigten". Wie aus ErwG 47 S. 1 EuErbVO hervorgeht, bestimmt damit das Erbstatut wer in einer Erbsache Berechtigter ist. Dies ist nicht so zu verstehen, dass das Erbstatut nur so weit reicht, wie auch Berechtigte in einer Erbsache vorhanden sind. Denn wenn dem Erbstatut die Bestimmung der erbrechtlich Berechtigten unterliegt, ist es dabei auch möglich, dass i.R.d. anwendbaren Erbrechts festgestellt wird, dass keine erbrechtlich Berechtigten vorhanden sind.[253] Damit unterliegt gem. Art. 23 Abs. 2 lit. b 1. Alt EuErbVO die Feststellung der Erbenlosigkeit dem durch die EuErbVO bestimmten Erbstatut. Der Wortlaut des Art. 33 EuErbVO bestätigt dieses Verständnis, indem dieser die Feststellung der Erbenlosigkeit „dem nach dieser Verordnung auf die Rechtsnachfolge von Todes wegen anzuwendenden Recht" unterwirft.[254] Aufgrund der universellen Anwendbarkeit der Kollisionsnormen der EuErbVO gem. Art. 20 EuErbVO spielt es für die Frage der Feststellung der Erbenlosigkeit keine Rolle,

---

252 Dies kann insbesondere bei der gesetzlichen Erbfolge eine Rolle spielen, da hierbei in manchen Ländern eine begrenzte und in anderen Ländern eine unbegrenzte Verwandtenerbfolge besteht und damit das Ergebnis von der Bestimmung des anzuwendenden Rechts abhängt, siehe 1. Teil C II.

253 Bonomi/Wautelet/*Wautelet*, EuErbVO Art. 33 Rn. 6; *Nordmeier*, IPRax 2013, 418, 419.

254 Siehe auch jurisPK-BGB/*Ludwig*, EuErbVO Art. 33 Rn. 10; *Nordmeier*, IPRax 2013, 418, 420 Fn. 14; beckOGK/*J. Schmidt*, EuErbVO Art. 33 Rn. 6ff.; Bonomi/Wautelet/*Wautelet*, EuErbVO Art. 33 Rn. 6.

ob es sich bei dem von der Verordnung bestimmten Erbstatut um ein solches eines Mitgliedstaates oder eines Drittstaates handelt.

Von der Feststellung der Erbenlosigkeit nach dem Erbstatut ist die Frage abzugrenzen, wie erbberechtigte Personen ermittelt werden; dabei handelt es sich um eine verfahrensrechtliche Frage, die dem anwendbaren Verfahrensrecht und nicht dem Erbstatut unterliegt.[255]

b. Erbenlosigkeit i.S.d. Art. 33 EuErbVO

Art. 33 EuErbVO setzt die Erbenlosigkeit des Nachlasses voraus. Dabei nennt Art. 33 EuErbVO die Kriterien, die zur Erbenlosigkeit führen: keine Verfügung von Todes wegen; kein Vermächtnisnehmer für die Nachlassgegenstände; keine natürliche Person als gesetzlicher Erbe. Das Verständnis dieser Begriffe sowie das anwendbare Recht für die Feststellung der Erfüllung der Voraussetzungen wird von Art. 33 EuErbVO nicht geregelt, sondern obliegt den hierzu einschlägigen Bestimmungen der EuErbVO. Heranzuziehen sind hierfür die Reichweite des Erbstatuts (Art. 23 EuErbVO), die allgemeinen Begriffsbestimmungen (Art. 3 EuErbVO), der sachliche Anwendungsbereich (Art. 1 EuErbVO) sowie die Erwägungsgründe.

aa. Keine Verfügung von Todes wegen

Zunächst darf kein wirksam durch Verfügung von Todes wegen eingesetzter Erbe vorhanden sein. Unter einer Verfügung von Todes wegen wird gem. Art. 3 Abs. 1 lit. d EuErbVO ein Testament, ein gemeinschaftliches Testament oder ein Erbvertrag verstanden.[256]

Die Zulässigkeit und materielle Wirksamkeit einer Verfügung von Todes, die kein Erbvertrag ist, richtet sich gem. Art. 24 Abs. 1 EuErbVO nach „dem Recht, das nach dieser Verordnung auf die Rechtsnachfolge von Todes wegen anzuwenden wäre, wenn die Person, die die Verfügung errichtet hat, zu diesem Zeitpunkt verstorben wäre“. Durch diese Regelung wird das anwendbare Recht schon zum Zeitpunkt der Errichtung festgelegt und somit ein späterer Wechsel des anwendbaren Rechts verhindert.[257] Die Zulässigkeit, materielle Wirksamkeit und die Bindungswirkungen bei einem Erbvertrag richten sich nach Art. 25 EuErbVO. Bei einem Erbvertrag ist danach zu unterscheiden, ob dieser

---

255 Vgl. *Nordmeier*, IPRax 2013, 418, 419.

256 In Art. 1 Abs. 1 lit. b EuErbVO wird der Erbvertrag definiert; In Art. 1 Abs. 1 lit. c wird das gemeinschaftliche Testament definiert.

257 Vgl. MüKoBGB/*Dutta*, EuErbVO Art. 24 Rn. 1.

den Nachlass einer einzigen (Abs. 1) oder mehrerer Personen (Abs. 2) regelt. Bezieht sich der Erbvertrag auf den Nachlass einer einzigen Person entspricht die Regelung in Art. 25 Abs. 1 EuErbVO der des Art. 24 Abs. 1 EuErbVO. Bei mehreren Personen muss gem. Art. 25 Abs. 2 UAbs. 1 EuErbVO hinsichtlich jeder Person geprüft werden, welches Recht nach dieser Verordnung auf die Rechtsnachfolge der einzelnen beteiligten Personen anzuwenden wäre. Der Erbvertrag ist demnach nur zulässig, wenn er nach jedem der anwendbaren Rechte zulässig ist. Die materielle Wirksamkeit eines solchen Erbvertrags richtet sich gem. Art. 25 Abs. 2 UAbs. 2 EuErbVO nach dem in UAbs. 1 bestimmten Recht, zu dem er die engste Verbindung hat. Gem. Art. 24 Abs. 2 EuErbVO und Art. 25 Abs. 3 ist sowohl bei einem Testament als auch bei einem Erbvertrag eine Rechtswahl möglich.

Art. 26 EuErbVO bestimmt den Umfang der materiellen Wirksamkeit einer Verfügung von Todes wegen. Die Formgültigkeit einer Verfügung von Todes wegen richtet sich gem. Art. 75 Abs. 1 UAbs. 2 EuErbVO vorrangig nach dem Haager Testamentsübereinkommen, erst subsidiär greift Art. 27 EuErbVO ein.

Es liegt dann kein durch Verfügung von Todes wegen eingesetzter Erbe vor, wenn entweder überhaupt keine Verfügung von Todes wegen vorhanden ist, diese gem. dem nach Art. 24 oder 25 EuErbVO anwendbaren Recht nicht zulässig oder nicht materiell wirksam ist. Ebenfalls fehlt es an einem durch Verfügung von Todes wegen eingesetzten Erben, wenn die schriftliche Verfügung nach dem anwendbaren Recht, das durch das Haager Testamentsübereinkommen und subsidiär durch Art. 27 EuErbVO bestimmt wird, nicht formgültig ist. Ist jedoch eine Verfügung von Todes wegen vorhanden, zulässig, materiell wirksam und formgültig, ist weiter zu prüfen, ob nach dem grundsätzlichen Erbstatut gem. Artt. 21, 22 EuErbVO ein Erbe vorhanden ist. Nach dem Erbstatut kann die Feststellung getroffen werden, dass der Nachlass erbenlos ist.[258]

Im Rahmen einer Verfügung von Todes wegen kann sich zusammenfassend die Erbenlosigkeit zum einen daraus ergeben, dass die Verfügung von Todes wegen aus den oben genannten Gründen unbeachtlich ist oder trotz beachtlicher Verfügung von Todes wegen kein Erbe vorhanden ist.

bb. Kein Vermächtnisnehmer für die Nachlassgegenstände

Für eine Erbenlosigkeit des Nachlasses darf gem. dem Wortlaut des Art. 33 EuErbVO kein durch Verfügung von Todes wegen eingesetzter Vermächtnisnehmer für die Nachlassgegenstände vorhanden sein.

---

258 Siehe 2. Teil A IV 2 a.

Wie oben festgestellt, obliegt die Frage, ob ein Vermächtnisnehmer als Berechtigter am Nachlass vorhanden ist und damit die Feststellung, dass der Nachlass erbenlos ist oder nicht, dem Erbstatut. In Bezug auf Vermächtnisse ergibt sich allerdings die Besonderheit, dass in den europäischen Rechtsordnungen den Vermächtnissen unterschiedliche rechtliche Folgen beigemessen werden: während in einigen Rechtsordnungen das Vermächtnis dazu führt, dass der Vermächtnisnehmer lediglich einen schuldrechtlichen Anspruch auf Leistung des vermachten Gegenstandes gegen den durch das Vermächtnis Beschwerten erhält (sog. *Damnationslegat*),[259] lassen andere Rechtsordnungen hingegen dem Vermächtnis dingliche Wirkung zukommen, mit der Folge, dass der Vermächtnisnehmer mit dem Erbfall dinglich Berechtigter an dem Zugewendeten wird (sog. *Vindikationslegat*[260]).[261]

Diese unterschiedliche Ausgestaltung von Vermächtnissen ist dann relevant, wenn im Rahmen eines grenzüberschreitenden Erbfalls nach dem anwendbaren Erbstatut ein Vindikationslegat vorliegt, das sich auf einen Nachlassgegenstand bezieht, welcher in einem anderen Staat belegen ist, in dessen Rechtsordnung Vermächtnisse nur in Form von Damnationslegaten bekannt sind. Diese Fallkonstellation hat die umstrittene Frage zur Folge, ob sich der Übergang des Nachlassgegenstands im Belegenheitsstaat nach der Konzeption des ausländischen Vindikationslegats zu richten hat. Bejaht man diese Frage, würde ein Eigentumsübergang des Nachlassgegenstands mit dem Erbfall erfolgen (sog. Vonselbsterwerb).

Allerdings wurde in Deutschland unter Geltung des autonomen Internationalen Privatrechts von herrschender Literatur [262] und Rechtsprechung[263] die Wirkung des Vindikationslegats für einen im Inland belegenen Nachlassgegenstand abgelehnt. Statt des unmittelbaren Eigentumsübergangs nach der Konzeption des Vindikationslegats wurde dieses in ein Damnationslegat umgedeutet.[264]

259 In folgenden Rechtsordnungen ist das Vermächtnis mit schuldrechtlicher Wirkung ausgestaltet: Deutschland (§ 2174 BGB), Niederlande (Art. 4:984 Burgerlijk Wetboek), Österreich (§ 535 ABGB).

260 In folgenden Rechtsordnungen ist das Vermächtnis mit dinglicher Wirkung ausgestaltet: Belgien (Art. 1009 Code civil Belgien) Frankreich (Art. 1009 Code civil Frankreich), Italien (Art. 649 Codice civile Italien), Spanien (Art. 882 Código civil Spanien).

261 Hierauf weist auch ErwG 47 S. 2 Hs. 2 EuErbVO hin.

262 Statt aller Staudinger/*Dörner*, EGBGB Art. 25 Rn. 50, 284; MüKoBGB/*Dutta*, 6. Aufl. 2015, EGBGB Art. 25 Rn. 169 mwN.

263 BGH, NJW 1995, 58; KG, NJW-RR 2008, 1109, 1110; KG, ZEV 2013, 153.

264 BGH, NJW 1995, 58; KG, NJW-RR 2008, 1109, 1110.

Begründet wurde dies damit, dass die Wirkung des Vindikationslegats – der Eigentumsübergang – sachenrechtlich zu qualifizieren sei.[265] Des Weiteren wurde darauf verwiesen, dass das Sachstatut als Einzelstatut dem Erbstatut vorgehe.[266]

Mithin sind zwei verschiedene Bereiche von dieser Argumentation betroffen. Zum einen geht es um die Frage, welchem Statut die Wirkung des Vindikationslegats unterstellt wird. Dies betrifft die Abgrenzung von Erbstatut und Sachstatut. Die herrschende Literatur und Rechtsprechung in Deutschland haben sich dazu entschieden, die dingliche Wirkung von Vindikationslegaten aus dem Erbstatut auszunehmen und dem Sachstatut zuzuordnen.[267] Dies beruht auf dem Verständnis, dass ein Vermächtnis nicht die Rechtsnachfolge von Todes wegen betreffe, weil der Vermächtnisnehmer mit Erbfall einen schuldrechtlichen Anspruch erhalte, der durch Rechtsgeschäft unter Lebenden erfüllt werden müsse.[268] Zum anderen wird darauf abgestellt, dass das Einzelstatut dem Gesamtstatut vorgehe und sich daher die Wirkung des Vindikationslegats nach dem Sachstatut und nicht nach dem Erbstatut richte.[269]

Die Problematik der Behandlung von Vindikationslegaten stellt sich unter Geltung der EuErbVO weiterhin. Die Behandlung dieser Frage ist für die Anwendung des Art. 33 EuErbVO von entscheidender Bedeutung, weil davon abhängt, ob Erbenlosigkeit i.S.d. Art. 33 EuErbVO gegeben ist. Der deutsche Gesetzgeber hat sich entschieden, an der unter Geltung des autonomen Internationalen Erbrechts gefestigten herrschenden Meinung festzuhalten: in § 32 Abs. 6 IntErbRVG, der für den Fall des Art. 33 EuErbVO ein deutsches Aneignungsrecht schafft, heißt es in Bezug auf Vermächtnisnehmer: „Vermächtnisnehmer, die nach dem anzuwendenden Erbrecht eine unmittelbare Berechtigung an einem Nachlassgegenstand hätten, können den ihnen hieraus nach deutschem Recht erwachsenen Anspruch auf Erfüllung des Vermächtnisses an die Stelle richten, die insoweit das Aneignungsrecht ausgeübt hat.“ Aus dieser Formulierung ergibt sich zwar zunächst, dass aus der Sicht des deutschen Gesetzgebers ein Vindikationslegat erbrechtlich zu qualifizieren ist („nach dem anzuwendenden Erbrecht“), d.h. dass das Vindikationslegat unter die „Rechtsnachfolge von Todes wegen“ fällt und somit vom Erbstatut erfasst wird. Weiter zeigt der Wortlaut,

265 Vgl. BGH, NJW 1995, 58, 59.
266 Vgl. BGH, NJW 1995, 58, 59.
267 *Geimer*, MittBayNot 1995, 224, 226.
268 Vgl. *Looschelders*, in: FS Coester-Waltjen 2015, S. 531, 534.
269 Vgl. *Süß*, ZEuP 2013, 725, 744.

dass ein solches Vindikationslegat aber in ein Damnationslegat umzudeuten ist („[...] hieraus nach deutschem Recht erwachsenen Anspruch auf Erfüllung des Vermächtnisses [...]").

Aus dem Wortlaut des § 32 Abs. 1 und Abs. 6 IntErbRVG ergibt sich als dritte Konsequenz, dass Vermächtnisse grundsätzlich nicht die Feststellung hindern, dass ein Nachlass erbenlos i.S.d. Art. 33 EuErbVO ist: § 32 Abs. 1 IntErbRVG lässt das Fehlen eines durch Verfügung von Todes wegen eingesetzten Erben oder einer natürlichen Person als gesetzlichen Erben zur Ausübung des Aneignungsrechts ausreichen; aus § 32 Abs. 6 IntErbRVG ergibt sich, dass auch wenn das ausländische Vindikationslegat in ein Damnationslegat nach deutschem Recht umgedeutet wurde, der Damnationslegatar seinen Anspruch gegen die Stelle richten muss, die das Aneignungsrecht ausgeübt hat. Das bedeutet, dass weder ein Vindikations- noch ein Damnationslegat die Ausübung des durch die deutsche Begleitgesetzgebung geschaffenen Aneignungsrechts verhindert, weil aus Sicht des Gesetzgebers keine der Formen eines Vermächtnisses verhindert, dass ein Nachlass i.S.d. Art. 33 EuErbVO erbenlos ist. Die Gesetzesbegründung zu § 32 IntErbRVG[270] bestätigt diese wortlautgetreue Auslegung. In der Begründung heißt es, dass zwar nach dem Wortlaut des Art. 33 EuErbVO auch das Vorliegen eines Vermächtnisnehmers das staatliche Aneignungsrecht ausschließt, nach Sinn und Zweck der Regelung jedoch nur ein Vindikationslegat gemeint sein könne. Ein solches Vindikationslegat werde jedoch in ein Damnationslegat umgedeutet und dieses werde wiederum von Art. 33 EuErbVO nicht erfasst. Die Folge dieser Auffassung ist, dass der Erwähnung des Vermächtnisnehmers in Art. 33 EuErbVO aus Sicht des Gesetzgebers keine Bedeutung bei internationalen Erbfällen mit Bezug zu Deutschland zukommt.[271]

Es ist zu untersuchen, ob die Auffassung, dass ein Vindikationslegat in ein Damnationslegat umzudeuten ist unter Geltung der EuErbVO aufrechterhalten werden kann. Da es sich dabei vornehmlich um eine Frage der Qualifikation von Vindikationslegaten handelt, werden im nächsten Abschnitt die methodischen Grundlagen zur Vornahme der Qualifikation dargestellt, die auch im weiteren Verlauf der Arbeit von entscheidender Bedeutung sein werden.

---

270 Begründung des Gesetzentwurfs IntErbRVG BT Drucksache 18/4201, S. 48 und S. 58

271 Bedeutung hat die Nennung des Vermächtnisnehmers dann, wenn auch das Recht der Belegenheit der Sache Vindikationslegate kennt: Dann wird das Vindikationslegat nicht umgedeutet und hindert die Einordnung des Erbes als erbenlos Begründung des Gesetzesentwurfs IntErbRVG BT Drucksache 18/4201, S. 48.

(1) Methodische Grundlagen zur Qualifikation

Die Qualifikation im Internationalen Privatrecht stellt einen in vielen Punkten umstrittenen Vorgang dar. Aus diesem Grund besteht das Bedürfnis, die methodischen Grundlagen für die Vornahme einer Qualifikation zu schaffen.[272] Eine vollständige und ausführliche Auseinandersetzung mit den einzelnen jeweils stark umstrittenen Fragen hinsichtlich der Qualifikation kann im Rahmen dieser Arbeit nicht geleistet werden. Der Fokus liegt darauf, unter den vielen Stellungnahmen eine konsequente Vorgehensweise für die Qualifikation herauszuarbeiten.

Dazu wird zunächst der Frage nachgegangen, inwiefern bei Vorliegen von europäischem Kollisionsrecht, wie es mit der EuErbVO der Fall ist, die auf dem klassischen Verständnis des IPR entwickelten Methoden weiterhin befolgt werden können.

(a) Möglichkeit des Rückgriffs auf klassische IPR-Methodik i.R. von europäischem IPR

Die Qualifikation gehört zum allgemeinen Teil des Internationalen Privatrechts. Im Rahmen des europäischen Kollisionsrechts besteht keine zusammenhängende Normierung von zum allgemeinen Teil zugehörigen Lehren und Methoden des Internationalen Privatrechts.[273] Es stellt sich daher die Frage, inwiefern auf die in den nationalen Rechtsordnungen entwickelten Methoden abgestellt werden kann, denn das europäische Internationale Privatrecht stellt ein autonomes, von den jeweiligen mitgliedstaatlichen Rechtsordnungen getrennt zu beachtendes Gebilde dar. Nur, wenn hinsichtlich des grundsätzlichen Verständnisses Einheitlichkeit besteht, können die methodischen Herangehensweisen zur Qualifikation, die sich in den Mitgliedstaaten herausgebildet haben und dabei noch nicht europarechtliche Besonderheiten zu beachten hatten, auch im europäischen Bereich herangezogen werden. Die in den Rechtsordnungen bestehenden Methoden beruhen auf den klassischen Vorstellungen des IPR, wie sie seit *Savigny* vertreten werden.[274]

---

272 Dies gilt umso mehr als die Frage nach der Qualifikation in dieser Arbeit an mehreren Stellen von entscheidender Bedeutung ist, siehe unten bei 2. Teil A V, 2. Teil A VII 1, 2. Teil B III.

273 Vgl. *Jayme*, in: Brauchen wir eine Rom 0-Verordnung? 2013, 34; dies betrifft insbesondere auch die Frage der Qualifikation *Heiss/Kaufmann-Mohi*, in: Brauchen wir eine Rom 0-Verordnung? 2013, 184f.

274 Vgl. *Kegel/Schurig*, Internationales Privatrecht, ^{9}2004 § 3 X (S. 185–188); *Kropholler*, Internationales Privatrecht, ^{6}2006 § 2 III (S. 13–15).

Teilweise wird im europäischen Internationalen Privatrecht im Vergleich zum nationalen Internationalen Privatrecht nach klassischem Vorbild eine stärkere Fokussierung auf materiellrechtliche Zwecke des europäischen Primärrechts gesehen (sog. Materialisierung). [275] Damit sei eine Abweichung vom klassischen Verständnis des Kollisionsrechts verbunden. Das Kollisionsrecht nach klassischem Verständnis dient nicht dazu, das Sachrecht mit dem passenden materiellrechtlichen Ergebnis aufzufinden, sondern das Recht mit der engsten Verbindung zur zu beurteilenden Rechtsfrage zur Anwendung zu bringen. Die europäischen Kollisionsnormen hingegen berücksichtigten die Förderung des Binnenmarkts, die Erhöhung der Rechtssicherheit oder den Schutz von schwächeren Parteien.[276] Der Auffassung, dass sich europäische Kollisionsnormen grundsätzlich vom klassischen Verständnis des Kollisionsrechts entfernt haben, können jedoch mehrere Argumente entgegengehalten werden. Zunächst wird darauf verwiesen, dass eine Orientierung des Kollisionsrechts an materiellrechtlichen Wertungen keine Besonderheit des europäischen Kollisionsrechts darstelle, sondern sich dies auch im nationalen Kollisionsrecht finden lasse.[277] Die vereinzelte Berücksichtigung materiellrechtlicher Zwecke kann daher keine Besonderheit des europäischen Kollisionsrechts im Verhältnis zum nationalen Kollisionsrecht begründen. Hinsichtlich des Ziels der Förderung des Binnenmarkts, das vor Geltung des Vertrags von Lissabon als Voraussetzung für die Schaffung von Kollisionsnormen bestand (Art. 65 EGV), wird darauf abgestellt, dass dessen Prinzipien bei den Kollisionsnormen beachtet werden mussten.[278] Folge sei gewesen, dass materielles Unionsrecht die Ausformung des europäischen Kollisionsrechts beeinflusst habe, während die klassische IPR-Dogmatik streng zwischen Sachrecht und Kollisionsrecht unterscheide.[279] Allerdings ist mit Einführung des Vertrags von Lissabon der zwingende Bezug zum Binnenmarkt weggefallen. Die Förderung des Binnenmarktes für die Kollisionsrechtsvereinheitlichung wurde von einer zwingenden Voraussetzung zu einem Regelbeispiel der möglichen zu verfolgenden Ziele herabgesetzt. Durch die Auflösung des zwingenden Zusammenhangs von Förderung des Binnenmarkts und Kollisionsrechtsvereinheitlichung sind die dem Binnenmarkt zugrunde liegenden Prinzipien nicht mehr von entscheidender Bedeutung bei der Ausgestaltung des

---

275 Vgl. *Weller*, IPRax 2011, 429ff.

276 *Lehmann*, in: FS Spellenberg 2010, S. 245, 259f.; *Weller*, IPRax 2011, 429f.

277 MüKoBGB/*von Hein*, Einl. IPR Rn. 41.

278 *Weller*, IPRax 2011, 429, 433.

279 *Kühne*, in: LA Schurig 2012, S. 129, 144; *Weller*, IPRax 2011, 429, 433; Für die Rom I-VO: *Lehmann*, in: FS Spellenberg 2010, S. 245, 256.

europäischen Kollisionsrechts.[280] Gleichzeitig ist die Schaffung eines Raums des Rechts gem. Art. 67 Abs. 1 AEUV, Art. 3 Abs. 2 EUV für die Schaffung von europäischem Kollisionsrecht entscheidendes Ziel geworden.[281] Der Hinweis in Art. 67 Abs. 1 AEUV auf „die verschiedenen Rechtsordnungen und -traditionen der Mitgliedstaaten" wird in diesem Zusammehang als „Öffnungsklausel" verstanden, die es ermöglicht auf das klassische Verständnis des IPR und den dazu entwickelten Methoden zurückzugreifen.[282] Dies wirke sich bei der Schaffung des europäischen Kollisionsrechts aus, denn es könne neben materiellen Kriterien des europäischen Primärrechts auch auf die in den Mitgliedstaaten bestehenden kollisionsrechtlichen Grundlagen zurückgegriffen werden.[283] Dementsprechend kann auch das Argument des Binnenmarktbezugs nicht mehr für die These der Materialisierung des europäischen Kollisionsrechts herangezogen werden. Die Bedingung für die nachfolgenden Ausführungen zur Qualifikation, dass das europäische Internationale Privatrecht einem klassischen Verständnis folgt, ist nach überwiegender Ansicht gegeben, sodass die anhand der im nationalen Rechtsordnungen entwickelten Methoden unter Berücksichtigung der Besonderheiten des europäischen IPR weiterhin Gültigkeit haben.[284]

(b) Aufbau einer Kollisionsnorm

In einem ersten Schritt ist der grundsätzliche Aufbau von Kollisionsnormen darzustellen, denn dieser bildet die Grundlage für das Verständnis der Qualifikation.[285] Eine Kollisionsnorm kann wie eine gewöhnliche Rechtsnorm in einen Tatbestand und in eine Rechtsfolge unterteilt werden.[286] Der Tatbestand einer

---

280 Vgl. *Weller*, IPRax 2011, 429, 436; siehe dazu oben unter 2. Teil A. II 1 b.

281 *Weller*, IPRax 2011, 429, 436.

282 *Kühne*, in: LA Schurig 2012, S. 129, 130 spricht von einer „Besinnung auf die methodisch-dogmatischen Grundlagen" bei der Schaffung von europäischen IPR; *Weller*, IPRax 2011, 429, 436; zur Rom I-VO Rauscher/*von Hein*, EuZPR/EuIPR, Bd. 3, Einl. Rom I-VO Rn. 1, 3.

283 *Weller*, IPRax 2011, 429, 436.

284 Vgl. MüKoBGB/*von Hein*, Einl. IPR Rn. 40, 43 „grundsätzliche methodische Kontinuität"; *Köhler*, Eingriffsnormen-der „unfertige Teil" des europäischen IPR, 2013, S. 86 weist ebenfalls auf die methodische Einheitlichkeit im vereinheitlichen europäischen IPR hin; *Remien*, in: Brauchen wir eine Rom 0-Verordnung? 2013, 224 „IPR der EU also ist weiterhin IPR klassischer Prägung"; das Vorliegen von europäischem Kollisionsrecht wird durch das Gebot der autonomen Qualifikation berücksichtigt, siehe dazu explizit unter 2. Teil A IV 2 b bb (1) (e) ii.

285 Vgl. *Dörner*, StAZ 1988, 345.

286 *Von Bar/Mankowski*, Internationales Privatrecht, ^{2}2003 § 7 Rn. 138; *Dörner*, StAZ 1988, 345, 347; MüKoBGB/*von Hein*, Einl. IPR Rn. 57; *Kegel/Schurig*, Internationales

Kollisionsnorm umfasst dabei den Anknüpfungsgegenstand sowie den Anknüpfungspunkt, auf der Rechtsfolgenseite steht die Verweisung auf eine bestimmte Rechtsordnung.[287] Mit dem Anknüpfungsgegenstand ist der Sammelbegriff gemeint, welcher den Bereich beschreibt, für den die anzuwendenden Sachnormen aufgefunden werden sollen.[288] Beispielsweise ist der Anknüpfungsgegenstand der erbrechtlichen Kollisionsnorm der EuErbVO, Art. 21 Abs. 1 EuErbVO, die „Rechtsnachfolge von Todes wegen“: für diesen Bereich sollen die anwendbaren Sachnormen bestimmt werden. Das Anknüpfungsmoment stellt ein Element des zu beurteilenden Sachverhalts dar, an den die Kollisionsnorm anknüpft, um die anwendbare Rechtsordnung zu bestimmen.[289] In Art. 21 Abs. 1 EuErbVO ist das Anknüpfungsmoment der letzte gewöhnliche Aufenthalt des Erblassers. Dieser ist dem betreffenden Sachverhalt zu entnehmen. Zum Tatbestand wird das Anknüpfungsmoment deswegen gerechnet, weil es möglich ist, dass dieses nicht erfüllt ist bzw. durch Rechtswahl (Art. 22 EuErbVO) das Anknüpfungsmoment überlagert wird, so dass die zu prüfende Kollisionsnorm tatbestandlich nicht einschlägig ist.[290] Auf der Rechtsfolgenseite einer Kollisionsnorm steht die Verweisung auf eine bestimmte Rechtsordnung.[291] Die Verweisung umfasst die durch Anknüpfungspunkt und Anknüpfungsgegenstand bestimmte Gruppe von Sachnormen.[292] Dieser Aufbau von Kollisionsnormen kann auf die europäische Ebene übertragen werden.[293]

Privatrecht, [9]2004 § 6 II 1 (S. 310–313); *Kropholler*, Internationales Privatrecht, [6]2006 § 13 II (S. 104).

287 *Von Bar/Mankowski*, Internationales Privatrecht, [2]2003 § 7 Rn. 6; *Dörner*, StAZ 1988, 345, 347; MüKoBGB/*von Hein*, Einl. IPR Rn. 57; *Kegel/Schurig*, Internationales Privatrecht, [9]2004 § 6 II 1 (S. 310–313); teilweise wird nur der Anknüpfungsgegenstand dem Tatbestand zugeordnet *Kropholler*, Internationales Privatrecht, [6]2006 § 13 II 2 (S. 105), der aber auf die Möglichkeit hinweist, das Anknüpfungsmoment auf der Tatbestandsseite einzuordnen.

288 Vgl. *Dörner*, StAZ 1988, 345, 347; MüKoBGB/*von Hein*, Einl. IPR Rn. 56; *Kegel/Schurig*, Internationales Privatrecht, [9]2004 § 7 I (S. 327); *Kropholler*, Internationales Privatrecht, [6]2006 § 13 II 1 (S. 104).

289 *Dörner*, StAZ 1988, 345, 347; MüKoBGB/*von Hein*, Einl. IPR Rn. 57; *Kegel/Schurig*, Internationales Privatrecht, [9]2004 § 6 II 1 (S. 311); *Kropholler*, Internationales Privatrecht, [6]2006 § 13 II 2 (S. 105).

290 Vgl. *Dörner*, StAZ 1988, 345, 347.

291 Vgl. *Dörner*, StAZ 1988, 345, 347.

292 *Dörner*, StAZ 1988, 345, 349.

293 *Nehne*, Methodik und allgemeine Lehren des europäischen Internationalen Privatrechts, 2012, S. 21 verweist darauf, dass diesbezüglich lediglich ein terminologischer Unterschied, jedoch kein inhaltlicher in den Mitgliedstaaten der EU besteht.

(c) Die Definition der Qualifikation

Schwierigkeiten bestehen bei dem Versuch eine allgemeingültige Definition für die Qualifikation aufzustellen, denn was genau hierunter zu verstehen ist, ist umstritten. Dieser Streit kann unterteilt werden: zum einen ist fraglich, ob unter Qualifikation der Vorgang der Auslegung oder der Subsumtion zu verstehen ist; zum anderen ist zu klären, ob die Qualifikation lediglich die Tatbestandsseite (Anknüpfungsgegenstand) oder auch die Rechtsfolgenseite (Verweisung) der Kollisionsnorm betrifft. Teilweise wird unter der Qualifikation die Auslegung des Anknüpfungsgegenstands der Kollisionsnorm verstanden,[294] Andere beschreiben die Qualifikation als die Subsumtion unter den Anknüpfungsgegenstand der Kollisionsnorm[295]. Da die Subsumtion unter einen Rechtssatz i.d.R. erfordert, dass dieser zuerst ausgelegt wird, um zu einer Definition zu gelangen, wird ersichtlich, dass ein enger Zusammenhang zwischen Auslegung und Subsumtion besteht.[296] Dennoch ist es überzeugend, die eigentliche Qualifikation auf die Subsumtion zu beschränken, weil nur durch diesen Vorgang die Bestimmung des anzuwendenden Rechts ermöglicht wird, während die Auslegung dem Verständnis der betreffenden Begriffe dient.[297] Neben der Frage, ob es sich bei der Qualifikation um eine Auslegung oder eine Subsumtion handelt, ist umstritten, ob diese lediglich auf der Tatbestandsebene der Kollisionsnorm oder auch auf der Rechtsfolgenseite stattfindet.[298] Überzeugend ist das Verständnis der Qualifikation als ein „Gesamtprozess“[299]. Diesem Verständnis folgend wird

---

294 *Von Bar/Mankowski*, Internationales Privatrecht, [2]2003 § 7 Rn. 138 rechnen außerdem die Bestimmung der sachlichen Reichweite der Kollisionsnorm zur Qualifikation; *Kegel/Schurig*, Internationales Privatrecht, [9]2004 § 7 III 1 (S. 336).

295 MüKoBGB/*von Hein*, Einl. IPR Rn. 108; *von Hoffmann/Thorn*, Internationales Privatrecht, [9]2007 § 6 Rn. 1; *Kropholler*, Internationales Privatrecht, [6]2006 § 15 I 1 (S. 114); BeckOK BGB/*Lorenz*, Einl. IPR Rn. 52.

296 Vgl. *Dörner*, StAZ 1988, 345, 347 bei Kollisionsnormen sei wie bei Sachnormen zunächst auszulegen und anschließend zu subsumieren; MüKoBGB/*von Hein*, Einl. IPR Rn. 111; *Kropholler*, Internationales Privatrecht, [6]2006 § 15 I 3 (S. 114f.); MüKoBGB/*Sonnenberger*, 5. Aufl. 2010, Einl. IPR Rn. 487.

297 Vgl. MüKoBGB/*von Hein*, Einl. IPR Rn. 108, 111 der die Subsumtion als Qualifikation ansieht; *Nehne*, Methodik und allgemeine Lehren des europäischen Internationalen Privatrechts, 2012, S. 171; MüKoBGB/*Sonnenberger*, 5. Aufl. 2010, Einl. IPR Rn. 487 spricht sich gegen eine Gleichsetzung von Auslegung und Qualifikation aus.

298 Vgl. dazu den Überblick bei *Dörner*, StAZ 1988, 345, 348 m.w.N.; MüKoBGB/*Sonnenberger*, 5. Aufl. 2010, Einl. IPR Rn. 484.

299 MüKoBGB/*Sonnenberger*, 5. Aufl. 2010, Einl. IPR Rn. 480; *Weber*, Die Theorie der Qualifikation, 1986, S. 220.

die Qualifikation in zwei Schritte eingeteilt, die oft als „primäre" und „sekundäre" Qualifikation bezeichnet werden.[300] Die primäre Qualifikation betrifft die Subsumtion des Qualifikationsgegenstands unter den Anknüpfungsgegenstand der Kollisionsnorm und spielt sich damit auf der Tatbestandsseite der Kollisionsnorm ab, während die sekundäre Qualifikation die Reichweite der Verweisung und damit die Rechtsfolgenseite der Kollisionsnorm betrifft, bei der die Subsumtion einer potentiell anwendbaren Sachnorm unter das Verweisungsziel in Frage steht und damit die Bestimmung des von der Kollisionsnorm berufenen Teils der Rechtsordnung.[301]

Die Qualifikation umfasst damit den Subsumtionsvorgang sowohl auf Tatbestands- als auch auf Rechtsfolgenseite, wobei jeweils die Vornahme einer Auslegung notwendig ist.[302] Erst aus diesem Zusammenspiel ergibt sich, welche Sachnormen letztendlich von der betreffenden Kollisionsnorm zur Anwendung berufen werden.

(d) Gegenstand der Qualifikation

Umstritten ist außerdem der genaue Gegenstand der Qualifikation. Als solcher wird das Lebensverhältnis, das Rechtsverhältnis, eine bestimmte Rechtsfrage oder die Sachnorm selbst vertreten.[303] Aus der erfolgten Darstellung des Aufbaus der Kollisionsnorm und der Beschreibung des Verständnisses der Qualifikation ergibt sich, dass mehrere der genannten Gegenstände im Prozess der Qualifikation ihre Bedeutung haben. Während im Tatbestand der Kollisionsnorm bei

---

300 Vgl. *von Bar/Mankowski*, Internationales Privatrecht, ²2003 § 7 Rn. 138; MüKoBGB/*von Hein*, Einl. IPR Rn. 136 bezeichnet die sekundäre Qualifikation als die Frage nach der „Reichweite der Verweisung"; *Heinze*, in: FS Kropholler 2008, S. 105, 107f.; *Kropholler*, Internationales Privatrecht, ⁶2006 § 15 I 4 (S. 115), § 15 II 4 (S. 119), § 17 II (S. 129f.); *Looschelders*, Die Anpassung im internationalen Privatrecht, 1995, S. 141 unterscheidet zwischen der Subsumtion unter den Verweisungsgegenstand und unter das Verweisungsziel; MüKoBGB/*Sonnenberger*, 5. Aufl. 2010, Einl. IPR Rn. 483; *Weber*, Die Theorie der Qualifikation, 1986, S. 224 umschreibt dies als „doppelte Heranziehung der sachrechtlichen Kategorien zur Klassifizierung und zur Charakterisierung"; *Wendehorst*, in: FS Sonnenberger 2004, 743f.

301 Vgl. MüKoBGB/*von Hein*, Einl. IPR Rn. 108, 136; *Heinze*, in: FS Kropholler 2008, S. 105, 107f.; *Kropholler*, Internationales Privatrecht, ⁶2006 § 15 I 4 (S. 115); BeckOK BGB/*Lorenz*, Einl. IPR Rn. 52, 54; MüKoBGB/*Sonnenberger*, 5. Aufl. 2010, Einl. IPR Rn. 483; *Wendehorst*, in: FS Sonnenberger 2004, 743f.

302 Vgl. *Gärtner*, Die Behandlung ausländischer Vindikationslegate im deutschen Recht, 2014, 55, 57; MüKoBGB/*Sonnenberger*, 5. Aufl. 2010, Einl. IPR Rn. 483 „doppelte Subsumtion"; *Weber*, Die Theorie der Qualifikation, 1986, S. 224.

303 Vgl. statt aller MüKoBGB/*von Hein*, Einl. IPR Rn. 112 m.w.N.

der Subsumtion unter den Anknüpfungsgegenstand ein Rechtsverhältnis oder eine Rechtsfrage den Gegenstand bildet, ist bei der Rechtsfolge, also der Verweisung auf eine Rechtsordnung zu überprüfen, welche Sachnormen von dieser erfasst sind.[304] Es zeigt sich damit, dass die unterschiedlichen Auffassungen zum Gegenstand der Qualifikation mit dem Verständnis des Qualifikationsvorgangs an sich korreliert. Wird eine scharfe Trennung von Tatbestand und Rechtsfolge der Kollisionsnorm vorgenommen, indem zunächst die Frage beantwortet wird, was unter den Anknüpfungsgegenstand subsumierbar ist und anschließend nach der Reichweite der Verweisung gefragt wird, kommt als Gegenstand der Qualifikation lediglich eine bestimmte Rechtsfrage in Betracht.[305] Wird jedoch die Qualifikation als Zusammenspiel von Tatbestand und Rechtsfolge angesehen und damit als Gesamtprozess, weil sich erst durch Betrachtung der potentiell anwendbaren Rechtsnormen ergibt, ob diese tatsächlich dieser Kollisionsnorm zuzuordnen und damit in diesem Sinne zu qualifizieren sind, sind sowohl die bestimmte Rechtsfrage als auch die Sachnormen Gegenstand der Qualifikation.[306] Zwischen den Auffassungen, ob eine bestimmte Rechtsfrage oder eine Rechtsnorm Gegenstand der Qualifikation ist, besteht jedoch nur in der Vorgehensweise ein Unterschied: Denn auch unter der Annahme, dass lediglich die Subsumtion unter den Anknüpfungsgegenstand als Qualifikation zu bezeichnen ist und damit eine bestimmte Rechtsfrage den Gegenstand der Qualifikation darstellt, stellt sich nach der Verweisung auf die jeweilige Rechtsordnung die Frage der Reichweite der Verweisung, also welche Sachnormen dieser Rechtsordnung tatsächlich berufen sind.[307]

Der praktische Unterschied der Auffassungen ist folglich lediglich darin zu sehen, dass die Frage nach den tatsächlich anwendbaren Sachnormen an

---

304 *Dörner*, StAZ 1988, 345, 349f.; *Gärtner*, Die Behandlung ausländischer Vindikationslegate im deutschen Recht, 2014, S. 58; MüKoBGB/*Sonnenberger*, 5. Aufl. 2010, Einl. IPR Rn. 485f.

305 In diese Richtung MüKoBGB/*von Hein*, Einl. IPR Rn. 113; *Kropholler*, Internationales Privatrecht, [6]2006 § 15 II 3, 4 (S. 118f.) die Sachnorm solle nicht generell zum Gegenstand des Tatbestands der Kollisionsnorm und damit der Qualifikation erklärt werden.

306 *Gärtner*, Die Behandlung ausländischer Vindikationslegate im deutschen Recht, 2014, S. 58; *Nehne*, Methodik und allgemeine Lehren des europäischen Internationalen Privatrechts, 2012, 172f.; deutlich wird die Relevanz von Rechtsfrage und Sachnorm im Rahmen der Erläuterung der Qualifikationsmethode unter 2 Teil A IV 2 b bb (1) (f).

307 Vgl. MüKoBGB/*von Hein*, Einl. IPR Rn. 136 bezeichnet dies als die Frage nach der Reichweite der Verweisung; *Kropholler*, Internationales Privatrecht, [6]2006 § 15 II 4 (S. 119) die Sachnormqualifikation kommt „in einem späteren Stadium des Qualifikationsvorganges“.

unterschiedlichen Stellen beantwortet wird: dies kann zum einen dem Qualifikationsprozess zugeordnet oder bei der Reichweite der Verweisung der Kollisionsnorm relevant werden.

(e) Statut der Qualifikation

Wird die Frage nach dem richtigen Statut der Qualifikation gestellt, ist damit die Entscheidung gemeint, welcher Rechtsordnung die Maßstäbe für die Auslegung der Begriffe der betreffenden Kollisionsnorm zu entnehmen sind.[308]

i. Autonomes Kollisionsrecht

Im Rahmen des autonomen Kollisionsrechts wird überwiegend ein lex-fori Ansatz vertreten, nach dem die Rechtsordnung am jeweiligen Gerichtsort (lex fori) maßgebend für das Verständnis der in dieser Rechtsordnung bestehenden Kollisionsnormen ist.[309] Der moderne lex-fori Ansatz ist allerdings nicht so zu verstehen, dass die kollisionsrechtlichen Systembegriffe mit den Begriffen des Sachrechts gleichzusetzen sind, vielmehr muss die Eigenheit des Kollisionsrechts Berücksichtigung finden, indem ein eigenes Verständnis der Begriffe geschaffen wird, welches sich lediglich an denen des Sachrechts orientiert.[310] Die gegenteilige Auffassung hierzu stellt der lex-causae Ansatz dar, nach dem die Maßstäbe der Rechtsordnung zu entnehmen sind, deren Anwendbarkeit in Frage steht.[311] Diese Ansicht wird jedoch ganz überwiegend abgelehnt, weil zum einen ein Bezug zu einem Recht hergestellt werden müsste, dessen Anwendbarkeit in diesem Stadium der Qualifikation noch nicht feststeht und zum anderen eine

---

308 Vgl. *Dörner*, StAZ 1988, 345, 350; MüKoBGB/*von Hein*, Einl. IPR Rn. 114; *Kropholler*, Internationales Privatrecht, [6]2006 § 16 (S. 121).

309 *Von Hoffmann/Thorn*, Internationales Privatrecht, [9]2007 § 6 Rn. 12; *Kropholler*, Internationales Privatrecht, [6]2006 § 16 I (S. 121f.); BeckOK BGB/*Lorenz*, Einl. IPR Rn. 57; MüKoBGB/*Sonnenberger*, 5. Aufl. 2010, Einl. IPR Rn. 495f.; Staudinger/*Sturm/Sturm*, Einl. IPR Rn. 244.

310 Vgl. MüKoBGB/*von Hein*, Einl. IPR Rn. 115 weist darauf hin, dass bei der heutigen lex-fori Qualifikation die Modifikationen beachtet werden müssen; *Kropholler*, Internationales Privatrecht, [6]2006 § 16 I (S. 121), § 16 II 2 (S. 124f.) spricht von einer „Autonomie des IPR“ welche als Modifikation des lex-fori Ansatzes zu berücksichtigen ist; BeckOK BGB/*Lorenz*, Einl. IPR Rn. 58; MüKoBGB/*Sonnenberger*, 5. Aufl. 2010, Einl. IPR Rn. 496; *Wendehorst*, in: FS Sonnenberger 2004, S. 743, 751 Begriffe des Kollisionsrechts müssen „kollisionsrechts-autonom“ ausgelegt werden; dem strengen lex-fori Verständnis folgen jedoch noch *von Hoffmann/Thorn*, Internationales Privatrecht, [9]2007 § 6 Rn. 12ff.

311 Begründet von Wolff, siehe *Wolff*, Das Internationale Privatrecht Deutschlands, [3]1954 § 13 V (S. 54ff.).

Häufung von positiven und negativen Konflikten aufgrund der Entscheidung der jeweiligen Rechtsordnung über ihre Anwendbarkeit hervorgerufen werden würde.[312]

ii. Europäisches Kollisionsrecht

Besteht europäisches Kollisionsrecht, kann nicht auf den lex-fori Ansatz zurückgegriffen werden, denn um eine einheitliche Anwendung des europäischen Kollisionsrechts in alles Mitgliedstaaten gewährleisten zu können, muss eine eigenständige europarechtliche, die sog. autonome Auslegung der betreffenden Kollisionsnorm vorgenommen werden.[313] Die autonome Auslegung auf europarechtlicher Ebene bedient sich der bekannten Auslegungsmethoden, also der grammatikalischen, historischen, systematischen und teleologischen Auslegung.[314] Für das Verständnis der in den europäischen Kollisionsnormen verwendeten Begriffe ist vorrangig auf die in den Verordnungen enthaltenen Hilfestellungen abzustellen, die in der Bestimmung des sachlichen Anwendungsbereichs, den Begriffsbestimmungen, der Regelung über die Reichweite der Verweisung der Kollisionsnorm sowie in den Erwägungsgründen enthalten sind.[315]

(f) Methode der Qualifikation

Es ist des Weiteren festzustellen, auf Grundlage welcher Methode die Qualifikation vorzunehmen ist.[316] Die Methode der Qualifikation betrifft die Frage,

---

312 Vgl. MüKoBGB/*von Hein*, Einl. IPR Rn. 116; *von Hoffmann/Thorn*, Internationales Privatrecht, [9]2007 § 6 Rn. 19–22; MüKoBGB/*Sonnenberger*, 5. Aufl. 2010, Einl. IPR Rn. 495.

313 Vgl. MüKoBGB/*von Hein*, Einl. IPR Rn. 126; *Heinze*, in: FS Kropholler 2008, S. 105, 108f.; *Kropholler*, in: 75 Jahre Max-Planck-Institut für Privatrecht 2001, S. 583, 590; *ders.*, Internationales Privatrecht, [6]2006 § 16 II 3 (S. 125), § 10 III 2 (S. 79ff.); BeckOK BGB/*Lorenz*, Einl. IPR Rn. 62; *Nehne*, Methodik und allgemeine Lehren des europäischen Internationalen Privatrechts, 2012, S. 186; MüKoBGB/*Sonnenberger*, 5. Aufl. 2010, Einl. IPR Rn. 527, 307; Staudinger/*Sturm/Sturm*, Einl. IPR Rn. 250; *Wendehorst*, in: FS Sonnenberger 2004, S. 743, 751.

314 Vgl. *Heinze*, in: FS Kropholler 2008, S. 105, 109f.; *Kropholler*, in: 75 Jahre Max-Planck-Institut für Privatrecht 2001, S. 583, 590; *Nehne*, Methodik und allgemeine Lehren des europäischen Internationalen Privatrechts, 2012, S. 54.

315 MüKoBGB/*von Hein*, Einl. IPR Rn. 128; explizit für die EuErbVO *Hellner*, in: Die Europäische Erbrechtsverordnung 2014, S. 107, 108.

316 Teilweise wird Qualifikationsstatut und -methode einheitlich behandelt: vgl. MüKoBGB/*von Hein*, Einl. IPR Rn. 118, 127; *Kropholler*, Internationales Privatrecht, [6]2006 § 16 II 3 (S. 126) merkt an, dass der Streit um das Qualifikationsstatut an Bedeutung verliert, wenn einer funktionellen Qualifikation gefolgt wird; vorliegend wird

welche Kriterien maßgebend dafür sind, dass der Gegenstand der Qualifikation einer bestimmten Kollisionsnorm zugeordnet werden kann, mithin eine Subsumtion erfolgen kann.[317] Damit dient die Methode der Qualifikation dazu, die Reichweite einer Kollisionsnorm zu bestimmten und gegenüber anderen Kollisionsnormen abzugrenzen.[318]

Vorherrschend ist heute eine funktionelle bzw. teleologische (auch funktional-teleologische[319]) Qualifikationsmethode.[320] Bei dieser Methode ist die Funktion entscheidendes Kriterium für die Zuordnung des Qualifikationsgegenstandes zu einer Kollisionsnorm. In der konkreten Anwendung bedeutet dies, dass zunächst ermittelt werden muss, welcher Funktion der Anknüpfungsgegenstand der Kollisionsnorm dient; anschließend ist die Funktion der möglicherweise berufenen Sachnormen zu beleuchten: besteht eine Entsprechung der Funktionen ist eine Subsumtion möglich.[321] Es ist demnach notwendig, sowohl die Funktion der betreffenden Kollisionsnorm als auch die Funktion der potentiell

---

dem Verständnis gefolgt, dass sich der autonome Ansatz auf die Auslegung der Kollisionsnorm bezieht („Qualifikationsstatut") und sich die Frage nach den einschlägigen Kriterien für die Subsumtion i.R.d. Qualifikation („Qualifikationsmethode") gesondert stellt: vgl. *Dörner*, StAZ 1988, 345, 350f.; *Gärtner*, Die Behandlung ausländischer Vindikationslegate im deutschen Recht, 2014, S. 61; *Nehne*, Methodik und allgemeine Lehren des europäischen Internationalen Privatrechts, 2012, S. 189.

317 Vgl. *Dörner*, StAZ 1988, 345, 351; *Nehne*, Methodik und allgemeine Lehren des europäischen Internationalen Privatrechts, 2012, S. 179f. bezeichnet dies als den „dritten Schritt der dreifachen funktionalen Auslegung", der über die Möglichkeit der Subsumtion entscheidet.

318 Vgl. *Wendehorst*, in: FS Sonnenberger 2004, S. 743, 748f., 755f.

319 So MüKoBGB/*von Hein*, Einl. IPR Rn. 118; vgl. *Kropholler*, Internationales Privatrecht, [6]2006 § 17 I (S. 127) Die Bezeichnungen „funktionell" und „teleologisch" sind „austauschbar".

320 BGHZ 29, 137, 139 = NJW 1959, 717, 718; BGH NJW 1967, 1177; MüKoBGB/*von Hein*, Einl. IPR Rn. 118; *Kropholler*, Internationales Privatrecht, [6]2006 § 17 (S. 126–130); *Nehne*, Methodik und allgemeine Lehren des europäischen Internationalen Privatrechts, 2012, S. 178; MüKoBGB/*Sonnenberger*, 5. Aufl. 2010, Einl. IPR Rn. 499; Staudinger/*Sturm/Sturm*, Einl. IPR Rn. 243; *Weber*, Die Theorie der Qualifikation, 1986, S. 241.

321 Vgl. MüKoBGB/*von Hein*, Einl. IPR Rn. 118ff.; *Kropholler*, Internationales Privatrecht, [6]2006 § 17 I (S. 126); *Nehne*, Methodik und allgemeine Lehren des europäischen Internationalen Privatrechts, 2012, S. 178; MüKoBGB/*Sonnenberger*, 5. Aufl. 2010, Einl. IPR Rn. 501; Staudinger/*Sturm/Sturm*, Einl. IPR Rn. 243; *Wendehorst*, in: FS Sonnenberger 2004, S. 743, 755 bezeichnet dies als „Moment des Funktionszusammenhangs".

berufenen Sachnormen zu erfassen.[322] Der Vergleich, ob die ermittelten Funktionen übereinstimmen, findet damit beim Anknüpfungsgegenstand und beim Verweisungsziel statt.[323] Eine Sachnorm ist somit dann von einer Kollisionsnorm berufen, wenn sie dieselben Funktionen aufweist, wie der Anknüpfungsgegenstand der Kollisionsnorm.[324] Der Vorteil, die Funktion als maßgebliches Kriterium heranzuziehen, liegt darin, dass eine Subsumtion und damit eine Zuordnung zu einer bestimmten Kollisionsnorm unabhängig von der Konstruktion, der verwendeten Begriffe und der systematischen Stellung der Sachnorm möglich ist und damit den unterschiedlichen Ausgestaltungen in den Rechtsordnungen Rechnung getragen wird.[325]

Eine Übertragung der funktionalen Qualifikationsmethode auf europäisch vereinheitlichtes Kollisionsrecht ist möglich, weil diese Methode in den Mitgliedstaaten der Europäischen Union anerkannt ist.[326]

(g) Zusammenfassung

Nachdem die Grundlagen der Qualifikation dargestellt wurden, soll zusammenfassend aufgezeigt werden, wie eine Qualifikation im Rahmen dieser Arbeit anhand dieser Grundlagen vorzunehmen ist.

Der Prozess der Qualifikation betrifft die Subsumtion einer bestimmten Rechtsfrage unter den Verweisungsgegenstand der betreffenden Kollisionsnorm sowie die Subsumtion der möglicherweise einschlägigen Sachnormen unter das Verweisungsziel der Kollisionsnorm. Das entscheidende Kriterium für die Subsumtion stellt der Vergleich der Funktionen dar. Um eine Subsumtion vornehmen zu können, ist eine Auslegung des Anknüpfungsgegenstands der betreffenden Kollisionsnorm notwendig. Diese Auslegung erfolgt grundsätzlich aus dem Verständnis der lex-fori, bei europäisch vereinheitlichtem Kollisionsrecht jedoch aus einem europäisch-autonomen Verständnis heraus. Für den Funktionenvergleich als Voraussetzung für die Subsumtion muss auch die Sachnorm

---

322 MüKoBGB/*von Hein*, Einl. IPR Rn. 118; *Kropholler*, Internationales Privatrecht, [6]2006 § 17 II (S. 129f.).

323 *Nehne*, Methodik und allgemeine Lehren des europäischen Internationalen Privatrechts, 2012, S. 178.

324 MüKoBGB/*Sonnenberger*, 5. Aufl. 2010, Einl. IPR Rn. 509.

325 MüKoBGB/*von Hein*, Einl. IPR Rn. 137; *Kropholler*, Internationales Privatrecht, [6]2006 § 17 I (S. 128); MüKoBGB/*Sonnenberger*, 5. Aufl. 2010, Einl. IPR Rn. 501, 505, 509.

326 Vgl. MüKoBGB/*von Hein*, Einl. IPR Rn. 127; *Nehne*, Methodik und allgemeine Lehren des europäischen Internationalen Privatrechts, 2012, 178, 186, 190f.; MüKoBGB/*Sonnenberger*, 5. Aufl. 2010, Einl. IPR Rn. 529.

ausgelegt werden. Dies erfolgt aus dem Verständnis der Rechtsordnung, der diese Sachnorm entstammt. Für die Überprüfung des Übereinstimmens der Funktionen ist bei vereinheitlichtem europäischen Kollisionsrecht ein autonomes Verständnis anzulegen.[327]

Eine strikte Trennung der primären und sekundären Qualifikation ist in der Falllösung nicht konsequent durchzuhalten, denn die problematische Fragestellung der richtigen Qualifikation ergibt sich häufig erst in Bezug auf ein konkretes Rechtsinstitut oder eine konkrete Sachnorm einer möglicherweise anwendbaren Rechtsordnung, so dass im Bereich der sekundären Qualifikation wiederum die exakte Reichweite des Anknüpfungsgegenstands in Frage steht.[328]

(2) Qualifikation des Vindikationslegats i.R.d. EuErbVO

Bevor sich die Frage stellt, ob ein Vindikationslegat, das auf die Übertragung von Eigentum gerichtet ist,[329] im Rahmen der EuErbVO von der Rechtsordnung der Belegenheit der Sache anerkannt werden muss[330] (Art. 31 EuErbVO), ist zu untersuchen, ob die Wirkung des Vindikationslegats (Übergang des Eigentums) erbrechtlich zu qualifizieren ist. Ist eine erbrechtliche Qualifikation zu bejahen, hätte dies zur Folge, dass sich die Wirkung des Vindikationslegats

---

327 *Nehne*, Methodik und allgemeine Lehren des europäischen Internationalen Privatrechts, 2012, S. 190.

328 Vgl. *Gärtner*, Die Behandlung ausländischer Vindikationslegate im deutschen Recht, 2014, 54f. „Interdependenz" von der beiden Schritte im Qualifikationsvorgang; *Kropholler*, Internationales Privatrecht, [6]2006 § 17 II (S. 130) die Auswahl der berufenen Sachnormen stelle „keinen gänzlich neuen, vom Gehalt der eigenen Kollisionsnormen losgelösten Qualifikationsvorgang" dar, sondern bildet „einen wesentlichen Teil der funktionellen Qualifikation".

329 Neben der Übertragung des Eigentums kann das Vindikationslegat auch auf andere Rechte gerichtet sein siehe hierzu *Margonski*, GPR 2013, 106, 109 Fn. 21.

330 Zu dieser umstrittenen Frage besteht hinsichtlich eines Vindikationslegats über eine Immobilie ein Vorabentscheidungsersuchen des Sąd Okręgowy w Gorzowie Wielkopolskim (Polen) v. 19. April 2016, Rs. C-218/16–Aleksandra Kubicka: „*Sind Art. 1 Abs. 2 Buchst. k, Art. 1 Abs. 2 Buchst. l oder Art. 31 der Verordnung (EU) Nr. 650/2012 des Europäischen Parlaments und des Rates vom 4. Juli 2012 über die Zuständigkeit, das anzuwendende Recht, die Anerkennung und Vollstreckung von Entscheidungen und die Annahme und Vollstreckung öffentlicher Urkunden in Erbsachen sowie zur Einführung eines Europäischen Nachlasszeugnisses dahin auszulegen, dass sie die Ablehnung der Anerkennung der dinglichen Wirkungen des Vindikationslegats (legatum per vindicationem), das durch das Erbstatut vorgesehen ist, zulassen, wenn dieses Vermächtnis das Eigentum an einer Immobilie betrifft, die in einem Mitgliedstaat belegen ist, dessen Recht das Institut des Vermächtnisses mit unmittelbarer dinglicher Wirkung nicht kennt?*".

nach dem Erbstatut richtet, so dass sich mit dem Erbfall ein Eigentumsübergang vollziehen würde. Dies ist der Fall, wenn eine funktionale Entsprechung zwischen dem Verweisungsbegriff der „Rechtsnachfolge von Todes wegen" in Artt. 21, 22 EuErbVO und dem Rechtsinstitut des Vindikationslegats besteht. Bezüglich des Verständnisses des Verweisungsbegriffs kann auf die Regelung zur Reichweite des anzuwendenden Rechts in Art. 23 Abs. 1 und 2 EuErbVO und auf die Regelung zum sachlichen Anwendungsbereich der Verordnung in Art. 1 Abs. 1 und 2 EuErbVO zurückgegriffen werden. Ob das Vindikationslegat als Rechtsnachfolge von Todes wegen anzusehen und damit erbrechtlich zu qualifizieren ist, hängt davon ab, welches funktionale Verständnis durch die genannten Vorschriften der Rechtsnachfolge von Todes wegen zugeschrieben wird. Die Auslegung der Vorschriften erfolgt im Hinblick auf das Rechtsinstitut des Vindikationslegats.

(a) Art. 23 Abs. 1 EuErbVO, Artt. 1 Abs. 1 S. 1, 3 Abs. 1 lit. a EuErbVO

Ausgangspunkt des funktionalen Verständnisses des Anknüpfungsgegenstands der Rechtsnachfolge von Todes ist der Grundsatz, dass hierunter gem. Art. 23 Abs. 1 EuErbVO die gesamte Rechtsnachfolge von Todes wegen zu verstehen ist. Aus ErwG 37 S. 4 ergibt sich, dass damit das gesamte zum Nachlass gehörende Vermögen dem Erbstatut zu unterstellen ist. Art. 1 Abs. 1 S. 1 i.V.m. Art. 3 Abs. 1 lit. a EuErbVO und ErwG 9 bestimmen auf den sachlichen Anwendungsbereich der Verordnung bezogen, dass alle zivilrechtlichen Aspekte der Rechtsnachfolge von Todes wegen und somit jede Form des Übergangs von Vermögen durch die Verordnung geregelt werden sollen und dementsprechend dem Erbstatut zuzuordnen sind. Hieraus ergibt sich, dass auch der Erwerb von dinglichen Rechten im Rahmen der Rechtsnachfolge von Todes wegen zum Erbstatut zu rechnen ist.[331]

(b) Art. 23 Abs. 2 lit. e EuErbVO

Das Verständnis des Verweisungsbegriffs der europäischen Kollisionsnorm wird durch die Bestimmung der Reichweite des Erbstatuts in Art. 23 Abs. 2 EuErbVO weiter konkretisiert.

Besonderes Augenmerk hinsichtlich der Frage der Funktionsentsprechung des Verweisungsbegriffs und einem Vindikationslegat verdient Art. 23 Abs. 2 lit. e EuErbVO. Dieser bestimmt, dass „der Übergang der zum Nachlass gehörenden

---

331 Vgl. MüKoBGB/*Dutta*, EuErbVO Art. 3 Rn. 2; *Looschelders*, in: FS Coester-Waltjen 2015, S. 531, 534.

Vermögenswerte, Rechte und Pflichten auf die Erben und gegebenfalls die Vermächtnisnehmer [...]" dem Erbstatut unterliegt.

Dieser Wortlaut wird mehrheitlich so ausgelegt, dass der Rechtsübergang sowohl auf die Erben als auch auf die Vermächtnisnehmer zum Erbstatut gehört und somit die Wirkung des Vindikationslegats der „Rechtsnachfolge von Todes wegen" zugeordnet werden kann.[332] Das bedeutet, dass sich der Rechtsübergang nach dem gem. Artt. 21, 22 EuErbVO anwendbaren Recht richtet, so dass bei Vorliegen eines Vindikationslegats der Rechtsübergang grundsätzlich mit dem Todesfall erfolgt, auch wenn der Rechtsordnung, in der der betreffende Gegenstand belegen ist, Vermächtnisse mit einer solchen Wirkung fremd sind. Dieses Verständnis werde von Art. 31 EuErbVO gestützt, weil aus ihm ein Vorrang der erbrechtlichen Qualifikation hervorgehe: Art. 31 EuErbVO ermögliche es, Einwände der lex rei sitae zu berücksichtigen, der Vorschrift komme jedoch nur Bedeutung zu, wenn dingliche Rechte im Rahmen der Rechtsnachfolge von Todes wegen in einem ersten Schritt erbrechtlich qualifiziert werden, da sie ansonsten nicht vom durch die EuErbVO geregelten Erbstatut erfasst würden und Art. 31 EuErbVO nicht zur Anwendung gelangen könne.[333]

Andere hingegen widersprechen der aus Art. 23 Abs. 2 lit. e EuErbVO gefolgerten Funktionsentsprechung und der damit möglichen erbrechtlichen Qualifikation von Rechtsnachfolge von Todes wegen und Vindikationslegat.[334] Zum einen wird der Wortlaut des Art. 23 Abs. 2 lit. e EuErbVO so verstanden, dass er lediglich eine grundsätzliche Aussage darüber treffe, welche Rechte der Erbe

---

332 *Buschbaum*, Die neue europäische Erbrechtsverordnung, 2013, 53 zeigt sich aufgeschlossen Vindikationslegate für bewegliche Sachen i.R.d. EuErbVO anzuerkennen; *ders.*, in: GS Hübner 2012, S. 589, 595, mit der Begründung, dass ansonsten eine Regelungslücke bestünde, zwischen Staaten, deren Rechtsordnungen jeweils Vindikationslegate kennen; ebenfalls zustimmend für bewegliche Sachen *Döbereiner*, GPR 2014, 42, 43; *Dutta*, IPRax 2015, 32, 33f.; vgl. MüKoBGB/*ders.*, EuErbVO Art. 1 Rn. 48ff.; siehe auch *Frank/Döbereiner*, Nachlassfälle mit Auslandsbezug, 2015, Rn. 86; zustimmend für bewegliche Sachen *Hertel*, DNotZ 2012, 688, 691; *Kleinschmidt*, RabelsZ 77 (2013), 723, 761; NK-NachfolgeR/*Köhler*, EuErbVO Art. 23 Rn. 5; wohl auch *Kunz*, GPR 2012, 253, 255, der jedoch aus Art. 31 EuErbVO schlussfolgert, dass ein Übergang des Rechts auf den Erben nur so möglich ist, wie es die lex rei sitae vorsieht; zustimmend für bewegliche Sachen *Lechner*, IPRax 2013, 497, 499; *Margonski*, GPR 2013, 106, 108; *Odersky*, notar 2013, 3, 4; beckOGK/*J. Schmidt*, EuErbVO Art. 23 Rn. 33 und Art. 31 Rn. 29; *J. P. Schmidt*, RabelsZ 77 (2013), 1, 15; MüKoBGB/*Wendehorst*, EGBGB Art. 43 Rn. 103.

333 *J. P. Schmidt*, RabelsZ 77 (2013), 1, 17.

334 *Dörner*, ZEV 2012, 505, 509; *Süß*, ZEuP 2013, 725, 744.

erhalten könne, während der Vorgang des Erwerbs dieser Rechte dem Sachstatut zuzuordnen sei.[335] Dieses einschränkende Verständnis der Rechtsnachfolge von Todes wegen wird mit der Notwendigkeit der Anpassung von Vindikationslegaten durch die Vorschrift des Art. 31 EuErbVO begründet: Verstünde man den Wortlaut nämlich so, dass das Erbstatut den Rechtsübergang erfasst, wäre die Folge, dass der Vindikationslegatar mit dem Erbfall Eigentümer an der Erbsache würde; die Konsequenz hieraus wäre, dass Art. 31 EuErbVO nach seinem Wortlaut nicht mehr eingreifen würde, denn das Eigentum an sich stelle kein unbekanntes dingliches Recht dar.[336] Im Ergebnis wäre demnach die notwendige Anpassung des Vindikationslegats gem. Art. 31 EuErbVO nicht möglich.[337] Aus der Prämisse, dass Art. 23 Abs. 2 lit. e EuErbVO den sachenrechtlichen Rechtsübergang der Nachlassgegenstände nicht betreffe, wird gefolgert, dass diese Vorschrift schlicht keine Lösung für den Konfliktfall von Erbstatut und Sachstatut enthalte, und aus diesem Grund an der h.L. und Rechtsprechung zu Vindikationslegaten unter Geltung des autonomen Internationalen Erbrechts festgehalten werden könne.[338] Des Weiteren wird vorgebracht, dass Art. 23 Abs. 2 lit. e EuErbVO mit der Formulierung „[...] der zum Nachlass gehörenden Vermögenswerte, Rechte und Pflichten [...]“ nur die Gesamtheit der Vermögenswerte, Rechte und Pflichten der Rechtsnachfolge von Todes wegen zuordne, während der Übergang von Einzelrechten nicht erwähnt werde und damit auch nicht als Rechtsnachfolge von Todes wegen zu verstehen sei.[339] Somit gehörten Stückvermächtnisse nicht zum Erbstatut, sondern lediglich Universal- oder Quotenvermächtnisse.[340] Das würde bedeuten, dass nur dann ein Vindikationslegat erbrechtlich zu qualifizieren sei, wenn durch dieses der Legatar universell und unmittelbar Eigentümer des Nachlasses wird und folglich dem Verständnis von der Rechtsnachfolge von Todes wegen als Universalsukzession entsprochen werde.

Zusammenfassend kann gesagt werden, dass größtenteils Art. 23 Abs. 2 lit. e EuErbVO zu dem Verständnis führt, dass von der Rechtsnachfolge von Todes wegen auch die Singularsukzession im Wege eines Vindikationslegats erfasst wird. Vereinzelt wird trotz des Art. 23 Abs. 2 lit. e EuErbVO die Funktion der Rechtsnachfolge von Todes wegen auf die Form der Universalsukzession

335 *Dörner*, ZEV 2012, 505, 509; jurisPK-BGB/*Ludwig*, EuErbVO Art. 31 Rn. 24.
336 *Dörner*, ZEV 2012, 505, 509.
337 *Dörner*, ZEV 2012, 505, 509.
338 JurisPK-BGB/*Ludwig*, EuErbVO Art. 31 Rn. 26f.
339 *Süß*, ZEuP 2013, 725, 744.
340 *Süß*, ZEuP 2013, 725, 744.

beschränkt, so dass keine Funktionsentsprechung mit dem Vindikationslegat bestehen würde und damit eine erbrechtliche Qualifikation zu verneinen wäre.

(c) Art. 1 Abs. 2 EuErbVO

Art. 1 Abs. 2 EuErbVO enthält eine Aufzählung von Bereichen, die vom sachlichen Anwendungsbereich der Verordnung nicht erfasst werden. Aus dieser Aufzählung ergibt sich, welchen Bereichen keine Funktionsentsprechung zur Rechtsnachfolge von Todes wegen zugesprochen wird und damit nicht erbrechtlich zu qualifizieren sind.[341]

i. Art. 1 Abs. 2 lit. k EuErbVO

Zu den nicht erfassten Bereichen gehört gem. Art. 1 Abs. 2 lit. k EuErbVO „die Art der dinglichen Rechte". Diese negative Bestimmung des sachlichen Anwendungsbereichs führt nach einer Auffassung dazu, dass Vindikationslegate nicht durch die Verordnung erfasst werden und damit die Rechtsnachfolge von Todes wegen nicht das durch ein Vindikationslegat entstehende dingliche Recht erfasse, so dass eine erbrechtliche Qualifikation ausgeschlossen sei.[342] Als Begründung wird angeführt, dass Art. 1 Abs. 2 lit. k EuErbVO neben dem *numerus clausus* der Sachenrechte auch deren Entstehung erfasse.[343] Ob eine unmittelbare Entstehung von Eigentum durch ein Vermächtnis zulässig sei, entscheide die *lex rei sitae*. Zur Untermauerung dieses Arguments wird auch auf Art. 31 EuErbVO verwiesen, aus dem sich ergebe, dass sich der Übergang dinglicher Rechte stets nach der *lex rei sitae* richte und Art. 1 Abs. 2 lit. k EuErbVO in diesem Zusammenhang zu verstehen sei.[344]

Eine andere Auffassung entnimmt Art. 1 Abs. 2 lit. k EuErbVO, dass lediglich die Anzahl der in den jeweiligen Rechtsordnungen vorhandenen dinglichen Rechte (numerus clausus der Sachenrechte) vom Anwendungsbereich ausgenommen sei, während die Erwerbsvorgänge dinglicher Rechte nicht erfasst seien.[345] Folgt man diesem Verständnis, wäre das Vindikationslegat von dieser

---

341 Vgl. MüKoBGB/*Dutta*, EuErbVO Vorbem. zu Art. 20 Rn. 49; MüKoBGB/*von Hein*, Einl. IPR Rn. 128.

342 *Buschbaum*, in: GS Hübner 2012, S. 589, 596; *Dörner*, ZEV 2012, 505, 509 sieht von Art. 1 Abs. 2 lit. k neben den Rechtstypen auch deren Entstehung als erfasst an; wohl auch *Kunz*, GPR 2012, 253, 255 die jedoch Art. 31 EuErbVO als Hauptargument für den Ausschluss von Vindikationslegaten sieht; *Remde*, RNotZ 2012, 65, 81 noch zum Verordnungsvorschlag; *Volmer*, RPfleger 2013, 421, 426.

343 *Dörner*, ZEV 2012, 505, 509.

344 *Kunz*, GPR 2012, 253, 255; *Volmer*, RPfleger 2013, 421, 426f.

345 *Buschbaum/Kohler*, GPR 2010, 106, 109 zum Verordnungsvorschlag der Kommission, der in Art. 3 Abs. 3 lit. j ebenfalls die Art der dinglichen Rechte vom

Bestimmung nicht erfasst, denn bei diesem entsteht als dingliches Recht Eigentum, welches in jeder Rechtsordnung bekannt ist. Lediglich der Vorgang der Entstehung des Eigentums über den Weg der Singularsukzession ist in dieser Form nicht jeder Rechtsordnung für den erbrechtlichen Bereich bekannt. Somit könne aus Art. 1 Abs. 2 lit. k EuErbVO, der nur die Anzahl der dinglichen Rechte und nicht deren Erwerbsvorgänge erfasse, nicht geschlossen werden, dass eine funktionale Zuordnung des Vindikationslegats zur Rechtsnachfolge von Todes wegen ausgeschlossen ist.

Es wird zwar darauf verwiesen, dass bei einer weiten Auslegung des Art. 1 Abs. 2 lit. k EuErbVO auch die Erwerbsvorgänge unter den Schutz des numerus clausus fallen könnten,[346] jedoch existieren weitere Argumente gegen eine solche Annahme.

Zunächst könne auf ErwG 15 S. 2 verwiesen werden, der als Regelungsgegenstand lediglich die abschließende Anzahl der dinglichen Rechte nenne, welche unberührt bleiben soll. Daraus lasse sich schließen, dass die Anzahl der Erwerbsvorgänge nicht betroffen ist, weil dies andernfalls genannt worden wäre.[347] Schließlich wäre durch eine Herausnahme der Erwerbsvorgänge aufgrund der engen Verknüpfung der jeweiligen erbrechtlichen Wertungen mit dem Vorgang des Rechtsübergangs von Todes wegen die effektive und einheitliche Anwendung der Verordnung bedroht gewesen.[348] Angeführt wird außerdem der weit formulierte Art. 23 Abs. 2 lit. e EuErbVO, wodurch ein Ausschluss der Erwerbsvorgänge nicht naheliege.[349] Ein weiterer Grund, der für die Erfassung von Vindikationslegaten durch das Erbstatut spreche, sei, dass der Vindikationslegatar dem Erben mehr ähnele als dem Damnationslegatar und diesem daher

---

Anwendungsbereich ausschloss; *Hertel*, DNotZ 2012, 688, 691; *ders.*, ZEV 2013, 539, 540; *ders.*, in: Die Europäische Erbrechtsverordnung 2014, Rn. 40; *Kleinschmidt*, RabelsZ 77 (2013), 723, 761; NK-NachfolgeR/*Köhler*, EuErbVO Art. 1 Rn. 19; zum Verordnungsvorschlag *Lange*, ZVglRWiss 2011, 426, 437; *Looschelders*, in: FS Coester-Waltjen 2015, S. 531, 535f.; *Margonski*, GPR 2013, 106, 108f.; wohl auch *Odersky*, notar 2013, 3, 4; *Schaub*, in: Hereditare-Jahrbuch für Erbrecht und Schenkungsrecht 2013, S. 101; beckOGK/*J. Schmidt*, EuErbVO Art. 31 Rn. 29; *J. P. Schmidt*, ZEV 2014, 133, 134; *ders.*, RabelsZ 77 (2013), 1, 22; vgl. *Süß*, ZEuP 2013, 725, 744; Palandt/*Thorn*, EuErbVO Art. 1 Rn. 15.

346 *Looschelders*, in: FS Coester-Waltjen 2015, S. 531, 536.

347 *Kleinschmidt*, RabelsZ 77 (2013), 723, 761; wohl auch *Margonski*, GPR 2013, 106, 108; *J. P. Schmidt*, RabelsZ 77 (2013), 1, 22.

348 *J. P. Schmidt*, RabelsZ 77 (2013), 1, 22.

349 *Kleinschmidt*, RabelsZ 77 (2013), 723, 761.

gleichzustellen sei.[350] Als weiteres gewichtiges Argument wird die Entstehungsgeschichte der Verordnung nachgezeichnet.[351] Schon im Verordnungsvorschlag beschränkte sich der Ausschluss auf die Anzahl der dinglichen Rechte,[352] woraufhin Anträge im Europäischen Parlament gestellt wurden, diesen auch auf die Erwerbsvorgänge von dinglichen Rechten zu erweitern[353]. Die Änderungsanträge wurden jedoch nicht weiter aufgegriffen[354] und auch nicht in die endgültige Fassung der Verordnung aufgenommen[355]. Daraus lässt sich folgern, dass gerade kein Ausschluss auch der dinglichen Erwerbsvorgänge intendiert war.

Darüber hinaus wird vertreten, dass Art. 1 Abs. 2 lit. k dahingehend teleologisch zu reduzieren sei, dass sogar keine vollständige Herausnahme der Anzahl der dinglichen Rechte erfolgen sollte.[356] Zur Begründung wird Art. 31 EuErbVO herangezogen: die Anpassung unbekannter dinglicher Rechte und damit ein Anwendungsbereich für Art. 31 EuErbVO sei nur dann vorhanden, wenn dingliche Wirkungen des Erbfalls zunächst dem Erbstatut unterlägen.[357] Auch der ErwG 15 S. 2 und 3 EuErbVO gehe nicht so weit wie die Formulierung des Art. 1 Abs. 2 lit. k EuErbVO, denn aus der Festlegung, dass ein unbekanntes dingliches Recht des Erbstatuts von der lex rei sitae nicht anerkannt werden

---

350 *Margonski*, GPR 2013, 106, 108f.

351 Vgl. *Gärtner*, Die Behandlung ausländischer Vindikationslegate im deutschen Recht, 2014, 84f.; Lechner, IPRax 2013, 497, 498f.; Margonski, GPR 2013, 106, 108; *J. P. Schmidt*, RabelsZ 77 (2013), 1, 22.

352 Vorschlag für eine Verordnung des Europäischen Parlaments und des Rates über die Zuständigkeit, das anzuwendende Recht, die Anerkennung und die Vollstreckung von Entscheidungen und öffentlichen Urkunden in Erbsachen sowie zur Einführung eines Europäischen Nachlasszeugnisses, KOM (2009), 154 endg, Art. 1 Abs. 3 lit. j, ErwG 10 sowie Begründung Gliederungspunkt 4.1., S. 5.

353 Lechner, Entwurf eines Berichts (PE464.765v01-00): Änderungsantrag Nr. 126, S. 5 sowie Änderungsantrag Nr. 153, S. 21.

354 Siehe den darauf folgenden Änderungsantrag Nr. 246 bei Lechner, Entwurf eines Berichts (PE441.200v02-00), S. 6, 22f. sowie den Bericht über den Vorschlag für eine Verordnung des Europäischen Parlaments und des Rates über die Zuständigkeit, das anzuwendende Recht, die Anerkennung und die Vollstreckung von Entscheidungen und öffentlichen Urkunden in Erbsachen sowie zur Einführung eines Europäischen Nachlasszeugnisses vom 6.3.2012 (PE441.200v03-00), S. 9, 25.

355 Siehe Art. 1 Abs. 2 lit. k und ErwG 15 EuErbVO.

356 *J. P. Schmidt*, ZEV 2014, 133, 134; *ders.*, RabelsZ 77 (2013), 1, 17;

357 *J. P. Schmidt*, ZEV 2014, 133, 134; *ders.*, RabelsZ 77 (2013), 1, 17; *Kleinschmidt*, RabelsZ 77 (2013), 723, 761 nennt ebenfalls dieses Argument, schließt hieraus jedoch nicht, dass Art. 1 Abs. 2 lit. k teleologisch reduziert werden müssen, sondern lediglich, dass die Arten des Erwerbs nicht erfasst seien.

müsse, lässt sich schließen, dass dieses Recht zunächst im Rahmen des Erbstatuts zur Kenntnis genommen werden müsse und ein Ausschluss der Art der dinglichen Rechte vom Anwendungsbereich der Verordnung hiermit im Widerspruch stehe.[358]

ii. Art. 1 Abs. 2 lit. l EuErbVO

Gem. Art. 1 Abs. 2 lit. l EuErbVO sind vom Anwendungsbereich der Verordnung „jede Eintragung von Rechten an beweglichen oder unbeweglichen Vermögensgegenständen in einem Register, einschließlich der gesetzlichen Voraussetzungen für eine solche Eintragung, sowie die Wirkungen der Eintragung oder der fehlenden Eintragung solcher Rechte in einem Register“ ausgeschlossen.

Aus dieser Ausnahme wird teilweise geschlossen, dass zumindest solche Vindikationslegate, die eine unbewegliche Sache betreffen, deren Eigentumserwerb einer Eintragung in ein Register voraussetzt, nicht vom sachlichen Anwendungsbereich der EuErbVO erfasst werden und damit nicht der Rechtsnachfolge von Todes wegen zuzuordnen seien. [359] Demnach würde die Wirkung des Vindikationslegats, der Übergang des Eigentums an der unbeweglichen Sache, nicht dem Erb-, sondern dem Sachstatut unterliegen. Für diese Sichtweise spreche der Wortlaut, nach dem die Wirkung der Eintragung oder der fehlenden Eintragung von Rechten in ein Register aus dem Anwendungsbereich der Verordnung ausgenommen ist. Das bedeute, dass, wenn mitgliedstaatliche Sachenrechtsvorschriften den Eigentumserwerb von einer Eintragung in ein Register abhängig machen, dieser Erwerb auch erst dann vollzogen ist und sich damit nach der lex rei sitae richte.[360] Gestützt werde dieses Verständnis von Art. 1 Abs. 2 lit. l EuErbVO durch ErwG 18, der den Grundsatz der lex rei sitae für unbewegliches Vermögen festschreibe sowie durch ErwG 19, der den Wortlaut des Art. 1 Abs. 2 lit. l EuErbVO bestätige.[361] Hierfür spreche zudem, dass Art. 1 Abs. 2 lit. l EuErbVO ansonsten keine Bedeutung hätte, denn, dass die

---

358 *J. P. Schmidt*, RabelsZ 77 (2013), 1, 16f.

359 DNotI-Report 2012, 121, 123; *Döbereiner*, GPR 2014, 42, 43; *Hertel*, ZEV 2013, 539, 540, *ders.*, in: Die Europäische Erbrechtsverordnung 2014, Rn. 42f. sowie *ders.*, DNotZ 2012, 688, 691; *Janzen*, DNotZ 2012, 484, 487f; *Lechner*, IPRax 2013, 497, 499; *ders.*, in: Die Europäische Erbrechtsverordnung 2014, Rn. 49f.; jurisPK-BGB/*Ludwig*, EuErbVO Art. 31 Rn. 29; MüKoBGB/*Grziwotz*, BGB § 2353 Rn. 196; *Odersky*, notar 2013, 3, 4; *Simon/Buschbaum*, NJW 2012, 2393, 2394 sowie *Buschbaum*, in: GS Hübner 2012, S. 589, 596; *Süß*, ZEuP 2013, 725, 744; *Wilsch*, ZEV 2012, 530, 531.

360 *Lechner*, IPRax 2013, 497, 499

361 *Lechner*, IPRax 2013, 497, 499

Eintragung in ein Register nicht durch das Erbstatut geregelt werde, sei selbstverständlich.[362] Bei einer rechtsvergleichenden Betrachtung stelle sich außerdem heraus, dass in manchen Rechtsordnungen, die das Abstraktionsprinzip nicht kennen, noch weitere Schritte unternommen werden müssen, damit der Vindikationslegatar Besitzer des Gegenstands wird; würde man nun das Erbstatut eingreifen lassen, müsste das Grundbuchamt wissen, ob der Erwerbsvorgang mit dem Erbfall abgeschlossen ist oder ob noch weitere Schritte notwendig sind.[363] Dies sei den damit befassten Grundbuchämtern nicht zumutbar.[364]

Nach anderer Ansicht bewirke Art. 1 Abs. 2 lit. l EuErbVO hingegen keine Herausnahme der Übertragung von unbeweglichen Gegenständen aufgrund eines Vindikationslegats aus dem Erbstatut.[365] Die Wirkung des Vindikationslegats würde sich demnach, auch wenn es sich um eine unbewegliche Sache handelt, nach dem Erbstatut richten und der Vermächtnisnehmer unmittelbar mit dem Erbfall Eigentümer werden. Als Argument wird genannt, dass Art. 1 Abs. 2 lit. l EuErbVO den Vorgang des Rechtsübergangs von Todes wegen nur in registerrechtlicher Hinsicht erfasse, während der materiellrechtliche Rechtsübergang dem Erbstatut unterliege.[366] Insbesondere die Formulierung „Voraussetzungen der Eintragung" zeige, dass die formellen (registerrechtlichen) Voraussetzungen des Eintragungsvorgangs gemeint seien und nicht die Frage behandelt werde, wann eine Registereintragung konstitutiv sei.[367] Der ErwG 18 bestärke diese Auslegung, indem der materielle Erwerbsvorgang nicht erwähnt werde.[368] Aus ErwG 19 könne sich zwar auch ein anderes Verständnis ergeben, es sei jedoch zu beachten, dass das Registerrecht zusätzliche Voraussetzungen aufstelle, während der eigentliche Rechtsübergang dem Erbstatut unterliege und nur diese zusätzlichen Voraussetzungen gemeint seien.[369] Die Bereichsausnahme

362 *Döbereiner*, GPR 2014, 42, 43.

363 *Döbereiner*, GPR 2014, 42, 43.

364 *Döbereiner*, GPR 2014, 42, 43.

365 *Dutta*, IPRax 2015, 32, 34; MüKoBGB/*ders.*, EuErbVO Art. 1 Rn. 49ff.; *Kleinschmidt*, RabelsZ 77 (2013), 723, 762; NK-NachfolgeR/*Köhler*, EuErbVO Art. 1 Rn. 22; *Margonski*, GPR 2013, 106, 109; *J. P. Schmidt*, RabelsZ 77 (2013), 1, 24; *ders.*, ZEV 2014, 133, 135f.; Palandt/*Thorn*, EuErbVO Art. 1 Rn. 16.

366 MüKoBGB/*Dutta*, EuErbVO Art. 1 Rn. 49; NK-NachfolgeR/*Köhler*, EuErbVO Art. 1 Rn. 22; Palandt/*Thorn*, EuErbVO Art. 1 Rn. 16.

367 *Dutta*, IPRax 2015, 32, 34; *J. P. Schmidt*, ZEV 2014, 133, 135; Palandt/*Thorn*, EuErbVO Art. 1 Rn. 16.

368 *Kleinschmidt*, RabelsZ 77 (2013), 723, 763 ohne nähere Begründung; *J. P. Schmidt*, ZEV 2014, 133, 135.

369 *J. P. Schmidt*, ZEV 2014, 133, 135.

des Art. 1 Abs. 2 lit. l EuErbVO habe ihren Anwendungsbereich folglich dort, wo die *lex rei sitae* für den inländischen Rechtsübergang von Todes wegen grundsätzlich strengere registerrechtliche Voraussetzungen vorsehe als dies nach dem Erbstatut der Fall ist.[370] Da aber die deutsche Rechtsordnung bei der erbrechtlichen Gesamtrechtsnachfolge das Eigentum ohne eine Eintragung in das Grundbuch übergehen lasse, könne aufgrund der Vergleichbarkeit von Erben und Vindikationslegataren – beide erben die im Register eingetragenen Rechte kraft Gesetzes (Vonselbsterwerb) – nichts anderes für die nach dem ausländischen Erbstatut vorgesehene Einzelrechtsnachfolge in unbewegliche Sachen gelten.[371] Außerdem müsse grundsätzlich eine enge Auslegung der Bereichsausnahmen der EuErbVO erfolgen, damit das Prinzip der Nachlasseinheit möglichst weitgehend durchgesetzt werden kann.[372]

Zusammenfassend wird die Bereichsausnahme des Art. 1 Abs. 2 lit. l EuErbVO einerseits so verstanden, dass die Rechtsnachfolge von Todes wegen funktional nicht die materiellrechtlichen Voraussetzungen des Eigentumsübergangs von unbeweglichen Sachen erfasse und demnach auch nicht das Rechtsinstitut des Vindikationslegats erbrechtlich qualifiziert werden könne. Andererseits wird Art. 1 Abs. 2 lit. l EuErbVO auf die formellen grundbuchrechtlichen Voraussetzungen beschränkt, so dass eine Funktionsentsprechung des Vindikationslegats mit der Rechtsnachfolge von Todes wegen bestehe und damit eine erbrechtliche Qualifikation zu bejahen sei.

(d) Stellungnahme

Eine nicht unbedeutende Anzahl von Autoren gelangt nach Auslegung der Vorschriften der EuErbVO zu der Auffassung, dass die Singularsukzession, wie sie bei Vindikationslegaten auftritt, nicht dem Erbstatut unterfällt. Letztlich bedeutet das, dass ein Vindikationslegat nicht anerkannt werden muss und eine Umdeutung in ein Damnationslegat vorgenommen werden kann.[373]

Zur Begründung dieses Ergebnisses im Rahmen der EuErbVO werden unterschiedliche Ansatzpunkte gewählt: teilweise wird dieses Ergebnis durch

---

370 Vgl. *J. P. Schmidt*, ZEV 2014, 133, 136.

371 Vgl. MüKoBGB/*Dutta*, EuErbVO Art. 1 Rn. 49f.; *Kleinschmidt*, RabelsZ 77 (2013), 723, 763 weist daraufhin, dass das deutsche Grundbuchrecht einen Eigentumserwerb von Todes wegen am Grundbuch vorbei kenne; *Margonski*, GPR 2013, 106, 109 *J. P. Schmidt*, ZEV 2014, 133, 135f.; *ders.*, RabelsZ 77 (2013), 1, 24.

372 *Kleinschmidt*, RabelsZ 77 (2013), 723, 762f.

373 Dies geschieht unter Anwendung von Art. 31 EuErbVO, siehe dazu unter 2. Teil A IV 2 b bb (3).

eine Auslegung des Art. 23 Abs. 2 lit. e EuErbVO erreicht, indem der Rechtsübergang nicht zum Erbstatut gerechnet wird; andere sehen in Art. 1 Abs. 2 lit. k einen Ausschluss von Vindikationslegaten für bewegliche und unbewegliche Sachen, weil sie von der Ausnahme auch die Erwerbsvorgänge dinglicher Rechte als erfasst ansehen; wieder andere begrenzen den Ausschluss auf Vindikationslegate, die sich auf unbewegliche Sachen bzw. in ein Register einzutragende Rechte beziehen, indem sie der Bereichsausnahme des Art. 1 Abs. 2 lit. l EuErbVO entnehmen, dass von dieser auch die materiellrechtliche Voraussetzung des Eigentumserwerbs durch Eintragung in das Register erfasst sei.

Um zu einer der EuErbVO gerechten Beurteilung zu dieser umstrittenen Frage zu gelangen, muss das Zusammenspiel der aufgeführten Regelungen und der mit ihnen verfolgte Sinn und Zweck betrachtet werden. Außerdem ist es entscheidend, die grundsätzlichen Prinzipien und Ziele der EuErbVO bei der Auslegung der Regelungen zu berücksichtigen. In diesem Zusammenhang müssen rein von der nationalen Rechtsordnung geprägte Vorstellungen zurücktreten, damit die EuErbVO einheitlich in allen Mitgliedstaaten angewandt werden kann.

Aus dem Prinzip der Nachlasseinheit (Art. 23 Abs. 1 EuErbVO i.V.m. ErwG 37 S. 4) und dem Ziel der Schaffung eines internationalen Entscheidungseinklangs (Art. 20 ff. EuErbVO, ErwG 37 S. 2) ergibt sich, dass die Reichweite des Erbstatuts weit ausgelegt werden muss, damit sich der Erbvorgang einheitlich nach dem Erbstatut richtet und innerhalb der Mitgliedstaaten nicht unterschiedliche Verweisungen für gleiche erbrechtliche Vorgänge gefunden werden. Aus den Bereichsausnahmen ergibt sich, wann trotz weiter Auslegung der Rechtsnachfolge von Todes wegen ein Bereich nicht hierzu zu rechnen ist.

Es ist zunächst zu entscheiden, ob Vindikationslegate grundsätzlich zur Rechtsnachfolge von Todes wegen im Sinne der EuErbVO gerechnet werden können. Der Wortlaut des Art. 23 Abs. 2 lit. e EuErbVO ist in dieser Hinsicht eindeutig, indem er den Rechtsübergang auf Vermächtnisnehmer nennt. Unterstützt wird dieser Wortlaut durch ErwG 47 S. 2 2. Hs. EuErbVO, der auf die unterschiedliche Gestaltung von Vermächtnissen in den europäischen Rechtsordnungen hinweist. Dies deutet darauf hin, dass bei der Entstehung der Verordnung die Problematik von Vindikationslegaten bedacht wurde und die Entscheidung für eine Erfassung dieser durch das Erbstatut gefallen ist. Es kann davon ausgegangen werden, dass bei einem anderen Verständnis dem Wortlaut eine Begrenzung beigefügt worden wäre.

Weiterhin findet sich im Wortlaut der Vorschriften der EuErbVO auch kein Anhaltspunkt dafür, dass das Erbstatut nur die Universalsukzession erfasst und die Singularsukzession bei einem Vindikationslegat ausschließt.[374] In Artt. 21 Abs. 1, 23 Abs. 1 EuErbVO erfolgt der Verweis auf das Erbstatut für die „gesamte Rechtsnachfolge von Todes wegen". Dies spricht dafür, dass keine Entscheidung getroffen wurde, nur die Universalsukzession zu erfassen, sondern gerade jegliche Form der Rechtsnachfolge.[375] Eine solche Begrenzung würde auch dem Ziel der Nachlasseinheit widersprechen, denn bei einem solchen Verständnis würde die Singularsukzession stets von der *lex rei sitae* beurteilt werden, auch wenn die *lex rei sitae* selbst die Singularsukzession kennt und folglich keine Probleme mit der Anerkennung des Vindikationslegats hat. Dieser Einwand gilt umso mehr, wenn man bedenkt, dass das Rechtsinstitut des Vindikationslegats in vielen Mitgliedstaaten Bestandteil des Erbrechts ist. An Art. 30 EuErbVO, der als explizite Ausnahmeregel die Vererbung einzelner, bestimmter Nachlassgegenstände der lex rei sitae unterstellt, zeigt sich im Umkehrschluss, dass sonstige Singularsukzessionen vom Erbstatut erfasst werden.[376] Der Ausschluss der Singularsukzession hätte außerdem zur Folge, dass die Systematik und Konstruktion des ausländischen Erbstatuts nicht ausreichend berücksichtigt und durch nationale Vorstellungen dem jeweiligen eigenen erbrechtlichen System angepasst werden würde. Gerade aber das erbrechtliche Sachrecht unterliegt im besonderen Maße kulturellen Prägungen,[377] so dass das vereinheitlichte Kollisionsrecht dazu dienen muss, den Vorstellungen und Regelungen des Erbstatuts so weit wie möglich zum Durchbruch zu verhelfen. Die überzeugenden Argumente sprechen daher für die Erfassung der Singularsukzession durch das Erbstatut. Insbesondere kann auch der Auffassung, Art. 23 Abs. 2 lit. e EuErbVO enthalte lediglich die grundsätzliche Aussage darüber, welche Rechte durch den Todesfall entstehen können, während die tatsächliche Entstehung dieser Rechte vom Sachstatut bestimmt werde, nicht gefolgt werden, denn dieses Verständnis wird nicht durch den Wortlaut, die teleologische oder historische Auslegung gestützt und scheint demnach aus dem Bestreben heraus zu erfolgen, unter Geltung der EuErbVO die Nichtanerkennung des Vindikationslegats aufrecht erhalten zu können. Dies spricht dafür, den Rechtsübergang im Wege der Singularsukzession dem Erbstatut zuzuordnen.

Ein anderes Ergebnis könnte sich aus den Bereichsausnahmen des Art. 1 Abs. 2 EuErbVO ergeben, wenn diesen ein Ausschluss für die Singularsukzession aufgrund eines Vindikationslegats zu entnehmen ist.

---

374 Vgl. *J. P. Schmidt*, ZEV 2014, 133, 134.
375 Vgl. *J. P. Schmidt*, ZEV 2014, 133, 134.
376 Vgl. *J. P. Schmidt*, ZEV 2014, 133, 134.
377 *Schaub*, in: Hereditare-Jahrbuch für Erbrecht und Schenkungsrecht 2013, S. 91.

Art. 1 Abs. 2 lit. k könnte dann zu einem Ausschluss von Vindikationslegaten führen, wenn mit dem geschützten *numerus clausus* neben der Art der dinglichen Rechte auch die Entstehung der dinglichen Rechte, also der Erwerbsvorgang gemeint ist. Hierbei kann aufgrund der autonomen Auslegung nicht damit argumentiert werden, dass der sachenrechtliche *numerus clausus* nach deutschem Verständnis neben den Arten der dinglichen Rechte auch den Erwerbsvorgang umfasst.[378] Ein Ausschluss der Erwerbsvorgänge kann aus Art. 1 Abs. 2 lit. k EuErbVO und ErwG 15 S. 2 EuErbVO aufgrund des klaren Wortlauts nicht gelesen werden. Art. 1 Abs. 2 lit. k EuErbVO muss zudem im Zusammenhang mit Art. 31 EuErbVO betrachtet werden: zum einen heißt das, dass in beiden Vorschriften einheitlich ausgelegt werden muss, ob nur die Art der dinglichen Rechte (Anzahl) oder auch die Erwerbsvorgänge erfasst werden. Auch der Wortlaut des Art. 31 EuErbVO spricht nur von den unbekannten dinglichen Rechten selbst und nicht von einem unbekannten Erwerbsvorgang. Demnach kann aus dem Wortlaut nicht geschlossen werden, dass auch unbekannte Erwerbsvorgänge nicht zur Rechtsnachfolge von Todes wegen zu rechnen sind. Statt die Erwerbsvorgänge von Art. 1 Abs. 2 lit. k EuErbVO als erfasst anzusehen, erscheint es sogar sinnvoll die Vorschrift dahingehend teleologisch zu reduzieren, dass nicht von vornherein ein Ausschluss unbekannter dinglicher Rechte aus dem Anwendungsbereich der Verordnung gemeint ist, sondern dass die Vorschrift im Zusammenhang mit Art. 31 EuErbVO zu sehen ist und lediglich ausdrücken möchte, dass unbekannte dingliche Rechte nicht ohne Überprüfung durch die Rechtsordnung der *lex rei sitae* anerkannt werden müssen. Denn eine Anpassung eines unbekannten dinglichen Rechts wäre nur dann möglich, wenn dieses zunächst unter das Erbstatut fällt und damit wahrgenommen werden kann. Schließt man die unbekannten dinglichen Rechte durch den Schutz des *numerus clausus* gem. Art. 1 Abs. 2 lit. k EuErbVO von vornherein vom sachlichen Anwendungsbereich der Verordnung aus, können die unbekannten dinglichen Rechte nicht vom Erbstatut erfasst werden mit der Folge, dass Art. 31 EuErbVO nicht eingreift. Beließe man es dabei, entstünde die Gefahr, dass das Prinzip der Nachlasseinheit nicht durchgesetzt wird und dass ein in einer Erbsache Berechtigter ohne die verpflichtende Anpassung durch Art. 31 EuErbVO Schwierigkeiten hätte, seine Rechte durchzusetzen. Art. 1 Abs. 2 lit. k EuErbVO muss daher so verstanden werden, dass er Art. 31 EuErbVO bestätigt und auf diese Weise gewährleistet, dass der in einem Erbfall Berechtigte im Ergebnis zu seinem ihm durch das Erbstatut zugedachten Recht kommt. Somit ist schon ein

378 Vgl. nur MüKoBGB/*Gaier*, Einl. zum Sachenrecht Rn. 11.

strenger Ausschluss von unbekannten dinglichen Rechten, wie es der Wortlaut des Art. 1 Abs. 2 lit. k EuErbVO nahelegt, bei einer teleologischen Betrachtung von Art. 31 EuErbVO nicht zu befürworten. Für dieses zurückhaltende Verständnis von Art. 1 Abs. 2 lit. k EuErbVO spricht auch, dass dadurch dem ausländischen Erbstatut eine möglichst weitgehende Berücksichtigung zukommt. Ein Ausschluss der Erwerbsvorgänge durch diese Vorschrift würde jedoch das Gegenteil erzeugen und wird nicht vom Wortlaut, Sinn und Zweck oder der Entstehungsgeschichte der EuErbVO gestützt, in deren Rahmen ein Ausschluss der Erwerbsvorgänge gerade keine Zustimmung fand. Art. 1 Abs. 2 lit. k EuErbVO kann somit nicht als Begründung für eine fehlende erbrechtliche Qualifikation von Vindikationslegaten herangezogen werden.

Die Bereichsausnahme des Art. 1 Abs. 2 lit. l EuErbVO könnte zumindest solche Vindikationslegate betreffen, die sich auf dingliche Rechte beziehen, welche zur Entstehung nach der *lex rei sitae* eine Eintragung in ein Register erfordern. Weil sich diese Vorschrift lediglich auf dingliche Rechte bezieht, die einer Registereintragung bedürfen, kann aus ihr keine allgemeine Qualifikation des Rechtsinstituts des Vindikationslegats entnommen werden.[379] Art. 1 Abs. 2 lit. l EuErbVO könnte aber bei entsprechendem Verständnis dazu führen, dass trotz der erbrechtlichen Qualifikation des Vindikationslegats der Eigentumsübergang nicht mit dem Erbfall vollzogen wird, sondern eine Eintragung in das entsprechende Register notwendig ist. Dies wäre dann der Fall, wenn von der Vorschrift nicht nur die formellen, sondern auch die materiellen Eintragungsvoraussetzungen erfasst sind. Allerdings würde selbst dann, wenn man die materiellen Eintragungsvoraussetzungen als erfasst ansieht, nicht die Wirkung des Vindikationslegats der lex rei sitae unterfallen: denn, ob einem Vermächtnis dingliche Wirkung zukommt bestimmt das Erbstatut, ob die Eintragung in ein entsprechendes Register deklaratorisch oder konstitutiv ist unterliegt bei diesem strengen Verständnis hingegen der lex rei sitae. Im Rahmen der Rechtsnachfolge von Todes wegen gilt im deutschen Recht das unabhängig vom Prinzip der Universalsukzession bestehende Prinzip des Vonselbsterwerbs, so dass die Eintragung in das Grundbuch grundsätzlich deklaratorisch ist.[380] Vergleicht man gewöhnliche Erben und Vindikationslegatare, zeigt sich, dass der Unterschied lediglich darin besteht, dass beim Erben eine Universalsukzession und beim Vindikationslegatar eine Singularsukzession vorliegt. In beiden Fällen findet ein

---

379 *Gärtner*, Die Behandlung ausländischer Vindikationslegate im deutschen Recht, 2014, S. 101.

380 *Gärtner*, Die Behandlung ausländischer Vindikationslegate im deutschen Recht, 2014, S. 101f.

Vonselbsterwerb statt, bei dem eine Eintragung in das Register keine Voraussetzung des Eigentumsübergangs darstellt. Daher ergibt sich aus Art. 1 Abs. 2 lit. l EuErbVO nicht, dass sich der Rechtsübergang einer unbeweglichen Sache aufgrund eines Vindikationslegats nach deutschem Recht richten muss. Dem Argument der Bedeutungslosigkeit von Art. 1 Abs. 2 lit. l EuErbVO, wenn hiervon nicht die materiellrechtlichen Voraussetzungen erfasst werden, kann demnach überzeugend entgegengehalten werden, dass die Bedeutung nicht alleine aus deutscher Sicht betrachtet werden dürfe und im Verhältnis zu Rechtsordnungen, die an den Erwerb von unbeweglichen Sachen im Wege der Rechtsnachfolge von Todes wegen grundsätzlich höhere Anforderungen stellen, durchaus eine Bedeutung habe.[381]

Aus Art. 1 Abs. 2 lit. l EuErbVO kann daher weder der grundsätzliche Ausschluss einer erbrechtlichen Qualifikation des Rechtsinstituts des Vindikationslegats entnommen werden noch die Aussage, dass der Rechtsübergang einer unbeweglichen Sache durch ein Vindikationslegat der *lex rei sitae* anstelle des Erbstatuts zu unterstellen ist.

(e) Zwischenergebnis

Aus dem Wortlaut der einschlägigen Vorschriften und den dazugehörigen Erwägungsgründen sowie dem Sinn und Zweck und der Systematik der Verordnung ergibt sich, dass Vindikationslegate mit ihrer Wirkung der Singularsukzession vom Erbstatut umfasst und nicht vom Anwendungsbereich der Verordnung ausgeschlossen sind. Vindikationslegate sind dementsprechend im Rahmen der EuErbVO erbrechtlich zu qualifizieren.

(3) Weitere Ansätze zur Nichtanerkennung des Vindikationslegats

Das grundsätzlich erbrechtlich zu qualifizierende Vindikationslegat könnte im Rahmen einer Anpassung in ein Damnationslegat umzudeuten oder aufgrund eines *ordre public* Vorbehalts nicht anzuerkennnen sein.

(a) Anpassung gem. Art. 31 EuErbVO

Art. 31 EuErbVO ermöglicht die Anpassung von dinglichen Rechten des Erbstatuts, wenn dieses im Mitgliedstaat, in dem es geltend gemacht wird, unbekannt ist. Die Anpassung eines solchen Rechts soll, soweit erforderlich und möglich, an das am ehesten vergleichbare Recht dieser Rechtsordnung erfolgen. Gem. ErwG 15 S. 1 EuErbVO sollen die Begründung und der Übergang von Rechten dem Erbstatut unterliegen. Nach ErwG 15 S. 2 und 3 EuErbVO sollen hierdurch nicht die Anzahl der dinglichen Rechte der betreffenden

381 *J. P. Schmidt*, ZEV 2014, 133, 136.

Rechtsordnung beeinflusst werden, mithin wird kein Zwang zur Anerkennung unbekannter dinglicher Rechte begründet. ErwG 16 S. 1 EuErbVO stellt klar, dass der Berechtigte sein Recht dennoch geltend machen können soll. Dies wird durch die Möglichkeit der Anpassung gewährleistet. Damit schützt Art. 31 EuErbVO zum einen den numerus clausus des Sachenrechts der betroffenen Rechtsordnung und drängt zum anderen auf die Durchsetzung des Rechts des Berechtigten durch Anpassung.[382]

Nach Ansicht einiger Autoren bildet diese Vorschrift die Grundlage für die Anpassung des Vindikationslegats durch Umdeutung in ein Damnationslegat.[383] Begründet wird dies mit Notwendigkeit die öffentlichen Register zu schützen.[384] Weiter diene die deutsche Konstruktion des Damnationslegats dem Schutz von Rechtsverkehr und Nachlassgläubigern: diesen Zielen könne das Vindikationslegat nicht gerecht werden, so dass eine Anpassung notwendig sei.[385] Neben diesen Erwägungen wird auf die grundsätzliche Struktur des deutschen Erbrechts verwiesen: das deutsche Erbrecht kenne keinen Eigentumsübergang von Todes wegen in Einzelsachen (Singularsukzession), daher sei es auch nicht möglich diese Form des Rechtsübergang nach dem Erbstatut für in Deutschland belegene Sachen zuzulassen.[386] Für eine Umdeutung des Vindikationslegats spreche zudem, dass beispielsweise nach französischem Recht ein Vindikationslegat nur zum Eigentumserwerb *inter partes* führe und daher die Eigentumsübertragung

382 Vgl. ErwG 16 S. 1 EuErbVO; MüKoBGB/*Dutta*, EuErbVO Art. 31 Rn. 1; *Gärtner*, Die Behandlung ausländischer Vindikationslegate im deutschen Recht, 2014, S. 83 sieht hierin den Grundsatz des Vorrangs des Sachstatuts, „wenn die Systematik und Funktionsfähigkeit der inländischen Sachenrechtsordnung gefährdet wäre"; beckOGK/*J. Schmidt*, EuErbVO Art. 31 Rn. 3 und 14.

383 *Buschbaum*, Die neue europäische Erbrechtsverordnung, 2013, S. 53; noch ohne Erwähnung des Art. 31 EuErbVO *ders.*, in: GS Hübner 2012, S. 589, 596; wohl auch DNotI-Report 2012, 121, 123; *Döbereiner*, MittBayNot 2013, 358, 360; *Kunz*, GPR 2012, 253, 255; EU-ErbVO Kommentar/*Lagarde*, Art. 31 Rn. 3; *Müller-Lukoschek*, Die neue EU-Erbrechtsverordnung, ²2015 § 2 Rn. 118f.; *Odersky*, notar 2013, 3, 4; *Remde*, RNotZ 2012, 65, 81; *Simon/Buschbaum*, NJW 2012, 2393, 2394 Fn. 16; *Wagner/Scholz*, FamRZ 2014, 714, 721; *Wilsch*, ZEV 2012, 530, 531 *Volmer*, RPfleger 2013, 421, 426.

384 Vgl. *Buschbaum*, in: GS Hübner 2012, S. 589, 596; *Döbereiner*, MittBayNot 2013, 358, 360; *Simon/Buschbaum*, NJW 2012, 2393, 2394 Fn. 16.

385 *Buschbaum*, Die neue europäische Erbrechtsverordnung, 2013, S. 53; *Remde*, RNotZ 2012, 65, 81.

386 *Dörner*, ZEV 2012, 505, 509 sieht zwar Art. 31 EuErbVO als nicht einschlägig an, eine Anpassung sei aber dennoch notwendig; *Kunz*, GPR 2012, 253, 255; *Müller-Lukoschek*, Die neue EU-Erbrechtsverordnung, ²2015 § 2 Rn. 112.

mit absoluter Wirkung nach deutschen Recht die Konstruktion des französischen Vindikationslegats nicht exakt wiedergebe und daher eine Anpassung nach Art. 31 EuErbVO sinnvoll sei.[387]

Nach anderer Auffassung biete Art. 31 EuErbVO keine Grundlage für die Anpassung eines Vindikationslegats.[388] Als Begründung wird insbesondere der Wortlaut angeführt. Dieser nennt als Anpassungsobjekt das dingliche Recht selbst, wenn dieses der Rechtsordnung des Mitgliedstaates, in dem es geltend gemacht wird, unbekannt ist. Durch ein Vindikationslegat geht jedoch das Eigentum an einer Sache auf den Vermächtnisnehmer über und das Eigentum als dingliches Recht ist der deutschen Rechtsordnung und auch sonst keiner europäischen Rechtsordnung fremd.[389] Lediglich der Erwerbsvorgang durch das Vindikationslegat, die Singularsukzession, ist dem deutschen Recht fremd. Die Entstehung von dinglichen Rechten, also der Erwerbsvorgang, sei jedoch, wie sich aus Wortlaut von Art. 31 EuErbVO, den ErwGen 15 und 16 und der Entstehungsgeschichte von Art. 31 EuErbVO ergebe, nicht umfasst.[390] Die Ablehnung der Anpassung des Vindikationslegats durch Art. 31 EuErbVO wird auch damit begründet, dass dies nicht erforderlich i.S.d. Art. 31 EuErbVO sei, denn es sei falsch zu behaupten die deutsche Rechtsordnung kenne zum Zwecke des Verkehrsschutzes nur die Gesamtrechtsnachfolge.[391]

Die Ansicht, die Art. 31 EuErbVO nicht als Grundlage für eine Anpassung des Vindikationslegats ansieht, ist überzeugend. Denn Art. 31 EuErbVO erfasst aufgrund seines Wortlautes die Anpassung von Vindikationslegaten nicht, solange

---

387 *J. P. Schmidt*, RabelsZ 77 (2013), 1, 20f. erkennt für diesen besonderen Fall auch einen Anpassungsbedarf; *Volmer*, RPfleger 2013, 421, 427.

388 *Dörner*, ZEV 2012, 505, 509 stimmt damit überein, dass Art. 31 diesen Fall nicht erfasst, kommt im Ergebnis dennoch dazu, dass Vindikationslegate in ihrer Wirkung nicht anerkannt werden müssen; skeptisch *Dutta*, FamRZ 2013, 4, 12; *ders.*, IPRax 2015, 32, 34; MüKoBGB/*ders.*, EuErbVO Art. 31 Rn. 9; *Kleinschmidt*, RabelsZ 77 (2013), 723, 762 sieht eine Anpassung als nicht *erforderlich* i.S.d. Art. 33 EuErbVO an; jurisPK-BGB/*Ludwig*, EuErbVO Art. 31 Rn. 33 der jedoch eine Anpassung von Vindikationslegaten außerhalb des Art. 33 EuErbVO befürwortet; *Margonski*, GPR 2013, 106, 110 lehnt eine Anpassung ab und bezieht sich dabei auf den Schutz des Legatars und die Durchsetzung des Erblasserwillens; beckOGK/*J. Schmidt*, EuErbVO Art. 31 Rn. 29; *J. P. Schmidt*, RabelsZ 77 (2013), 1, 19; *ders.*, ZEV 2014, 133, 137.

389 Vgl. *Dörner*, ZEV 2012, 505, 509; *Dutta*, FamRZ 2013, 4, 12; *ders.*, IPRax 2015, 32, 34; *J. P. Schmidt*, RabelsZ 77 (2013), 1, 19; *ders.*, ZEV 2014, 133, 137.

390 *Dutta*, FamRZ 2013, 4, 12; *J. P. Schmidt*, RabelsZ 77 (2013), 1, 19; *ders.*, ZEV 2014, 133, 137.

391 *Kleinschmidt*, RabelsZ 77 (2013), 723, 762.

sich das Vindikationslegat auf ein dingliches Recht bezieht, das in Deutschland bekannt ist. Es ist zudem auf die Ausführungen zu Art. 1 Abs. 2 lit. k EuErbVO zu verweisen, welcher im Zusammenhang mit Art. 31 EuErbVO zu verstehen ist. Des Weiteren kann mit dem Ziel von Art. 31 EuErbVO argumentiert werden: Das nach dem Erbstatut dem Berechtigten zugedachte Recht soll auch dann diesem im Ergebnis zu seinem Recht verhelfen, wenn dieses Recht der lex rei sitae unbekannt ist. Daher ist Art. 31 EuErbVO auch als Verpflichtung zur Anpassung ausgestaltet.[392] Diesem von Art. 31 EuErbVO verfolgten Zweck würde es jedoch nicht entsprechen, wenn man auch bei einem unbekannten Erwerbsvorgang eine Anpassung vornimmt, denn dadurch würde die Rechtsstellung des Berechtigten eher verschlechtert als verbessert. Folglich stellt Art. 31 EuErbVO keine Grundlage zur Anpassung von Vindikationslegaten dar.

(b) Anpassung über den Anwendungsbereich von Art. 31 EuErbVO hinaus

Aus ErwG 17 EuErbVO ergibt sich, dass andere Formen der Anpassung im Zusammenhang mit der Anwendung der Verordnung nicht ausgeschlossen sein sollen. Daher stellt sich die Frage, ob ohne Bezug zu Art. 31 EuErbVO aufgrund des unbekannten Erwerbvorgangs eine Anpassung im Wege der Umdeutung des Vindikationslegats in ein Damnationslegat möglich ist.[393] Der nicht abschließende Charakter des Art. 31 EuErbVO hat allerdings nur zur Folge, dass eine Ablehnung der Anpassung von Vindikationslegaten nicht allein damit begründet werden kann, dass Art. 31 EuErbVO die Anpassung von unbekannten sachenrechtlichen Erwerbsvorgängen nicht erfasst. Die durch Auslegung der Artt. 23 Abs. 2 lit. e, 1 Abs. 2 lit. k, 1 Abs. 2 lit. l EuErbVO und der genannten ErwG gefundenen Ergebnisse behalten daneben jedoch ihre Gültigkeit und sprechen für eine erbrechtliche Qualifikation des Vindikationslegats einschließlich seiner dinglichen Wirkung.

(c) ordre public Vorbehalt

Darüber hinaus könnte die Nichtanerkennung des Vindikationslegats mit einem Verstoß gegen den *ordre public* begründet werden.[394] Art. 35 EuErbVO erlaubt eine Nichtanwendung einer Vorschrift des berufenen Erbstatuts in den Fällen, in denen diese Vorschrift mit der öffentlichen Ordnung des Staates unvereinbar ist. Die Folge des Vindikationslegats – Eigentum des Legatars – sowie die im deutschen Erbrecht bekannte, wenn auch seltene Einzelrechtsnachfolge von Todes

---

392 MüKoBGB/*Dutta*, EuErbVO Art. 31 Rn. 12.

393 Vgl. jurisPK-BGB/*Ludwig*, EuErbVO Art. 31 Rn. 33

394 Vgl. NK-NachfolgeR/*Köhler*, EuErbVO Art. 31 Rn. 10.

wegen verletzen jedoch nicht die öffentliche Ordnung, sodass Art. 35 EuErbVO nicht einschlägig ist.[395]

Demnach ist an der Beurteilung, dass Vindikationslegate in den Anwendungsbereich der EuErbVO und unter das Erbstatut fallen, festzuhalten.

(d) Zwischenergebnis

Art. 31 EuErbVO stellt keine Möglichkeit zur Anpassung von Vindikationslegaten dar. Auch eine anderweitige Anpassung oder eine Anwendung des ordre public gem. Art 35 EuErbVO sind abzulehnen.

(4) EuGH-Rechtsprechung

Der EuGH hat nun in der Rechtssache *Kubicka* entschieden, dass die Vorschriften der EuErbVO zum sachlichen Anwendungsbereich der Verordnung einem Vindikationslegat nicht entgehenstünden und auch keine Anpassung gem. Art. 31 EuErbVO vorzunehmen sei.[396]

In seinem Urteil stellt der EuGH einleitend klar, dass die EuErbVO gem. Art. 3 Abs. 1 lit. a EuErbVO „jede Form des Übergangs von Vermögenswerten, Rechten und Pflichten von Todes wegen, sei es im Wege der gewillkürten Erbfolge, durch eine Verfügung von Todes wegen oder im Wege der gesetzlichen Erbfolge" umfasse.[397]

Nach Auffassung des EuGH stelle ein Vindikationslegat eine Modalität für den Übergang von Eigentum und damit eines dinglichen Rechts dar, das in den beteiligten Rechtsordnungen bekannt sei. Eine Übergangsmodalität eines dinglichen Rechts werde von Art. 1 Abs. 2 lit. k EuErbVO nicht erfasst, so dass diese Vorschrift einem Vindikationslegat nicht entgegenstünde.[398]

Die Vorschrift des Art. 1 Abs. 2 lit. l EuErbVO, die die Eintragung von Rechten an Vermögensgegenständen in ein Register betrifft, erfasse nicht die Voraussetzungen, unter denen solche Rechte erworben werden.[399]

Auch Art. 31 EuErbVO sei nicht einschlägig, da diese Vorschrift lediglich die Wahrung des Inhalts der dinglichen Rechte der jeweiligen Rechtsordnung betreffe und nicht die Modalitäten des Übergangs der dinglichen Rechte.[400] Kennen beide Rechtsordnungen das dingliche Recht, das durch das Vindikationslegat übertragen werden soll, im vom EuGH zu entscheidenden Fall das Eigentum an einer Immobilie, bestehe kein Raum für die Anwendung von Art. 31 Eu-ErbVO.

---

395 Vgl. NK-NachfolgeR/*Köhler*, EuErbVO Art. 31 Rn. 10.

396 EuGH 12.10.2017, Rs. C-218/16, NJW 2017, 3767 – *Kubicka.*

397 EuGH 12.10.2017, Rs. C-218/16, NJW 2017, 3767 – *Kubicka, Tz. 41.*

398 EuGH 12.10.2017, Rs. C-218/16, NJW 2017, 3767 – *Kubicka, Tz. 49ff.*

399 EuGH 12.10.2017, Rs. C-218/16, NJW 2017, 3767 – *Kubicka, Tz. 54ff.*

400 EuGH 12.10.2017, Rs. C-218/16, NJW 2017, 3767 – *Kubicka, Tz. 63.*

(5) Erfassung des Damnationslegats durch die EuErbVO

Weiterhin ist zu entscheiden, inwiefern die EuErbVO das Damnationslegat dem Erbstatut unterstellt. Diese Frage hat Auswirkung auf die Behandlung des Damnationslegats i.R.d. Art. 33 EuErbVO: von dem Verständnis des Begriffs Vermächtnis i.R.d. EuErbVO hängt nämlich ab, ob das Vorliegen eines Damnationslegats die Feststellung der Erbenlosigkeit gem. Art. 33 EuErbVO verhindert.

(a) Keine Erfassung des Damnationslegats

Ein Teil der Literatur sieht Damnationslegate als von Art. 33 EuErbVO nicht erfasst an.[401] Art. 23 Abs. 2 lit. e EuErbVO bestimmt, dass der „Übergang der zum Nachlass gehörenden Vermögenswerte, Rechte und Pflichten" dem Erbstatut unterfällt. Ein Damnationslegat falle nicht unter diese Bestimmung, weil bei diesem im Erbfall keine Vermögenswerte, Rechte oder Pflichten auf den Legatar übergehen, sondern lediglich ein schuldrechtlicher Anspruch des Legatars gegen den Erben entstehe.[402] Im Falle des Damnationslegats unterliege lediglich die Berufung des Berechtigten gem. Art. 23 Abs. 2 lit. b EuErbVO dem Erbstatut, das heißt, dass das Erbstatut bestimmt, dass der Damnationslegatar einen Anspruch hat, während die Erfüllung dieses Anspruchs nicht mehr vom Erbstatut geregelt werde.[403] Art. 1 Abs. 2 lit. g EuErbVO bestimme, dass die Übertragung von Rechten anders als durch Rechtsnachfolge von Todes wegen nicht dem Anwendungsbereich der Verordnung unterliege. Hierunter falle auch die Übereignung des vermachten Gegenstandes an den Damnationslegatar.[404] Dieses Verständnis werde von Art. 1 Abs. 2 lit. l EuErbVO zumindest für Damnationslegate, die ein Grundstück betreffen, bestätigt: der Vollzug des Damnationslegats unterliege der lex rei sitae.[405] Im Rahmen des Art. 33 EuErbVO gelange man über eine Auslegung nach Sinn und Zweck dazu, dass ein Damnationslegat nicht vom Begriff des Vermächtnisses der EuErbVO erfasst sei. Würde man annehmen, dass das Vorhandensein eines Damnationslegats die Feststellung der Erbenlosigkeit i.S.d.

---

401 Vgl. MüKoBGB/*Dutta*, EuErbVO Art. 33 Rn. 3 spricht sich dafür aus, dass nur am Nachlass dinglich Berechtigte erfasst werden; *Kleinschmidt*, RabelsZ 77 (2013), 723, 759 kommt jedenfalls bei Art. 68 lit. m EuErbVO zu diesem Ergebnis;

402 Vgl. *Janzen*, DNotZ 2012, 484, 487 die nur Vindikationslegate unter Art. 23 Abs. 2 lit. e EuErbVO subsumiert; *J. P. Schmidt*, ZEV 2014, 133, 134.

403 Ähnlich *J. P. Schmidt*, RabelsZ 77 (2013), 1, 15 ohne Art. 23 Abs. 2 lit. b EuErbVO zu erwähnen.

404 *J. P. Schmidt*, RabelsZ 77 (2013), 1, 15f.

405 *J. P. Schmidt*, ZEV 2014, 133, 136.

Art. 33 EuErbVO hinderte und sich damit kein staatliches Aneignungsrecht durchsetze, wäre die Folge, dass der Nachlass herrenlos ist und der Damnationslegatar seinen Anspruch gegen niemanden richten könnte.[406]

(b) Erfassung des Damnationslegats

Andere hingegen sind der Auffassung, dass auch der Eigentumsübergang aufgrund des Damnationslegats von Art. 33 EuErbVO erfasst werde.[407] Gestützt werde diese Auffassung von ErwG 47 S. 3, der beide Formen des Vermächtnisses erwähnt.[408] Außerdem enthält Art. 63 Abs. 1 EuErbVO in seinem Wortlaut eine Beschränkung auf Vermächtnisse mit unmittelbarer Berechtigung, sodass im Umkehrschluss daraus abgeleitet werden könne, dass bei Fehlen der Erwähnung der unmittelbaren Berechtigung auch Vermächtnisse erfasst sind, die nicht zu einer unmittelbaren Berechtigung führen.[409]

(c) Stellungnahme und Zwischenergebnis

Trotz der Nennung der Vermächtnisnehmer in Art. 23 Abs. 2 lit. e EuErbVO und der Erläuterung der Existenz von verschiedenen Formen von Vermächtnissen in den mitgliedstaatlichen Rechtsordnungen in ErwG 47 S. 3 EuErbVO ist hieraus nicht zwingend zu schlussfolgern, dass die Wirkung eines Damnationslegats funktional zur Rechtsnachfolge von Todes wegen zu rechnen ist. ErwG 47 S. 3 EuErbVO ist vielmehr dahingehend zu verstehen, dass der Hinweis auf die verschiedenen Formen von Vermächtnissen dazu dient, zu beschreiben, aus welchem Grund der Rechtsübergang auf Vermächtnisnehmer durch Art. 23 Abs. 2 lit. e EuErbVO der Rechtsnachfolge von Todes wegen und damit dem Erbstatut zugeordnet wird. Der Grund liegt nämlich darin, dass neben der Form von Damnationslegaten auch Vindikationslegate in den mitgliedstaatlichen Rechtsordnungen existieren, die unmittelbar mit dem Tod des Erblassers zu einer dinglichen Berechtigung des Berechtigten führen (Singularsukzession) und dementsprechend wie eine gewöhnliche Erbeinsetzung dem Erbstatut unterliegen. Dieses Verständnis stützt ErwG 47 S. 2 1. Hs. EuErbVO, wonach der Begriff des „Berechtigten" in den meisten

406 Vgl. Begründung des RefE zum IntErbRVG BT Drucksache 18/4201, S. 48; MüKoBGB/*Dutta*, EuErbVO Art. 33 Rn. 3.

407 JurisPK-BGB/*Ludwig*, EuErbVO Art. 33 Rn. 13 verweist darauf, dass die Unterscheidung der Arten von Legaten bei Art. 33 EuErbVO keine Rolle spielt; beckOGK/*J. Schmidt*, EuErbVO Art. 23 Rn. 14 sowie Art. 33 Rn. 9; Bonomi/Wautelet/*Wautelet*, EuErbVO Art. 23 Rn. 28.

408 BeckOGK/*J. Schmidt*, EuErbVO Art. 23 Rn. 14

409 BeckOGK/*J. Schmidt*, EuErbVO Art. 63 Rn. 8 sowie Art. 33 Rn. 9.

Rechtsordnungen Erben und Vermächtnisnehmer erfassen „würde". Die Verwendung des Wortes „würde" i.V.m. dem im 2. Hs. erfolgten Hinweis auf die verschiedene Ausgestaltung von Vermächtnissen deutet darauf hin, dass nicht die Erfassung von beiden Formen des Vermächtnisses gewollt ist. Durch die Erwähnung des Anspruchs gegen die „Erben" in ErwG 47 S. 3 EuErbVO wird weiterhin klargestellt, dass der Ausschluss des Damnationslegats nicht so weit gehen soll, dieses gar nicht von der EuErbVO erfassen zu wollen. Die Berufung der Berechtigung gem. Art. 23 Abs. 2 lit. b EuErbVO, jedoch nicht die Wirkung des Damnationslegats soll dem Erbstatut unterfallen. Hätte man die Vermächtnisnehmer in der Verordnung nicht erwähnt, wäre die nach dem Erbstatut geschaffene Möglichkeit von Vindikationslegaten im Internationalen Erbrecht unberücksichtigt geblieben. Die Konstruktion des Damnationslegats führt hingegen zwangsläufig dazu, dass der Eigentumsübergang an den vermachten Nachlassgegenständen erst in einem zweiten Schritt nach dem Erbfall erfolgt. Dies unterliegt jedoch nicht mehr dem Erbstatut gem. Art. 23 Abs. 2 lit. e EuErbVO, weil dies keinen Rechtsübergang von Todes wegen darstellt, vgl. Art. 1 Abs. 2 lit. g EuErbVO.

Im Rahmen des Art. 33 EuErbVO hätte die Erfassung des Damnationslegats die Folge, dass die Voraussetzung der Erbenlosigkeit nicht bejaht werden könnte, zumindest nicht für den vom Damnationslegat erfassten Teil des Nachlasses. Art. 33 EuErbVO würde demnach nicht eingreifen, wodurch das anwendbare Erbstatut aufgrund des Prinzips des Einheitsstatuts gem. Artt. 21 Abs. 1, 23 Abs. 1 EuErbVO den gesamten Nachlass erfassen würde. Besteht allerdings ein Damnationslegat, ist aus der Sicht dieser Rechtsordnung der Nachlass erbenlos, so dass die Regelung für die Behandlung eines erbenlosen Nachlasses zur Anwendung kommen würde. Handelte es sich bei dieser Regelung um ein Fiskuserbrecht, während der vom Damnationslegat erfasste Gegenstand in einem Staat mit einem Aneignungsrecht belegen wäre, entstünde genau der Konflikt, dessen Verhinderung Sinn und Zweck der Regelung des Art. 33 EuErbVO ist. Daher ist bezüglich Damnationslegaten ein Gleichlauf mit der grundsätzlichen Erfassung dieses Rechtsinstituts durch das Erbstatut anzustreben. Indem nur die Berechtigung, nicht aber der Übergang im Rahmen eines Damnationslegats zur Rechtsnachfolge von Todes wegen gehört, verhindert das Vorliegen eines solchen Vermächtnisses auch nicht die Feststellung der Erbenlosigkeit im Sinne des Art. 33 EuErbVO. Es ist demnach vorzugswürdig die Voraussetzung der Erbenlosigkeit bei Art. 33 EuErbVO auch beim Vorliegen eines Damnationslegats zu bejahen.

Inwiefern der Damnationslegatar seinen Anspruch geltend machen kann, hängt von der jeweiligen Konstellation ab. Im von Art. 33 EuErbVO geregelten

Fall (positiver Konflikt), kann der Legatar seinen Anspruch gegen den privatrechtlich erbenden Staat dann geltend machen, wenn sich Nachlassvermögen im Erbrechtsstaat befindet und dieser damit überhaupt in seine Erbenstellung einrückt und damit als Anspruchsgegner zur Verfügung steht.[410] Denn befindet sich das Nachlassvermögen ausschließlich im Aneignungsrechtsstaat, besteht das Problem, dass dieser Staat kein Erbe ist, gegenüber dem der Damnationslegatar seinen Anspruch geltend machen kann; der Erbrechtsstaat hingegen wird aufgrund der fehlenden Belegenheit von Nachlassvermögen ebenfalls nicht Erbe, weil gem. Art. 33 EuErbVO das anwendbare Erbstatut zurückweicht. Damit besteht die Gefahr, dass der Legatar seinen Anspruch mangels Anspruchsgegner nicht durchsetzen kann. Zum Schutz des Damnationslegatars greift allerdings der Schutzvorbehalt für Nachlassgläubiger in Art. 33 EuErbVO ein.[411] Sowohl gewöhnliche Nachlassgläubiger als auch Damnationslegatare haben einen schuldrechtlichen Anspruch gegen die Erben, dessen Durchsetzbarkeit durch ein Aneignungsrecht für einen erbenlosen Nachlass gefährdet ist. Der Vermächtnisnehmer ist daher als Nachlassgläubiger anzusehen.[412] Auch wenn die Problematik der Durchsetzung des Damnationslegats keine explizite Erwähnung in ErwG 56 EuErbVO erfahren hat, ist der Schutzvorbehalt auch auf diese Konstellation anzuwenden. Die Vermächtnisnehmer können ihren Anspruch auch gegen den aneignenden Staat geltend machen. Im Falle des negativen Konflikts, der nicht von Art. 33 EuErbVO geregelt wird, ist die Situation davon abhängig, wie die Behandlung des Nachlassvermögens im Staat mit Erbrechtsmodell, dessen Recht nicht über das Erbstatut zur Anwendung berufen ist, gelöst wird. Gelangt man zur Anwendbarkeit des jeweiligen Fiskuserbrechts, wird der Staat privatrechtlicher Erbe und damit Anspruchsgegner für den Damnationslegatar. Der Anspruch wäre damit abgesichert. Bei einer anderweitigen Anpassung sind die Interessen von Damnationslegataren zu berücksichtigen.

Aus Artt. 23 Abs. 2 lit. e, 1 Abs. 2 lit. g, ErwG 47 EuErbVO und aus einer teleologischen Auslegung des Art. 33 EuErbVO ergibt sich, dass der Rechtsübergang bei Damnationslegaten funktional nicht als Rechtsnachfolge von Todes wegen anzusehen ist und daher nicht dem Erbstatut unterfällt.

---

410 NK-BGB/*Looschelders*, EuErbVO Art. 33 Rn. 10.

411 Vgl. MüKoBGB/*Dutta*, EuErbVO Art. 33 Rn. 8.

412 Vgl. nur MüKoBGB/*Rudy*, BGB § 2174 Rn. 2.

(6) Gesamtergebnis zur Behandlung von Legaten i.R.d. Art. 33 EuErbVO

Die vorangegangene Auseinandersetzung hat gezeigt, dass es überzeugend ist, den Rechtsübergang mittels eines Vindikationslegats funktional der Rechtsnachfolge von Todes wegen im Sinne der EuErbVO zuzuordnen und diesen damit dem Erbstatut zu unterstellen (erbrechtliche Qualifikation). Eine Anpassung des erbrechtlich zu qualifizierenden Vindikationslegats im Wege der Umdeutung in ein Damnationslegat ist nicht vorzunehmen. Der EuGH hat in seinem Urteil in der Rechtssache *Kubicka* deutlich gemacht, dass nach seiner Auffassung ein Vindikationslegat in den Anwendungsbereich der EuErbVO fällt und eine Anpassung nicht vorzunehmen ist.[413] Demnach sind unter der Geltung von europäischem Internationalen Erbrecht Vindikationslegate von Rechtsordnungen, die diese nicht kennen, zu akzeptieren. Damnationslegate hingegen werden von dem Begriff des Vermächtnisses in der EuErbVO zwar umfasst, der Rechtsübergang im Rahmen eines Damnationslegats ist jedoch funktional nicht als Rechtsnachfolge von Todes wegen anzusehen, weil es sich hierbei um die Durchsetzung eines schuldrechtlichen Anspruchs gegen die Erben handelt, der ein von der Rechtsnachfolge von Todes wegen zu trennendes Rechtsgeschäft zur Eigentumsübertragung notwendig macht.

Dies hat folgende Konsequenzen in Bezug auf die Feststellung der Erbenlosigkeit im Sinne des Art. 33 EuErbVO: das Vorhandensein eines Vindikationslegats führt dazu, dass zumindest in Bezug auf den vom Vindikationslegat erfassten Gegenstand keine Erbenlosigkeit festgestellt werden kann[414]; liegt hingegen nach dem Erbstatut ein Damnationslegat vor, verhindert das nicht die Feststellung der Erbenlosigkeit. Die Entscheidung des deutschen Gesetzgebers, die Wirkung des Vindikationslegats nicht dem Erbstatut zu unterstellen,[415] widerspricht dem europäisch vereinheitlichten Internationalen Erbrecht und bedarf daher einer Korrektur.

Dieses Ergebnis hat zudem Auswirkungen auf die deutsche Begleitgesetzgebung in § 32 IntErbRVG.[416]

413 Siehe 2. Teil A IV 2 b bb (4).

414 Zur Frage der Behandlung von teilweise erbenlosem Nachlass unter 2. Teil A IV 2 b dd.

415 Siehe hierzu unter 2. Teil A IV 2 b bb.

416 Siehe dazu 2. Teil A VII 2.

cc. Keine natürliche Person als gesetzlicher Erbe

Für die Erbenlosigkeit im Sinne des Art. 33 EuErbVO darf außerdem keine natürliche Person als gesetzlicher Erbe vorhanden sein. Es ist folglich nach dem gem. Artt. 21, 22 EuErbVO anwendbaren Erbstatut zu prüfen, ob eine natürliche Person gesetzlicher Erbe geworden ist.

Der Wortlaut des Art. 33 EuErbVO verlangt, dass es sich bei dem gesetzlichen Erben um eine natürliche Person handelt. Das bedeutet im Umkehrschluss, dass eine juristische Person als gesetzlicher Erbe nicht verhindert, dass der Nachlass als erbenlos im Sinne des Art. 33 EuErbVO angesehen wird. Das Zurückweichen des Erbstatuts tritt daher auch beim Vorliegen einer juristischen Person als gesetzlicher Erbe ein.

Mit der Voraussetzung der natürlichen Person als gesetzlicher Erbe berücksichtigt die Vorschrift die unterschiedlichen Ausgestaltungen des Zugriffsrechts bei erbenlosem Nachlass in den mitgliedstaatlichen Rechtsordnungen. Denn Rechtsordnungen, die bei einer Erbenlosigkeit des Nachlasses den Staat als letzten gesetzlichen Erben einsetzen, hätten ansonsten den Vorteil, dass die Regelung des Art. 33 EuErbVO nicht eingreift und den Vorrang des ausländischen Aneignungsrechts vor dem Erbstatut bestimmen würde. Damit wäre der Erbrechtsstaat als gesetzlicher Erbe am gesamten Nachlass berechtigt. Es würde sich also das anwendbare Erbstatut durchsetzen, auch wenn die vorausgesetzte Erbenlosigkeit im Grunde in beiden beteiligten Staaten vorliegt, jedoch der eine Staat darauf mit der Einsetzung des Staates als gesetzlichen Erben reagiert. Die Voraussetzung der natürlichen Person als gesetzlichen Erben sowie die Erläuterungen zu dieser Vorschrift in ErwG 56 EuErbVO zeigen, dass beide Arten der Zugriffsrechte als gleichwertig betrachtet werden und bei einem positiven Konflikt eine Beschränkung auf das jeweilige Territorium als gerechte Lösung empfunden wird. Der positive Konflikt würde durch Art. 33 EuErbVO nicht aufgelöst werden können, wenn die Einsetzung des Staates als letzten gesetzlichen Erben als reguläre Erbeinsetzung berücksichtigt werden würde und die Voraussetzung der Erbenlosigkeit im Sinne des Art. 33 EuErbVO verhindern würde.[417] Die Beschränkung auf natürliche Personen als Erben für die Verhinderung der Erbenlosigkeit im Sinne des Art. 33 EuErbVO wird jedoch auch mit einer anderen Wertung begründet: Bei der Durchsetzung der gewillkürten Erbeinsetzung gehe es darum, den Erblasserwillen zu verwirklichen; die gesetzliche Erbfolge diene primär ebenfalls dem in diesem Fall mutmaßlichen Willen des Erblassers, könne daneben aber auch andere Ziele verfolgen. Die Einsetzung einer juristischen

417 Vgl. MüKoBGB/*Dutta*, EuErbVO Art. 33 Rn. 4.

Person als gesetzlichen Erben sei in diesem Zusammenhang nicht schutzwürdig und verhindere daher nicht das Zurückweichen des Erbstatuts zugunsten eines Aneignungsrechts.[418] Im Vordergrund steht bei Art. 33 EuErbVO jedoch eindeutig der Zweck, den positiven Konflikt beim Aufeinandertreffen der unterschiedlichen Zugriffsrechte aufzulösen. Daher steht die Voraussetzung der natürlichen Person in diesem Zusammenhang und soll verhindern, dass sich das Fiskuserbrecht vollständig gegenüber dem Aneignungsrecht durchsetzt. Hingegen spielt die Wertung, dass eine gesetzliche Erbeinsetzung einer juristischen Person den Erblasserwillen nicht berücksichtigt, keine entscheidende Rolle.

dd. Erfassung von teilweise erbenlosem Nachlass

Grundsätzlich liegt ein erbenloser Nachlass im Sinne des Art. 33 EuErbVO dann vor, wenn weder eine natürliche oder juristische Person in einer Verfügung von Todes wegen als Erbe oder Vindikationslegatar eingesetzt wurde noch eine natürliche Person gesetzlicher Erbe ist. Fraglich ist, ob die Voraussetzung der Erbenlosigkeit auch dann erfüllt ist, wenn der Nachlass nicht in seiner Gesamtheit, sondern nur in Teilen erbenlos ist. Eine Aussage zu diesem Fall lässt sich dem Art. 33 EuErbVO nicht entnehmen.

(1) Anwendbarkeit des Art. 33 EuErbVO

Eine Auffassung spricht sich dafür aus, dass die Voraussetzung der Erbenlosigkeit auch dann erfüllt sei, wenn nur ein Teil des Nachlasses erbenlos ist.[419] Folge dieser Auffassung ist, dass sich ein Aneignungsrecht gegenüber einem Fiskuserbrecht des Erbstatuts auch dann aufgrund von. Art. 33 EuErbVO durchsetzen kann, wenn nur ein im Aneignungsrechtsstaat belegener Nachlassgegenstand erbenlos ist, während andere Gegenstände in diesem Aneignungsrechtsstaat oder im Erbrechtstaat einem Erben oder Vindikationslegatar zugewiesen sind. Art. 33 EuErbVO beziehe sich demnach jeweils auf den konkreten Nachlassgegenstand, dessen fehlende Zuweisung an einen Erben oder Vermächtnisnehmer zur Sperrwirkung des Erbstatuts gem. Art. 33 EuErbVO führe.[420]

---

418 so beckOGK/*J. Schmidt*, EuErbVO Art. 33 Rn. 11.

419 Caravaca/Davì/Mansel ESR Art. 33 m.n. 18; MüKoBGB/*Dutta*, EuErbVO Art. 33 Rn. 2; Rauscher/*Hertel*, EuZPR/EuIPR, Bd. 5, EuErbVO Art. 33 Rn. 5; *Nordmeier*, IPRax 2013, 418, 424; beckOGK/*J. Schmidt*, EuErbVO Art. Art. 33 Rn. 13; Bonomi/Wautelet/*Wautelet*, EuErbVO Art. 33 Rn. 7 spricht sich in dem Fall einer teilweisen Erbenlosigkeit für eine analoge Anwendung des Art. 33 EuErbVO aus.

420 BeckOGK/*J. Schmidt*, EuErbVO Art. 33 Rn. 13.

Als Begründung für diese Auffassung wird angeführt, dass bei einer Auslegung nach Sinn und Zweck auch der teilweise erbenlose Nachlass in den Anwendungsbereich des Art. 33 EuErbVO fallen müsse, weil der Konflikt, der von Art. 33 EuErbVO gelöst werden solle, auch dann auftrete, wenn nur Teile des Nachlasses erbenlos sind.[421] Diese Erkenntnis überwiege den missverständlichen Wortlaut, der mit der Formulierung „[...] für *die* Nachlassgegenstände [...]“ ein anderes Verständnis möglich mache.[422] Zudem verdeutliche der Wortlaut der Vorschrift in anderen Sprachen, dass die deutsche Sprachfassung in diesem Punkt ungenau ist.[423] Es könne zusätzlich auf die parallele Problematik der Vorschrift des Art. 16 Haager Erbrechtsübereinkommen verwiesen werden, bei der ebenfalls eine Klarstellung im Wortlaut fehlte, eine Erfassung des teilweise erbenlosen Nachlasses aber befürwortet wurde.[424]

(2) Differenzierende Ansicht zur Anwendbarkeit von Art. 33 EuErbVO

Nach einer anderen Auffassung liege keine Erbenlosigkeit im Sinne des Art. 33 EuErbVO vor, wenn der Erblasser den Erben für einen Bruchteil bestimmt oder ein Vermächtnisnehmer für einen Bruchteil eingesetzt hat, ferner auch dann, wenn der Erblasser ein Vermächtnis nur für einzelne Nachlassgegenstände angeordnet hat.[425] In diesen Fällen werde demnach nicht das Zurückweichen des Fiskuserbrechts des anwendbaren Erbstatuts angeordnet. Die Voraussetzung der Erbenlosigkeit sei jedoch erfüllt, wenn ein Vermächtnis einen Gegenstand betrifft, der nicht zu dem Nachlassvermögen gehört, das in einem Aneignungsrechtsstaat belegen ist.[426]

Begründet wird diese differenzierende Auffassung damit, dass bei der Bestimmung von Erben für einen Bruchteil sich dessen Erbenstellung auf den gesamten Nachlass beziehe und damit auch das Nachlassvermögen in einem Aneignungsstaat erfasse.[427] Liege ein Vermächtnis nur für einzelne Gegenstände vor, sei eine Anwendung des Art. 33 EuErbVO aufgrund seines Wortlauts, in dem von einem

---

421 *Nordmeier*, IPRax 2013, 418, 424; ähnlich beckOGK/*J. Schmidt*, EuErbVO Art. 33 Rn. 13 die darauf verweist, dass ansonsten keine Sperrwirkung des Erbstatuts gem. Art. 33 EuErbVO eintrete.

422 *Nordmeier*, IPRax 2013, 418, 423.

423 *Nordmeier*, IPRax 2013, 418, 424; „legatee for any assets“, „légataire institué par une disposition à cause de mort“.

424 *Nordmeier*, IPRax 2013, 418, 424.

425 JurisPK-BGB/*Ludwig*, EuErbVO Art. 33 Rn. 12 und 14.

426 JurisPK-BGB/*Ludwig*, EuErbVO Art. 33 Rn. 14.

427 JurisPK-BGB/*Ludwig*, EuErbVO Art. 33 Rn. 12

Vermächtnisnehmer für die Nachlassgegenstände gesprochen werde, nicht einschlägig.[428]

(3) Keine Anwendbarkeit des Art. 33 EuErbVO

Nach einer dritten Auffassung ist Art. 33 EuErbVO bei Vorliegen von teilweiser Erbenlosigkeit aufgrund seines einschränkenden Wortlauts („[…] die Nachlassgegenstände […]“) nicht anwendbar.[429]

(4) Stellungnahme

Für die Frage nach der Anwendbarkeit des Art. 33 EuErbVO bei teilweise erbenlosem Nachlass ist insbesondere eine teleologische Auslegung vorzunehmen, da sich dem Wortlaut keine eindeutige Antwort entnehmen lässt. Art. 33 EuErbVO dient dazu, den Konfliktfall zwischen einem Aneignungsrecht und einem Staatserbrecht beim Vorliegen von erbenlosem Nachlass zu lösen, indem das Erbstatut im Konfliktfall beschränkt wird. Aufgrund dieses Zwecks der Vorschrift, liegt es nahe, eine Anwendung in all jenen Fällen vorzunehmen, in denen der positive Konflikt auftritt, d.h. immer dann, wenn sowohl ein Fiskuserbrecht als auch ein Aneignungsrecht gleichzeitig zugreifen wollen. Tritt ein solcher Konflikt nun bei teilweiser Erbenlosigkeit auf, ist es angemessen, die normierte Lösung zur Anwendung zu bringen, unabhängig davon, ob eine vollständige oder nur teilweise Erbenlosigkeit vorliegt. Für diese Ansicht spricht auch der europarechtliche Grundsatz des *effet utile*, der bei der teleologischen Auslegung besondere Berücksichtigung erfahren sollte. Nach diesem Grundsatz ist eine europäische Vorschrift so auszulegen, dass sie ihren intendierten Zweck erreicht und in der praktischen Anwendung Wirksamkeit erzielt.[430] Dementsprechend ist es vorzugswürdig, grundsätzlich eine Anwendbarkeit des Art. 33 EuErbVO auch bei teilweiser Erbenlosigkeit anzunehmen.

Es bleibt zu hinterfragen, inwiefern der Aussage zuzustimmen ist, dass sich die Erbenstellung eines für einen Bruchteil eingesetzten Erben auch auf das in einem Aneignungsrechtsstaat belegene Nachlassvermögen bezieht und damit eine teilweise Erbenlosigkeit verhindert, so dass Art. 33 EuErbVO nicht eingreift. Die rechtliche Lage bei einer Erbeinsetzung auf einen Bruchteil stellt sich in Deutschland wie folgt dar: hat der Erblasser durch Erbeinsetzung zu einem Bruchteil nicht seinen gesamten Nachlass verteilt und geht aus der Verfügung hervor, dass er keine weiteren Erben einsetzen wollte, ergibt sich aus § 2089

---

428 JurisPK-BGB/*Ludwig*, EuErbVO Art. 33 Rn. 14.

429 EU-ErbVO Kommentar/*Lagarde*, Art. 33 Rn. 5.

430 Vgl. *Kropholler*, in: 75 Jahre Max-Planck-Institut für Privatrecht 2001, S. 583, 592.

BGB, dass auch das restliche Nachlassvermögen den Bruchteilserben verhältnismäßig zukommt. Der Nachlass ist somit nicht erbenlos und eine Anwendung des § 1936 BGB kommt für den in Deutschland belegenen Nachlass nicht in Betracht. Das hat zur Folge, dass nach dem Erbstatut keine Erbenlosigkeit i.S.d. Art. 33 EuErbVO vorliegt und ein Aneignungsrecht für im Ausland belegenen Nachlass keine Anwendung findet. In diesem Fall ist der Aussage zuzustimmen, dass sich die Erbenstellung der zum Bruchteil eingesetzten Personen auch auf die Nachlassgegenstände im Aneignungsstaat bezieht. Hat der Erblasser hingegen durch Erbeinsetzung zu einem Bruchteil nicht seinen gesamten Nachlass verteilt und geht aus der Verfügung hervor, dass er nicht ausschließt, neben den in der Verfügung Benannten auch andere Personen als Erben einzusetzen, greift gem. § 2088 BGB die gesetzliche Erbfolge ein. Im Rahmen der gesetzlichen Erbfolge kann es dazu kommen, dass kein natürlicher gesetzlicher Erbe vorhanden ist.[431] Dann ist dieser Teil des Nachlasses erbenlos und das subsidiäre gesetzliche Erbrecht des Staates gem. § 1936 BGB greift für diesen Teil des Nachlasses ein. Ist dieses Nachlassvermögen im Territorium eines Aneignungsrechtsstaats belegen, betrifft dies allerdings genau den Fall, den Art. 33 EuErbVO erfassen möchte: das Aneignungsrecht soll sich für Nachlassgegenstände im Aneignungsrechtsstaat gegenüber dem Staatserbrecht nach dem Erbstatut durchsetzen können, wenn keine Erben oder Vindikationslegatare vorhanden sind. Insofern ist festzuhalten, dass auch bei der Erbeinsetzung auf einen Bruchteil des Nachlassvermögens der Konflikt auftreten kann, der von Art. 33 EuErbVO gelöst werden soll. Welche Regelung bei der Erbeinsetzung auf einen Bruchteil einschlägig ist, die gem. § 2089 BGB oder die gem. § 2088 BGB, ist eine Frage der Auslegung der letztwilligen Verfügung, wobei § 2089 BGB vorrangig zu prüfen ist.[432]

Des Weiteren ist die Aussage zu überprüfen, ob bei der Anordnung eines Vermächtnisses lediglich für bestimmte Gegenstände eine Erbenlosigkeit zu verneinen ist. Ist deutsches Erbrecht anwendbar und liegt nach diesem lediglich ein Vermächtnis für einzelne Nachlassgegenstände vor, greift daneben die gesetzliche Erbfolge ein, um einen erbenlosen Nachlass zu verhindern.[433] Hier kann wiederum ein natürlicher gesetzlicher Erbe fehlen, so dass § 1936 BGB und damit das staatliche Erbrecht eingreift. Befindet sich jedoch ein Teil des Nachlasses in einem Aneignungsrechtstaat, betrifft dies wiederum den Konflikt,

431 In Deutschland kommt dies aufgrund der unbegrenzten gesetzlichen Erbfolge im Hinblick auf eine Ausschlagung in Betracht, siehe 1. Teil C II.

432 *Lange*, Erbrecht, ^{2}2017 Kap. 9 Rn. 60.

433 Vgl. *Lange*, Erbrecht, ^{2}2017 Kap. 6 Rn. 4.

der durch Art. 33 EuErbVO gelöst werden soll. Somit greift auch in diesem Fall Art. 33 EuErbVO mit der Folge ein, dass sich das Aneignungsrecht für diesen Teil des Nachlassvermögens gegenüber dem Fiskuserbrecht gem. § 1936 BGB des Erbstatuts durchsetzt. Bezieht sich das deutsche Damnationslegat auf einen Nachlassgegenstand im Ausland, hindert dies nicht das Eingreifen des Aneignungsrecht gem. Art. 33 EuErbVO.[434] Anspruchsgegner des Damnationslegatars ist dann aufgrund des Gläubigerschutzvorbehalts der ausländische Staat. Eine genaue Betrachtung der angeführten Ausnahmen von der Anwendung des Art. 33 EuErbVO hat gezeigt, dass diesen nicht grundsätzlich zugestimmt werden kann, sondern vielmehr auf den jeweiligen Einzelfall abgestellt werden muss. Denn auch bei einer Erbeinsetzung für einen Bruchteil oder einem Vermächtnis nur für einzelne Nachlassgegenstände ist es nicht ausgeschlossen, dass daneben eine dann teilweise Erbenlosigkeit anzunehmen ist.

(5) Ergebnis

Art. 33 EuErbVO ist im Ergebnis auch bei teilweiser Erbenlosigkeit des Nachlasses anwendbar. Eine pauschale Antwort, wann ein Erbe tatsächlich teilweise erbenlos ist, kann nicht getroffen werden, sondern muss jeweils im Einzelfall durch das Erbstatut festgestellt werden.

c. *Erneute Überprüfung der Erbenlosigkeit im Wege einer Vorfrage*

Ist das Aneignungsrecht für das im Aneignungsrechtsstaat belegene Vermögen zur Anwendung berufen, stellt sich die Frage, ob eine erneute Überprüfung der Erbenlosigkeit des betreffenden Nachlasses stattzufinden hat. Dies kommt deswegen in Betracht, weil in der Regel der Tatbestand des Aneignungsrechts das Fehlen von Erben als Voraussetzung nennt. Dabei handelt es sich um eine sog. Vorfrage („materiellrechtliche Vorfrage").[435]

In diesem Zusammenhang wird die Auffassung vertreten, dass in der von Art. 33 EuErbVO erfassten Konstellation die Vorfrage dazu führe, dass Art. 33 EuErbVO einen deutlich eingeschränkten Anwendungsbereich hat.[436] Begründet wird dies damit, dass der sachrechtliche Tatbestand der Aneignungsrechte die Erbenlosigkeit voraussetzt, dessen Feststellung wiederum dem Erbstatut unterliege, nach dem der Staat jedoch gesetzlicher Erbe ist und demnach die

434 Siehe oben unter 2. Teil A IV b bb (6).

435 MüKoBGB/*von Hein*, Einl. IPR Rn. 148ff.; *Kropholler*, Internationales Privatrecht, [6]2006 § 32 I (S. 221).

436 NK-NachfolgeR/*Köhler*, EuErbVO Art. 33 Rn. 3; *ders.*, in: Internationales Erbrecht 2015, § 4 Rn. 167.

Voraussetzung des Aneignungsrechts nicht erfüllt seien.[437] Bedingung für dieses Ergebnis sei allerdings, dass der Aneignungsrechtsstaat die Erbenstellung des ausländischen Staates im Wege des Fiskuserbrechts als gewöhnliche, zu berücksichtigende Erbeinsetzung akzeptiert.[438] Ein positiver Konflikt würde demnach entfallen, weil das Aneigungsrecht selbst dem Erbstatut den Vorrang gewährt. Das zum Erbstatut gehörende Fiskuserbrecht würde sich somit gem. Art. 23 Abs. 1 EuErbVO trotz der Regelung des Art. 33 EuErbVO auf den gesamten Nachlass erstrecken.[439] Diesem Verständnis folgend würde sich der tatsächliche Anwendungsbereich des Art. 33 EuErbVO auf die Fälle beschränken, in denen der Aneignungsrechtsstaat die Erbeinsetzung des ausländischen Staates durch ein Fiskuserbrecht nicht berücksichtigt. Die Vorfrage stellt sich aus der Sicht des betreffenden Aneignungsrechtsstaats.

Bei der Auseinandersetzung mit dieser Vorfragenproblematik wird zwischen Mitgliedstaaten i.S.d. EuErbVO, die an die Verordnung gebunden sind und Drittstaaten, bei denen eine solche Bindung fehlt, unterschieden.

aa. Mitgliedstaaten i.S.d. EuErbVO

In den Mitgliedstaaten i.S.d. EuErbVO gilt das vereinheitlichte Kollisionsrecht der Verordnung. Keine Rolle spielt es deswegen, ob die Anknüpfung der Vorfrage selbstständig oder unselbstständig zu erfolgen hat.[440] Bei der selbstständigen Anknüpfung wird das anwendbare Recht anhand des Kollisionsrechts des Forums bestimmt, während bei der unselbstständigen Anknüpfung das anwendbare Recht anhand der Kollisionsnormen bestimmt wird, deren Sachrecht anwendbar ist.[441] Handelt es sich bei dem Aneignungsrechtsstaat um einen Mitgliedstaat i.S.d. EuErbVO, bestimmt sich das anwendbare Recht sowohl im Kollisionsrecht des Forums als auch im Kollisionsrecht des Aneignungsrechtsstaates nach dem Erbstatut der EuErbVO.

Die Feststellung der Erbenlosigkeit ist eine erbrechtliche Fragestellung und gehört damit zum Erbstatut.[442] Grundsätzlich führt die gesetzliche Erbeinsetzung

---

437 NK-NachfolgeR/*Köhler*, EuErbVO Art. 33 Rn. 3; *ders.*, in: Internationales Erbrecht 2015, § 4 Rn. 167.

438 NK-NachfolgeR/*Köhler*, EuErbVO Art. 33 Rn. 3 Fn. 6; *ders.*, in: Internationales Erbrecht 2015, § 4 Rn. 167 Fn. 321.

439 NK-NachfolgeR/*Köhler*, EuErbVO Art. 33 Rn. 3; *ders.*, in: Internationales Erbrecht 2015, § 4 Rn. 167.

440 Vgl. MüKoBGB/*von Hein*, Einl. IPR Rn. 172.

441 MüKoBGB/*von Hein*, Einl. IPR Rn. 151.

442 Siehe unter 2. Teil A IV 2 a.

des Staates durch das Fiskuserbrecht dazu, dass ein Erbe vorhanden ist. Aus der Regelung des Art. 33 EuErbVO, seiner Überschrift „Erbenloser Nachlass“ sowie auf dem ErwG 56 EuErbVO ergibt sich aber, dass ein Nachlass auch dann als erbenlos i.S.d. EuErbVO angesehen wird, wenn der Staat letzter gesetzlicher Erbe des Erblassers ist. Damit soll eine Gleichbehandlung der unterschiedlichen Ausgestaltungen der Zugriffsrechte bei Vorliegen eines erbenlosen Nachlasses unter den Mitgliedstaaten i.S.d. EuErbVO erreicht werden.[443] Erbenlosigkeit liegt demnach auch dann vor, wenn der Staat gesetzlicher Erbe ist. Durch die Bindung der Mitgliedstaaten an diese Gleichstellung von Fiskuserbrecht und Aneignungsrecht ist es nicht möglich, dass im Wege der Vorfrage festgestellt wird, dass aufgrund eines Fiskuserbrechts keine Erbenlosigkeit vorliegt. Ansonsten würde man zunächst die Voraussetzung des erbenlosen Nachlasses i.S.d. Art. 33 EuErbVO bejahen und bei der Anwendung des jeweiligen Aneignungsrechts verneinen. Diese Vorgehensweise würde den Wertungen des europäischen Gesetzgebers, die bei der Lösung der Vorfrage zu beachten sind, widersprechen. Dem Art. 33 EuErbVO ist folglich die allgemeine Aussage zu entnehmen, wann im Rahmen der EuErbVO ein Nachlass als erbenlos anzusehen ist. Diese Aussage kann durch die Vornahme einer Vorfrage nicht umgangen werden. Die erneute Überprüfung der Erbenlosigkeit bei der Anwendung eines Aneignungsrechts führt somit nicht zur Anwendung des Fiskuserbrechts für den gesamten Nachlass.[444]

bb. Drittstaaten i.S.d. EuErbVO

Drittstaaten hingegen sind nicht an die EuErbVO gebunden und damit auch nicht an die Bestimmung des Erbstatuts durch die Kollisionsnormen der Verordnung. Insbesondere gilt für Drittstaaten nicht die Defintion eines erbenlosen Nachlasses gem. Art. 33 EuErbVO. Macht ein Drittstaat die Anwendung seines Aneignungsrechts von der Erbenlosigkeit abhängig, erfolgt eine Überprüfung dieser Voraussetzung i.R. einer Vorfrage.

443 Vgl. oben unter 2. Teil A IV 2 b cc.

444 Das österreichische Aneignungsrecht hat seine Voraussetzung der Erbenlosigkeit an die in Art. 33 EuErbVO enthaltene Regelung angeglichen, § 750 ABGB i.d.F. des Erbrechtsänderungsgesetz 2015 (öBGBl I 2015/87) tritt mit folgender Formulierung am 1.1.2017 in Kraft: „[…] weder auf einen durch Verfügung von Todes wegen eingesetzten Erben oder Vermächtnisnehmer noch auf eine natürliche Person als gesetzlicher Erbe übergeht […]“ und übernimmt damit die Voraussetzungen zur Erbenlosigkeit aus Art. 33 EuErbVO. Dies belegt, dass der österreichische Gesetzgeber Art. 33 EuErbVO eine grundsätzliche Aussage entnimmt, wann ein Nachlass erbenlos ist.

Knüpft der Aneignungsrechtsstaat die Vorfrage so an, dass das Erbstatut des Erbrechtsstaates anwendbar ist, wird der dortige Staat als letzter gesetzlicher Erbe berufen. Da der Drittstaat nicht an die Definition der Erbenlosigkeit i.R.d. EuErbVO gebunden ist, hängt die Anwendung des Aneignungsrechts davon ab, ob der Drittstaat das Erbrechtsmodell als privatrechtliche Erbeinsetzung berücksichtigt. Ist dies der Fall, scheidet eine Anwendung des Aneignungsrechts aus Sicht des Aneignungsrechtsstaats aus und der Erbrechtsstaat kann auf den im Aneignungsrechtsstaat belegenen Nachlass mit dem Fiskuserbrecht zugreifen. Kommt der Aneignungsrechtsstaat bei der Anknüpfung der Vorfrage zu seinem Kollisionsrecht und verweist dieses auf sein Erbstatut, liegt Erbenlosigkeit i.S.d. eigenen Aneignungsrechts vor, sodass die Voraussetzung der Erbenlosigkeit erfüllt ist. In diesem Fall könnte Art. 33 EuErbVO demnach eingreifen und das Erbstatut beschränken.[445]

cc. Ergebnis

Somit zeigt sich hinsichtlich der Problematik der erneuten Überprüfung der Erbenlosigkeit i.R. einer Vorfrage ein differenziertes Bild. Ist der Aneignungsrechtsstaat ein Mitgliedstaat i.S.d. EuErbVO, ist dieser an die Definition der Erbenlosigkeit und dessen Feststellung durch das Erbstatut gebunden. Eine erneute Überprüfung der Erbenlosigkeit führt demnach nicht zur Feststellung des Vorhandenseins eines Erben aufgrund des Fiskuserbrechts. Ist der Aneignungsrechtsstaat hingegen ein Drittstaat i.S.d. EuErbVO, ist dieser nicht an die Definition der Erbenlosigkeit und dessen Feststellung durch das Erbstatut gebunden. Fordert der Tatbestand des Aneignungsrechts die Erbenlosigkeit des Nachlasses, ist dies im Rahmen einer Vorfrage zu überprüfen und kann dazu führen, dass sich im Ergebnis das Fiskuserbrecht auf den gesamten Nachlass erstreckt, wenn der Drittstaat die gesetzliche Erbeinsetzung des anderen Staates akzeptiert.

3. Zweite Voraussetzung: Belegenheit von Vermögen in einem Aneignungsrechtsstaat

Es muss sich Nachlassvermögen im Hoheitsgebiet eines Staates mit Aneignungsrecht befinden. Das ergibt sich zum einen aus dem Wortlaut des Art. 33

445 Ob in dieser Konstellation Art. 33 EuErbVO aus Sicht des Mitgliedstaats mit Fiskuserbrecht eingreift, hängt widerum davon ab, ob Art. 33 EuErbVO überhaupt bei drittstaatlichen Aneignungsrechten anzuwenden ist, siehe dazu bei 2. Teil A IV 3 c.

EuErbVO, zum anderen stellt ErwG 6 EuErbVO klar, dass mit dem Aneignungsrecht das Aneignungsrechtsmodell in Abgrenzung zum Erbrechtsmodell gemeint ist.

Das Erbstatut des Aneignungsrechtsstaats darf aber nicht gleichzeitig von den Kollisionsnormen der EuErbVO zur Anwendung berufen sein. Diese Voraussetzung ergibt sich daraus, dass Art. 33 EuErbVO als Rechtsfolge anordnet, dass das Erbstatut die Aneignung des in einem Aneignungsrechtsstaat belegenen Nachlasses nicht verhindern soll. Demzufolge ist Voraussetzung für die Anwendbarkeit des Art. 33 EuErbVO, dass sich erbenloser Nachlass in einem Aneignungsrechtsstaat befindet, dessen Recht nicht Erbstatut ist.

Unter a. wird die Frage behandelt, wie das Vorhandensein eines Aneignungsrechts festgestellt werden kann. Anschließend wird unter b. das Kriterium der Belegenheit konkretisiert. Unter c. wird schlussendlich die Frage behandelt, welche Bedeutung dem Wortlaut des Art. 33 EuErbVO beizumessen ist, der für sein Eingreifen ein Aneignungsrecht in einem *Mitglied*staat fordert.

a. Vorhandensein eines Aneignungsrechts i.S.d. Art. 33 EuErbVO

Art. 33 EuErbVO nennt die Voraussetzung, dass der betreffende Mitgliedsstaat über ein „Recht [...] anzueignen" verfügen muss. Im Zusammenspiel mit ErwG 56 EuErbVO ergibt sich eindeutig, dass mit dieser Voraussetzung das Aneignungsrechtsmodell für den erbenlosen Nachlass in Abgrenzung zum Fiskuserbrecht gemeint ist.[446] Das Vorhandensein eines Aneignungsrechts im Staat der Belegenheit des Nachlassvermögens, setzt die Feststellung voraus, dass es sich bei der in diesem Staat bestehenden Regelung um eine aneignungsrechtliche Ausgestaltung der Beteiligung des Staates am erbenlosen Nachlass handelt. Für diese Voraussetzung des Art. 33 EuErbVO ist es zunächst erforderlich, die ausländische Regelung auszulegen und entweder als Fiskuserbrecht oder als Aneignungsrecht einzuordnen. Allerdings ist auch die Frage nach der Qualifikation des Aneignungsrechts i.R.d. europäischen Erbrechtsverordnung von Bedeutung, denn nur, wenn das Aneignungsrecht kollisionsrechtlich zur Anwendung berufen ist, entsteht der durch Art. 33 EuErbVO zu lösende positive Konflikt. Zudem hat die Qualifikation der Aneignungsrechte Auswirkung darauf, ob ein Aneignungsrecht in den sachlichen Anwendungsbereich der EuErbVO fällt. Die Frage, welche Kollisionsnorm das Aneignungsrecht zur Anwendung beruft, wie dieses also zu qualifizieren ist, wird in einem späteren Abschnitt dieser Arbeit

---

446 Vgl. *Nordmeier*, IPRax 2013, 418, 423 Fn. 59.

behandelt.[447] An dieser Stelle besteht zunächst die Notwendigkeit, die ausländische Regelung einem der beiden Regelungsmodelle zuzuordnen.

Die Einordnung der ausländischen Regelung ist nicht in allen Fällen eindeutig möglich, so dass die Feststellung des Bestehens eines Aneignungsrechts und damit die Erfüllung der Voraussetzung des Art. 33 EuErbVO Probleme bereiten kann. Fraglich ist, inwiefern der EuErbVO Kriterien oder Anhaltspunkte zur Einordnung einer Regelung als Aneignungsrecht entnommen werden können. Bei solchen Kriterien würde es sich zwar um Hilfestellungen zur Einordnung einer Sachnorm handeln, gleichzeitig würden diese aber auch den Anwendungsbereich des Art. 33 EuErbVO abstecken, indem sie klarstellen, wann eine ausländische Regelung als Aneignungsrecht anzusehen ist. Die Einordnung des ausländischen Rechts steht folglich in einem engen Sachzusammenhang mit der Einschränkung des durch die EuErbVO bestimmten Erbstatuts gem. Art. 33 EuErbVO. Daher ist es auch wünschenswert, dass eine einheitliche Einordnung der jeweiligen Regelung innerhalb der Mitgliedstaaten erfolgt, damit Entscheidungseinklang bei internationalen Erbfällen gewährleistet werden kann. Art. 33 EuErbVO selbst enthält keine näheren Kriterien zur Einordnung der jeweiligen Regelung. Hingegen könnte ErwG 56 EuErbVO Anhaltspunkte für die Einordnung enthalten. ErwG 56 EuErbVO beschreibt die vorhandenen unterschiedlichen Regelungen. Als Kriterium für das Erbrechtsmodell wird auf den Erbanspruch des Staates hingewiesen, der sich auf alle Nachlassgegenstände, unabhängig von ihrer Belegenheit, erstreckt. Für das Aneignungsrechtsmodell wird im Gegensatz zum Erbrechtsmodell die Aneignung des Staates von der Belegenheit des Nachlassvermögens im eigenen Territorium abhängig gemacht. Aus dieser Beschreibung der verschiedenen Modelle lassen sich folglich Kriterien aufstellen, die bei der Einordnung behilflich sind. Nach dem Verständnis des ErwG 56 EuErbVO liegt ein Erbrechtsmodell dann vor, wenn es sich bei dem Anspruch des Staates um einen erbrechtlichen Anspruch handelt, der nicht von der Belegenheit der Nachlassgegenstände abhängig ist. Ein Aneignungsrechtsmodell liegt hingegen vor, wenn statt eines den gesamten Nachlass erfassenden Erbanspruchs des Staates eine Aneignung vorgenommen wird und diese nur im eigenen Territorium belegene Nachlassgegenstände erfasst. Die sich aus ErwG 56 EuErbVO ergebenden Kriterien zur Einordnung entsprechen denen, die bei Geltung des autonomen Internationalen Erbrechts verwendet wurden. Das Verständnis für die verschiedenen Modelle hat sich demnach nicht geändert. Daher können die vor Geltung der EuErbVO verwendeten Kriterien weiterhin zur

447 Siehe unter 2. Teil A V 2.

Einordnung der ausländischen Regelung herangezogen werden. Grundlage für die Einordnung ist die in der jeweiligen Rechtsordnung erfolgte Auslegung.[448] Daher sind vorrangig Rechtsprechung und Literatur des Staates heranzuziehen, dessen Regelung es einzuordnen gilt.[449] Es besteht jedoch das Bedürfnis eigene Schlussfolgerungen anzustellen, insbesondere weil sich in vielen Fällen die ausländische Literatur und Rechtsprechung uneinig hinsichtlich der Einordnung sind.[450] So kann ein deutsches Gericht der im Ausland erfolgten Einordnung widersprechen.[451] Bei bestehender Uneinigkeit im Ausland ist die Regelung nach allgemeinen Kriterien auszulegen, um zu einer Einordnung zu gelangen. Bei dieser Auslegung kann vor allem der Wortlaut der Regelung Hinweise auf ihre Rechtsnatur liefern,[452] zudem kann die systematische Stellung Aufschluss hierüber geben[453].

Für eine erbrechtliche Ausgestaltung sprechen eine gleichlautende Bezeichnung für das staatliche Zugriffsrecht und die normale privatrechtliche Erbfolge,[454] eine Regelung innerhalb des Zivilrechts, die Geltung derselben Regeln für das staatliche Zugriffsrecht wie für die privatrechtliche Erbfolge[455] sowie die Zulassung eines ausländischen Staatserbrechts im eigenen Territorium.[456] Außerdem spricht für eine erbrechtliche Ausgestaltung, wenn auch das eigene Zugriffsrecht Geltung im Ausland beansprucht.[457]

Werden dem Staat anders als den normalen Erben hingegen Sonderrechte eingeräumt, ist Voraussetzung, dass keine Erben für den Nachlass vorhanden

448 KG, IPRax 1986, 41, 42; *Bungert*, MDR 1991, 713, 714; *Dörner*, IPRax 2012, 235, 237; *Firsching*, in: FS Kralik 1986, S. 371, 375.

449 OLG München, IPRax 2013, 443, 443 verdeutlicht, dass zur Einordnung des ausländischen Rechts auf die h.M. des jeweiligen Staates Bezug genommen wird; vgl. *Heckel*, Das Fiskuserbrecht im internationalen Privatrecht, 2006, S. 61.

450 Keine Bindung an Rechtsprechung und Literatur: *Heckel*, Das Fiskuserbrecht im internationalen Privatrecht, 2006, S. 61; Uneinigkeit von Lit. und Rspr. z. B. in Frankreich KG, IPRax 1986, 41, 42; *ders.*, Das Fiskuserbrecht im internationalen Privatrecht, 2006, S. 11ff.

451 Siehe zur schwedischen Vorschrift KG, IPRax 1986, 41, 42.

452 *Heckel*, Das Fiskuserbrecht im internationalen Privatrecht, 2006, S. 61.

453 *Dörner*, IPRax 2012, 235, 237.

454 In Deutschland ist § 1936 BGB mit der Überschrift „Gesetzliches *Erbrecht* des Staates" überschrieben und der Wortlaut der Vorschrift spricht davon, dass das Land bzw. der Bund *erbt*.

455 KG, ZEV 2011, 132, 133 zum russischen Staatserbrecht.

456 *Dörner*, IPRax 2012, 235, 237.

457 *Heckel*, Das Fiskuserbrecht im internationalen Privatrecht, 2006, S. 61.

sind oder zieht der Staat unabhängig vom Erbstatut die in seinem Territorium belegenen erbenlosen Nachlassgegenstände an sich, ist von einer aneignungsrechtlichen Ausgestaltung auszugehen.[458]

Für den deutschen Rechtsanwender stellt sich somit in allen Konstellationen die Aufgabe der Einordnung der ausländischen Regelung. Während sich dies bei Einigkeit der ausländischen Rechtsprechung und Literatur relativ einfach darstellen kann, ist bei Uneinigkeit stets eine genauere Betrachtung notwendig. Ein deutsches Gericht ist daher gefordert, ausländische Literatur und Rechtsprechung heranzuziehen bzw. ein Gutachten zur Einordnung in Auftrag zu geben. Die Gefahr der unterschiedlichen Beurteilung hinsichtlich der Einordnung durch die mitgliedstaatlichen Gerichte ist jedoch durch ErwG 56 EuErbVO, der zudem als Erwägungsgrund nicht zum unmittelbar geltenden Verordnungstext gehört, nicht vollständig ausgeräumt.

b. Kriterium der Belegenheit von Nachlassvermögen

Es muss Nachlassvermögen im Aneignungsrechtsstaat belegen sein. Um zur Feststellung gelangen zu können, dass Nachlassvermögen in einem solchen Mitgliedstaat belegen ist, bedarf es zum einen einer Bestimmung, was zum Nachlass gehört und zum anderen einer Bestimmung, wie die Belegenheit ermittelt wird.

Zur Bestimmung, was zum Nachlass gehört, ist der Begriff des Nachlassvermögens zu definieren. Denn nur die Vermögensgegenstände des Erblassers, die zum Nachlassvermögen zählen und vererbt werden können, spielen hinsichtlich der Regelung des Art. 33 EuErbVO eine Rolle. Art. 23 Abs. 2 lit. e EuErbVO macht mit der Formulierung „der Übergang der zum Nachlass gehörenden Vermögenswerte, Rechte und Pflichte" deutlich, dass dem Erbstatut die Bestimmung obliegt, welche Vermögensgegenstände grundsätzlich zum Nachlass gehören.[459] Am Beispiel des deutschen Erbstatuts hat dies zur Konsequenz, dass zum Nachlassvermögen gem. § 1922 Abs. 1 BGB jegliche vererbbaren Rechtsverhältnisse gehören.[460] Die Vererbbarkeit eines Vermögensgegenstandes ist dem jeweiligen Vermögensstatut zu entnehmen.[461] Grundsätzlich lässt sich die Aussage treffen, dass alle dinglichen und persönlichen Vermögensrechte vererbbar sind, während

---

458 *Dörner*, IPRax 2012, 235, 237; *Heckel*, Das Fiskuserbrecht im internationalen Privatrecht, 2006, S. 61.

459 BeckOGK/*J. Schmidt*, EuErbVO Art. 23 Rn. 31.

460 *Lange*, Erbrecht, ^{2}2017 Kap. 2 Rn. 30; *Leipold*, Erbrecht, ^{21}2016 Rn. 32.

461 MüKoBGB/*Dutta*, EuErbVO Art. 23 Rn. 22.

höchstpersönliche Rechte aufgrund ihrer Verbindung zur Person des Erblassers nicht vererbt werden können.[462]

Der Begriff der Belegenheit ist im Rahmen der EuErbVO autonom zu definieren, um zu gewährleisten, dass jedes mitgliedstaatliche Gericht zu demselben Ergebnis bezüglich der Belegenheit gelangt.[463] Der Begriff der Belegenheit spielt auch in anderen europäischen Sekundärrechtsakten eine Rolle, so dass bei der autonomen Definition des Begriffs i.R.d. EuErbVO auf die entwickelte Auslegung im Rahmen von den anderen Rechtsakten zurückgegriffen werden kann (sog. rechtsaktübergreifende einheitliche Auslegung).[464] Die Europäische Insolvenzordnung (EuInsVO)[465] enthält in ihrem Art. 2 lit. g eine Bestimmung darüber, wann sich ein Vermögensgegenstand in einem Mitgliedstaat befindet. Zwar unterscheiden sich die Begriffe mit „belegen“ in Art. 33 EuErbVO und „befinden“ in der EuInsVO, es ist jedoch in beiden Fällen eine Verortung der Vermögensgegenstände in einem Mitgliedstaat für die Anwendung von Vorschriften der Verordnungen entscheidend, so dass aufgrund derselben Zielrichtung der beiden Begriffe eine einheitliche Definition möglich ist.[466] Gem. Art. 2 lit. g Spiegelstrich 1 EuInsVO befinden sich körperliche Gegenstände, in dem Mitgliedstaat, in dessen Gebiet sie belegen sind. Diese Bestimmung stellt darauf ab, wo sich der körperliche Gegenstand physisch befindet.[467] Gem. Art. 2 lit. g Spiegelstrich 2 befinden sich Gegenstände oder Rechte, bei denen das Eigentum oder die Rechtsinhaberschaft in ein Register eingetragen werden muss, in dem Mitgliedstaat, unter dessen Aufsicht das Register geführt wird. Hinsichtlich Grundstücken, deren Eigentum in ein Register einzutragen ist, ist die Belegenheit nach dieser Regelung stets der Mitgliedstaat, in dem sich das Grundstück auch physisch befindet. Gem. Art. 2 lit. g Spiegelstrich 3 befinden sich Forderungen in dem Mitgliedstaat, in dessen Gebiet der zur Leistung verpflichtete Dritte

---

462 Vgl. BGH NJW 2000, 2195, 2197; BGH NJW 2011, 2296 Rn. 38; BGH NJW 2014, 2871 Rn. 9; *Lange*, Erbrecht, ²2017 Kap. 2 Rn. 31; *Leipold*, Erbrecht, ²¹2016 Rn. 32.

463 Vgl. MüKoBGB/*Dutta*, EuErbVO Art. 10 Rn. 6; beckOGK/*J. Schmidt*, EuErbVO Art. 33 Rn. 17.

464 Caravaca/Davì/Mansel ESR Art. 33 m.n. 23 beziehen sich auf Art. 2 lit. g der EuInsVO; MüKoBGB/*Dutta*, EuErbVO Art. 10 Rn. 7 in Bezug auf die Europäische Insolvenzverordnung; beckOGK/*J. Schmidt*, EuErbVO Art. 1 Rn. 6.

465 ErwG ABl. L 160, Verordnung (EG) Nr. 1346/2000 des Rates vom 29. Mai 2000 über Insolvenzverfahren.

466 Vgl. auch Deixler-Hübner/Schauer/*Cohen*, EuErbVO Art. 33 Rn. 12.

467 MüKoBGB/*Kindler*, EuInsVO Art. 2 Rn. 20; für unbewegliche Sachen i.R.d. EuErbVO ebenfalls dieser Bestimmung folgend beckOGK/*J. Schmidt*, EuErbVO Art. 27 Rn. 68.

den Mittelpunkt seiner hauptsächlichen Interessen im Sinne von Art. 3 Abs. 1 EuInsVO hat; der Mittelpunkt der hauptsächlichen Interessen ist gem. ErwG 13 EuInsVO der Ort, an dem der Schuldner gewöhnlich der Verwaltung seiner Interessen nachgeht und daher für Dritte feststellbar ist. Im Rahmen des Art. 33 EuErbVO kann damit zur Bestimmung der Belegenheit auf diese Definitionen zurückgegriffen werden. Zudem entsprechen die in Art. 2 lit. g EuInsVO aufgestellten Regeln bestehenden Grundsätzen des Internationalen Privatrechts.[468] Dies bestärkt die Möglichkeit des Rückgriffs auf diese Vorschriften, denn auch bei einer autonomen Auslegung ohne Rückgriff auf die EuInsVO würde man zu keinem anderen Ergebnis gelangen.[469]

Hinsichtlich des Zeitpunktes der Belegenheit von Nachlassgegenständen, ist ebenso wie bei der Regelung zur Zuständigkeit gem. Art. 4 EuErbVO und bei der Regelung zum anwendbaren Recht gem. Art. 21 EuErbVO auf den Zeitpunkt des Todes des Erblassers abzustellen.

c. *Beschränkung auf Aneignungsrechte von Mitgliedstaaten*

Der Wortlaut des Art. 33 EuErbVO setzt voraus, dass es sich bei dem Aneignungsrechtsstaat, in dem Nachlassvermögen belegen ist, um einen Mitgliedstaat handelt. Unter Mitgliedstaaten i.S.d. EuErbVO sind alle Staaten der EU mit Ausnahme des Vereinigten Königreichs, Irlands und Dänemarks zu verstehen.[470] Durch diese Beschränkung kann Art. 33 EuErbVO in unmittelbarer Anwendung nur dann eine Lösung des positiven Konflikts darstellen, wenn der Aneignungsrechtsstaat ein Mitgliedstaat i.S.d. EuErbVO ist.

Dieser Einschränkung werden jedoch Bedenken entgegengebracht. Es ist umstritten, ob Art. 33 EuErbVO gemäß seinem Wortlaut anzuwenden ist oder, ob eine Ausdehnung vorzunehmen ist, wodurch die Regelung auch Anwendung findet, wenn sich Nachlassvermögen in einem Drittstaat mit aneignungsrechtlicher Regelung befindet. Die vertretenen Auffassungen werden im Folgenden dargestellt.

aa. Keine Erfassung von drittstaatlichen Aneignungsrechten

Nach einer Auffassung hat der Wortlaut des Art. 33 EuErbVO zur Folge, dass nur dann das Erbstatut dem Statut des Aneignungsrechts weicht, wenn es sich

---

468 MüKoBGB/*Kindler*, EuInsVO Art. 2 Rn. 18.

469 Anders *Kunz*, GPR 2014, 285, 293, der sich dafür ausspricht, das Kriterium der Belegenheit durch den EuGH klären zu lassen.

470 Siehe unter 2. Teil A II 2.

bei letzterem um das eines Mitgliedstaates handelt.[471] Demnach würde sich das Erbstatut nicht beschränken, wenn erbenloser Nachlass in einem Drittstaat mit Aneignungsrecht belegen ist. Das hätte zur Folge, dass in einer solchen Konstellation der positive Konflikt zunächst bestehen bleibt: Sowohl das Fiskuserbrecht nach dem Erbstatut als auch das Aneignungsrecht wollen auf den erbenlosen Nachlass zugreifen.

Zur Begründung dieser Auffassung wird neben dem Wortlaut des Art. 33 EuErbVO auf die fehlende Kompetenz des EU-Gesetzgebers zur Regelung der Reichweite eines drittstaatlichen Aneignungsrechts hingewiesen.[472]

bb. Erfassung von drittstaatlichen Aneignungsrechten

Eine andere Auffassung will dagegen auch bei drittstaatlichen Aneignungsrechten Art. 33 EuErbVO zur Anwendung kommen lassen.[473] Daraus würde folgen, dass das Erbstatut auch gegenüber einem solchen Statut des Aneignungsrechts weicht und der positive Konflikt im Verhältnis zu diesen Staaten gelöst würde.

Die Vertreter dieser Auffassung führen als Begründung der entgegen dem Wortlaut vorzunehmenden Anwendung einen Erst-Recht-Schluss an: wenn schon die an die EuErbVO gebundenen Mitgliedstaaten bei einem Konfliktfall dem auf „faktischer Herrschaft“ beruhenden Aneignungsrecht den Vorrang vor dem Erbstatut gewähren, müsse dies erst recht im Verhältnis zu Drittstaaten mit Aneignungsrecht geschehen.[474]

cc. Bedingte Erfassung von drittstaatlichen Aneignungsrechten

Eine dritte Auffassung argumentiert mit dem Schutzvorbehalt für Nachlassgläubiger in Art. 33 EuErbVO: eine Anwendung des Art. 33 EuErbVO bei einem drittstaatlichen Aneignungsrecht sei nur dann vorzunehmen, wenn dieses Aneignungsrecht den Schutz der Nachlassgläubiger i.S.d. Art. 33 EuErbVO

---

471 Caravaca/Davì/Mansel ESR Art. 33 m.n. 14; Rauscher/*Hertel*, EuZPR/EuIPR, Bd. 5, EuErbVO Art. 33 Rn. 11; NK-BGB/*Looschelders*, EuErbVO Art. 33 Rn. 13; beckOGK/*J. Schmidt*, EuErbVO Art. Art. 33 Rn. 5, 15.

472 NK-BGB/*Looschelders*, EuErbVO Art. 33 Rn. 13; beckOGK/*J. Schmidt*, EuErbVO Art. 33 Rn. 15.

473 Dutta/Weber/*Dutta*, EuErbVO Art. 33 Rn. 11; MüKoBGB/*ders.*, 6. Aufl. 2015, EuErbVO Art. 33 Rn. 8; NK-NachfolgeR/*Köhler*, EuErbVO Art. 33 Rn. 1; *Nordmeier*, IPRax 2013, 418, 424.

474 Ohne genaue Angabe, worin der Erst-Recht-Schluss liegt MüKoBGB/*Dutta*, 6. Aufl. 2015, EuErbVO Art. 33 Rn. 8; *Nordmeier*, IPRax 2013, 418, 424.

gewährleistet.[475] Nach dieser Auffassung wäre Art. 33 EuErbVO demnach bei einem drittstaatlichen Aneignungsrecht jedenfalls dann anzuwenden, wenn dieses den Nachlassgläubigern die Befriedigung ihrer Ansprüche ermöglicht.

dd. Stellungnahme

Für eine Anwendung des Art. 33 EuErbVO auch bei Vorliegen von drittstaatlichen Aneignungsrechten sprechen vor allem Sinn und Zweck der Vorschrift: Es soll eine Normenhäufung durch eine normierte kollisionsrechtliche Anpassung verhindert werden. Durch Art. 20 EuErbVO, der eine universelle Anwendung der europarechtlichen Kollisionsnormen anordnet, wird deutlich, dass die EuErbVO grundsätzlich auch das Verhältnis zu Drittstaaten berücksichtigen möchte. Beschränkt man Art. 33 EuErbVO gemäß seinem Wortlaut auf mitgliedstaatliche Aneignungsrechte, bleibt der positive Konflikt im Verhältnis zu Drittstaaten bestehen, wodurch Art. 33 EuErbVO nicht vollständig den positiven Konflikt vermeiden kann. Dem Argument, dass Art. 33 EuErbVO nicht bei drittstaatlichen Aneignungsrechten angewendet werden kann, weil dem EU-Gesetzgeber die Kompetenz zur Regelung der Einschränkung oder Vorranggewährung eines drittstaatlichen Aneignungsrechts fehlt, ist nicht zu folgen. Die EuErbVO regelt in Kapitel III, in dem sich auch Art. 33 EuErbVO befindet, das anzuwendende Recht und damit das Erbstatut. Die Regelung des Art. 33 EuErbVO enthält folglich keine Bestimmung über das Aneignungsrecht selbst, sondern über das Erbstatut: das Erbstatut wird im Konfliktfall mit einem Aneignungsrecht beschränkt und nicht das Aneignungsrecht für anwendbar erklärt.[476] Die Beschränkung des Erbstatuts der EuErbVO fällt in die Gesetzgebungskompetenz der EU. Allerdings könnte die Bedingung des Schutzes der Nachlassgläubiger als einschränkende Regelung des Aneignungsrechts aufgefasst werden. Das Aneignungsrecht wird jedoch unabhängig von dieser Bedingung für anwendbar erklärt, lediglich die Frage, ob das Erbstatut zurückweicht und damit dem Aneignungsrecht den Zugriff überlässt, wird in Art. 33 EuErbVO davon abhängig gemacht, ob die Nachlassgläubiger berücksichtigt werden. Im Verhätnis von Mitgliedstaaten der EU ist diese Voraussetzung so zu verstehen, dass sich bei fehlendem Gläubigerschutz das Erbstatut durchsetzten soll. Im Verhältnis zu Drittstaaten erscheint es jedoch nicht sinnvoll, die Anwendung des Art. 33 EuErbVO von der Erfüllung dieser Voraussetzung abhängig zu machen, weil der Drittstaat sein Aneignungsrecht ohne

---

475 JurisPK-BGB/*Ludwig*, EuErbVO Art. 33 Rn. 19.

476 Siehe zur Qualifikation von Aneignungsrechten unter 2. Teil A V 2.

Berücksichtigung des Art. 33 EuErbVO für anwendbar erklärt. Die Vermeidung des positiven Konflikts im Verhältnis zu Drittstaaten wäre dadurch nicht möglich. Ein Erst-Recht-Schluss für die Anwendbarkeit des Art. 33 EuErbVO bei drittstaatlichen Aneignungsrechten ließe sich in der Weise formulieren, dass, wenn schon gegenüber Mitgliedstaaten die praktische Unmöglichkeit der Durchsetzung des Erbstatuts gegenüber einem Aneignungsrecht respektiert wird, dies erst recht gegenüber Drittstaaten erfolgen muss, die nicht an europäische Rechtsakte gebunden sind. Zudem steht Art. 33 EuErbVO im Kontrast zu der in Art. 20 EuErbVO geregelten universellen Anwendbarkeit der Kollisionsnormen der EuErbVO. Die erbrechtliche Kollisionsnorm kann auf das Recht eines Drittstaates verweisen. Dieser Verweis kann bei Vorliegen eines Konflikts mit einem mitgliedstaatlichen Aneignungsrecht gem. Art. 33 EuErbVO auch wieder eingeschränkt werden.[477] Im umgekehrten Fall, in dem ein mitgliedstaatliches Erbstatut anwendbar ist und ein Konflikt mit einem drittstaatlichen Aneignungsrecht besteht, greift Art. 33 EuErbVO hingegen nicht ein, so dass das Erbstatut nicht beschränkt wird und der Konflikt bestehen bleibt. Eine ähnliche Fragestellung ergibt sich im Hinblick auf die Regelung der ausschließlichen Zuständigkeit für den dinglichen Gerichtsstand in Art. 24 Nr. 1 Brüssel Ia-Verordnung.[478] Dort stellt sich die Frage, ob die ausschließliche Zuständigkeit trotz des Wortlauts, der die Regelung auf Gerichte von Mitgliedstaaten beschränkt, auch auf Gerichte von Drittstaaten angewendet werden kann (sog. Theorie des effet réflexe).[479] Eine analoge Anwendung für drittstatliche Gerichte wird unter bestimmten Voraussetzungen bejaht.[480] Dies spricht dafür, dass auch im Rahmen der EuErbVO eine solche Erweiterung der Vorschrift möglich ist.

Trotz dieser Argumente, die für eine Anwendung des Art. 33 EuErbVO bei Vorliegen eines drittstaatlichen Aneignungsrechts sprechen, gibt es eine entscheidende Erwägung, die eine wortlautgetreue Anwendung des Art. 33 EuErbVO vorzugswürdig erscheinen lässt. In den Fällen, in denen der Drittstaat

---

477 Ein solcher Fall könnte gem. Art. 10 EuErbVO in die Zuständigkeit eines mitgliedstaatlichen Gerichts fallen, welches die EuErbVO zu beachten hat.

478 Verordnung (EU) Nr. 1215/2012 des Europäischen Parlaments und des Rates vom 12. Dezember 2012 über die gerichtliche Zuständigkeit und die Anerkennung und Vollstreckung von Entscheidungen in Zivil- und Handelssachen, ABl. L 351, 1.

479 Rauscher/*Mankowski*, EuZPR/EuIPR, Bd. 4, Brüssel Ia-VO Art. 24 Rn. 6; schon zur Brüssel I-VO: *Kropholler/von Hein*, Europäisches Zivilprozessrecht, [9]2011 EuGVO Art. 22 Rn. 7.

480 *Kropholler/von Hein*, Europäisches Zivilprozessrecht, [9]2011 EuGVO Art. 22 Rn. 7; **a.A.** Rauscher/*Mankowski*, EuZPR/EuIPR, Bd. 4, Brüssel Ia-VO Art. 24 Rn. 6.

die Erbeinsetzung des Staates im Wege eines Fiskuserbrechts i.R. seines Aneignungsrechts berücksichtigt und damit aus seiner Sicht die Erbenlosigkeit verneint,[481] ermöglicht dies, dass der Mitgliedstaat, dessen Erbstatut berufen ist, auf den gesamten Nachlass zugreifen kann. Dieses Ergebnis korreliert zudem mit der Feststellung, dass Drittstaaten nicht an die Definition der Erbenlosigkeit i.S.d. Art. 33 EuErbVO gebunden sind und aus diesem Grund die im Wege der Vorfrage vorgenommene Überprüfung zur Verneinung der Erbenlosigkeit bei Vorliegen eines Fiskuserbrechts führen kann.[482] Das Interesse der EU zur gleichberechtigten Betrachtung von Fiskuserbrecht und Aneignungsrecht beschränkt sich auf die an der Verordnung beteiligten Staaten, so dass der hieraus erwachsende Vorteil für Staaten, die dem Erbrechtsmodell folgen keinen Widerspruch darstellt. Aus diesem Grund ist es vorzugswürdig Art. 33 EuErbVO nur bei Vorliegen eines mitgliedstaatlichen Aneignungsrechts eingreifen zu lassen.

ee. Ergebnis

Art. 33 EuErbVO ist seinem Wortlaut gemäß nur dann anzuwenden, wenn Nachlassvermögen in einem Mitgliedstaat belegen ist, der dem Aneignungsrechtsmodell folgt.

4. Rechtsfolge des Art. 33 EuErbVO

Art. 33 EuErbVO ordnet an, dass das anwendbare Erbstatut einen Staat mit Aneignungsrecht nicht daran hindert, sich das in seinem Hoheitsgebiet belegene Nachlassvermögen anzueignen (positiver Konflikt). Dies geschieht, indem sich das Erbstatut in seiner Anwendung bei Vorliegen der Voraussetzungen des Art. 33 EuErbVO beschränkt. Art. 33 EuErbVO bildet somit eine Ausnahme zum ansonsten dem der kollisionsrechtlichen Nachlasseinheit gem. Art. 23 Abs. 1 EuErbVO folgenden Erbstatut.[483] Als Folge tritt eine Nachlassspaltung ein[484]: Das im Aneignungsrechtsstaat befindliche Vermögen fällt an den Aneignungsrechtsstaat, das restliche Vermögen an den Erbrechtsstaat, dessen Recht Erbstatut ist.

---

481 Die Rechtsprechung vieler Drittstaaten i.S.d. Verordnung akzeptiert die Erbenstellung des Staates, so z.B. Kanada, England, USA (New York), Schottland siehe *Heckel*, Das Fiskuserbrecht im internationalen Privatrecht, 2006, S. 76.

482 Siehe dazu unter 2. Teil A IV 2 c.

483 Erman/*Hohloch*, EuErbVO Art. 33 Rn. 1.

484 Vgl. MüKoBGB/*Dutta*, EuErbVO Art. 33 Rn. 6.

5. *Schutz der Nachlassgläubiger*

Art. 33 EuErbVO enthält einen Vorbehalt zum Schutz der Nachlassgläubiger, nach dem die Gläubiger berechtigt sind aus dem gesamten Nachlass Befriedigung ihrer Forderungen zu suchen. ErwG 56 S. 4 EuErbVO erläutert ergänzend, dass die Befriedigung aus dem gesamten Nachlass unabhängig von seiner Belegenheit möglich sein soll. Durch diesen Schutzvorbehalt soll verhindert werden, dass sich der Belegenheitsstaat Vermögen aneignet und den Nachlassgläubigern kein Befriedigungsrecht an diesem Vermögen einräumt.[485] Das Zurückweichen des Erbstatuts und damit die Möglichkeit des Zugriffs durch ein Aneignungsrecht wird demnach davon abhängig gemacht, dass hierdurch Gläubigern nicht die Möglichkeit der Befriedigung ihrer Forderungen versperrt wird. Die Regelung des Gläubigerschutzvorbehalts in Art. 33 EuErbVO ist nicht so zu verstehen, dass bei einer Nichtbeachtung der Gläubiger unmittelbar durch Art. 33 EuErbVO die Anwendung des Aneignungsrechts unterbunden wird. Die Sicherung der Gläubiger erfolgt dadurch, dass bei einer fehlenden Berücksichtigung Art. 33 EuErbVO nicht eingreift und damit kein Zurückweichen des Erbstatuts mit dem anwendbaren Fiskuserbrecht erfolgt. Das ebenfalls anwendbare Aneignungsrecht wird in diesem Fall nicht berücksichtigt, weil es aufgrund des erbrechtlichen Einheitsstatuts verdrängt wird. Der im Aneignungsrechtsstaat belegene erbenlose Nachlass wird demnach vom anwendbaren Fiskuserbrecht erfasst. Somit genießt das Erbstatut bei einer fehlenden Berücksichtigung der Interessen der Gläubiger Vorrang vor dem Statut des Aneignungsrechts. Nachlassgläubiger können ihre Ansprüche anschließend beim Erbrechtsstaat durchsetzen.

Hinsichtlich des Verständnisses dieses Gläubigerschutzvorbehalts gibt es unterschiedliche Auffassungen. Nach einer Auffassung ist die Bestimmung so zu verstehen, dass den Gläubigern der Nachlass als einheitliche Masse zur Verfügung steht, auch wenn Teile des Nachlasses einem Aneignungsrechtsstaat zufallen und nicht dem einheitlichen Erbstatut unterliegen.[486] Nach anderer Auffassung ist es hingegen ausreichend, wenn sich die Nachlassgläubiger auch aus den Nachlassgegenständen im Aneignungsrechtsstaat befriedigen können.[487] Begründet wird diese Auffassung damit, dass der Aneignungsrechtsstaat nicht beeinflussen könne, inwiefern sich die Gläubiger aus außerhalb seines

485 Vgl. MüKoBGB/*Dutta*, EuErbVO Art. 33 Rn. 8; *Nordmeier*, IPRax 2013, 418, 424.

486 MüKoBGB/*Dutta*, EuErbVO Art. 33 Rn. 8; jurisPK-BGB/*Ludwig*, EuErbVO Art. 33 Rn. 22.

487 *Nordmeier*, IPRax 2013, 418, 424; beckOGK/*J. Schmidt*, EuErbVO Art. 33 Rn. 21.

Territoriums belegenen Nachlass befriedigen könnten und daher eine Anwendung des Art. 33 EuErbVO nicht abzulehnen sei, solange der jeweilige Aneignungsrechtsstaat die Befriedigung aus den in seinem Territorium belegenen Nachlassgegenständen zulasse.[488] Dieser Auffassung ist zuzustimmen, denn der Sinn der Einschränkung des Art. 33 EuErbVO zum Schutz der Nachlassgläubiger betrifft lediglich die Situation, dass sich der Aneignungsrechtsstaat Nachlassgegenstände aneignet, ohne die Befriedigung der Nachlassgläubiger zu beachten. Lässt der Aneignungsrechtsstaat hingegen die Befriedigung zu, besteht kein Grund, das Zurückweichen des Erbstatuts gem. Art. 33 EuErbVO zu unterbinden. Die Haftung für die Nachlassverbindlichkeiten unterliegt gem. Art. 23 Abs. 2 lit. g EuErbVO dem Erbstatut.

V. Qualifikation der Zugriffsmodelle bei erbenlosem Nachlass

In diesem Abschnitt soll der Frage nach der Qualifikation der unterschiedlichen Ausgestaltungen des Zugriffs auf einen erbenlosen Nachlass nachgegangen werden. Unter 1. erfolgt die Qualifikation des Fiskuserbrechts und unter 2. wird die Qualifikation des Aneignungsrechts ausführlich behandelt. In beiden Fällen ist eine europäisch-autonome Auslegung vorzunehmen und die funktionelle Qualifikationsmethode anzuwenden.

1. Die Qualifikation von Fiskuserbrechten

Für eine erbrechtliche Qualifikation des Fiskuserbrechts müsste eine Funktionsentsprechung zwischen diesem Rechtsinstitut und dem Verweisungsbegriff Rechtsnachfolge von Todes wegen der erbrechtlichen Kollisionsnorm der EuErbVO bestehen.

Art. 1 Abs. 1 S. 2 EuErbVO bestimmt, dass öffenliches Recht grundsätzlich nicht zur Rechtsnachfolge von Todes wegen gehört. Daher ist zunächst zu untersuchen, ob die Einsetzung des Staates als Erben dem öffentlichen Recht zuzuordnen ist. Das Fiskuserbrecht ist jedoch so ausgestaltet, dass die Erbeinsetzung des Staates im Rahmen der privatrechtlichen gesetzlichen Erbfolge erfolgt. Durch diese Ausgestaltung handelt es sich beim Fiskuserbrecht um einen Vorgang des Privatrechts, weil sich dieser im Rahmen von privatrechtlichen Vorschriften vollzieht und privatrechtliche Rechtsfolgen eintreten. Der Staat nimmt somit als Erbe wie jede andere natürliche Person am privatrechtlichen Rechtsverkehr teil und wird nicht in seiner Funktion als Träger öffentlicher Gewalt berechtigt oder

---

488 *Nordmeier*, IPRax 2013, 418, 424; beckOGK/*J. Schmidt*, EuErbVO Art. 33 Rn. 21.

verpflichtet.[489] Das Rechtsinstitut des Fiskuserbrechts ist dementsprechend nicht als öffentliches Recht i.S.d. Art. 1 Abs. 1 S. 2 EuErbVO anzusehen. Aus dieser Vorschrift ergibt sich kein Ausschluss der Funktionsentsprechung des Fiskuserbrechts und der Rechtsnachfolge von Todes wegen.[490]

Zum weiteren Verständnis des Verweisungsbegriffs kann auf die in Art. 23 Abs. 2 EuErbVO geregelte Reichweite zurückgegriffen werden. Die Erbeinsetzung des Staates durch ein subsidiäres gesetzliches Erbrecht könnte als eine „Berufung der Berechtigten" gem. Art. 23 Abs. 2 lit. b 1. Alt EuErbVO zu verstehen sein und damit eine Rechtsnachfolge von Todes wegen sein. Unter einen Berechtigten ist i.R.d. EuErbVO gem. ErwG 47 S. 1 EuErbVO jeder in einer Erbsache Berechtigte zu fassen. Eine Erbsache ist eine erbrechtliche Angelegenheit und daher wie der Begriff der Rechtsnachfolge von Todes wegen zu verstehen. Gem. Art. 3 Abs. 1 lit. a EuErbVO ist unter der Rechtsnachfolge von Todes wegen „jede Form des Übergangs von Vermögenswerten, Rechten und Pflichten von Todes wegen, sei es im Wege der gewillkürten Erbfolge, durch eine Verfügung von Todes wegen oder im Wege der gesetzlichen Erbfolge" zu verstehen. Beim Fiskuserbrecht handelt es sich um einen Übergang von Vermögen aufgrund des Todes einer natürlichen Person i.R.d. gesetzlichen Erbfolge. Demzufolge besteht aufgrund von Art. 23 Abs. 2 lit. b 1. Alt EuErbVO eine Funktionsentsprechung zwischen dem Fiskuserbrecht und dem Verweisungsbegriff der Rechtsnachfolge von Todes wegen und eine Subsumtion ist möglich.[491] Das Fiskuserbrecht ist erbrechtlich zu qualifizieren.

2. Die Qualifikation der Aneignungsrechte

Fraglich ist, wie ein Aneignungsrecht für einen erbenlosen Nachlass zu qualifizieren ist. Die Qualifikation eines solchen Aneignungsrechts ruft Schwierigkeiten hervor, weil es sich um eine besondere Erscheinungsform handelt, hinsichtlich der schon lange Streit besteht, ob diese der gewöhnlichen erbrechtlichen Kollisionsnorm zugeordnet werden kann.[492] Diese Fragestellung erhält durch die

489 Siehe zu diesen Voraussetzungen unter 2. Tei A V 2 c aa.

490 MüKoBGB/*Dutta*, EuErbVO Art. 1 Rn. 12; vgl. NK-BGB/*Looschelders*, EuErbVO Art. 1 Rn. 12.

491 Bonomi/Wautelet/*Bonomi*, EuErbVOArt. 33 Rn. 3; MüKoBGB/*Dutta*, EuErbVO Art. 1 Rn. 12, Vorbem. zu Art. 20 Rn. 56, Art. 23 Rn. 10 und Art. 33 Rn. 1; NK-BGB/*Looschelders*, EuErbVO Art. 23 Rn. 8; jurisPK-BGB/*Ludwig*, EuErbVO Art. 33 Rn. 1; Palandt/*Thorn*, EuErbVO Art. 33 Rn. 2.

492 Vgl. MüKoBGB/*von Hein*, Einl. IPR Rn. 122.

EuErbVO einen neuen Ansatzpunkt, weil die erbrechtliche Qualifikation in den an der EuErbVO beteiligten Mitgliedstaaten nun europäisch-autonom erfolgen muss und damit ein Rückgriff auf die vom nationalen Recht geprägten Auffassungen zur Qualifikation von Aneignungsrechten nicht mehr möglich ist. Die Qualifikation von Aneignungsrechten ist daher einer neuen Beurteilung zu unterziehen.

a. Derzeitiger Meinungsstand zur Qualifikation von Aneignungsrechten

Der Streit um die Qualifikation des Aneignungsrechts, bei dem der Staat nicht i.R.d. privatrechtlichen gesetzlichen Erbfolge Rechtsnachfolger des Nachlasses wird, setzt sich auch unter Geltung der EuErbVO fort.

Aus Art. 33 EuErbVO ergibt sich lediglich, dass es möglich sein soll, dass sich ein Staat, dessen Recht ein Aneignungsrecht enthält, das in seinem Territorium belegene erbenlose Nachlassvermögen trotz des anwendbaren Erbstatuts aneignet.[493] Allein aus Art. 33 EuErbVO lässt sich noch keine Vorgabe bezüglich der internationalprivatrechtlichen Qualifikation des Aneignungsrechtsmodells entnehmen. Hinsichtlich der Qualifikation von Aneignungsrechten werden auch unter Geltung der EuErbVO verschiedene Meinungen vertreten, die im Folgenden dargestellt werden.

aa. Erbrechtliche Qualifikation

Das Aneignungsrecht wird teilweise erbrechtlich qualifiziert.[494] Nach dieser Auffassung ist das Aneignungsrecht demnach unter den Verweisungsbegriff der europäischen Kollisionsnorm zu subsumieren und wird von dieser zur Anwendung berufen. Konsequenz wäre zudem, dass das Aneignungsrecht aufgrund der Regelung der kollisionsrechtlichen Nachlasseinheit in Art. 23 Abs. 1 EuErbVO grundsätzlich für den gesamten Nachlass unabhängig von seiner Belegenheit zur Anwendung berufen wäre.[495]

---

493 Art. 33 EuErbVO: „Ist nach dem nach dieser Verordnung auf die Rechtsnachfolge von Todes wegen anzuwendenden Recht […]“ der Nachlass erbenlos i.S.d. Art. 33 EuErbVO „[…] so berührt die Anwendung dieses Rechts nicht das Recht eines Mitgliedstaates […] sich das im Hoheitsgebiet dieses Mitgliedstaates belegene Nachlassvermögen anzueignen […]“.

494 JurisPK-BGB/*Ludwig*, EuErbVO Art. 33 Rn. 17f.; Staudinger/*Mansel*, EGBGB Art. 43 Rn. 696ff. jedoch ohne näher auf die EuErbVO einzugehen; vgl. *Nordmeier*, IPRax 2013, 418, 422 Fn. 55 und S. 423 Fn. 61.

495 Vgl. zur Wirkung einer einheitlichen erbrechtlichen Qualifikation von Fiskuserbrecht und Aneignungsrecht *Dutta*, RabelsZ 73 (2009), 547, 596f.

Die Möglichkeit der erbrechtlichen Qualifikation sei nach dem Wortlaut des Art. 33 EuErbVO nicht ausgeschlossen, da keine Einschränkung enthalten ist, dass das anwendbare Recht nur das Erbrechtsmodell erfasse.[496] Zudem umfasse der Anwendungsbereich der Verordnung mit Art. 1 Abs. 1 S. 1 EuErbVO i.V.m. Art. 3 Abs. 1 lit. a EuErbVO und ErwG 9 EuErbVO alle zivilrechtlichen Aspekte der Rechtsnachfolge von Todes wegen, wozu auch das dem „Systembereich der Rechtsnachfolge von Todes wegen" zughörige Aneignungsrecht zähle.[497]

Für die Auswirkung dieser Qualifikationsentscheidung ist nach den möglichen Konflikten beim Aufeinandertreffen der unterschiedlichen Regelungen zu unterscheiden. Ein positiver Konflikt würde von vornherein ausscheiden, weil bei einheitlich erbrechtlicher Qualifikation von Fiskuserbrecht und Aneignungsrecht stets nur eine Regelung durch die europarechtliche Kollisionsnorm zur Anwendung berufen wäre und damit keine geichzeitige Anwendung der Vorschriften vorkommen könnte. Grundsätzlich würden durch die einheitlich erbrechtliche Qualifikation sowohl der positive als auch der negative Konflikt nicht mehr auftreten. Da stets nur ein Erbstatut zur Anwendung berufen wird, wäre jeweils nur ein Modell zur Anwendung berufen und würde auf den erbenlosen Nachlass zugreifen. Ein positiver Konflikt könnte daher nicht auftreten. Auch der negative Konflikt würde grundsätzlich entfallen, denn aufgrund des Prinzips der Nachlasseinheit gem. Art. 23 Abs. 1 EuErbVO würde sich die berufene Regelung, gleichgültig ob es sich dabei um ein Fiskuserbrecht oder um ein Aneignungsrecht handelt, auf den gesamten Nachlass unabängig von seiner Belegenheit erstrecken. In diesem Zusammenhang würde Art. 33 EuErbVO trotz fehlender Konflikte regeln, dass das eigentlich nicht anwendbare Aneignungsrecht auf den im eigenen Territorium belegenen Nachlass zugreifen darf. Die Regelung würde auch das Aufeinandertreffen zweier Aneignungsrechtsstaaten erfassen.

bb. Sachenrechtliche Qualifikation

Neben der erbrechtlichen Qualifiktion wird auch eine sachenrechtliche Qualifikation von Aneignungsrechten vertreten.[498] Durch eine sachenrechtliche Qualifikation unterfiele das Aneignungsrecht der international gewohnheitsrechtlich anerkannten und in Deutschland in Art. 43 Abs. 1 EGBGB kodifizierten

---

496 Vgl. jurisPK-BGB/*Ludwig*, EuErbVO Art. 33 Rn. 17.

497 *Nordmeier*, IPRax 2013, 418, 423 Fn. 61.

498 NK-NachfolgeR/*Köhler*, EuErbVO Art. 33 Rn. 3ff.; *ders.*, in: Internationales Erbrecht 2015, § 4 Rn. 165, 167, 170.

situs-Regel.[499] Anknüpfungspunkt ist der Belegenheitsort, so dass das Recht des Staates zur Anwendung berufen ist, in dem sich erbenloser Nachlass befindet, also das Aneignungsrecht für das in diesem Staat belege Vermögen. Die sachenrechtliche Qualifikation von Aneignungsrechten kann damit begründet werden, dass der Verweisungsbegriff der sachenrechtlichen Kollisionsnorm funktional jede dingliche Zuordnung von Sachen erfassen möchte und durch ein Aneignungsrecht eine dingliche Zuordnung von herrenlosen (Nachlass-) Gegenständen an den Staat der Belegenheit erfolgt. Demnach könnte eine Funktionsentsprechung vertretbar sein.

Eine sachenrechtliche Qualifikation würde dazu führen, dass die Anwendbarkeit eines Aneignungsrechts nicht von der erbrechtlichen Kollisionsnorm der EuErbVO bestimmt werden würde. Die Regelung des Art. 33 EuErbVO trifft nach diesem Verständnis keine direkte Regelung des sachenrechtlich zu qualifizierenden Aneignungsrecht, sondern löst lediglich den Fall des Aufeinandertreffens von Fiskuserbrecht und Aneignungsrecht (positiver Konflikt), indem das Erbstatut zurückweicht und dadurch dem Sachstatut den Vorrang gewährt. Einen negativen Konflikt würde Art. 33 EuErbVO hingegen nicht verhindern, weil bei Belegenheit von Nachlassvermögen in einem Erbrechtsstaat, dessen Recht nicht Erbstatut ist, das sachenrechtlich zu qualifizierende Aneignungsrecht das dort belegene Vermögen nicht erfasst und das dort bestehende Fiskuserbrecht nicht anwendbar ist.

cc. Öffentlich-rechtliche Qualifikation

Nach anderer Auffassung werden Aneignungsrechte öffentlich-rechtlich qualifiziert und aus diesem Grund ihre Anwendbarkeit auf das jeweilige Staatsterritorium beschränkt.[500] Denn Aneignungsrechte seien Ausdruck der Hoheitsgewalt des betreffenden Staates.[501]

---

499 MüKoBGB/*Wendehorst*, EGBGB Art. 43 Rn. 3.

500 Bajons/Fischer-Czermak/Fucik, Europäische Erbrechtsverordnung, S. 40 („kraft seines hoheitlichen Aneignungsrechts"); Caravaca/Davì/Mansel ESR Art. 33 m.n. 1 („based on the public law principle of territorial sovereignty"); *Dutta*, RabelsZ 73 (2009), 547, 595 („the state appropriates bona vacantia as a matter of public law by exercising a regalian right"); Dutta, FamRZ 2013, 4, 11; MüKoBGB/*ders.*, EuErbVO Art. 33 Rn 1; wohl auch NK-BGB/*Looschelders*, EuErbVO Art. 33 Rn. 2 („territorial begrenztes hoheitliches Aneignungsrecht"); *Max-Planck-Institut für ausländisches und internationales Privatrecht*, RabelsZ 74 (2010), 522, 654 („public international law"); Palandt/Thorn, EuErbVO Art. 33 Rn. 2 („öffentlich-rechtliches Aneignungsrecht").

501 MüKoBGB/*Dutta*, EuErbVO Art. 33 Rn. 1.

Diese Auffassung beruht auf dem Verständnis, dass die internationale Anwendbarkeit von öffentlichem Recht nicht durch das Internationale Privatrecht geregelt wird. Es gelte vielmehr der Gedanke der Territorialität, nach dem öffentliches Recht grundsätzlich nur innerhalb des eigenen Staatsterritoriums gelte („Grundsatz der Nichtanwendung ausländischen öffentlichen Rechts").[502] Dieser der Frage der internationalen Anwendbarkeit von öffentlichen Recht zugrunde liegende Gedanke wird als Territorialitätsprinzip bezeichnet.[503] Wendet man dieses Verständnis auf Aneignungsrechte an, folgt daraus, dass diese nur dann zur Anwendung berufen sind, wenn Nachlassvermögen im betreffenden Territorium belegen ist.

Auch eine öffentlich-rechtliche Qualifikation des Aneignungsrechts hat zur Folge, dass dieses nicht den Kollisionsregeln der EuErbVO unterfällt. Dies wird bereits durch den Anwendungsausschluss für öffentliches Recht in Art. 1 Abs. 1 S. 2 EuErbVO bewirkt. Die internationale Anwendbarkeit des Aneignungsrechts würde in diesem Fall durch das Internationale Öffentliche Recht bestimmt. Hinsichtlich des positiven und negativen Konflikts würde sich die Situation wie bei der sachenrechtlichen Qualifikation darstellen. Während Art. 33 EuErbVO durch das Zurückweichen des Erbstatuts den positiven Konflikt verhindert, besteht keine Lösung für den negativen Konflikt, denn das öffentlich-rechtliche Aneignungsrecht wäre auf das jeweilige Staatsterritorium beschränkt, während das Fiskuserbrecht nicht zur Anwendung berufen ist.

dd. Eingriffsrechtliche Qualifikation

Außerdem wird die Möglichkeit einer eingriffsrechtlichen Qualifikation von Aneignungsrechten angesprochen.[504] Nimmt man an, dass es sich bei einem

---

502 Grundsatzentscheidung vom 17.12.1959: BGHZ 31, 367, 370f. = NJW 1960, 1101, 1102; weitere Entscheidungen: BGH 9.4.1962 – VII ZR 162/60, BeckRS 1962, 31189874; BGH 28.1.1965 – Ia ZR 273/63, BeckRS 1965, 31176635; BGHZ 64, 183, = NJW 1975, 1220, 1222.

503 Vgl. MüKoBGB/*Wendehorst*, EGBGB Art. 46 Anh. Enteignungsrecht im IPR Rn. 13 in Bezug auf das Enteignungsrecht.

504 NK-NachfolgeR/*Köhler*, EuErbVO Art. 33 Rn. 6; *ders.*, in: Internationales Erbrecht 2015, § 4 Rn. 170; jurisPK-BGB/*Ludwig*, EuErbVO Art. 33 Rn. 17, 20 spricht eine „Sonderanknüpfung" von Aneignungsrechten an, hält dies allerdings für die Ausnahme und führt keine weitere Begründung an; zu der Möglichkeit der eingriffsrechtlichen Qualifikation, i.E. aber ablehnend Staudinger/*Mansel*, EGBGB Art. 43 Rn. 696; in diesem Sinne allgemein zu Heimfallrechten wohl auch MüKoBGB/*Wendehorst*, EGBGB Art. 43 Rn. 73.

Aneignungsrecht um eine Eingriffsnorm handelt, ist dessen Anwendung nicht durch eine gewöhnliche Kollisionsnorm geregelt.[505] Das Aneignungsrecht wäre bei Vorhandensein einer räumlichen Verknüpfung zum Erlassstaat der Eingriffsnorm – Belegenheit von erbenlosen Nachlassvermögen–neben dem Erbstatut anwendbar.[506] Grund für die Möglichkeit einer eingriffsrechtlichen Qualifikation sei die Annahme, dass Aneignungsrechte öffentliche Zwecke verfolgen, diese aber gleichzeitig durch die Zuordnung des Vermögens eine zivilrechtliche Folge auslösen und damit als Eingriffsnorm zu verstehen seien.[507] Zudem könnte für eine eingriffsrechtliche Qualifikation sprechen, dass die Aneignungsrechte unabhängig vom sachlich eng mit diesen zusammenhängenden Erbstatut angewendet werden. Hinsichtlich dieser Qualifikation stellen sich grundsätzliche Fragen. Zum einen muss festgestellt werden, was eine Eingriffsnorm ist (Definition) und unter welchen Umständen diese anzuwenden wäre. Art. 33 EuErbVO könne hierzu keine Vorgabe entnommen werden, bis auf die Einschränkung, dass das Aneignungsrecht als Eingriffsnorm nur international-privatrechtlich anwendbar ist, wenn der Gläubigerschutz beachtet wird.[508]

Das Aneignungsrecht wäre als Eingriffsnorm neben dem Erbstatut anwendbar. Art. 33 EuErbVO würde das Erbstatut beschränken und damit dem eingriffsrechtlichen Aneignungsrecht den Vorrang gewähren. Eine Lösung des negativen Konflikts bestünde auch bei einer eingriffsrechtlichen Qualifikation nicht.

b. Die Behandlung von Eingriffsnormen im IPR

Für die betreffenden Aneignungsrechte wird die Möglichkeit einer eingriffsrechtlichen Qualifikation angesprochen. Das Problem der Eingriffsnormen ist insbesondere aus dem Internationalen Vertragsrecht bekannt, kann allerdings in anderen Rechtsbereichen ebenfalls in Erscheinung treten.[509] Der Bereich der Eingriffsnormen im Internationalen Privatrecht ist äußerst umstritten, so dass in der vorliegenden Arbeit lediglich eine Skizzierung der Problematik erfolgen kann, um eine Aussage hinsichtlich der Aneignungsrechte treffen zu können. Die Darstellung beschränkt sich zunächst auf die Frage, wie eine Sachnorm als

---

505 Die Darstellung der Problematik von Eingriffsnormen erfolgt unter 2. Teil A V 2 b.

506 Vgl. *Köhler*, in: Internationales Erbrecht 2017, § 4 Rn. 170.

507 Vgl. *Köhler*, in: Internationales Erbrecht 2017, § 4 Rn. 117, 170.

508 NK-NachfolgeR/*Köhler*, EuErbVO Art. 33 Rn. 6.

509 *Von Bar/Mankowski*, Internationales Privatrecht, ^{2}2003 § 4 Rn. 81; *Köhler*, Eingriffsnormen–der „unfertige Teil" des europäischen IPR, 2013, S. 29f.; Staudinger/*Mansel*, EGBGB Art. 43 Rn. 690.

Eingriffsnorm zu bestimmen ist (Definition),[510] denn anhand dessen kann entschieden werden, ob es sich bei einem Aneignungsrecht um eine Eingriffsnorm handelt.

aa. Begriff der Eingriffsnorm

Mit dem Begriff der Eingriffsnorm werden grundsätzlich solche Sachnormen bezeichnet, die eine international zwingende Regelung beinhalten und daher unabhängig von dem an sich anwendbaren Recht angewendet werden sollen (statutsunabhängiger Anwendungsbefehl).[511]

Eingriffsnormen können in formelle und materielle Eingriffsnormen unterteilt werden.[512] Bei formellen Eingriffsnormen handelt es sich schlicht um Sachnormen, denen ein eigener kollisionsrechtlicher Anwendungsbefehl beigeordnet ist.[513] Dieser eigene kollisionsrechtliche Anwendungsbefehl führt dazu, dass die Sachnorm unabhängig vom Anwendungsbefehl einer gewöhnlichen Kollisionsnorm anwendbar ist. Aufgrund des Vorhandenseins dieser eigenen Kollisionregel besteht für solche Eingriffsnormen nicht die Problematik, deren statutsunabhängige Anwendbarkeit anhand bestimmter Kriterien festzustellen.[514] Eingriffsnormen im materiellen Sinn sind hingegen Sachnormen, denen ein solcher beigeordneter kollisionsrechtlicher Anwendungsbefehl fehlt, die

---

510 *Kuckein*, Die „Berücksichtigung" von Eingriffsnormen im deutschen und englischen internationalen Vertragsrecht, 2008, S. 12; MüKoBGB/*Sonnenberger*, 5. Aufl. 2010, Einl. IPR Rn. 39 bezeichnet dies als „erstes Hauptproblem" des Eingriffsrechts im IPR.

511 *Von Bar/Mankowski*, Internationales Privatrecht, ^{2}2003 § 4 Rn. 85; vgl. *Hauser*, Eingriffsnormen in der Rom I-Verordnung, 2012, S. 6; MüKoBGB/*von Hein*, Einl. IPR Rn. 288; *Kropholler*, Internationales Privatrecht, ^{6}2006 § 3 II 1 (S. 19); Staudinger/*Magnus*, Rom I-VO Art. 9 Rn. 46f.; MüKoBGB/*Martiny*, Rom I-VO Art. 9 Rn. 8; *Roth*, in: FS Lorenz 2014, 422.

512 Begrifflichkeiten bei *Köhler*, Eingriffsnormen–der „unfertige Teil" des europäischen IPR, 2013, 10ff., 17ff. und *Kuckein*, Die „Berücksichtigung" von Eingriffsnormen im deutschen und englischen internationalen Vertragsrecht, 2008, S. 17; *Kropholler*, Internationales Privatrecht, ^{6}2006 § 3 II 2 (S. 19), § 3 II 3 (S. 21f.) unterscheidet danach, ob die Eingriffsnormen „expressis verbis oder nach ihrem Sinn und Zweck" gelten wollen.

513 *Köhler*, Eingriffsnormen–der „unfertige Teil" des europäischen IPR, 2013, S. 10–17; *Kuckein*, Die „Berücksichtigung" von Eingriffsnormen im deutschen und englischen internationalen Vertragsrecht, 2008, S. 17–27; Staudinger/*Sturm/Sturm*, Einl. IPR Rn. 14ff.

514 *Köhler*, Eingriffsnormen–der „unfertige Teil" des europäischen IPR, 2013, S. 15f.

jedoch dennoch neben dem anwendbaren Statut angewendet werden sollen.[515] Hinsichtlich der materiellen Eingriffsnormen ist fraglich, wann eine Sachnorm als solche zu verstehen ist.

bb. Bestimmung des Vorliegens einer formellen Eingriffsnorm

Einer Sachnorm kann seitens des Gesetzgebers ein eigener kollisionsrechtlicher Anwendungsbefehl beigefügt werden. Ist dies der Fall liegt eine sog. selbstbegrenzte Sachnorm (auch „versteckte Kollisionsnorm") vor, also eine Sachnorm, die über einen eigenen einseitigen kollisionsrechtlichen Anwendungsbefehl verfügt.[516] Aufgrund der vorhandenen Kollisionsregel bereitet die Frage nach der Feststellung des Vorliegens einer (formellen) Eingriffsnorm keine Probleme. Diese einseitige Kollisionsnorm geht einer ebenfalls eingreifenden allgemeinen Kollisionsnorm nach dem Grundsatz *lex specialis derogat legi generali* vor.[517] Lediglich die Feststellung, wann eine Sachnorm über einen kollisionsrechtlichen Teil verfügt, kann Schwierigkeiten aufweisen. Fehlt es an einer ausdrücklichen kollisionsrechtlichen Bestimmung im Wortlaut, besteht die Möglichkeit, auf das Instrument der Auslegung zurückzugreifen.[518] Allerdings kann im Wege der Auslegung nicht ohne jeglichen Anhaltspunkt im Wortlaut aufgrund eines

---

515 Vgl. *Köhler*, Eingriffsnormen-der „unfertige Teil" des europäischen IPR, 2013, S. 17; *Kropholler*, Internationales Privatrecht, [6]2006 § 13 V (S. 109); *Kuckein*, Die „Berücksichtigung" von Eingriffsnormen im deutschen und englischen internationalen Vertragsrecht, 2008, S. 27–29.

516 *Von Bar/Mankowski*, Internationales Privatrecht, [2]2003 § 4 Rn. 7f.; MüKoBGB/*von Hein*, Einl. IPR Rn. 92 bezeichnet diese als „gesetzesbezogene Kollisionsnorm"; *von Hoffmann/Thorn*, Internationales Privatrecht, [9]2007 § 4 Rn. 15; *Köhler*, Eingriffsnormen-der „unfertige Teil" des europäischen IPR, 2013, S. 11; *Kegel/Schurig*, Internationales Privatrecht, [9]2004 § 6 I 5 (S. 308–310); *Kropholler*, Internationales Privatrecht, [6]2006 § 13 IV 2 (S. 107); Staudinger/*Sturm/Sturm*, Einl. IPR Rn. 14ff.

517 *Von Bar/Mankowski*, Internationales Privatrecht, [2]2003 § 4 Rn. 8; *Köhler*, Eingriffsnormen-der „unfertige Teil" des europäischen IPR, 2013, S. 11; *Kegel/Schurig*, Internationales Privatrecht, [9]2004 § 6 I 5 (S. 309f.); Sachrecht kann „den allgemeinen allseitigen Kollisionsnormen entzogen und einer speziellen unterworfen sein" *Kropholler*, Internationales Privatrecht, [6]2006 § 13 IV 2 (S. 108).

518 Schon *Kegel/Schurig*, Internationales Privatrecht, [9]2004 § 1 VIII 1 (S. 57) es ist durch Auslegung zu bestimmen, ob eine kollisionsrechtliche oder sachrechtliche Regelung gemeint ist; *Köhler*, Eingriffsnormen-der „unfertige Teil" des europäischen IPR, 2013, S. 13; *Kropholler*, Internationales Privatrecht, [6]2006 § 13 IV 2 (S. 108) ein kollisionsrechtlicher Gehalt kann dem Wortlaut sowie Sinn und Zweck der Norm entnommen werden.

bestimmten materiell-rechtlichen Zweckes der Norm auf einen kollisionsrechtlichen Anwendungsbefehl geschlossen werden.[519] Dementsprechend liegt eine Eingriffsnorm im formalen Sinn nur dann vor, wenn innerhalb der Grenzen der Auslegung der Sachnorm ein kollisionsrechtlicher Regelungsteil entnommen werden kann.

cc. Bestimmung des Vorliegens einer materiellen Eingriffsnorm

Die Kriterien, anhand denen festgestellt wird, dass eine Sachnorm eine materielle Eingriffsnorm darstellt, sind umstritten.

(1) Definition als Eingriffsnorm anhand der Zugehörigkeit zum öffentlichen Recht

Das Vorliegen einer Eingriffsnorm wurde früher insbesondere vom BGH mit der Zugehörigkeit der Sachnorm zum öffentlichen Recht begründet.[520] Die Zugehörigkeit zum öffentlichen Recht als Kriterium für die Bestimmung des Vorliegens einer Eingriffsnorm wird jedoch allgemein abgelehnt, weil eine eindeutige Zuordnung der betreffenden Vorschriften schwierig ist[521] und die Konzeption der Trennung von Privatecht und öffentlichem Recht in den Rechtsordnungen sehr unterschiedlich bzw. nicht oder nur eingeschränkt bekannt ist.[522]

---

519 *Von Bar/Mankowski*, Internationales Privatrecht, ^{2}2003 § 4 Rn. 12 f. verneinen i.d.R. die Möglichkeit durch Auslegung zu einer ungeschriebenen Kollisionsnorm zu kommen und begründen dies damit, dass ansonsten die Bedeutung der allgemeinen Kollisionsnormen untergraben werden würde; *Köhler*, Eingriffsnormen–der „unfertige Teil" des europäischen IPR, 2013, S. 13.

520 Vgl. dazu *Kuckein*, Die „Berücksichtigung" von Eingriffsnormen im deutschen und englischen internationalen Vertragsrecht, 2008, S. 29 m.w.N. zur früheren Rechtsprechung des BGH.

521 *Schurig*, RabelsZ 54 (1990), 217, 228 spricht von „privat-öffentlichrechtlichen juristischen Hybridgewächsen" in diesem Bereich.

522 *Von Bar/Mankowski*, Internationales Privatrecht, ^{2}2003 § 4 Rn. 85 bezeichnet die Zuordnung der Vorschriften zu einem Rechtsgebiet als „unerheblich"; *Köhler*, Eingriffsnormen–der „unfertige Teil" des europäischen IPR, 2013, S. 46; *Kropholler*, Internationales Privatrecht, ^{6}2006 § 3 II 4 (S. 23) Einordnung „nicht entscheidend"; *Kuckein*, Die „Berücksichtigung" von Eingriffsnormen im deutschen und englischen internationalen Vertragsrecht, 2008, S. 32 f. (m.w.N. S. 32 Fn. 123); Staudinger/*Magnus*, Rom I-VO Art. 9 Rn. 50 m.w.N.; MüKoBGB/*Martiny*, Rom I-VO Art. 9 Rn. 12 m.w.N.; *Mäsch*, Rechtswahlfreiheit und Verbraucherschutz, 1993, S. 135; MüKoBGB/*Sonnenberger*, 5. Aufl. 2010, Einl. IPR Rn. 36.

(2) Definition als Eingriffsnorm aufgrund der Verfolgung von öffentlichen Interessen

Zur Bestimmung, ob eine Sachnorm eine Eingriffsnorm darstellt, wird überwiegend auf die Norm selbst abgestellt. Entscheidend komme es darauf an, ob die Sachnorm öffentlichen oder privaten Interessen dient, wobei eine Eingriffsnorm dann anzunehmen sei, wenn es sich um öffentliche Interessen handelt.[523] Es bestehen allerdings unterschiedliche Auffassungen hinsichtlich der Frage, ab welcher Intesität des Vorliegens von öffentlichen Interessen von einer Eingriffsnorm auszugehen ist.[524] So wird vertreten, dass eine Eingriffsnorm schon dann angenommen werden könne, wenn die betreffende Sachnorm „zumindest auch öffentliche Gemeinwohlinteressen verfolge".[525] Nach herrschender Ansicht kommt es hingegen darauf an, dass die öffentlichen Interessen die privaten Interessen überwiegen.[526] Gerade das Kriterium der überwiegenden Verfolgung von öffentlichen Interessen stellt jedoch auch ein Problem dieser Form der Definition von Eingriffsnormen dar: vielen Normen des Privatrechts liegen neben privaten Interessen auch öffentliche Interessen zugrunde, so dass es schwierig erscheint, ein allgemeingültiges Kriterium zu entwickeln, ab welchem Grad von

---

523 Siehe die Einschätzungen zur Relevanz dieses Abgrenzungskriteriums bei *Köhler*, Eingriffsnormen–der „unfertige Teil" des europäischen IPR, 2013, S. 22 „nahezu einheitlich" wird darauf abgestellt, dass die Norm öffentlichen Zwecken dient; *Kuckein*, Die „Berücksichtigung" von Eingriffsnormen im deutschen und englischen internationalen Vertragsrecht, 2008, S. 30 m.w.N. „meist" wird auf die Interessen abgestellt; *Kropholler*, Internationales Privatrecht, ^{6}2006 § 3 II 3 (S. 22) Unterscheidung nach privaten oder öffentlichen Interesse sei der „entscheidende Gesichtspunkt"; Staudinger/*Magnus*, Rom I-VO Art. 9 Rn. 58ff.; MüKoBGB/*Martiny*, Rom I-VO Art. 9 Rn. 13; *Mäsch*, Rechtswahlfreiheit und Verbraucherschutz, 1993, S. 135 m.w.N. „zumeist" Abgrenzung nach öffentlichem/privatem Interesse; *Schurig*, RabelsZ 54 (1990), 217, 227 „allgemein" soll das öffentliche Interesse Merkmal von Eingriffsnormen sein.

524 Zusammenfassend zu den vertretenen Kriterien: *Köhler*, Eingriffsnormen–der „unfertige Teil" des europäischen IPR, 2013, S. 23–34; *Kuckein*, Die „Berücksichtigung" von Eingriffsnormen im deutschen und englischen internationalen Vertragsrecht, 2008, S. 30–32; *Mäsch*, Rechtswahlfreiheit und Verbraucherschutz, 1993, S. 135–140.

525 BGHZ 165, 248 = NJW 2006, 762, 763f. zum Vorliegen einer Norm i.S.d. Art. 34 EGBGB a.F.; dem folgend BGHZ 182, 24 = NJW 2009, 3371, 3373.

526 Vgl. nur *Kropholler*, Internationales Privatrecht, ^{6}2006 § 3 II (S. 22) Unterscheidung nach überwiegend privaten oder öffentlichen Interesse ist „der entscheidende Gesichtspunkt"; Staudinger/*Magnus*, Rom I-VO Art. 9 Rn. 59 m.w.N.; MüKoBGB/*Martiny*, Rom I-VO Art. 9 Rn. 13 m.w.N.; jurisPK-BGB/*Ringe*, Rom I-VO Art. 9 Rn. 12; Palandt/*Thorn*, Rom I-VO Art. 9 Rn. 5.

verfolgten öffentlichen Interessen letztendlich eine Eingriffsnorm anzunehmen ist.[527] Weitere Kritikpunkte dieser Definition werden von *Köhler* angemerkt: die Möglichkeit anhand von allgemein gültigen Kriterien herauszuarbeiten, wann bei einer Sachnorm öffentliche Zwecke vorliegen, bestehe zwar, dies sei jedoch nicht ausreichend, um allgemein alle Normen zu umschreiben, die unabhängig vom regulären Statut zur Anwendung zu bringen sind. Denn es sei nicht ausgeschlossen, dass Sachnormen, die (überwiegend) öffentliche Interessen verfolgen, unter eine vorhandene Kollisionsnorm subsumierbar sind.[528] Zudem sei der Grund für die statutsunabhängige Anknüpfung von Eingriffsnormen eine „Regelungslücke im kollisionsrechtlichen System", so dass deren Vorliegen nicht anhand von materiell-rechtlichen Kriterien bestimmt werden könne.[529] Die Definition einer Eingriffsnorm könne daher nicht nur anhand des Vorliegens bestimmter sachrechtlicher Kriterien – der Verfolgung von öffentlichen Interessen – geleistet werden.[530]

(3) Definition als Eingriffsnorm im Wege der internationalprivatrechtlichen Qualifikation

Vertreten wird, dass die Definition von Eingriffsnormen i.R.d. internationalprivatrechtlichen Qualifikation zu erfolgen habe, bei der die Betrachtung der kollisionsrechtlichen Interessen im Mittelpunkt stehe: Bei Eingriffsnormen handele es sich demzufolge um Sachnormen, deren besondere materiell-rechtlichen Zwecke solche kollisionsrechtlichen Interessen hervorrufen, dass keine Entsprechung mit einer bestehenden Kollisionsnorm bestehe, also eine Kollisionsnorm mit vergleichbarer kollisionsrechtlicher Interessenlage nicht existiere.[531] Diese

---

527 *Kegel/Schurig*, Internationales Privatrecht, [9]2004 § 6 V 2 (S. 324); *Kuckein*, Die „Berücksichtigung" von Eingriffsnormen im deutschen und englischen internationalen Vertragsrecht, 2008, S. 33–36; *Mäsch*, Rechtswahlfreiheit und Verbraucherschutz, 1993, S. 135–141; *Schurig*, RabelsZ 54 (1990), 217, 227f.

528 *Köhler*, Eingriffsnormen–der „unfertige Teil" des europäischen IPR, 2013, S. 34.

529 *Köhler*, Eingriffsnormen–der „unfertige Teil" des europäischen IPR, 2013, S. 94

530 *Köhler*, Eingriffsnormen–der „unfertige Teil" des europäischen IPR, 2013, S. 34; *Kuckein*, Die „Berücksichtigung" von Eingriffsnormen im deutschen und englischen internationalen Vertragsrecht, 2008, S. 35f.; *Mäsch*, Rechtswahlfreiheit und Verbraucherschutz, 1993, S. 140; *Schurig*, RabelsZ 54 (1990), 217, 228; *ders.*, Kollisionsnorm und Sachrecht, 1981, S. 320.

531 *Kegel/Schurig*, Internationales Privatrecht, [9]2004 § 2 IV 2 (S. 152f.); *Köhler*, in: Internationales Erbrecht 2017, § 4 Rn. 105; NK-NachfolgeR/*ders.*, EuErbVO Art. 30 Rn. 2; *ders.*, Eingriffsnormen–der „unfertige Teil" des europäischen IPR, 2013, S. 92–97; *Kuckein*, Die „Berücksichtigung" von Eingriffsnormen im deutschen und englischen internationalen Vertragsrecht, 2008, S. 39–41, S. 138–146; *Mäsch*, Rechtswahlfreiheit

Vorgehensweise habe den Vorteil, dass sie sich i.R.d. gewöhnlichen Systems des Internationalen Privatrechts bewege und ein sog. „Zweitsystem" nicht notwendig sei.[532] Das derzeit bestehende Internationale Privatrecht weise demnach das „Rüstzeug" auf, bestimmte Sachnormen unabhängig von den bestehenden gewöhnlichen Kollisionsnormen anzuknüpfen.[533] Zudem werde durch diese Methode sichergestellt, dass nur solche Sachnormen als Eingriffsnormen behandelt werden, die tatsächlich einen öffentlichen Zweck verfolgen, der nicht durch die gewöhnlichen Kollisionsnormen erfasst wird. Darüber hinaus könne die der lediglich materiellen Definition immanente Unschärfe vermieden werden. Die sachrechtlichen Kriterien verlieren bei dieser Vorgehensweise jedoch nicht vollständig an Bedeutung, denn insbesondere das Vorliegen von öffentlichen Interessen könne zu einer besonderen kollisionsrechtlichen Interessenlage führen, die eine Qualifikation unter eine bestehende Kollisionsnorm verhindere.[534] Das Vorliegen von öffentlichen Interessen könne daher in einem ersten Schritt als Eingrenzungskriterium für die Auswahl potentieller Eingriffsnormen herangezogen werden.

(4) Stellungnahme und Zwischenergebnis

Zunächst ist festzuhalten, dass der Auffassung zuzustimmen ist, dass es sich bei Eingriffsnormen nicht um dem öffentlichen Recht zuzuordnende Vorschriften handelt, so dass eine Abgrenzung nach der Zugehörigkeit zum privaten oder öffentlichen Recht nicht herangezogen werden kann. Hierfür spricht insbesondere auch, dass die europäischen Sekundärrechtsakte im Bereich des Internationalen Privatrechts stets einen Ausschluss für das öffentliche Recht enthalten und

---

und Verbraucherschutz, 1993, S. 159–161; *Schurig*, RabelsZ 54 (1990), 217, 233; *ders.*, Kollisionsnorm und Sachrecht, 1981, S. 320 f.; im Gegensatz hierzu wird auch vertreten anhand von materiellen Kriterien das Bedürfnis für eine Sonderanknüpfung herzuleiten vgl. dazu *von Bar/Mankowski*, Internationales Privatrecht, ²2003 § 4 Rn. 104; *Kropholler*, Internationales Privatrecht, ⁶2006 § 3 II (S. 23); zusammenfassend *Köhler*, Eingriffsnormen-der „unfertige Teil" des europäischen IPR, 2013, S. 20–22.

532 *Kegel/Schurig*, Internationales Privatrecht, ⁹2004 § 6 V 2 (S. 324) „bedarf keines Systemwechsels"; *Köhler*, Eingriffsnormen-der „unfertige Teil" des europäischen IPR, 2013, S. 87; *Mäsch*, Rechtswahlfreiheit und Verbraucherschutz, 1993, S. 161 „internationalprivatrechtliche Ebene"; *Schurig*, RabelsZ 54 (1990), 217, 233 „kein systematischer Bruch".

533 *Köhler*, Eingriffsnormen-der „unfertige Teil" des europäischen IPR, 2013, S. 61.

534 *Köhler*, Eingriffsnormen-der „unfertige Teil" des europäischen IPR, 2013, S. 39; *Kuckein*, Die „Berücksichtigung" von Eingriffsnormen im deutschen und englischen internationalen Vertragsrecht, 2008, S. 39

dennoch Regelungen zu Eingriffsnormen in den Verordnungen bestehen (Art. 9 Rom I-VO, Art. 16 Rom II-VO, Art. 30 EuErbVO). Daher ist davon auszugehen, dass der europäische Gesetzgeber Eingriffsnormen ebenfalls nicht zwingend dem öffentlichen Recht zuordnet.

Für die Frage, ob Aneignungsrechte Eingriffsnormen darstellen, erscheint es vorzugswürdig eine Kombination der Methode der Auslegung der Sachnorm und der Methode der Qualifikation anzuwenden. Ein sog. „Zweitsystem" ist für diese Vorgehensweise nicht notwendig, denn eine Qualifikation, verstanden als Subsumtion unter die Kollisionsnorm, erfordert ebenfalls den vorangehenden Vorgang der Auslegung. Im Rahmen der Auslegung der Sachnorm kann zunächst untersucht werden, inwiefern diese öffentliche Interessen verfolgt und, ob diese die privaten Interessen überwiegen. Ist dies zu bejahen, kann zur Sicherstellung, dass diese Sachnorm unabhängig vom sonst anwendbaren Statut anzuknüpfen ist und damit eine Eingriffsnorm darstellt, die internationalprivatrechtliche Qualifikation herangezogen werden. Durch die Überprüfung der Funktionsentsprechung der Sachnorm mit bestehenden Kollisionsnormen (Frage der Reichweite der Kollisionsnorm) kann festgestellt werden, ob die öffentlichen Zwecke bereits hinreichend Berücksichtigung durch die vorgesehene Anknüpfung der einschlägigen Kollisionsnorm erhalten. Ist dies der Fall, ist eine statutsunabhängige Anknüpfung der Sachnorm nicht notwendig und das Vorliegen einer Eingriffsnorm abzulehnen. Andernfalls ist eine statutsunabhängige Anknüpfung vorzunehmen und die Sachnorm als Eingriffsnorm zu definieren.

dd. Einfluss des europäischen Sekundärrechts auf die Bestimmung von Eingriffsnormen

Es ist zu beurteilen, ob Regelungen zu Eingriffsnormen in europäischen Sekundärrechtsakten Einfluss auf die Definitionsmethode haben. Solch eine Regelung findet sich auch in der EuErbVO (Art. 30 EuErbVO) bezüglich bestimmter erbrechtlicher Eingriffsnormen.

(1) Sachlicher Anwendungsbereich einer Verordnung muss eröffnet sein

Voraussetzung dafür, dass die europäischen Regelungen zu Eingriffsnormen zu beachten sind, ist die Erfassung der betreffenden Sachnorm durch den sachlichen Anwendungsbereich einer Verordnung.

(2) Art. 30 EuErbVO

Die EuErbVO enthält in ihrem Art. 30 eine Regelung für erbrechtliche Eingriffsnormen.[535] Art. 30 EuErbVO beschränkt sich auf Regeln eines Staates, die die

535 MüKoBGB/*Dutta*, EuErbVO Art. 30 Rn. 1 m.w.N.

Rechtsnachfolge von Todes wegen für bestimmte unbewegliche Sachen, Unternehmen oder besondere Arten von Vermögenswerten aus wirtschaftlichen, familiären oder sozialen Erwägungen beschränken oder berühren. Gem. ErwG 54 S. 3 EuErbVO ist diese Ausnahme von der grundsätzlichen kollisionsrechtlichen Verweisung der EuErbVO eng auszulegen. Somit ist zunächst festzuhalten, dass Art. 30 EuErbVO nur solche Eingriffsnormen erfasst, die sich auf ein Sondervermögen beziehen.[536] Des Weiteren gehen die von Art. 30 EuErbVO aufgestellten Kriterien – wirtschaftliche, familiäre oder soziale Erwägungen – nicht über die schon zuvor für Eingriffsnormen herausgearbeiteten Kriterien hinaus, so dass sich auch hier mitunter das Problem der zweifelsfreien Definition einer Sachnorm als Eingriffsnorm stellen kann.[537] Für eine Definition einer Eingriffsnorm i.S.d. Art. 30 EuErbVO ist daher die Heranziehung der bestehenden Kriterien (Auslegung der Sachnorm hinsichtlich des Überwiegens öffentlicher Interessen; „Disqualifikation") notwendig.

(3) Art. 9 Abs. 1 Rom I-VO

Bei der Bestimmung von Eingriffsnormen im europäischen Kontext kann rechtsaktübergreifend auf die Regelung des Art. 9 Rom I-VO zurückgegriffen werden.[538] Im ersten Absatz dieser Vorschrift ist eine Definition von Eingriffsnormen anhand von materiellen Anforderungen enthalten: Eine Eingriffsnorm ist „eine zwingende Vorschrift, deren Einhaltung von einem Staat als so entscheidend für die Wahrung seines öffentlichen Interesses, insbesondere seiner politischen, sozialen oder wirtschaftlichen Organisation, angesehen wird, dass sie ungeachtet des nach Maßgabe dieser Verordnung auf den Vertrag anzuwendenden Rechts auf alle Sachverhalte anzuwenden ist, die in ihren Anwendungsbereich fallen". Dies stellt eine Definition von Eingriffsnormen anhand

---

536 MüKoBGB/*Dutta*, EuErbVO Art. 30 Rn. 4; NK-NachfolgeR/*Köhler*, EuErbVO Art. 30 Rn. 3; jurisPK-BGB/*Ludwig*, EuErbVO Art. 30 Rn. 8.

537 Siehe dazu unter 2. Teil A V b cc sowie NK-NachfolgeR/*Köhler*, EuErbVO Art. 30 Rn. 4; *ders.*, in: Internationales Erbrecht 2015, § 4 Rn. 107: diese Kriterien können nur den „äußeren Rahmen" bilden anhand dessen potentielle Eingriffsnomen bestimmt werden, die eigentliche Bestimmung erfolgt über eine „autonome kollisionsrechtliche Interessenbewertung"; andere halten die Kriterien als inhaltlich unzureichend, um eine zweifelsfreie Einordnung der Sachnormen zu gewährleisten: MüKoBGB/*Dutta*, EuErbVO Art. 30 Rn. 5 der dies als „Leerformel" bezeichnet; jurisPK-BGB/*Ludwig*, EuErbVO Art. Art. 30 Rn. 17.

538 MüKoBGB/*Dutta*, EuErbVO Art. 30 Rn. 5 hebt die Definition in Art. 9 Abs. 1 Rom I-VO hervor; beckOGK/*J. Schmidt*, EuErbVO Art. 30 Rn. 14.

sachrechtlicher Kriterien, nämlich des öffentlichen Interesses des Erlassstaats an der Geltung der Sachnorm, dar. Mit dem Begriff „entscheidend" in der Definition von Eingriffsnormen in Art. 9 Abs. 1 Rom I-VO wird verdeutlicht, dass es für die Defintion als Eingriffsnorm nicht ausreichend ist, wenn Sachnormen lediglich auch öffentliche Interessen verfolgen.[539] Die Definition in Art. 9 Abs. 1 Rom I-VO stimmt damit mit der schon vorher vertretenen Definition überein, beinhaltet aber dadurch auch weiterhin die Unschärfen dieser Definition. Daher wird vertreten, dass eine Definition allein anhand der aufgestellten Kriterien nicht vorzunehmen sei. Art. 9 Abs. 1 Rom I-VO könne eine Vorauswahl von Sachnormen treffen, die potentiell Eingriffsnormen sind,[540] die tatsächliche Notwendigkeit einer besonderen Anknüpfung einer Sachnorm könne allerdings weiterhin nur anhand der Feststellung von besonderen kollisionsrechtlichen Interessen, die keine Entsprechung in einer bestehenden Kollisionsnorm finden, festgestellt werden. Die Definition der Eingriffsnorm in Art. 9 Abs. 1 Rom I-VO stimmt demach mit der herrschenden Auffassung überein und kann dementsprechend zur Bestimmung im Wege einer „Vorauswahl" von Eingriffsnormen herangezogen werden, während durch die ergänzende Vornahme der Methode der Disqualifikation eine exakte Definition von Eingriffsnomen ermöglicht wird.

(4) Zwischenergebnis

Es ergibt sich aus den Vorschriften zu Eingriffsnormen im europäischen Sekundärrecht keine andere Beurteilung hinsichtlich der Definition von Eingriffsnormen. Diese sind zunächst durch Auslegung der Sachnorm in Hinblick auf die Feststellung der Verfolgung von öffentlichen Interessen zu bestimmen. Dem kann sich bei Vorliegen solcher öffentlicher Interessen eine Untersuchung anschließen, inwiefern diese durch eine gewöhnliche Kollisionsnorm ausreichend Berücksichtigung finden.

ee. Ergebnis

Eingriffsnormen sind in einem ersten Schritt durch Auslegung mit Hinblick auf das Vorliegen von öffentlichen Interessen aufzufinden. Der gescheiterte Versuch einer Qualifikation unter eine bestehende gewöhnliche Kollisionsnorm in einem

---

539 Vgl. Staudinger/*Magnus*, Rom I-VO Art. 9 Rn. 59f.; MüKoBGB/*Martiny*, Rom I-VO Art. 9 Rn. 13.

540 NK-NachfolgeR/*Köhler*, EuErbVO Art. 30 Rn. 4; *ders.*, in: Internationales Erbrecht 2015, § 4 Rn. 107.

zweiten Schritt bringt die letztendliche Klarheit über das Vorliegen einer Eingriffsnorm („Disqualifikation").

c. *Vornahme der Qualifikation von Aneignungsrechten*

Unter Zugrundelegung der dargestellten Grundlagen hinsichtlich der Qualifikation im Allgemeinen und der Behandlung von Eingriffsnormen im Speziellen, wird im Folgenden der Versuch der Qualifikation von Aneignungsrechten unternommen.

aa. Öffentlich-rechtliche Qualifikation

Hinter der Auffassung, dass Aneignungsrechte öffentlich-rechtlich zu qualifizieren sind, steht der Gedanke, dass diese Rechte dem öffentlichen Recht zuzuordnen sind. Für das öffentliche Recht soll bei grenzüberschreitenden Sachverhalten das Regime des Internationalen Öffentlichen Rechts gelten,[541] das regelmäßig dem Prinzip der Territorialität folgt.[542] Allerdings herrscht schon über die Existenz eines gesonderten kollisionsrechtlichen Systems für das öffentliche Recht Streit und bei Annahme eines solchen Systems besteht Uneinigkeit über die mögliche Ausgestaltung der kollisionsrechtlichen Regeln.[543] Relevanz erhalten diese Fragen allerdings erst dann, wenn eine öffentlich-rechtliche Qualifikation der Aneignungsrechte zu bejahen ist. Es ist demnach zu untersuchen, ob solche Aneignungsrechte tatsächlich funktional dem öffentlichen Recht zuzuordnen sind. Zwar deutet der historische Ursprung auf ein Verständnis von Aneignungsrechten als öffentliches Recht hin[544] und in vielen Staaten wird ein bestehendes Aneignungsrecht als öffentliches Recht verstanden, allerdings muss die Qualifikation unter funktionalen Gesichtspunkten erfolgen, denen ein modernes Verständnis von öffentlichem Recht zugrunde zu legen ist. Daher ist im Weiteren näher zu untersuchen, anhand welcher Kriterien ein Rechtsinstitut öffentlich-rechtlich zu qualifizieren ist. Gleichzeitig ist für die Qualifikation ein europäisch autonomes Verständnis anzulegen. Dies ist zum einen durch das vereinheitlichte Internationale Erbrecht geboten und zum anderen divergiert das Verständnis zur Abgrenzung von Privatrecht und öffentlichem Recht in den einzelnen

---

541 *Köhler*, in: Internationales Erbrecht 2017, § 4 Rn. 105; MüKoBGB/*Martiny*, Rom I-VO Art. 1 Rn. 24.

542 Vgl. allgemein zur Territorialität *Kropholler*, Internationales Privatrecht, [6]2006 § 22 II 2 (S. 154f.).

543 Vgl. *Ohler*, Die Kollisionsordnung des Allgemeinen Verwaltungsrechts, 2005, S. 34.

544 Siehe oben unter 1. Teil B.

Mitgliedstaaten stark, so dass nur ein europäisch-autonomes Verständnis zu einer Gleichbehandlung innerhalb der Mitgliedstaaten führt.[545]

(1) Art. 1 Abs. 1 S. 2 EuErbVO

Bezüglich der Einordnung einer Norm als öffentlich-rechtlich kann auf den Anwendungsausschluss für verwaltungsrechtliche Angelegenheiten in Art. 1 Abs. 1 S. 2 EuErbVO[546] zurückgegriffen werden. Wörtlich schließt Art. 1 Abs. 1 S. 2 2. Hs. EuErbVO verwaltungsrechtliche Angelegenheiten vom sachlichen Anwendungsbereich der Verordnung aus. Konkretisiert wird dieser Ausschluss durch die ErwG 9 und 10 der Verordnung. Während ErwG 10 den Begriff der verwaltungsrechtlichen Angelegenheit durch die Beifügung von *öffentlich-rechtlicher Art* konkretisiert, stellt ErwG 9 klar, dass die EuErbVO nur für die zivilrechtlichen Aspekte der Rechtsnachfolge gilt. Daraus kann im Umkehrschluss geschlossen werden, dass jegliche öffentlich-rechtlichen Aspekte der Rechtsnachfolge von Todes wegen nicht Regelungsbestandteil der EuErbVO sind. Diese Erwägungsgründe verdeutlichen, dass der Ausschluss von verwaltungsrechtlichen Angelegenheiten als Ausschluss des gesamten öffentlichen Rechts zu verstehen ist.[547] Allein aus dem Ausschluss des öffentlichen Rechts aus dem Regelungsbereich der EuErbVO lassen sich jedoch noch keine Kriterien zur Abgrenzung von öffentlichen Recht und Privatrecht herausbilden, die für ein europäisch-autonomes Verständnis notwendig sind.

(2) Einheitliche europäische Definition von öffentlichem Recht

Hilfreich bei der Definition einer Sachnorm als öffentlich-rechtlich ist, dass der Ausschluss des öffentlichen Rechts in anderen Sekundärrechtsakten, die auf Art. 81 AEUV gestützt sind, ebenfalls zu finden ist, sodass im Wege der rechtsaktübergreifenden Auslegung auf die ergangene Rechtsprechung des EuGH zu den Ausschlüssen in den anderen Verordnungen zurückgegriffen werden kann. Der Ausschluss von verwaltungsrechtlichen Angelegenheiten erfolgt in

---

545 Vgl. MüKoBGB/*von Hein*, Einl. IPR Rn. 326.

546 Der Anwendungsausschluss für öffentliches Recht gilt auch für die übrigen europäischen Verordnungen im Bereich der justiziellen Zusammenarbeit in Zivilsachen (Art. 81 AEUV); siehe insbesondere Art. 1 Abs. 1 S. 2 Rom I-VO, Art. 1 Abs. 1 S. 2 Rom II-VO, Art. 1 Abs. 1 S. 2 Brüssel Ia-VO.

547 Vgl. MüKoBGB/*Dutta*, EuErbVO Art. 1 Rn. 9; Beschränkung auf die zivilrechtlichen Aspekte beckOGK/*J. Schmidt*, EuErbVO Art. 1 Rn. 13; für das EuGVÜ ebenso *Soltész*, Der Begriff der Zivilsache im europäischen Zivilprozessrecht, 1998, S. 15f. mwN.

Art. 1 Abs. 1 S. 2 2. Hs Rom I-VO,[548] in Art. 1 Abs. 1 S. 2 Rom II-VO[549] sowie in Art. 1 S. 2 Brüssel Ia-VO[550]. Dieser Ausschluss ist in den genannten Verordnungen in Abgrenzung zu den in Art. 1 Abs. 1 S. 1 Rom I/II-VO und in Art. 1 S. 1 Brüssel Ia-VO als Regelungsbereich bezeichneten Zivil- und Handelssachen zu verstehen. Dem Ausschluss von verwaltungsrechtlichen Angelegenheiten ist daher kein weitergehender Regelungsgehalt zu entnehmen, da schon die enthaltene Begrenzung auf Zivil- und Handelssachen im Umkehrschluss die Nichterfassung von öffentlichem Recht festschreibt.[551] In der EuErbVO hingegen fehlt in Art. 1 Abs. 1 S. 2 EuErbVO die Beschränkung auf Zivilsachen, so dass sich der Ausschluss erst aus S. 2 ergibt. Es ist trotz dieser unterschiedlichen Formulierungen einheitlich der Ausschluss des öffentlichen Rechts vom Anwendungsbereich der jeweiligen Verordnung gemeint.

i. Rechtsprechung des EuGH zum Begriff der Zivil- und Handelssache

Die in Art. 1 Brüssel Ia-VO geregelte Begrenzung auf Zivil- und Handelssachen und der Ausschluss von verwaltungsrechtlichen Angelegenheiten ist in Form der gleichlautenden Vorgängerregelungen dieser Verordnung mehrfach Gegenstand von Vorabentscheidungsverfahren des EuGH gewesen. Diese Judikatur kann Aufschluss über eine europarechtliche Definition von öffentlichem Recht liefern und damit die Abgrenzung von öffentlichem Recht und Privatrecht in europäisch-autonomer Weise ermöglichen.[552] Seitens des EuGH wurde zunächst ebenfalls das Bedürfnis eines autonomen Verständnisses durch Anlegung eines europarechtlichen Maßstabes für die Definition von öffentlichem

---

548 Verordnung (EG) Nr. 593/2008 des Europäischen Parlaments und des Rates vom 17. Juni 2008 über das auf vertragliche Schuldverhältnisse anzuwendende Recht (Rom I)–ABl. Nr. L 177 S. 6, ber. 2009 Nr. L 309 S. 87.

549 Verordnung (EG) Nr. 864/2007 des Europäischen Parlaments und des Rates vom 11. Juli 2007 über das auf außervertragliche Schuldverhältnisse anzuwendende Recht („Rom II“)–ABl. Nr. L 199 S. 40, ber. 2012 Nr. L 310 S. 52.

550 Diese galt zunächst als völkerrechtliches Abkommen unter der Bezeichnung EuGVÜ (1968) und wurde später als europäische Verordnung unter der Bezeichnung Brüssel I-VO erlassen (2000); der Art. 1 Brüssel Ia-VO ist bis auf eine Ergänzung bezüglich der Staatshaftung unverändert geblieben.

551 Zur Brüssel Ia-VO: *Kropholler/von Hein*, Europäisches Zivilprozessrecht, [9]2011 EuGVO Art. 1 Rn. 2; zur Rom I-VO: Rauscher/*von Hein*, EuZPR/EuIPR, Bd. 3, Rom I-VO Art. 1 Rn. 13 („Beispielhaft“); zur Rom II-VO: *Kreuzer*, in: Europäisches Kollisionsrecht 2004, S. 13, 26; MüKoBGB/*Junker*, Rom II-VO Art. 1 Rn. 11.

552 Vgl. MüKoBGB/*Dutta*, EuErbVO Art. 1 Rn. 9; *ders.*, in: Handwörterbuch des Europäischen Privatrechts 2009, 1810.

Recht hervorgehoben, ein Abstellen allein auf nationale Maßstäbe für diese Einordnung sei hingegen abzulehnen.[553] Entscheidendes Kriterium für die Annahme einer öffentlich-rechtlichen Angelegenheit i.S.d. Art. 1 Brüssel Ia-VO sei die „Ausübung von hoheitlichen Befugnissen“.[554] Eine solche Ausübung hoheitlicher Befugnisse sei allerdings nicht schon dann anzunehmen, wenn eine Behörde tätig werde, denn auch Verfahren, in denen sich eine Behörde und eine Privatperson gegenüberstehen, könnten eine Zivil- und Handelssache sein. Die Einordnung als öffentlich-rechtlich werde vielmehr von der Natur des betreffenden Rechtsverhältnisses abhängig gemacht.[555] Dementsprechend sei nicht entscheidend, dass der Staat durch eine Behörde tätig werde, sondern in welcher Weise und in welcher Funktion gehandelt werde. Es sei darauf abzustellen, inwiefern die Befugnisse einer Behörde von dem im Verhältnis zwischen Privatpersonen geltenden Regeln abweichen.[556] Ebenfalls nicht ausreichend für eine öffentlich-rechtliche Einordnung sei es, wenn eine Partei im Allgemeininteresse handelt.[557]

ii. Bedeutung der Rechtsprechung des EuGH

Die vom EuGH genannten Kriterien zur Abgrenzung von Privatrecht und öffentlichem Recht bedürfen der weitergehenden Konkretisierung, um aus diesen für die Abgrenzung taugliche Schlüsse zu ziehen.[558] In der deutschen Literatur wird die Rechtsprechung des EuGH und das genannte Abgrenzungskriterium der „Ausübung hoheitlicher Befugnisse“ wie die im deutschen Recht vertretene

---

553 Für den Begriff der „Zivil- und Handelssache“ in der Brüssel Ia-VO ist dies ständige Rechtsprechung des EuGH seit der Entscheidung vom 14.10.1976: EuGH 14.10.1976, Rs. C-29/76, Slg. 1976, 1541–*LTU/Eurocontrol* = NJW 1977, 489.

554 EuGH 14.10.1976, Rs. C-29/76, Slg. 1976, 1541–*LTU/Eurocontrol*, 2. Leitsatz; EuGH 16.12.1980, Rs. 814/79, Slg. 1980, 3807–*Niederlande/Rüffer*, Entscheidungsgrund Nr. 8; EuGH 21.4.1993, Rs. C-172/91, Slg 1993, 1963 – *Sonntag/Waidmann*, Entscheidungsgrund Nr. 20, = NJW 1993, 2091, 2092; EuGH 1.10.2002, Rs. C-167/00, Slg. 2002, 8126 – *Verein für Konsumenteninformation/Karl Heinz Henkel*, Entscheidungsgrund Nr. 26 = NJW 2002, 3617.

555 *Dutta*, in: Handwörterbuch des Europäischen Privatrechts 2009, 1808.

556 EuGH 21.4.1993, Rs. C-172/91, Slg 1993, 1963 – *Sonntag/Waidmann*, Entscheidungsgrund Nr. 22, = NJW 1993, 2091, 2092; EuGH 1.10.2002, Rs. C-167/00, Slg. 2002, 8126 – *Verein für Konsumenteninformation/Karl Heinz Henkel*, Entscheidungsgrund Nr. 30 = NJW 2002, 3617, 3618.

557 EuGH 1.10.2002, Rs. C-167/00, Slg. 2002, 8126 – *Verein für Konsumenteninformation/Karl Heinz Henkel*, Tz. 25 ff. = NJW 2002, 3617.

558 Vgl. *Dutta*, in: Handwörterbuch des Europäischen Privatrechts 2009, 1808.

Subjektstheorie verstanden.[559] Aus diesem Grund erfolgt eine kurze Darstellung der Subjektstheorie, um die Übereinstimmung mit den vom EuGH gewählten Kriterien zu überprüfen und um weitere Kriterien zur Abgrenzung zu erhalten. Die in der Form von *Hans J. Wolff* begründete (formale) Subjektstheorie besagte noch, dass öffentliches Recht dann gegeben ist, wenn der betreffende Rechtssatz „ausschließlich einen Träger hoheitlicher Gewalt" berechtigt oder verpflichtet.[560] Diese Variante der deutschen Subjektstheorie stimmt nicht mit dem vom EuGH genannten Kriterium überein, bei dem die Ausübung hoheitlicher Gewalt entscheidend ist. Allerdings war diese Form der Subjektstheorie auch in Deutschland gewichtiger Kritik ausgesetzt.[561] Der im Rahmen dieser Bearbeitung hervorzuhebende Einwand betrifft die Schwierigkeit, allein aufgrund eines Trägers hoheitlicher Gewalt als Zuordnungssubjekts des Rechtssatzes auf die Zugehörigkeit zum öffentlichen Recht der Norm zu schließen.[562] Denn es bestehen Rechtssätze, die den Staat als Zuordnungssubjekt nennen, diesen aber „in seiner Eigenschaft als Privatrechtssubjekt" berechtigen oder verpflichten.[563] Dies geschieht dann, wenn der Staat „Zurechnungssubjekt der Rechtssätze des Privatrechts" ist.[564] Als Beispiele für solche Normen werden unter anderem § 1936 BGB und § 928 Abs. 2 BGB hervorgehoben.[565] Dementsprechend sollen solche Normen, die den Staat in seiner Eigenschaft als Privatrechtssubjekt ansprechen, nicht öffentlichrechtlich, sondern privatrechtlich einzuordnen sein. Die Subjektstheorie in ihrer heutigen Form (sog. materielle bzw. modifizierte Subjektstheorie) stellt folglich

559 Dasser/Oberhammer/*Dasser*, LugÜ Art. 1 Rn. 42; *Dutta*, in: Handwörterbuch des Europäischen Privatrechts 2009, 1808 konstatiert den Einklang zwischen EuGH und Sonderrechtstheorie, ist aber der Auffassung, dass sich die genauen Umstände, wann von der Ausübung hoheitlicher Befugnisse auszugehen ist, erst aus einer genauen Betrachtung der einzelnen Entscheidungen des EuGH ergeben; Simons/Hausmann/*Hausmann*, Art. 1 Rn. 18; *Mayr*, Europäisches Zivilprozessrecht, 2011 Rn. I/43 (in Bezug auf das österreichische Recht); *Soltész*, Der Begriff der Zivilsache im europäischen Zivilprozessrecht, 1998 S. 41, 71, 190 die modifizierte Subjektstheorie könne als „Grundlage" zur Abgrenzung dienen.

560 Vgl. *Wolff/Bachof/Stober u.a.*, Verwaltungsrecht I, [12]2007 § 22 Rn. 28.

561 Vgl. dazu die ausführliche Aufzählung in der 27. Ergänzungslieferung Schoch/Schneider/Bier/*Ehlers*, VwGO § 40 Rn. 226ff.; in geringerem Umfang auch in der 33. EL enthalten: Schoch/Schneider/Bier/*Ehlers*, VwGO § 40 Rn. 223ff.

562 Schoch/Schneider/Bier/*Ehlers/Schneider*, VwGO § 40 Rn. 225 (33. EL); *Wolff/Bachof/Stober u.a.*, Verwaltungsrecht I, [12]2007 § 22 Rn. 29.

563 Schoch/Schneider/Bier/*Ehlers/Schneider*, VwGO § 40 Rn. 225 (33. EL).

564 Schoch/Schneider/Bier/*Ehlers/Schneider*, VwGO § 40 Rn. 225 (33. EL).

565 Schoch/Schneider/Bier/*Ehlers*, VwGO § 40 Rn. 230 (27. EL).

darauf ab, dass ein Träger hoheitlicher Gewalt auch gerade in dieser Eigenschaft angesprochen wird.[566] Das heißt, der entsprechende Rechtssatz ist dahingehend auszulegen, ob er den Staat in seiner gesonderten Stellung (Sonderrecht) oder als Privatrechtssubjekt (Jedermanns-Recht) anspricht.[567] Dieses Verständnis der Subjektstheorie entspricht den vom EuGH aufgestellten Kriterien, so dass ein Rückgriff auf die Ausführungen zur modifizierten Subjektstheorie möglich ist.

Des Weiteren kann auf die jeweiligen vor dem EuGH verhandelten Einzelfälle Bezug genommen werden, um das europäische Verständnis der Unterscheidung von Privatrecht und öffentlichem Recht zu schärfen.[568] Der Streit aus einem Bürgschaftsvertrag zwischen einem Hoheitsträger und einem Privaten zur Sicherung einer Zollabgabenforderung wurde vom EuGH privatrechtlich eingeordnet, weil nicht die gesicherte öffentlich-rechtliche Forderung, sondern der privatrechtliche Bürgschaftsvertrag Gegenstand des Rechtsstreits sei.[569] Ebenso urteilte der EuGH, dass der Übergang einer Unterhaltsforderung auf einen Hoheitsträger kraft privatrechtsgestaltenden Hoheitsakts privatrechtlich einzuordnen ist, weil sich die Natur der Forderung gegenüber dem Schuldner nicht ändert.[570] Weiterhin stellte der EuGH klar, dass Ansprüche aus dem Eigentum auch dann privatrechtlich einzuordnen sind, wenn das Eigentum zuvor durch privatrechtsgestaltende Hoheitsakte verändert wurde.[571] Hinsichtlich dieser genannten Einzelfallentscheidungen des EuGH muss berücksichtigt werden, dass diese Fälle jeweils eine Rechtsstreitigkeit und deren Einordnung betrafen, während es sich bei der Einordnung der Aneignungsrechte um einen abstrakten, von einer bestimmten Rechtsstreitigkeit unabhängigen Vorgang handelt. Die Beispiele zeigen aber deutlich, dass eine öffentlich-rechtliche Qualifikation nicht davon abhängig gemacht werden kann, ob der Staat Zuordnungsobjekt einer Norm ist, sondern nur davon, in welcher Funktion der Staat im Rechtsverkehr auftritt.

iii. Zusammenfassung

Aus europäisch-autonomer Sicht ist eine öffentlich-rechtliche Qualifikation von Aneignungsrechten dann anzunehmen, wenn diese den Staat in seiner Funktion

---

566 Schoch/Schneider/Bier/*Ehlers/Schneider*, VwGO § 40 Rn. 226 (33. EL); *Wolff/Bachof/Stober u.a.*, Verwaltungsrecht I, [12]2007 § 22 Rn. 29.

567 Schoch/Schneider/Bier/*Ehlers/Schneider*, VwGO § 40 Rn. 228 (33. EL).

568 *Dutta*, in: Handwörterbuch des Europäischen Privatrechts 2009, 1808f.; die folgenden Beispiele der Rechtsprechung des EuGH sind dieser Fundstelle entnommen.

569 EuGH 15.5.2003, Rs. C-266/01, Slg. 2003, I-4867 – *TIARD*, Tz. 42f.

570 EuGH 14.11.2002, Rs. C-271/00, Slg. 2002, I-10489 – *Gemeente Steenbergen*, Tz. 34; EuGH 15.1.2004, Rs. C-433/01, Slg. 2004, I-981 – *Freistaat Bayern*, Tz. 20.

571 EuGH 28.4.2009, Rs. C-420/07, Slg. 2009, I-03571 – *Apostolides*, Tz. 45.

als Träger hoheitlicher Gewalt und nicht lediglich als Teilnehmer am Privatrechtsverkehr betreffen. Eine öffentlich-rechtliche Funktion ist nicht allein aus der Tatsache heraus zu bejahen, dass eine Norm nur den Staat als Adressaten vorsieht.

(3) Überprüfung der Möglichkeit einer öffentlich-rechtlichen Qualifikation

Es ist unter Zugrundelegung der vom EuGH aufgestellten Kriterien, ergänzt durch die Aussagen der gleichbedeutenden materiellen Subjektstheorie, zu überprüfen, ob Aneignungsrechte öffentlich-rechtlich zu qualifizieren sind. Für die Qualifikation der Aneignungsrechte ist es entscheidend, ob diese den Staat und seine Behörden in deren Funktion als Träger hoheitlicher Befugnisse oder lediglich als Privatrechtssubjekte ansprechen. Für die Qualifikation anhand dieses funktionalen Kriteriums ist eine Auslegung der in den verschiedenen Rechtsordnungen bestenden Regelungen notwendig. Hierbei stellt sich die Frage, ob eine gemeinsame Betrachtung der Aneignungsrechte und damit eine Auslegung des Aneignungsrechts an sich möglich ist oder, ob sich die einzelnen Regelungen derart voneinander unterscheiden, dass jeweils eine individuelle Auslegung vorzunehmen ist. Für die Möglichkeit einer gemeinsamen Betrachtung spricht, dass das Ergebnis der Aneignungsrechte stets gleich ist: der Staat wird Eigentümer des aufgrund fehlender Erben herrenlosen Vermögens.[572] Dieses übereinstimmende Ergebnis ermöglicht eine einheitliche Auslegung in Hinblick auf die vom EuGH aufgestellten Kriterien zur Abgrenzung von öffentlichem und privatem Recht und damit zur funktionalen Qualifikation.

Die Aneignungsrechte führen dazu, dass der Staat als Normadressat Eigentümer der herrenlosen Nachlassgegenstände wird. Der Staat wird demnach als Zuordnungsobjekt für herrenloses Vermögen genutzt. Hierbei steht nicht im Vordergrund, den Staat in seiner Funktion als Träger hoheitlicher Gewalt auftreten zu lassen, auch wenn die Aneignung lediglich durch den Staat vorgenommen werden kann. Denn durch die Zuordnung des Vermögens werden keine hoheitlichen Befugnisse begründet, die der Staat als Träger der hoheitlichen Gewalt ausüben könnte. Die Einordnung des Aneignungsvorgangs als hoheitlichen Eingriff ist alleine nicht ausreichend, um daraus auf eine öffentlich-rechtliche Qualifikation des Aneignungsrechts zu schließen. Es ist vielmehr zu beurteilen, inwiefern der Staat als Zuordnungsobjekt in seiner Funktion als

572 Vgl. hierzu die eingehende rechtsvergleichende Untersuchung von *Heckel*, Das Fiskuserbrecht im internationalen Privatrecht, 2006, S. 11–62.

Träger hoheitlicher Gewalt angesprochen wird. Gegen eine solche Einordnung spricht weiter, dass der Staat im Falle des Aneignungsrechts nicht einseitig gegenüber einem Privaten Ansprüche durchsetzt, sondern lediglich für eine Zuordnung von Eigentum im Privatrechtsverkehr sorgt. Auch die durch das Aneignungsrecht vermittelte Rechtsposition unterscheidet sich nicht von der eines privatrechtlichen Eigentümers. Gestützt wird dies durch einen Vergleich mit § 1936 BGB. Diese Vorschrift nennt ebenfalls nur den Staat als Normadressaten und wird dennoch nach allgemeiner Meinung als Vorschrift des Privatrechts eingeordnet, weil der Staat als privatrechtlicher Erbe und damit als Teilnehmer am privaten Rechtsverkehr berechtigt wird. Im deutschen Recht besteht mit § 928 Abs. 2 BGB eine weitere Vorschrift, die lediglich den Staat als Normadressaten nennt. Der Staat darf sich gem. § 928 Abs. 2 BGB derelinquierte Grundstücke aneignen. Auch in diesem Fall wird der Staat als neuer Eigentümer in seiner Funktion als Privatrechtssubjekt angesprochen. Sowohl bei § 1936 BGB als auch bei 928 Abs. 2 BGB werden keine hoheitlichen Befugnisse begründet, die den Staat als Träger der hoheitlichen Gewalt zustehen. Diese Feststellung kann auf die Aneignungsrechte übertragen werden, weil dort ebenfalls keine weiteren hoheitlichen Befugnisse aus der Zuordnung des Vermögens an den Staat herrühren.

Aus diesen Erwägungen ergibt sich, dass die Staaten durch Aneignungsrechte zwar im Rahmen eines hoheitlichen Erwerbsmodus tätig werden, weil nur der Staat das herrenlose Vermögen aneignen darf. Die Staaten werden aber nicht in ihrer Funktion als Träger hoheitlicher Befugnisse angesprochen, weil sich aus den Aneignungsrechten keine über die eines privatrechtlichen Teilnehmers am Rechtsverkehr hinausgehende rechtliche Stellung ergibt. Legt man der Qualifikationsfrage die funktionale Betrachtung und im Falle der Betrachtung einer öffentlich-rechtlichen Qualifikation die Funktion, in der der Staat angesprochen wird, zugrunde, handelt sich bei Aneignungsrechten um Vorschriften des Privatrechts, so dass eine öffentlich-rechtliche Qualifikation zu verneinen ist.[573] Aneignungsrechte unterfallen dementsprechend nicht dem Anwendungsausschluss für öffentliches Recht gem. Art. 1 Abs. 1 S. 2 EuErbVO.

---

573 Zu diesem Ergebnis kommt auch die öst. Rechtsprechung in Bezug auf das öst. Heimfallsrecht OGH 20. 11. 2012 5 Ob 116/12p: Der Fiskus bediene sich für „die Geltendmachung seiner Ansprüche derselben Mittel wie alle anderen Rechtsgenossen" und übt das Heimfallsrecht „nicht als übergeordneter Rechtsträger mittels einseitiger Gestaltungsrechte" aus. Außerdem kann der Fiskus „nicht in subjektive Rechte durch Befehls- und Zwangsgewalt eingreifen".

(4) Ergebnis

Die Aneignungsrechte für erbenlosen Nachlass sind nicht als öffentliches Recht i.S. eines autonomen europäischen Verständnisses zu qualifizieren und unterfallen damit auch nicht dem Ausschluss des Art. 1 Abs. 1 S. 2 EuErbVO.[574] Die Qualifikation der Aneignungsrechte findet demnach i.R.d. Internationalen Privatrechts statt, eine territoriale Begrenztheit aufgrund einer öffentlich-rechtlichen Qualifikation und damit der Einschlägigkeit des Internationalen Öffentlichen Rechts ist abzulehnen.

bb. Eingriffsrechtliche Qualifikation

Die Aneignungsrechte könnten als Eingriffsnormen zu qualifizieren sein. In Betracht kommt sowohl das Vorliegen einer formellen (sog. selbstbeschränkte Sachnorm) als auch einer materiellen Eingriffsnorm.

(1) Aneignungsrechte als formale Eingriffsnormen?

Bei Aneignungsrechten könnte es sich um formale Eingriffsnormen handeln. Voraussetzung für das Vorliegen einer formalen Eingriffsnorm ist, dass die betreffende Sachnorm neben ihrem sachrechtlichen Regelungsgehalt auch über einen kollisionsrechtlichen Regelungsgehalt verfügt. Dieser könnte im Wortlaut explizit vorgesehen sein oder durch Auslegung ermittelt werden, wobei die Grenzen der Auslegung (Anhaltspunkt im Wortlaut) eingehalten werden müssen. Auf die Aneignungsrechte übertragen, müssten diese neben der sachrechtlichen Regelung, dass der Staat sich das aufgrund fehlender Erben herrenlose Vermögen aneignet, auch eine Regelung darüber enthalten, in welchen Fällen die sachrechtliche Regelung anwendbar ist, wenn die Auswahl zwischen mehreren Regelungen verschiedener Rechtsordnungen besteht. Ein Anhaltspunkt für eine Qualifikation als formale Eingriffsnorm könnte sich ergeben, wenn die Aneignungsrechte im Wortlaut darauf abstellen, dass nur Vermögen im Territorium des betreffenden Staates erfasst werden soll. Eine solche Beschränkung könnte kollisionsrechtlich dahingehend verstanden werden, dass diese Vorschriften internationalprivatrechtlich dann anwendbar sind, wenn sich erbenloser Nachlass im Territorium der betreffenden Rechtsordnung befindet.

Allerdings lässt sich in den Aneignungsrechten in der Regel keine Aussage darüber entnehmen, wann diese kollisionsrechtlich anzuwenden sind. Die Aneignungsrechte nennen in der Regel lediglich das Fehlen von Erben als Voraussetzung der Aneignung und lassen die Frage nach der Belegenheit des

574 Vgl. hierzu auch Deixler-Hübner/Schauer/*Cohen*, EuErbVO Art. 33 Rn. 5.

Vermögens unerwähnt.[575] Es ist daher auch nicht möglich im Wege der Auslegung den Vorschriften einen solchen kollisionsrechtlichen Gehalt zu entnehmen. Bei den Aneignungsrechten handelt es sich demnach in der Regel nicht um formale Eingriffsnormen.

i. Regelung in England als Ausnahme

Eine Ausnahme von der grundsätzlichen Feststellung, dass Aneignungsrechte keine formalen Eingriffsnormen sind, könnte die Regelung in Großbritannien sein. Die englische Regelung[576] in sec. 46 (vi) Administration of Estates Act 1925 verweist nämlich darauf, dass das herrenlose Vermögen (*bona vacantia*) der Krone, dem Herzogtum Lancaster oder dem jeweiligen Herzog von Cornwall gehört. Abhängig ist dies davon, wie der jeweilige Fall gelegen ist („as the case may be"). Die Formulierung der englischen Vorschrift könnte so zu verstehen sein, dass nur in Fällen, in denen erbenloser Nachlass in Lancaster, Cornwall oder im übrigen Großbritannien belegen ist, ein Aneignungsrecht geltend gemacht werden kann. Dann wäre die Anwendbarkeit des Aneignungsrechts von der Belegenheit des Vermögens in einen der drei genannten Teile von Großbritannien abhängig. Dies könnte als kollisionsrechtlicher Gehalt auch im Hinblick auf eine Kollisionslage mit einer anderen Rechtsordnung zu verstehen sein: das Aneignungsrecht wäre dann nur bei Belegenheit von Nachlassvermögen im Inland anwendbar.[577] Die Vorschrift könnte jedoch auch so verstanden werden, dass lediglich eine Verteilung der erwarteten Einkünfte aus den *bona vacantia*-Regelungen stattfinden soll und damit der besonderen Stellung des Herzogtums Lancaster und des jeweiligen Herzogs von Cornwall innerhalb Großbritanniens Rechnung getragen werden soll. In diesem Fall wäre der Nennung der drei Institutionen keine kollisionsrechtliche Entscheidung zu entnehmen, sondern nur die sachrechtliche Berücksichtigung der innerstaatlichen Besonderheiten bei der Verteilung. Zur Beantwortung dieser Frage kann der sog. Alternativentest herangezogen werden.[578] Entscheidendes Kriterium für das Vorliegen eines kollisionsrechtlichen Gehalts ist demnach, dass die Alternative zur Anwendung der

---

575 Vgl. im Detail zu den einzelnen Aneignungsrechten den rechtsvergleichenden Teil der Arbeit von *Heckel*, Das Fiskuserbrecht im internationalen Privatrecht, 2006, S. 11–60.

576 Der Administration of Estates Act 1925 findet nur in England und Wales Anwendung. Daher wird hier und im Folgenden von der „englischen" Regelung gesprochen.

577 Vgl. *Bachner/Gasser*, ZfRV 2009, 113, 116 in Bezug auf das englische Heimfallrecht für das Vermögen einer gelöschten Gesellschaft, die ebenfalls diese Formulierungen enthält; *Lamprecht*, ZEuP 2008, 289, 298; *Mansel*, in: LA Kegel 2002, S. 111, 117.

578 *Kegel/Schurig*, Internationales Privatrecht, ^{9}2004 § 1 VIII 1 (S. 56f.); *Köhler*, Eingriffsnormen–der „unfertige Teil" des europäischen IPR, 2013, S. 13; *Kuckein*, Die

in Frage stehenden Norm die Anwendung einer Norm einer anderen Rechtsordnung ist, während eine lediglich sachrechtliche Regelung vorliegt, wenn sich die Alternative aus derselben Rechtsordnung ergibt, aus der auch die in Frage stehende Norm stammt.[579] Übertragen auf die vorliegende Fragestellung ist zu entscheiden, ob die Regelung, wer den erbenlosen Nachlass erhält (die Krone, das Herzogtum Lancaster oder der jeweilige Herzog von Cornwall) in einem Alternativverhältnis zu einer ausländischen Regelung steht oder eine Alternative zu einer anderen Sachregelung innerhalb der Rechtsordnung darstellt. Die *bona vacantia*-Vorschrift enthält drei Alternativen, wem das herrenlose Vermögen zusteht. Daher enthält diese Regelung zunächst einmal Alternativen dazu, dass der Krone das Vermögen zukommt, indem bei Belegenheit des Vermögens in Lancaster oder Cornwall einer dortigen Institution das Vermögen zusteht. Folge davon ist, dass nicht das Aneignungsrecht selbst, sondern nur die Frage, wem es im konkreten Fall zusteht, durch die örtliche Anknüpfung geregelt wird. Das Alternativverhältnis stellt sich demnach so dar, dass entweder die Krone, das Herzogtum Lancaster oder der jeweilige Herzog von Cornwall zum Zug kommt. Es handelt sich zunächst um die Zuweisung zu verschiedenen Institutionen innerhalb derselben Rechtsordnung. Erst, wenn Vermögen in keinem der Gebiete belegen ist, kommt auch keine der Institutionen zum Zug, so dass die Vorschrift nicht anwendbar ist. Diese bestimmt das nicht ausdrücklich, es kann aber der Umkehrschluss vorgenommen werden, dass bei fehlender Belegenheit im Inland die Regelung nicht zur Anwendung kommen soll. Alternative zu dieser fehlenden Anwendbarkeit ist, dass eine Rechtsnorm einer anderen Rechtsordnung für den dann im Ausland belegenen erbenlosen Nachlass zur Anwendung kommt. Somit ergibt sich aus dem Alternativentest, dass bei fehlender Belegenheit des erbenlosen Nachlasses im Inland die Alternative zur Nichtanwendung des Aneignungsrechts die Anwendung einer ausländischen Regelung nach sich zieht und damit eine kollisionsrechtliche Entscheidung vorliegt. Dies entspricht auch Sinn und Zweck des Aneignungsrechts, denn durch dieses soll das Vorhandensein herrenlosen Vermögens innerhalb des Rechtsgebiets vermieden werden.[580] Somit enthält die englische Regelung eine kollisionsrechtliche Komponente, die die Anwendung des Rechts von der Belegenheit des Vermögens

---

„Berücksichtigung“ von Eingriffsnormen im deutschen und englischen internationalen Vertragsrecht, 2008, S. 20; *Siehr*, RabelsZ 46 (1982), 355, 363.

579 *Kegel/Schurig*, Internationales Privatrecht, [9]2004 § 1 VIII 1 (S. 56f.).

580 Zu Sinn und Zweck der Aneignungsrechte siehe unter 2. Teil A V c bb (2) i, 2. Teil A V c cc, dd.

abhängig macht. Dabei handelt es sich um eine einseitige Kollisionsnorm, weil nicht geregelt wird, welches Recht anzuwenden ist, wenn das Vermögen nicht in den jeweiligen Gebieten belegen ist. Das Aneignungsrecht in Großbritannien ist dementsprechend als formale Eingriffsnorm zu qualifizieren. Diese geht im Wege des Grundsatzes *lex specialis derogat leges generalis* einem Anwendungsbefehl einer gewöhnlichen Kollisionsnorm vor.

ii. Regelung in Schweden als Ausnahme

In Schweden könnte das Aneignungsrecht für erbenlosen Nachlass ebenfalls eine formale Eingriffsnorm sein. Diese Annahme ergibt sich aus dem Zusammenspiel des Aneignungsrechts mit Kapitel 1 § 11 des Gesetzes betreffend die internationalen Rechtsverhältnisse in Nachlasssachen von 1937, der bestimmt, dass ein erbenloser Nachlass eines Ausländers dem schwedischen Aneignungsrecht unterliegt, wenn er in Schweden belegen ist.[581] Aus dieser Vorschrift geht hervor, dass die Anwendung des Aneignungsrechts von der Belegenheit des erbenlosen Nachlasses im Inland abhängig gemacht wird.[582] Somit ist dem schwedischen Aneignungsrecht eine in einem anderen Gesetz enthaltene[583] einseitige kollisionsrechtliche Regelung beigeordnet. Das schwedische Aneignungsrecht stellt in der Kombination mit der genannten Vorschrift eine formale Eingriffsnorm dar.

(2) Aneignungsrechte als Eingriffsnormen im materiellen Sinn?

Bei Aneignungsrechten könnte es sich um Eingriffsnormen im materiellen Sinn handeln. Bei dieser Frage ist auf die bereits gelegten Grundlagen zur Feststellung einer materiellen Eingriffsnorm zurückzugreifen. Zunächst gilt es die Aneignungsrechte in Hinblick darauf auszulegen, ob diese überwiegend öffentliche Interessen verfolgen. Sollte dies zu bejahen sein, ist im Rahmen einer international-privatrechtlichen Qualifiktion zu überprüfen, ob die öffentlichen Interessen funktional durch die Anknüpfung seitens einer gewöhnlichen Kollisionsnorm bereits berücksichtigt werden. Nur, wenn dies nicht der Fall ist („Disqualifikation"), ist von einer materiellen Eingriffsnorm auszugehen, die das Bedürfnis einer besonderen Anknüpfung aufweist[584].

---

581 *Heckel*, Das Fiskuserbrecht im internationalen Privatrecht, 2006, S. 48.

582 Vgl. KG IPRax 1986, 41, 42; *Heckel*, Das Fiskuserbrecht im internationalen Privatrecht, 2006, S. 48f.

583 Zur Möglichkeit der gesetzestechnisch getrennten Regelung *Köhler*, Eingriffsnormen–der „unfertige Teil" des europäischen IPR, 2013, S. 11.

584 MüKoBGB/*Sonnenberger*, 5. Aufl. 2010, Einl. IPR Rn. 47 bezeichnet die Frage nach der besonderen Anknüpfung als das „zweite Hauptproblem", das jedoch nur virulent wird, wenn definitionsmäßig eine Eingriffsnorm vorliegt.

i. Normzwecke von Aneignungsrechten

Es ist zu untersuchen, welche Funktionen und Zwecke Aneignungsrechte verfolgen. Die festgestellten Funktionen und Zwecke sind daraufhin zu beleuchten, ob diese überwiegend öffentlichen Interessen dienen. Unter öffentlichen Interessen, auch Staats- oder Gemeinwohlinteressen genannt, sind staats-, wirtschafts- und sozialpolitische Interessen zu verstehen, die den Individual- und Parteiinteressen gegenüberstehen.[585] Allgemein formuliert muss eine Sachnorm überwiegende Relevanz für das öffentliche Wohl aufweisen, um als Eingriffsnorm definiert werden zu können.[586]

Ein Aneignungsrecht für erbenlosen Nachlass dient in erster Linie dazu, die Herrenlosigkeit des Vermögens eines Verstorbenen, das im Wege der Rechtsnachfolge von Todes wegen keinem neuen Eigentümer zugeordnet werden kann, zu vermeiden. Das geschieht durch eine Zuordnung des Vermögens an den Staat. Die Vermeidung der Herrenlosigkeit hat die Funktion, eine klare und eindeutige Inhaberschaft an den Vermögenswerten zu schaffen und eine ordnungsgemäße Abwicklung des Vermögens zu gewährleisten. Aus der Beschränkung des Aneignungsrechts auf das jeweilige Territorium lässt sich allerdings ableiten, dass die Vermeidung der Herrenlosigkeit und damit die klare Zuordnung des Vermögens, einen höheren Stellenwert einnimmt als der Gedanke, den Nachlassgläubigern eine ordnungsgemäße Abwicklung zu garantieren, weil eine solche nur dann einem hohen Nutzen für die Gläubiger hat, wenn das Vermögen insgesamt und unabhängig von seiner Belegenheit erfasst wird.[587] Daher ist die Funktion der ordnungsgemäßen Abwicklung für die Nachlassgläubiger als in diesem Verhältnis nachrangig einzuordnen. Weiterhin wird durch das Aneignungsrecht vermieden, dass ein Konflikt zwischen mehreren aneignungswilligen natürlichen Personen hinsichtlich eines herrenlosen Vermögens entsteht. Es ist festzustellen, ob hinter diesen genannten Funktionen überwiegend

---

585 Vgl. BGHZ 154, 110 = NJW 2003, 2020, 2021; BGHZ 165, 248 = NJW 2006, 762, 765; BGHZ 182, 24 = NJW 2009, 3371, 3373; *Kropholler*, Internationales Privatrecht, [6]2006 § 3 II 3 (S. 21f.); *Kuckein*, Die „Berücksichtigung" von Eingriffsnormen im deutschen und englischen internationalen Vertragsrecht, 2008, S. 30; Staudinger/*Magnus*, Rom I-VO Art. 9 Rn. 59; *Mankowski*, RIW 2006, 321, 326; MüKoBGB/*Martiny*, Rom I-VO Art. 9 Rn. 13.

586 Vgl. Staudinger/*Magnus*, Rom I-VO Art. 9 Rn. 61.

587 Dies spiegelt sich auch in der Regelung des Art. 33 EuErbVO wider, der mit der Bestimmung, dass die Rechte von Nachlassgläubigern durch das Aneignungsrecht nicht beeinträchtigt werden dürfen, versucht die Gefahr durch die fehlende Funktion der Abwicklung des Nachlasses im Sinne der Nachlassgläubiger zu entschärfen.

öffentliche Interessen stehen. Zunächst handelt es sich bei der reinen Zuordnung des Vermögens an einen neuen Rechtsträger um einen privatrechtlichen Zweck, der keinen öffentlichen Interessen dient.[588] Die mit der Zuordnung verbundene Klärung der Inhaberschaft an dem Vermögen des Verstorbenen dient dem betreffenden Rechtsverkehr, der mit dem Vermögen in Berührung kommt, weil hierdurch Rechtssicherheit entsteht. Diese Funktion geht jedoch zumindest hinsichtlich dinglicher Rechte nicht über die Aufgabe des gewöhnlichen Sachenrechts hinaus und betrifft damit zumindest nicht in einer überwiegenden Form Gemeinwohlinteressen. Die Funktion der Gewährleistung der ordnungsgemäßen Abwicklung des Vermögens hat die Nachlassgläubiger im Blick und spiegelt damit keine speziellen staats-, wirtschafts- oder sozialpolitische Interessen wider, weil hierbei das Interesse der vorhandenen Nachlassgläubiger und damit Partei- bzw. Individualinteresse deutlich im Vordergrund stehen.[589] Ein Gemeininteresse zur Bewahrung der staats-, wirtschafts- oder sozialpolitischen Organisation des jeweiligen Staates wird hierdurch nicht betroffen. Die Verhinderung des Konflikts mehrerer Aneignungswilliger dient dem Schutz des Rechtsverkehrs, weil hierdurch Rechtsfrieden gewährleistet wird. Die Aufrechterhaltung von Rechtsfrieden ist eine Aufgabe des Staates, die der gesamten Rechtsgemeinschaft dient. Diese Funktion stellt einen staatspolitischen Zweck und damit ein öffentliches Interesse dar. Einen weiteren Zweck von Aneignungsrechten stellt der Gedanke dar, dass herrenloses Vermögen durch Zuordnung zum Staat der Allgemeinheit zukommt und dieses damit dem Gemeinwohl dient. Dies kann auch als fiskalisches Interesse des Staates am Nachlass bezeichnet werden.[590] Jedoch dürfte gerade beim Aneignungsrecht diesem Punkt keine überragende Bedeutung zukommen, denn der Zweck des Aneignungsrechts geht nicht dahin, möglichst den gesamten erbenlosen Nachlass zu erfassen, sondern lediglich den im Inland belegenen. Bei den Staaten, die sich für das Modell eines Aneignungsrechts entschieden haben, stand allerdings die Erfassung von Vermögen über

---

588 Staudinger/*Mansel*, EGBGB Art. 43 Rn. 696 verneint schon aufgrund dieser privatrechtlichen Funktion das Vorliegen einer Eingriffsnorm.

589 Vgl. NK-NachfolgeR/*Köhler*, EuErbVO Art. 33 Rn. 6; zum alten Recht durch Verneinung der Einordnung des Aneignungsrechts als „besondere Vorschrift" gem. Art. 3 Abs. 3 EGBGB a.F. Soergel/*Schurig*, EGBGB Art. 25 Rn. 30; vgl. zur früheren Rechtslage Staudinger/*Stoll*, Bearbeitung 1996, Int SachenR Rn. 180 der solche Aneignungsrechte als sachenrechtliche Vorschriften mit erbrechtlicher Funktion einordnet.

590 Vgl. zu § 1936 BGB: *Kegel/Schurig*, Internationales Privatrecht, ^{9}2004 § 7 3 b cc bbb (S. 352f.) behandelt dieses allerdings auf kollisionsrechtlicher Ebene (kollisionsrechtliches Interesse).

die Staatsgrenzen hinaus nicht im Vordergrund, so dass insbesondere im Vergleich zum Fiskuserbrecht, bei dessen Einführung in Deutschland dieser Aspekt Beachtung fand,[591] diese Funktion nicht als überwiegend anzusehen ist. Zwar hatte etwa das englische Aneignungsrecht ursprünglich die Funktion einer Einnahmequelle für die Krone, dieser historische Aspekt spielt jedoch i.R.d. modernen Aneignungsrechte und aufgrund der *civil list* heute keine entscheidende Rolle mehr.[592]

ii. Ergebnis

Zusammenfassend bestehen zwar durchaus auch öffentliche Interessen, die durch ein Aneignungsrecht verwirklicht werden, allerdings ist kein Überwiegen dieser Interessen gegenüber den Individual- und Parteiinteressen anzunehmen. Bei den Aneignungsrechten handelt es sich aus diesem Grund nicht um Eingriffsnormen im materielllen Sinn.

cc. Erbrechtliche Qualifikation

Aneignungsrechte könnten erbrechtlich zu qualifizieren sein, wenn eine Funktionsentsprechung zwischen diesen und dem Verweisungsgegenstand bzw. -ziel der erbrechtlichen Kollisionsnorm der EuErbVO besteht.

Zunächst gilt es wiederum, den Verweisungsbegriff der Rechtsnachfolge von Todes wegen des Art. 21 Abs. 1 EuErbVO mit Hilfe der Artt. 1 Abs. 1 und 2, 3 Abs. 1 und 23 Abs. 1 und 2 EuErbVO und in Hinblick auf das Rechtsinstitut des Aneignungsrechts auszulegen. Gem. Art. 23 Abs. 2 lit. e EuErbVO ist unter der Rechtsnachfolge von Todes wegen „der Übergang der zum Nachlass gehörenden Vermögenswerte, Rechte und Pflichten auf die Erben und gegebenfalls die Vermächtnisnehmer“ zu verstehen. Aus dieser Bestimmung ergibt sich, dass nur die unmittelbare Übertragung von Vermögen aufgrund des Todes einer Person der Rechtsnachfolge von Todes wegen zuzuordnen ist, denn bei den genannnten Erben und Vermächtnisnehmern (Vindikationslegate) erfolgt der Rechtsübergang unmittelbar mit dem Tod des Erblassers (Universal- oder Singularsukzession).[593] Dieses Verständnis der Rechtsnachfolge von Todes wegen deckt Art. 3 Abs. 1 lit. a EuErbVO, der als Rechtsnachfolge von Todes wegen jede Form des Vermögensübergangs von Todes wegen und in diesem Zusammenhang explizit die gewillkürte Erbfolge durch eine Verfügung von Todes wegen und die

591 *Kegel/Schurig*, Internationales Privatrecht, ^{9}2004 § 7 III 3 b cc bbb (S. 353).

592 Vgl. dazu unter 1. Teil B III.

593 Vgl. auch MüKoBGB/*Dutta*, EuErbVO Art. 3 Rn. 2 der unter der Rechtsnachfolge von Todes wegen i.S.d. EuErbVO eine Universal- oder Singularsukzession versteht.

gesetzliche Erbfolge nennt. Weiterhin schließt Art. 1 Abs. 2 lit. g EuErbVO den Übergang von Vermögen außerhalb der Rechtsnachfolge von Todes wegen vom sachlichen Anwendungsbereich der Verordnung aus. Unter der Rechtsnachfolge von Todes wegen sind demnach nicht Vermögensübertragungen außerhalb der unmittelbaren Übertragung aufgrund des Todes einer Person zu verstehen. Weiterhin ergibt sich aus diesen Vorschriften, dass unter der Rechtsnachfolge von Todes wegen grundsätzlich die Übertragung von Vermögen auf solche Personen zu verstehen ist, die sich der Erblasser ausgesucht hat (gewillkürte Erbfolge) oder hypothetisch aussuchen würde (gesetzliche Erbfolge). Die Rechtsnachfolge von Todes wegen beinhaltet nicht nur die neue Zuordnung von Vermögen nach dem Tod einer Person, sondern dient insbesondere auch der Berücksichtigung des Erblasserwillens und der Möglichkeit der Regelung der Eigentumsverhältnisse durch den Eigentümer über den Tod hinaus.[594] Die Funktion der Rechtsnachfolge von Todes wegen geht daher deutlich über die bloße Zuordnung des Vermögens des Verstorbenen zwecks Vermeidung von Herrenlosigkeit hinaus. Des Weiteren zeigt Art. 23 Abs. 2 lit. g EuErbVO, dass die Rechtsnachfolge von Todes wegen auch die Funktion hat, eine Kontinuität für eventuell vorhandene Gläubiger des Verstorbenen zu gewährleisten. Diese sollen trotz des Todes weiterhin die Möglichkeit haben, ihre Forderungen gegenüber nun einem neuen Schuldner, dem Erben, einzufordern. Hieran zeigt sich, dass die Rechtsnachfolge von Todes wegen auch die Funktion aufweist, Regelungen im Sinne der Lebenden, die in Verbindung mit dem Erblasser und seinem Vermögen standen, zu treffen. Die Auslegung des Begriffs der Rechtsnachfolge von Todes wegen hat ergeben, dass die relevanten Funktionen darin bestehen, eine unmittelbare Rechtsnachfolge aufgrund des Todes einer Person und damit eine Ordnung der Vermögensverhältnisse zu erreichen, die Durchsetzung des Willens des Verstorbenen zu gewährleisten und bestehenden Gläubigern weiterhin die Möglichkeit der Verfolgung ihrer Ansprüche zu ermöglichen. Es gilt nun die Aneignungsrechte hinsichtlich ihrer Funktionen auszulegen und zu überprüfen, ob eine Funktionsentsprechung gegeben ist.

Die Aneignungsrechte sind so konstruiert, dass diese erst dann eingreifen, wenn aufgrund von fehlenden Erben kein unmittelbarer Rechtsübergang von Todes wegen eingetreten ist und das Vermögen daher als herrenlos (*bona vacantia*) angesehen wird. Aneignungsrechte haben folglich nicht die Funktion einen unmittelbaren Rechtsübergang aufgrund des Todes einer Person im Wege einer Universalsukzession oder Singularsukzession herbeizuführen. Dieser Aspekt

594 Vgl. dazu unter 1. Teil C I.

spricht zunächst gegen eine Funktionsentsprechung mit der Rechtsnachfolge von Todes wegen. Zudem wird der Staat nicht als Erbe angesehen, sondern vielmehr als Zuordnungsobjekt für herrenlose Vermögensmassen und damit als Ordnungsinstanz. Auch in dieser Hinsicht besteht keine Funktionsentsprechung mit der Rechtsnachfolge von Todes wegen, denn bei dieser geht es um die Verteilung des Nachlasses im Sinne des Erblassers, der Erben und Nachlassgläubiger. Der mögliche Einwand, diese Aspekte würde nur formale Bereiche der jeweiligen Ausgestaltungen betreffen und ansonsten stimmten Fiskuserbrecht und Aneignungsrecht in ihren Funktionen überein, so dass eine einheitliche erbrechtliche Qualifikation vorzuziehen ist, kann letztendlich nicht überzeugen. Der Gedanke der einheitlichen Qualifikation erfolgt aus der Prämisse, dass schon die Rechtsfrage des staatlichen Zugriffs auf erbenloses Nachlassvermögen zwingend erbrechtlich zu qualifizieren sei und daher die unterschiedliche Ausgestaltung dieses Zugriffs auch keine abweichende Qualifikation begründen kann. Denn ist die Rechtsfrage zwingend erbrechtlich zu qualifizieren, ist eine unterschiedliche Qualifikation der jeweiligen Rechtsinstitute schwieriger zu begründen. Als zu qualifizierende Rechtsfrage kommt „Die Behandlung des Vermögens eines Verstorbenen ohne erbrechtliche Rechtsnachfolger" in Betracht. Es ist also zu fragen, ob auch dieser Fall funktional zur Rechtsnachfolge von Todes wegen gehört. Man kann zwar auf der einen Seite den gesamten Bereich, der die Rechtsnachfolge für das Vermögen eines Verstorbenen regelt, dem Erbrecht zuordnen. Auf der anderen Seite ist jedoch auch immanenter Bestandteil des Erbrechts, dass die Empfängerseite des Vermögens eine Verbindung zum Erblasser aufweist, denn primärer Gedanke des Erbrechts ist die Freiheit des Erblassers, über den Tod hinaus über sein Eigentum zu verfügen. Daher soll das Erbrecht der Durchsetzung des Willens des Erblassers dienen. Bei einem erbenlosen Nachlass spielt dieser wichtige Aspekt des Erbrechts allerdings keine Rolle, denn es fehlt an einem geäußerten Willen des Erblassers und der mutmaßliche Wille ist nicht durchsetzbar, weil keine gesetzlichen Erben vorhanden sind. Als Aspekt der Rechtsnachfolge von Todes wegen bleibt nur die Regelung der Vermögensnachfolge für die Lebenden übrig. Darunter kann die Regelung für Gläubiger und andere Beteiligte fallen. Inwiefern dieser Aspekt von den Regelungen soweit berücksichtigt wird, dass eine funktionale Zuordnung zur Rechtsnachfolge von Todes wegen notwendig erscheint, hängt jedoch, wie oben gesehen, von der jeweiligen Schwerpunktsetzung der Regelungen ab. Es kann aus diesem Grund nicht überzeugen, die Rechtsfrage zwingend erbrechtlich zu qualifizieren, so dass die jeweilige sachrechtliche Lösung der Rechtsfrage den Ausschlag für die Qualifikation geben kann. Aus der unterschiedlichen Ausgestaltung zur Behandlung eines erbenlosen Nachlasses in den Rechtsordnungen kann dementsprechend auch eine unterschiedliche Qualifikation folgen. Und gerade die unterschiedlichen Ausgestaltungen der Zugriffsrechte zeigen, dass die erbrechtliche Qualifikation von Aneignungsrechten nicht zwingend ist. Allein aus der erbrechtlichen Qualifikation von Fiskuserbrechten kann demnach nicht der Schluss gezogen werden, dass auch Aneignungsrechte dementsprechend zu qualifizieren sind. Die Ausgestaltung der Regelung als Fiskuserbrecht erfolgt außerdem nicht zwingend aus dem Verständnis, dass es sich bei der Rechtsfrage um einen genuin erbrechtlichen Aspekt handelt, sondern folgt auch durchaus praktischen Erwägungen, wie etwa der Erfassung des gesamten Nachlasses unabhängig von seiner Belegenheit.[595] Hiervon unterscheiden sich Aneignungsrechte, die nur den im jeweiligen Staat belegenen Nachlass erfassen sollen. Es zeigt sich also, dass aus der unterschiedlichen Gestaltung der Behandlung von erbenlosen Nachlass auch ein tatsächlicher Unterschied in der Anwendung der Rechte resultiert. Und hieraus ergibt sich wiederum eine andere Schwerpunktsetzung der Funktionen dieser Rechte: Während Fiskuserbrechte den gesamten Nachlass erfassen und damit insbesondere Nachlassgläubigern eine ordnungsgemäße Abwicklung gewährleisten, steht bei Aneignungsrechten die reine Vermögenszuordnung im jeweiligen Territorium und damit die in diesem Gebiet bestehende Rechtsgemeinschaft im Vordergrund, weil nur dort die Herrenlosigkeit vermieden werden soll. Das Schicksal von im Ausland belegenem Vermögen wird durch Aneignungsrechte nicht berücksichtigt. Fiskuserbrechte haben folglich bei der Ordnung des Nachlasses die Nachlassgläubiger im Blick, Aneignungsrechte dienen hingegen vorrangig der Vermögenszuordnung innerhalb eines bestimmten Territoriums und legen damit den Fokus mehr auf den betreffenden Rechtsverkehr. Damit verfügen Fiskuserbrechte nicht nur über die formale Ausgestaltung als echte private Erbrechte, sondern beinhalten mit dem Ziel der ordnungsgemäßen Abwicklung des gesamten Nachlasses auch eine Funktion, die der Rechtsnachfolge von Todes wegen klarer zugeordnet werden kann. Den Aneignungsrechten hingegen fehlt dieser Aspekt der erbrechtlichen Ausgestaltung. Sie beschränken sich primär auf die Ordnungsfunktion, indem herrenloses Vermögen im eigenen Territorium vermieden wird.

Zwar könnte darauf abgestellt werden, dass die Funktionen des Aneignungsrechts durch eine erbrechtliche Qualifikation mitverwirklicht werden und aufgrund der Nähe zur Rechtsnachfolge von Todes wegen daher eine solche Qualifikation vorzugswürdig wäre. Allerdings besteht im Rahmen einer Qualifikation die Möglichkeit den Anknüpfungspunkt bei der Frage nach der

595 Vgl. für Deutschland: Mot. V, S. 379.

Funktionsentsprechung mit zu berücksichtigen.[596] Unterschiedliche Schwerpunkte bei den Funktionen von Rechtsinstituten können ein unterschiedliches Anknüpfungsmoment und damit unterschiedliche Kollisionsnormen erfordern. Ebenso wie darauf verwiesen wird, dass im Rahmen der Qualifikation eine bestimmte sachgerechte Anknüpfung wichtiger sein kann, als die jeweilige unterschiedliche Ausgestaltung der betreffenden Rechtsinstitute,[597] muss eine dem jeweiligen Rechtsinstitut sachgerechtere Anknüpfung trotz Ähnlichkeiten zu einem anders anzuknüpfenden Rechtsinstitut auch Berücksichtigung finden. Die allgemeine Kollisionsnorm des Art. 21 Abs. 1 EuErbVO verweist bei objektiver Bestimmung des anzuwendenden Rechts auf die Rechtsordnung, in der der Erblasser zum Zeitpunkt seines Todes seinen letzten gewöhnlichen Aufenthalt hatte. Durch diese Anknüpfung wird die Funktion der Aneignungsrechte, nämlich die Ordnung des Vermögens durch Verhinderung der Herrenlosigkeit im jeweiligen Territorium, nicht berücksichtigt, denn entweder sind die Aneignungsrechte für das Vermögen im eigenen Territorium nicht anwendbar oder sie sind für das gesamte Vermögen unabhängig von seiner Belegenheit anwendbar. Beide Anknüpfungen entsprechen nicht der primären Funktion von Aneignungsrechten.[598] Ein weiteres Argument gegen eine erbrechtliche Qualifikation von Aneignungsrechten kann von der Regelung des Art. 33 EuErbVO abgeleitet werden. Die von Art. 33 EuErbVO verfolgte Lösung des positiven Konflikts würde bei einer einheitlich erbrechtlichen Qualifikation beider Ausgestaltungen nicht notwendig sein, weil die erbrechtliche Kollisionsnorm stets nur ein Erbstatut und damit auch nur eine der beiden Ausgestaltungen zur Anwendung berufen würde. Dies spricht dafür, dass seitens des europäischen Gesetzgebers keine einheitliche Qualifikation beider Rechtsinstitute angenommen wurde. Aus den angestellten Erwägungen ergibt sich, dass eine erbrechtliche Qualifikation von Aneignungsrechten abzulehnen ist.

dd. Sachenrechtliche Qualifikation

Das Aneignungsrecht könnte sachenrechtlich zu qualifizieren sein, wenn eine Funktionsentsprechung zwischen dem Verweisungsbegriff der sachenrechtlichen Kollisionsnorm und den Aneignungsrechten besteht. Eine Vereinheitlichung des

596 *Kropholler*, Internationales Privatrecht, ^{6}2006 § 17 I (S. 129).
597 *Kropholler*, Internationales Privatrecht, ^{6}2006 § 17 I (S. 129).
598 Vgl. *Looschelders*, Die Anpassung im internationalen Privatrecht, 1995, S. 362 der sich auf die kollisionsrechtliche Interessenlage bezieht: bei Aneignungsrechten gehe diese dahin, jeden im Inland belegenen erbenlosen Nachlass zu erfassen.

Internationalen Sachenrechts innerhalb der Europäischen Union besteht nicht, wodurch es an einer einheitlichen Kollisionsnorm fehlt. Dennoch kann allgemein festgehalten werden, dass in den jeweiligen Internationalen Sachenrechten der Verweisungsgegenstand die Rechte an einer Sache betrifft und das Anknüpfungsmoment der jeweilige Lageort der Sache ist.[599] Damit betrifft die Funktion des Verweisungsgegenstands von sachenrechtlichen Kollisionsnormen die dingliche Zuordnung von Sachen zu Personen mit Wirkung erga omnes;[600] Sachnormen können dementsprechend dann sachenrechtlich qualifiziert werden, wenn sie ebenfalls diese Funktion aufweisen. Die sachenrechtliche Kollisionsnorm mit ihrer Verweisung auf das Belegenheitsrecht für die dingliche Zuordnung von Sachen dient insbesondere dem Schutz des Rechtsverkehrs, weil der Staat der Belegenheit einfach festzustellen ist und die Anwendung dieses Rechts den Erwartungen des beteiligten Rechtsverkehrs entspricht.[601]

Für eine Funktionsentsprechung des Aneignungsrechts mit der sachenrechtlichen Kollisionsnorm und damit für eine sachenrechtliche Qualifikation spricht, dass das Aneignungsrecht die Zuordnung von herrenlosem Vermögen mit Wirkung erga omnes regelt und an die Belegenheit des Vermögens anknüpft.[602] Es ist allerdings zu beachten, dass die Funktion der dinglichen Zuordnung von Sachen auch von Verweisungsgegenständen anderer Kollisionsnormen mitverwirklicht werden können. Daher ist eine sachenrechtliche Qualifikation davon abhängig, dass nicht eine speziellere für den betreffenden Bereich einschlägige Kollisionsnorm funktional einschlägig ist. Dies betrifft insbesondere die Bereiche, in denen eine Gesamtrechtsnachfolge für eine bestimmte Art von Vermögen angeordnet ist. Im deutschen Kollisionsrecht besteht der Grundsatz, dass eine Gesamtrechtsnachfolge grundsätzlich der Kollisionsnorm unterliegt, die für den jeweiligen umfassenden Regelungszusammenhang einschlägig ist.[603] Für den

---

599 Vgl. MüKoBGB/*Wendehorst*, EGBGB Art. 43 Rn. 3; BT-Drucks. 14/343, S. 15.

600 Vgl. *von Hoffmann/Thorn*, Internationales Privatrecht, 92007 § 12 Rn. 1; *Kropholler*, Internationales Privatrecht, 62006 § 54 I 3 (S. 555); MüKoBGB/*Wendehorst*, EGBGB Art. 43 Rn. 38f.

601 *Von Hoffmann/Thorn*, Internationales Privatrecht, 92007 § 12 Rn. 9; *Kropholler*, Internationales Privatrecht, 62006 § 54 I 1 (S. 555); Staudinger/*Mansel*, EGBGB Art. 43 Rn. 24f.; BeckOK BGB/*Spickhoff*, EGBGB Art. 43 Rn. 3; MüKoBGB/*Wendehorst*, EGBGB Art. 43 Rn. 4.

602 Vgl. auch zu diesen Kriterien *Heide*, „Striking off the register", 2011, S. 146 zum britischen Aneignungsrecht für das Vermögen einer gelöschten britischen Gesellschaft.

603 Vgl. dazu *Kropholler*, Internationales Privatrecht, 62006 § 54 I 3 e (S. 557) Maßgeblichkeit des Gesamt- oder Vermögensstatut, weil es nicht um die Verfügung der jeweiligen

umfassenderen Regelungszusammenhang wäre in diesem Fall die erbrechtliche Kollisionsnorm einschlägig, weil es sich um das Vermögen des Verstorbenen handelt. Eine erbrechtliche Qualifikation ist jedoch abzulehnen.[604] Die partielle Universalsukzession (Übergang des im Inland belegenen herrenlosen Vermögens ipso iure) durch das Aneignungsrecht betrifft nämlich nicht das Vermögen des Erblassers als Nachlass insgesamt, sondern nur das im eigenen Territorium belegene herrenlose Vermögen. Damit zeigt sich, dass die Vermeidung der Herrenlosigkeit von Vermögen bei Aneignungsrechten im Vordergrund steht und es nicht allein auf die Zugehörigkeit des Vermögens zum Nachlass des Verstorbenen ankommt. Damit betreffen Aneignungsrechte gerade im Gegensatz zu Fiskuserbrechten nicht den gesamten Nachlass des Verstorbenen. Trotz der partiellen Universalsukzession durch Aneignungsrechte ist eine erbrechtliche Qualifikation der sachenrechtlichen Qualifikation mangels Funktionsentsprechung nicht vorzuziehen.[605]

Auch der grundsätzlichen Ablehnung der Möglichkeit einer sachenrechtlichen Qualifikation von Aneignungsrechten, weil die Begrenzung auf das Territorium nicht das Ergebnis einer Bewertung der kollisionsrechtlichen Interessen ist, sondern das Territorium des jeweiligen Staates den räumlichen Geltungsbereich solcher Vorschriften darstellt, ist nicht zu folgen.[606] Diese Auffassung beruht auf der Prämisse einer öffentlich-rechtlichen Qualifikation von Aneignungsrechten und der damit einhergehenden Geltung des Territorialitätsprinzips.

Die primäre Funktion von Aneignungsrechten besteht darin, das Vorhandensein von herrenlosen Vermögen zu vermeiden. Dies wird durch die Zuordnung des Vermögens an den Staat ermöglicht. Der vom Verweisungsgegenstand vorausgesetzten typischen Funktion von Sachrechtsnormen–der Zuordnung von allen im räumlichen Geltungsbereich belegenen Sachen[607]–entspricht das Aneignungsrecht. Das Ziel der Vermeidung von herrenlosem Vermögen im jeweiligen Staatsgebiet dient dem Schutz des mit dem Vermögen in Berührung kommenden Rechtsverkehrs und der Verhinderung unklarer Eigentumsverhältnisse in der jeweiligen Rechtsordnung. Diese Funktionen werden durch die

---

Sache, sondern um den Übergang des speziellen Vermögens (Nachlass) geht, zu der die Sache gehört.

604 Vgl. oben unter 2. Teil A V 2 c cc.

605 Dieser Gedanke wird mit Art. 33 EuErbVO auch zum Ausdruck gebracht, weil sich beim positiven Konflikt nicht das erbrechtliche Gesamtstatut durchsetzt, sondern dem Aneignungsrecht der Vorrang eingeräumt wird.

606 MüKoBGB/*Wendehorst*, EGBGB Art. 43 Rn. 73.

607 Vgl. Staudinger/*Mansel*, EGBGB Art. 43 Rn. 18.

kollisionsrechtliche Verweisung auf das Belegenheitsrecht sichergestellt, so dass in dieser Hinsicht eine Funktionsentsprechung zwischen Aneignungsrechten und den sachenrechtlichen Kollisionsnormen anzunehmen ist. Die Funktionen des Aneignungsrechts – die Vermögenszuordnung mit Wirkung erga omnes, die Vermögenszuordnung von aufgrund fehlender Erben herrenlosen Vermögens sowie die Beschränkung auf Vermögen, das im jeweiligen Staat belegen ist – sind unter teleologischer Betrachtung den Zielen der sachenrechtlichen Kollisionsnorm zuzuordnen.

Eine sachenrechtliche Qualifikation von Aneignungsrechten ist unter funktional-teleologischen Gesichtspunkten zu befürworten.

ee. Ergebnis

Die besonderen Funktionen des Aneignungsrechts weichen von den Funktionen der erbrechtlichen Kollisionsnorm ab und verhindern eine erbrechtliche Qualifikation. Hingegen entsprechen die Funktionen der sachenrechtlichen Kollisionsnorm weitestgehend den Funktionen, denen Aneignungsrechte dienen sollen. Es ist daher von einer sachenrechtlichen Qualifikation von Aneignungsrechten auszugehen.

d. Bedeutung der sachenrechtlichen Qualifikation

Festzustellen bleibt, welche Bedeutung die sachenrechtliche Qualifikation der Aneignungsrechte für die EuErbVO mit ihrer Regelung in Art. 33 hat.

Geht man davon aus, dass der Begriff der Rechtsnachfolge von Todes wegen für die Beschreibung des Anwendungsbereichs der Verordnung in Art. 1 Abs. 1 S. 1 EuErbVO so wie der gleichlautende Verweisungsgegenstand der erbrechtlichen Kollisionsnormen zu verstehen ist,[608] fällt ein sachenrechtlich zu qualifizierendes Aneignungsrecht für einen erbenlosen Nachlass nicht in den Anwendungsbereich der EuErbVO.[609] Dies wirkt sich zunächst auf das Verständnis des Art. 33 EuErbVO aus. Art. 33 EuErbVO kann keine direkte Regelung zur Anwendbarkeit der Aneignungsrechte beinhalten. Dieser Artikel ist folglich

---

608 Es bestünde auch die Möglichkeit die Rechtsnachfolge von Todes wegen in Art. 1 Abs. 1 S. 1 EuErbVO weiter zu fassen als das Verständnis des Verweisungsbegriffs, weil die funktionalen Aspekte und der Anknüpfungspunkt nicht im Rahmen einer Qualifikation berücksichtigt werden müssen.

609 **A.A.:** *Nordmeier*, IPRax 2013, 418, 423 Fn. 61 sieht das Aneignungsrecht als vom Anwendungsbereich der EuErbVO erfasst an, weil es zum Systembereich der Rechtsnachfolge von Todes wegen zählt; Dutta/Weber/*Dutta*, EuErbVO Art. 33 Rn. 8 sieht Aneignungsrechte ebenfalls als vom Anwendungsbereich der EuErbVO erfasst an.

nicht so zu verstehen, dass er die Anwendbarkeit oder Nicht-Anwendbarkeit eines Aneignungsrechts bestimmt, sondern lediglich die Anwendbarkeit des Erbstatuts im Fall der Existenz von Vermögen in einem Aneignungsrechtsstaat beschränkt. Das Erbstatut tritt hinter einem sachenrechtlich zu qualifizierenden Aneignungsrecht zurück. Art. 33 EuErbVO bestimmt demnach nicht die international-privatrechtliche Anwendbarkeit des Aneignungsrechts. Die sachenrechtliche Qualifikation hat außerdem Auswirkungen auf die Lösung des negativen Konflikts. Der negative Konflikt stellt, wenn man das Aneignungsrecht als nicht vom sachlichen Anwendungsbereich der Verordnung erfasst ansieht, eine externe und keine interne Lücke der Verordnung dar.[610] Damit ergibt sich die Möglichkeit der Lösung des negativen Konflikts außerhalb der EuErbVO.

3. *Behandlung der möglichen Konstellationen*

Nachdem der Regelungsgehalt des Art. 33 EuErbVO (unter IV.) festgestellt und die Qualifikation des Aneignungsrechts vorgenommen wurde, kann aufgezeigt werden, wie die möglichen Konstellationen des Aufeinandertreffens von Fiskuserbrecht und Aneignungsrecht unter Geltung der EuErbVO zu behandeln sind.

a. *Erbstatut ist das Recht eines Staates mit Fiskuserbrecht – Nachlassvermögen befindet sich (auch) in einem Staat mit Fiskuserbrecht*

Bei dieser Konstellation besteht in der gem. Art. 21 Abs. 1 EuErbVO anwendbaren Rechtsordnung ein Fiskuserbrecht; der Nachlass befindet sich zumindest zum Teil in einem anderen Staat, dessen Recht ebenfalls ein Fiskuserbrecht vorsieht. Diese Konstellation erfüllt nicht den Tatbestand des Art. 33 EuErbVO, weil Nachlassvermögen nicht in einem Staat mit Aneignungsrechtsmodell belegen ist.[611] Da in beiden Staaten ein erbrechtlich zu qualifizierendes Fiskuserbrecht besteht, liegt allerdings auch kein klärungsbedürftiger Konflikt vor. Gem. Art. 21 Abs. 1 i.V.m. Art. 23 Abs. 1 EuErbVO unterliegt das Fiskuserbrecht dem mit der kollisionsrechtlichen Nachlasseinheit versehenen Erbstatut. Dementsprechend beherrscht das vom Erbstatut berufene Fiskuserbrecht den gesamten Nachlass unabhängig von seiner Belegenheit. Das Fiskuserbrecht im Belegenheitsstaat ist nicht zur Anwendung berufen. Diese Konstellation führt somit zu keinen kollisionsrechtlichen Problemen.

---

610 Vgl. dazu allgemein NK-NachfolgeR/*Köhler*, EuErbVO Einf. Rn. 7; speziell zum negativen Konflikt *Nordmeier*, IPRax 2013, 418, 423 Fn. 61 der diesen aber grundsätzlich als interne Lücke ansieht.

611 Vgl. zu dieser Voraussetzung oben unter 2. Teil A IV 3 a.

b. Erbstatut ist das Recht eines Staates mit Aneignungsrecht – Nachlassvermögen befindet sich (auch) in einem Staat mit Aneignungsrecht

In diesem Fall verfolgt der Staat, dessen Recht gem. Art. 21 Abs. 1 EuErbVO Erbstatut ist, das Konzept des Aneignungsrechtsmodells; der Nachlass ist zumindest teilweise in einem anderen Staat belegen, in dem auch das Konzept des Aneignungsrechtsmodells besteht. Der Tatbestand des Art. 33 EuErbVO wird nicht erfüllt, weil das Aneignungsrecht des Staates, dessen Recht Erbstatut ist, nicht unter das Erbstatut fällt (keine erbrechtliche Qualifikation). Beide Aneignungsrechte werden durch die situs-Regel für den in ihrem Territorium belegenen Nachlass für anwendbar erklärt (sachenrechtliche Qualifikation). Die internationale Anwendbarkeit der Aneignungsrechte ist demnach unabhängig von der EuErbVO mit ihrer erbrechtlichen Kollisionsnorm. Ein Konflikt auf kollisionsrechtlicher Ebene wird nicht hervorgerufen: im Ergebnis eignet sich jeder beteiligte Staat den in seinem Territorium belegenen Nachlass an.

c. Erbstatut ist das Recht eines Staates mit Fiskuserbrecht – Nachlassvermögen befindet sich (auch) in einem Staat mit Aneignungsrecht

Diese Konstellation liegt vor, wenn im Recht des Staates, dessen Recht gem. Art. 21 Abs. 1 EuErbVO Erbstatut ist, ein Fiskuserbrecht besteht und Nachlass in einem Staat belegen ist, in dessen Recht ein Aneignungsrecht für erbenlosen Nachlass vorgesehen ist. In diesem Fall beansprucht grundsätzlich das Fiskuserbrecht als dem Erbstatut zugehörig gem. Art. 23 Abs. 1 EuErbVO den gesamten Nachlass unabhängig von seiner Belegenheit. Das Aneignungsrecht wird von der sachenrechtlichen Kollisionsregel für den in diesem Staat belegenen Nachlass ebenfalls zur Anwendung berufen. Aufgrund dieser kollisionsrechtlichen Lage sind für das Nachlassvermögen im Aneignungsrechtsstaat sowohl das Fiskuserbrecht als auch das Aneignungsrecht zur Anwendung berufen. Es handelt sich um einen positiven Normenkonflikt. Dieser Fall wird von Art. 33 EuErbVO erfasst. Art. 33 EuErbVO ordnet als Rechtsfolge an, dass das sachenrechtlich zu qualifizierende Aneignungsrecht Vorrang vor dem Erbstatut hat, indem das Erbstatut beschränkt wird. Es handelt sich somit um eine Ausnahme zur kollisionsrechtlichen Nachlasseinheit gem. Art. 23 Abs. 1 EuErbVO, weil das Vermögen im Aneignungsrechtsstaat gesondert behandelt wird. Als Folge ist das zum Erbstatut gehörige Fiskuserbrecht auf den Nachlass im Staat, dessen Recht durch Art. 21 Abs. 1 EuErbVO zur Anwendung berufen wurde, anwendbar während das Aneignungsrecht gem. der sachenrechtlichen situs-Regel für den im Aneignungsrechtsstaat belegenen Nachlass anwendbar ist. Art. 33 EuErbVO verhindert die Kollision der beiden Modelle und löst damit den positiven Konflikt.

d. Erbstatut ist das Recht eines Staates mit Aneignungsrecht – Nachlassvermögen befindet sich auch in einem Staat mit Fiskuserbrecht

Der umgekehrte Fall zur vorherigen Konstellation liegt vor, wenn anwendbares Erbstatut dasjenige eines Staates mit Aneignungsrechtsmodell ist, sich Nachlass aber auch in einem Staat mit einem Fiskuserbrecht befindet. Das Aneignungsrecht wird nicht von der Kollisionsnorm des Art. 21 Abs. 1 EuErbVO erfasst. Das Aneignungsrecht ist aufgrund seiner sachenrechtlichen Qualifikation nur auf die Nachlassgegenstände anwendbar, die im eigenen Territorium belegen sind, sodass wiederum keine Nachlasseinheit gewährleistet ist. Das Fiskuserbrecht des Staats, in dem sich auch Nachlassvermögen befindet, ist hingegen nicht anwendbar, weil die Kollisionsnorm des Art. 21 Abs. 1 EuErbVO nicht auf das Recht dieses Staates verweist. Die Nachlassgegenstände im Erbrechtsstaat werden dementsprechend weder vom Aneignungsrecht noch vom Fiskuserbrecht erfasst (negativer Konflikt). Art. 33 EuErbVO regelt diesen Fall nicht, weil sein Tatbestand nicht erfüllt ist: Das anwendbare Recht enthält kein Fiskuserbrecht und der Belegenheitsstaat kennt kein Aneignungsrecht. Der Normenmangel im Staat mit Erbrechtsmodell wird durch die EuErbVO nicht behoben, so dass sich in diesem Staat das Problem der Zuordnung des Vermögens stellt.[612]

e. Beteiligung von mehreren Staaten

Über die bisher aufgezeigten Konstellationen hinaus ist denkbar, dass sich das Nachlassvermögen auf mehr als zwei Staaten verteilt, so dass bei der Frage, welche Regelung anwendbar ist, die Ausgestaltungen in mehreren Staaten zu berücksichtigen sind. Möglich wäre es dementsprechend, dass gegenüber einem Staat, der dem Erbrechtsmodell folgt, das zum anwendbaren Erbstatut gehörende Fiskuserbrecht den in diesem Staat belegenen Nachlass mitumfasst, während das Fiskuserbrecht gleichzeitig vor einem Aneignungsrecht eines dritten Staates, in dem Nachlass belegen ist, zurückweicht. Bis auf die Notwendigkeit der Berücksichtigung der Regelung in mehreren Staaten wirft eine solche Konstellation keine über die Konstellation mit nur zwei Staaten hinausgehenden Probleme auf.

---

612 Mögliche Lösungswege für das Problem des negativen Konflikts werden unter 2. Teil A VI. behandelt.

4. *Ergebnis*

Während das Fiskuserbrecht unter die erbrechtliche Kollisionsnorm der EuErbVO zu qualifizieren ist, ist das Aneignungsrecht sachenrechtlich zu qualifizieren und unterfällt damit weder dem sachlichen Anwendungsbereich noch den Kollisionsnormen der EuErbVO.

VI. Lösung des nicht geregelten negativen Konflikts

Die Konstellation, dass sich erbenloser Nachlass in einem Staat mit Fiskuserbrecht befindet, jedoch das Recht eines Aneignungsrechtsstaats von der erbrechtlichen Kollisionsnorm zur Anwendung berufen ist (negativer Konflikt), wird von Art. 33 EuErbVO nicht erfasst. Art. 33 EuErbVO ist durch seinen Wortlaut auf den Fall beschränkt, in dem das Erbstatut ein Fiskuserbrecht enthält und Nachlassvermögen in einem Staat mit Aneignungsrecht belegen ist. Die Frage nach der Lösung dieses Konflikts wird in den folgenden Ausführungen behandelt.

1. *Einleitung*

Der negative Konflikt ruft einen Normenmangel hervor, indem für das im Erbrechtsstaat belegene Vermögen keine anwendbare Vorschrift die Zuordnung dieses Vermögens regelt. Zur Lösung dieses Konflikts werden unterschiedliche Wege vorgeschlagen, wobei überwiegend eine Anpassung, entweder kollisionsrechtlich oder sachrechtlich, vorgeschlagen wird. Um zur Anwendbarkeit des Belegenheitsrechts zu gelangen, wird weiterhin die Konstruktion einer versteckten Rückverweisung auf das Recht des Erbrechtsstaats zur Lösung in Betracht gezogen. Zudem erscheint die Normierung eines Aneignungsrechts im Erbrechtsstaat, wie es im deutschen Recht mit § 32 IntErbRVG geschehen ist, als Möglichkeit zur Vermeidung des negativen Konflikts. Im Folgenden werden diese unterschiedlichen Lösungswege betrachtet und bewertet.

2. *Lösung durch Anpassung*

Das Instrument der Anpassung im Internationalen Privatrecht kann grundsätzlich als Modifizierung einer Rechtsnorm im Einzelfall bei Vorliegen eines Normenkonflikts aufgrund eines grenzüberschreitenden Sachverhalts verstanden werden.[613] Je nachdem, auf welcher Ebene die Modifizierung

---

613 Vgl. nur *Kegel/Schurig*, Internationales Privatrecht, ⁹2004 § 8 I (S. 358); *Kropholler*, Internationales Privatrecht, ⁶2006 § 34 I (S. 234).

vorgenommen wird, spricht man von einer kollisionsrechtlichen oder sachrechtlichen Anpassung.

a. Anpassung oder schlichte Lückenfüllung?

Die vorliegende Konstellation wird teilweise nicht als Anpassungsfall, sondern lediglich als ein Fall der Lückenfüllung innerhalb der Rechtsordnung des Erbrechtsstaats angesehen.[614] Ob diese Annahme gerechtfertigt ist, hängt davon ab, wann grundsätzlich von einem Fall der Anpassung auszugehen ist. Der Grundfall einer Anpassungslage besteht darin, dass aufgrund der kollisionsrechtlichen Verweisungen auf ein zu beurteilendes Lebensverhältnis mehrere Rechtsordnungen neben- oder nacheinander zur Anwendung berufen sind und wegen der fehlenden Abstimmung der betreffenden Rechtsordnungen untereinander Widersprüche entstehen.[615] Bei der zu behandelnden Konstellation wird eine Anpassungslage in Frage gestellt, weil aufgrund des sachenrechtlichen Aneignungsrechts die Frage nach der Behandlung des erbenlosen Nachlasses von vornherein nur der situs-Regel unterliege.[616] Dadurch werde auf die jeweiligen Rechtsordnungen verwiesen, in denen Nachlassvermögen belegen ist. Das Fehlen einer sachenrechtlichen Regelung im Erbrechtsstaat sei folglich als ein Fall der internrechtlichen Lückenfüllung anzusehen.[617] Nach diesem Verständnis wird die Problematik der Konstellation nicht durch die kollisionsrechtlichen Verweisungen verursacht, sondern allein durch eine fehlende Regelung im Sachrecht des Erbrechtsstaates. Eine Anpassungslage wird aber auch angenommen, wenn eine Kollisionsnorm eine Rechtsfrage verschiedenen Rechtsordnungen zuweist,[618] wie das aufgrund der Anknüpfung an die Belegenheit der Nachlassgegenstände der Fall ist. Zudem tritt der Normenmangel häufig deswegen auf, weil sich die einschlägigen Regelungen in den jeweiligen Rechtsordnungen in einem von den anzuwendenden Kollisionsnormen nicht berufenen Teil

---

614 Vgl. NK-NachfolgeR/*Köhler*, EuErbVO Art. 33 Rn. 5; *ders.*, in: Internationales Erbrecht 2015, § 4 Rn. 169.

615 *Von Bar/Mankowski*, Internationales Privatrecht, ^{2}2003 § 6 Rn. 31; *von Hoffmann/Thorn*, Internationales Privatrecht, ^{9}2007 § 6 Rn. 31, 34; *Kropholler*, Internationales Privatrecht, ^{6}2006 § 34 I (S. 234); *ders.*, in: FS Ferid 1978, 279; *Looschelders*, Die Anpassung im internationalen Privatrecht, 1995, S. 6f.

616 NK-NachfolgeR/*Köhler*, EuErbVO Art. 33 Rn. 5; *ders.*, in: Internationales Erbrecht 2015, § 4 Rn. 169.

617 NK-NachfolgeR/*Köhler*, EuErbVO Art. 33 Rn. 5; *ders.*, in: Internationales Erbrecht 2015, § 4 Rn. 169.

618 *Kropholler*, Internationales Privatrecht, ^{6}2006 § 34 I (S. 235).

befinden.[619] Diese Beschreibung der Anpassungslage trifft auf die vorliegende Konstellation zu, weil die beteiligten Staaten die Behandlung des erbenlosen Nachlasses in ihren Rechtsordnungen in Bereichen geregelt haben, die jeweils aufgrund der anwendbaren Kollisionsnormen nicht zur Anwendung berufen sind.[620] Damit gehe im Sachrecht des Erbrechtsstaats eine wesentliche Störung der sachrechtlichen Interessenwertung einher, denn das für den erbenlosen Nachlass konzipierte Fiskuserbrecht ist wegen der Verweisung auf ein ausländisches Erbstatut nicht anwendbar.[621] Die Störung lediglich in der Rechtsordnung des Erbrechtsstaats ist ausreichend, um eine Anpassungslage anzunehmen.[622] Somit kann festgehalten werden, dass der vorliegende Konflikt durch die anwendbaren Kollisionsnormen und die fehlende Abstimmung der beteiligten Rechtsordnungen hinsichtlich dieses Falles entsteht: denn bei einem reinen Inlandssachverhalt wären die Rechtsordnungen in der Lage, die Behandlung des erbenlosen Nachlasses adäquat zu lösen. Daher hat die Problematik ihre Ursache im Kollisionsrecht und stellt einen Fall der Anpassung dar.[623] Die Einordnung der Konstellation als Fall der reinen Lückenfüllung ist abzulehnen. Es können folglich die Grundsätze zur Anpassung im Internationalen Privatrecht angewendet werden.

b. Kollisionsrechtliche Anpassung

Im Rahmen der kollisionsrechtlichen Anpassung kann der negative Konflikt entweder durch eine Grenzverschiebung zwischen zwei Kollisionsnormen oder durch die Bildung einer neuen Kollisionsnorm beseitigt werden.[624] Eine solche

---

619 *Kropholler*, Internationales Privatrecht, [6]2006 § 34 IV 2 a (S. 238); vgl. MüKoBGB/*Sonnenberger*, 5. Aufl. 2010, Einl. IPR Rn. 598 Anpassung notwendig, wenn die Regelung nicht nur systematisch an anderer Stelle, sondern auch funktional in anderer Weise geregelt ist.

620 Vgl. *Looschelders*, Die Anpassung im internationalen Privatrecht, 1995, S. 363.

621 Vgl. *Looschelders*, Die Anpassung im internationalen Privatrecht, 1995, S. 363.

622 *Looschelders*, Die Anpassung im internationalen Privatrecht, 1995 S. 17, 125 verlangt das Vorliegen einer „wesentlichen Störung der Interessenwertung" bei mindestens einer Rechtsordnung.

623 Allerdings unterscheidet sich die internrechtliche Lückenfüllung im Ergebnis nicht von der sachrechtlichen Anpassung, wenn diese durch Konstruktion eines Aneignungsrechts im Erbrechtsstaat vorgenommen wird: auch bei einer rein internrechtlichen Lückenfüllung wird ein Aneignungsrecht im Erbrechtsstaat konstruiert.

Zu beachten ist, dass sich die internrechtliche Lückenfüllung im Ergebnis nicht von der sachrechtlichen Anpassung unterscheidet, wenn diese im Wege der Annahme eines Aneignungsrechts im Erbrechtsstaat vorgenommen wird.

624 Vgl. nur *Kegel/Schurig*, Internationales Privatrecht, [9]2004 § 8 III 1.

Anpassung würde sich demnach auf der Ebene des Kollisionsrechts abspielen, womit ein Eingriff in das Kollisionsrecht der EuErbVO verbunden wäre. Hierzu werden die beiden folgenden Wege vorgeschlagen.

aa. Verweisung auf das Belegenheitsrecht durch Bildung einer neuen Kollisionsnorm

Es wird vorgeschlagen, das Recht des Belegenheitsstaates für diesen Fall eingreifen zu lassen.[625] Um zu der Verweisung auf das Belegenheitsrecht zu gelangen werden zwei Ansatzpunkte zur Modifikation der kollisionsrechtlichen Verweisung vertreten. Zum einen soll Art. 33 EuErbVO dahingehend angepasst werden, dass dieser im Falle des negativen Konflikts eine Verweisung auf das Recht des Belegenheitsstaates mit erbrechtlichen Modell vornimmt.[626] Dadurch wird das Fiskuserbrecht dieses Staates zur Anwendung berufen, obwohl sein Recht nicht Erbstatut ist[627] und damit eine Zuordnung des in diesem Staat belegenen Vermögens erreicht. Zum anderen kann die Verweisung auf das Belegenheitsrecht auch durch eine Modifizierung des Art. 21 Abs. 1 EuErbVO erreicht werden.[628] Liegt ein negativer Konflikt vor, soll die allgemeine Kollisionsnorm des Art. 21 Abs. 1 EuErbVO eine Verweisung auf das Fiskuserbrecht des Belegenheitsstaates aussprechen, wodurch im Ergebnis eine Zuordnung des dortigen Vermögens ermöglicht wird.

bb. Erweiterung des Erbstatuts durch Grenzverschiebung der erbrechtlichen Kollisionsnorm

Des Weiteren wird für den Weg der kollisionsrechtlichen Anpassung die Möglichkeit erwogen, das Erbstatut zu erweitern, indem das Aneignungsrecht erbrechtlich qualifiziert und damit von der erbrechtlichen Kollisionsnorm der EuErbVO erfasst wird.[629] Damit könnte erreicht werden, dass sich der Staat, dessen dann zum Erbstatut zugehöriges Aneignungsrecht berufen ist, auch das im Ausland belegene Vermögen aneignen kann. Die EuErbVO folgt gem.

---

625 Bonomi/Wautelet/*Bonomi*, EuErbVO Art. 33 Rn. 13; Erman/*Hohloch*, EuErbVO Art. 33 Rn. 5 hält die Anwendung des Fiskuserbrechts im Wege kollisionsrechtlicher Anpassung für einen gangbaren Weg; *Nordmeier*, IPRax 2013, 418, 423.

626 Bonomi/Wautelet/*Bonomi*, EuErbVO Art. 33 Rn. 13.

627 Bonomi/Wautelet/*Bonomi*, EuErbVO Art. 33 Rn. 13 spricht etwas missverständlich von „règles d'appropriation", meint damit aber wohl das jeweilige Fiskuserbrecht.

628 *Nordmeier*, IPRax 2013, 418, 423.

629 MüKoBGB/*Dutta*, EuErbVO Art. 33 Rn. 9.

Art. 23 Abs. 1 EuErbVO dem Prinzip des Einheitsstatuts, so dass das berufene Erbstatut für den gesamten Nachlass unabhängig von seiner Belegenheit Anwendung findet. Die Folge dieser Anpassung wäre, dass das Aneignungsrecht den gesamten Nachlass erfassen und folglich ein negativer Konflikt vermieden werden würde.

Der Weg der Anpassung über eine Erweiterung des Erbstatuts auf das Aneignungsrecht stellt im Ergebnis eine einheitliche Qualifikation von Erbrechts- und Aneignungsrechtsmodell im Fall des negativen Konflikts dar. Vor Einführung der EuErbVO gab es bereits den Vorschlag, eine einheitliche Qualifikation beider Modelle in einer europäischen Verordnung zu normieren, um den negativen Konflikt zu vermeiden.[630] Teilweise wird auch die Rechtsfortbildung im Einzelfall der funktionalen Qualifikation zugeordnet[631] und damit nicht als ein Fall der Anpassung angesehen. Denn nach diesem Verständnis gehört der Vorgang der Berichtigung eines unpassenden Ergebnisses im Einzelfall durch richterrechtliche Ergänzung noch zum Vorgang der funktionalen Qualifikation, weil ein Bedürfnis zur Auslegung oder Rechtsfortbildung einer Kollisionsnorm erst dann sichtbar werden könne, wenn ein vorläufiges Qualifikationsergebnis erzielt worden sei.[632] Es ist allerdings vorzugswürdig, eine deutlichere Abgrenzung zwischen Qualifikation und Anpassung vorzunehmen: Zur funktionellen Qualifikation ist lediglich das allgemeine Qualifikationsergebnis in einem Regelfall ohne Modifizierung in einem Einzelfall anzusehen; die kollisionsrechtliche Grenzverschiebung in einem Einzelfall zur Korrektur eines unpassenden Ergebnisses stellt eine Anpassung dar.[633] Dieser Abgrenzung folgend ist der vorliegende Vorgang als Anpassung zu verstehen, denn es handelt sich um eine Grenzverschiebung bei der erbrechtlichen Kollisionsnorm, um den konkret vorliegenden Einzelfall des negativen Konflikts zu entschärfen. Eine Frage der Qualifikation würde dann vorliegen, wenn aufgrund funktionaler Gesichtspunkte von vornherein das Aneignungsrecht erbrechtlich qualifiziert werden würde. Dies ist jedoch aufgrund nicht bestehender Funktionsentsprechung zwischen der erbrechtlichen Kollisionsnorm und den Aneignungsrechten nicht möglich.

630 Siehe zu dieser Lösung *Dutta*, RabelsZ 73 (2009), 547, 596f. und unter 2. Teil A VI 4 b.
631 Vgl. MüKoBGB/*Sonnenberger*, 5. Aufl. 2010, Einl. IPR Rn. 584, 593.
632 MüKoBGB/*Sonnenberger*, 5. Aufl. 2010, Einl. IPR Rn. 584.
633 MüKoBGB/*von Hein*, Einl. IPR Rn. 244, 254.

c. *Sachrechtliche Anpassung*

Bei der sachrechtlichen Anpassung bleiben die Verweisungsregeln unberührt. Stattdessen wird im Sachrecht eine Norm konstruiert, durch die der Konflikt gelöst wird.

aa. Anwendbarkeit des Rechts des Erbrechtsstaats

Schlägt man eine sachrechtliche Anpassung innerhalb der Rechtsordnung des Erbrechtsstaates vor, dann stellt sich zunächst die Frage, auf welche Weise man zur Anwendung dieses Rechts gelangt.

Abhängig ist die Verweisung davon, wie man das Aneignungsrecht qualifiziert. Nimmt man eine sachenrechtliche Qualifikation des Aneignungsrechts an, ist für die Frage nach dem Vorhandensein eines entsprechenden Aneignungsrechts für das Vermögen im Erbrechtsstaat, dessen Recht über die allseitige sachenrechtliche Kollisionsnorm mit der Verweisung auf die lex rei sitae anwendbar.[634] Es besteht bei diesem Verständnis kein Bedürfnis zur gesonderten Konstruktion einer Verweisung auf das Belegenheitsrecht.[635] Handelt es sich in der konkreten Konstellation beim betreffenden Aneignungsrecht um eine sog. selbstbeschränkte Kollisionsnorm, welche einseitig die Anwendbarkeit des Aneignungsrechts für das im eigenen Territorium belegene Vermögen bestimmt, ist eine Verweisung auf das Recht des Erbrechtsstaats nicht mit dem Vorhandensein einer allseitigen Kollisionsnorm zu begründen. Es bietet sich in diesem Fall an, eine sog. versteckte Rückverweisung anzunehmen. Mit Hilfe des Konstrukts einer versteckten Rückverweisung wird eine Verweisung auf das eigene Sachrecht angenommen, wenn das ausländische Kollisionsrecht die Anwendung seines Sachrechts durch eine entsprechende Anknüpfung auf das eigene Territorium beschränkt und es daher an einem anwendbaren Sachrecht für die außerhalb dieses Territoriums befindliche Rechtsfrage fehlt.[636] Im vorliegenden Fall enthält der kollisionsrechtliche Teil des Aneignungsrechts als selbstbeschränkte Sachnorm eine Anknüpfung an die Belegenheit des Vermögens im Inland, so dass für das im Ausland belegene Vermögen kein Recht zur Anwendung berufen

634 Vgl. *Looschelders*, Die Anpassung im internationalen Privatrecht, 1995, S. 363.

635 Vgl. NK-NachfolgeR/*Köhler*, EuErbVO Art. 33 Rn. 5 Fn. 7; *ders.*, in: Internationales Erbrecht 2015, § 4 Rn. 169 Fn. 322 der den negativen Konflikt aufgrund der sachenrechtlichen Qualifikation des Aneignungsrechts nicht als einen Fall für die versteckte Rückverweisung ansieht.

636 Staudinger/*Hausmann*, EGBGB Art. 4 Rn. 79ff.; MüKoBGB/*von Hein*, EGBGB Art. 4 Rn. 46, 49.

ist. Unter Annahme einer versteckten Rückverweisung erfolgt eine Verweisung auf das ausländische Belegenheitsrecht.[637] Der Weg über die Annahme einer versteckten Rückverweisung wurde für diesen Fall im deutschen autonomen Internationalen Privatrecht schon vor Geltung der EuErbVO vertreten. Es ist zu überprüfen, ob diese Vorgehensweise weiterhin unter Geltung der EuErbVO für die Lösung des negativen Konflikts herangezogen werden kann.

Eine versteckte Rückverweisung kommt in verschiedenen Konstellationen in Betracht. Der typische Fall, dass aus ausländischen Zuständigkeitsregeln, die nur die eigenen Gerichte für zuständig erklären, eine versteckte Rückverweisung auf deutsches Recht, wenn deutsche Gerichte nach der ausländischen Regelung zuständig wären (hypothetisch), geschlossen wird,[638] liegt beim negativen Konflikt im Internationalen Erbrecht nicht vor. Daneben gibt es Konstellationen, in denen aufgrund einer einseitigen Kollisionsnorm die Konstruktion der versteckten Rückverweisung angewendet wird.[639] Der versteckten Rückverweisung könnte jedoch entgegenstehen, dass gem. Art. 34 Abs. 1 EuErbVO eine Rückverweisung nur dann beachtlich ist, wenn es sich bei dem zur Anwendung berufenen Recht um das eines Drittstaates handelt. Diese Beschränkung der Rückverweisung würde für den vorliegenden Fall allerdings nur dann eingreifen, wenn das Aneignungsrecht, dessen beigeordneter Kollisionsregel die versteckte Rückverweisung entnommen werden soll, in den Anwendungsbereich

---

637 Erman/*Hohloch*, EuErbVO Art. 33 Rn. 5.

638 Vgl. *von Bar/Mankowski*, Internationales Privatrecht, ²2003 § 7 Rn. 218 bezieht sich auf das internationale Zuständigkeitsrecht; *Kegel/Schurig*, Internationales Privatrecht, ⁹2004 § 10 VI (S. 409–411) bezieht sich nur auf das ausländische internationale Verfahrensrecht („hypothetische Rückverweisung"); *Kropholler*, Internationales Privatrecht, ⁶2006 § 25 I (S. 179) die Rückverweisung ergibt sich aus einer versteckten Kollisionsnorm, „insbesondere aus einer Zuständigkeitsnorm"; *Nawroth*, Der versteckte Renvoi im deutschen internationalen Privatrecht, 2007, S. 28 bezeichnet dies als „am stärksten in der deutschen Rechtspraxis diskutierte Variante".

639 MüKoBGB/*von Hein*, EGBGB Art. 4 Rn. 46 erwähnt die Möglichkeit beim Vorliegen einer versteckten allseitigen Kollisionsnorm (dann „versteckte Rückverweisung") oder beim Vorliegen einer ausdrücklichen einseitigen Kollisionsnorm (dann „hypothetische, aber nicht versteckte Rückverweisung"); *Kegel/Schurig*, Internationales Privatrecht, ⁹2004 § 10 VI (S. 413) bezeichnet diesen Fall als „offene Abweisung" und wendet aufgrund vergleichbarer Interessenlage das Konstrukt der versteckten Rückverweisung an; *Nawroth*, Der versteckte Renvoi im deutschen internationalen Privatrecht, 2007 S. 23, 27 weist hingegen explizit darauf hin, dass für einen versteckten renvoi auch eine versteckte Kollisionsnorm zu beachten ist, entscheidend ist die Einseitigkeit der Kollisionsnorm.

der EuErbVO fällt und damit der Regelung des Art. 34 Abs. 1 EuErbVO unterliegt. Voraussetzung wäre eine erbrechtliche Qualifikation des Aneignungsrechts. Eine versteckte Rückverweisung seitens des Aneignungsrechts wäre dann nur im Verhältnis zu Drittstaaten möglich.[640] Eine erbrechtliche Qualifikation ist für das Aneignungsrecht jedoch abzulehnen, so dass die Beschränkung des Art. 34 Abs. 1 EuErbVO nicht eingreift und weiterhin die Möglichkeit besteht, die Anwendung des Belegenheitsrechts im Fall des negativen Konflikts über den Weg der versteckten Rückverweisung zu begründen.

bb. Konstruktion eines Aneignungsrechts im Erbrechtsstaat

Als Form der sachrechtlichen Anpassung wird vorgeschlagen, in der Rechtsordnung des Erbrechtsstaats ein für das Vermögen einschlägiges Aneignungsrecht zu konstruieren.[641] Ein solches Aneignungsrecht könne in den Erbrechtsstaaten über eine Analogie gebildet werden.[642]

cc. Anpassung des bestehenden Aneignungsrechts im Aneignungsrechtsstaat

Daneben wird auch eine Anpassung in der Rechtsordnung des Aneignungsrechtsstaats vorgeschlagen: das Aneignungsrecht solle so angepasst werden, dass es sich auf das gesamte Vermögen erstreckt und somit auch das im Erbrechtsstaat belegene Vermögen erfasst.[643]

d. Vorrang einer Anpassungsart

Hinsichtlich der Bewertung der Vorschläge zur Lösung des negativen Konflikts durch die Vornahme einer Anpassung ist zunächst zu untersuchen, ob eine Art der Anpassung grundsätzlich der anderen vorzuziehen ist. Diese Frage stellt sich allgemein im Internationalen Privatrecht, ist im vorliegenden Fall aber auch hinsichtlich der Besonderheit des Vorliegens von vereinheitlichtem europäischem Kollisionsrecht zu betrachten.

---

640 NK-NachfolgeR/*Köhler*, EuErbVO Art. 33 Rn. 5 Fn. 7; *ders.*, in: Internationales Erbrecht 2015, § 4 Rn. 169 Fn. 322; NK-BGB/*Looschelders*, EuErbVO Art. 33 Rn. 7; *Nordmeier*, IPRax 2013, 418, 423.

641 NK-NachfolgeR/*Köhler*, EuErbVO Art. 33 Rn. 5 der das Fehlen eines solchen Aneignungsrechts im Erbrechtsstaat jedoch als reine Regelungslücke ansieht und daher nicht von einer sachrechtlichen Anpassung, sondern von einer Lückenfüllung spricht.

642 Dies geschieht in Fortführung der dazu vorgebrachten Vorschläge zur Zeit der Geltung des autonomen Internationalen Erbrechts, siehe unter 2. Teil A III 2 c dd.

643 Dazu *Nordmeier*, IPRax 2013, 418, 423.

aa. Genereller Vorrang einer Form der Anpassung

Es stellt sich die Frage, ob unabhängig vom Vorliegen von europäischem Sekundärrecht eine Art der Anpassung vorzugswürdig ist. Während vorgebracht wird, die Vorgehensweise jeweils im Einzelfall zu entscheiden und dabei eine Abwägung vorzunehmen, welche Methode den geringsten Eingriff in die beteiligten Rechtsordnungen darstelle,[644] sprechen sich andere für den Vorzug der sachrechtlichen Anpassung aus, weil die Veränderung einer Kollisionsnorm nur darüber hinwegtäusche, dass die Problematik im Sachrecht liege und zudem eine einmal abgeschlossene Qualifikation nicht rückgängig gemacht werden könne[645]. Ein grundsätzlicher Vorrang der kollisionsrechtlichen Anpassung wird hingegen nicht eindeutig vertreten.[646] Die genannten Argumente, die für den Vorzug der sachrechtlichen Anpassung sprechen sollen, sind aufgrund folgender Erwägungen abzulehnen: Zum einen besteht der Grund für eine Anpassungslage nicht lediglich im Sachrecht, sondern entsteht aus einem Zusammenwirken von Kollisionsrecht und Sachrecht, denn die jeweiligen Rechtsordnungen bilden für sich ein geschlossenes System, welches erst durch die kollisionsrechtlichen Verweisungen von Störungen betroffen wird.[647] Zum anderen ist die Vornahme der Anpassung klar von der Qualifikation abzugrenzen, so dass nicht davon gesprochen werden kann, dass eine abgeschlossene Qualifikation rückgängig gemacht werde. Die Anpassung sorgt lediglich dafür, dass ein im Einzelfall nicht hinnehmbares Ergebnis der Qualifikation korrigiert werden kann.

Es ist daher am überzeugendsten, die Entscheidung für entweder eine kollisionsrechtliche oder sachrechtliche Anpassung im jeweiligen Einzelfall davon abhängig zu machen, welche Form den geringstmöglichen Eingriff in die beteiligten Rechtsordnungen darstellt. Die im Einzelfall bestehenden Besonderheiten können auf diese Weise am besten berücksichtigt werden.

---

644 MüKoBGB/*von Hein*, Einl. IPR Rn. 255; *von Hoffmann/Thorn*, Internationales Privatrecht, [9]2007 § 6 Rn. 35; *Kegel/Schurig*, Internationales Privatrecht, [9]2004 § 8 III 1; *Kropholler*, Internationales Privatrecht, [6]2006 § 34 IV 2 (S. 238).

645 *Von Bar/Mankowski*, Internationales Privatrecht, [2]2003 § 7 Rn. 257; Staudinger/*Sturm/Sturm*, Einl. IPR Rn. 258.

646 *Kropholler*, Internationales Privatrecht, [6]2006 § 34 IV 2 (S. 238) nennt die kollisionsrechtliche Anpassung aufgrund der einfachen Durchführbarkeit und häufig besseren methodischen Begründungsmöglichkeit als die „in der Mehrzahl der Fälle“ vorzuziehende Lösung.

647 Vgl. *Looschelders*, Die Anpassung im internationalen Privatrecht, 1995, S. 7 Die Probleme der Anpassung beruhen darauf, dass die Sachnormen mehrerer Rechtsordnungen gerade nicht aufeinander abgestimmt sind.

bb. Vorrang einer Form der Anpassung im europäisch vereinheitlichtem Kollisionsrecht

Die in dieser Arbeit in Frage stehende Anpassung i.R.d. von Art. 33 EuErbVO nicht geregelten negativen Konflikts spielt sich im Bereich des europäisch vereinheitlichten Kollisionsrechts ab. Daher stellt sich die Frage, ob das grundsätzliche Ergebnis zum Vorrang einer Anpassungsart im Internationalen Privatrecht auf diesen Bereich übertragen werden kann. Zu dieser Fragestellung bestehen bisland nur wenige Stellungnahmen.

Keine Bedenken werden gegen die Methode der sachrechtlichen Anpassung erhoben, weil erst im Sachrecht eine Modifikation vorgenommen werde, auf das sich das vereinheitlichte Recht nicht erstrecke und dementsprechend auch keine Schranken aufstellen könne.[648] Anders stellt sich dies bei der kollisionsrechtlichen Anpassung dar. Es wird eine Modifikation auf der Ebene des Kollisionsrechts vorgenommen, entweder, indem eine Kollisionsnorm auf eine eigentlich nicht erfasste Sachnorm erweitert wird oder, indem eine neue Kollisionsnorm konstruiert wird. Handelt es sich bei der aufgrund der Anpassung nun anwendbaren Sachnorm um eine, die grundsätzlich vom sachlichen Anwendungsbereich der Verordnung nicht erfasst ist, werde durch die kollisionsrechtliche Anpassung der festgelegte sachliche Anwendungsbereich umgangen.[649] Abgesehen hiervon ist es zudem problematisch, i.R. einer Anpassung, welche eine Verschiebung der kollisionsrechtlichen Verweisung im Einzelfall darstellt, die durch Verhandlungen und Kompromisse entstandenen Kollisionsregeln des vereinheitlichen Rechts zu verändern. Diesen Bedenken wird entgegengehalten, dass eine Anpassung erst vorzunehmen sei, wenn die Kollisionsnormen nicht zu einem befriedigenden Ergebnis führten; bei einer Modifikation der bestehenden Kollisionsnormen sowie bei der Schaffung einer neuen Kollisionsnorm seien dann allerdings die Wertungen der Verordnung zu beachten.[650] Weiter wird auf den

---

648 MüKoBGB/*von Hein*, Einl. IPR Rn. 256; *Kühn*, Die gestörte Gesamtschuld im Internationalen Privatrecht, 2014, S. 237 verweist allerdings darauf, dass das Ziel der jeweiligen Norm und der *effet utile* beachtet werden müssen; *Meyer-Sparenberg*, Staatsvertragliche Kollisionsnormen, 1990, S. 154f. (bezieht sich auf das vergleichbare Problem bei staatsvertraglichen Kollisionsnormen).

649 MüKoBGB/*von Hein*, Einl. IPR Rn. 257; *Kühn*, Die gestörte Gesamtschuld im Internationalen Privatrecht, 2014, S. 236f. sieht die kollisionsrechtliche Anpassung kritisch und möchte diese nur i.R.d. Grenzen der Auslegungsmethode zulassen; *Meyer-Sparenberg*, Staatsvertragliche Kollisionsnormen, 1990, S. 155.

650 *Looschelders*, Die Anpassung im internationalen Privatrecht, 1995, S. 206f. bezieht sich auf staatsvertragliche Kollisionsnormen, der Gedanke ist auf europäisches Internationales Privatrecht übertragbar.

Ausnahmecharakter der Anpassung verwiesen, die ein widerspruchfreies Ergebnis ermöglichen solle, und daher im Vergleich zur Abwehr eines Eingriffs in den ordre public, der Wertvorstellungen schützt, erst recht möglich sein müsse.[651] Entscheidendes Argument für die Zulassung einer kollisionsrechtlichen Anpassung i.R. von vereinheitlichtem europäischem Kollisionsrecht ist, dass diese im Einzelfall dem Prinzip des geringstmöglichen Eingriffs besser entsprechen könne[652]: Denn sei durch eine kollisionsrechtliche Anpassung der Eingriff geringer als durch eine sachrechtliche, überwiege dies die Bedenken hinsichtlich der Veränderung des sachlichen Anwendungsbereichs der Verordnung. Verfolge man die kollisionsrechtliche Anpassung, sei allerdings zu beachten, dass diese europäisch-autonom zu erfolgen hat.[653]

Es ist demnach überzeugend, eine Anpassung i.R. von vereinheitlichtem europäischem Kollisionsrecht sowohl auf kollisionsrechtlicher als auch auf sachrechtlicher Ebene zuzulassen, weil nur hierdurch das für die Anpassung leitende Prinzip eines möglichst geringen Eingriffs aufrechterhalten werden kann. Zusätzlich müssen die Wertungen der betreffenden Verordnung bei der Wahl der Anpassungsart berücksichtigt werden, um die von den Mitgliedstaaten ausgehandelten Vorschriften der Verordnung nicht zu umgehen.

cc. Stellungnahme

Neben den allgemeinen Erwägungen zu der Frage des Vorrangs einer Art der Anpassung, ist in einem ersten Schritt zu untersuchen, ob sich Vorgaben aus der EuErbVO zur Anpassung im Fall des negativen Konflikts entnehmen lassen.

Mit Art. 31 EuErbVO ist in der Verordnung eine sachrechtliche Anpassung normiert. In diesem Zusammenhang stellt ErwG 17 EuErbVO klar, dass neben Art. 31 EuErbVO auch andere Formen der Anpassung zulässig sind. Auch wenn der Wortlaut damit ein weites Verständnis nahe legt, kann hieraus nicht zweifelsohne geschlossen werden, dass von „anderen Formen der Anpassung" eine kollisionsrechtliche Anpassung erfasst ist, weil dieser Erwägungsgrund in Verbindung mit der normierten sachrechtlichen Anpassung zu lesen ist. Aus der Verordnung selbst ergibt sich folglich kein Vorrang einer Art der Anpassung.

---

651 MüKoBGB/*von Hein*, Einl. IPR Rn. 257 der das argumentum a fortiori auf einen Wertungswiderspruch in beiden Rechtsordnungen bezieht; *Meyer-Sparenberg*, Staatsvertragliche Kollisionsnormen, 1990, S. 155.

652 Vgl. *Meyer-Sparenberg*, Staatsvertragliche Kollisionsnormen, 1990, S. 156.

653 MüKoBGB/*von Hein*, Einl. IPR Rn. 257.

Daher sind die grundsätzlichen Erwägungen zur Frage der Anpassung bei vereinheitlichtem Kollisionsrecht auf den konkreten Fall der Anpassung beim negativen Konflikt zu übertragen. Dabei ist eine Anpassung sowohl auf kollisionsrechtlicher als auch auf sachrechtlicher Ebene möglich und hängt davon ab, auf welcher Ebene ein Eingriff als geringer erscheint und die Wertungen der EuErbRVO berücksichtigt.[654]

Die Vorschläge zur Anpassung auf kollisionsrechtlicher Ebene führen entweder zur Schaffung einer neuen Kollisionsnorm oder zur Erweiterung der bestehenden erbrechtlichen Kollisionsnorm. Das stellt sich problematisch dar, weil das Aneignungsrecht grundsätzlich nicht vom sachlichen Anwendungsbereich der EuErbVO erfasst ist.[655] Daher führt die kollisionsrechtliche Anpassung dazu, dass der festgelegte sachliche Anwendungsbereich umgangen wird. Dieser Umstand spricht nicht zwingend gegen eine kollisionsrechtliche Anpassung, allerdings muss diese mit den Wertungen der EuErbVO übereinstimmen und im Vergleich zur sachrechtlichen Anpassung ein geringerer Eingriff in die beteiligten Rechtsordnungen vorliegen. Betrachtet man die Regelung des Art. 33 EuErbVO, der den positiven Konflikt löst, ist jedoch zweifelhaft, ob eine kollisionsrechtliche Anpassung mit den Wertungen der Verordnung im Einklang steht, denn die Nichterfassung des negativen Konflikts muss als eine bewusste Regelungslücke gedeutet werden.[656] Für dieses Verständnis kann insbesondere der Entstehungsprozess der Verordnung als Argument herangezogen werden. Zwar kann bei europäischer Gesetzgebung nicht in derselben Weise wie bei nationaler Gesetzgebung auf den Willen des Gesetzgebers abgestellt werden, weil die Verhandlungsprotokolle nicht öffentlich zugänglich sind.[657] Aus der Tatsache, dass im Verordnungsvorschlag unter den Optionen zur Regelung von erbenlosem Nachlass auch eine Option angedacht war, die beide Konflikte gelöst hätte,[658] lässt sich jedoch schließen, dass den beteiligten Mitgliedstaaten sowohl der positive als auch der negative Konflikt bekannt war. Es muss daher davon ausgegangen werden, dass Art. 33 EuErbVO bewusst keine Regelung des negativen Konflikts enthält. Der Umstand, dass eine Regelung des negativen Konflitks in der EuErbVO unterblieben ist, ist vielmehr so zu deuten, dass eine Lösung außerhalb der Verordnung auf Sachrechtsebene als vorzugswürdig angesehen

---

654 Vgl. unter 2. Teil A VI 2 d.

655 Siehe dazu unter 2. Teil A V 2 d.

656 Vgl. beckOGK/*J. Schmidt*, EuErbVO Art. 33 Rn. 24.

657 *Köhler*, in: Internationales Erbrecht 2017, § 1 Rn. 6.

658 Verordnungsvorschlag vom 29.6.2011, EU Dok. 11870/11, 30 Art. 24 Option 2.

wird. Durch die Vornahme einer kollisionsrechtlichen Anpassung würde man den ausgehandelten Kompromiss der Mitgliedstaaten zur Beschränkung der Regelung für erbenlose Nachlässe auf den positiven Konflikt umgehen. Daher erscheint es vorzugswürdig, eine kollisionsrechtliche Anpassung in diesem Fall abzulehnen, weil sich aus Art. 33 EuErbVO und den angedachten Optionen zur Regelung des erbenlosen Nachlasses ergibt, dass eine Regelung des negativen Konflikts auf Kollisionsrechtsebene nicht zum Regelungsbereich der Verordnung gerechnet werden kann. Überdies wäre auch zweifelhaft, inwiefern die kollisionsrechtliche Anpassung einen lediglich geringen Eingriff in die beteiligten Rechtsordnungen darstellen würde. Findet die kollisionsrechtliche Anpassung in der Weise statt, dass der EuErbVO ein Verweis auf das Belegenheitsrecht des Erbrechtsstaates entnommen wird, stellt dies einen geringen Eingriff dar, weil nur die Rechtsordnung betroffen wird, in der auch die Zuordnung des Vermögens gewährleistet werden muss. Findet die Anpassung in der Weise statt, dass das Aneignungsrecht von der erbrechtlichen Kollisionsnorm erfasst wird und damit zum berufenen Erbstatut gehört, stellt sich der Eingriff größer dar, weil das eigentlich sachenrechtlich zu qualifizierende Aneignungsrecht für den gesamten erbenlosen Nachlass eingreift und dementsprechend nicht aufgrund der funktionalen Qualifikation für anwendbar erklärt wird.[659]

dd. Ergebnis

Die Lösung des negativen Konflikts durch eine kollisionsrechtliche Anpassung kommt nicht in Betracht. Eine Lösung muss außerhalb der EuErbVO auf der Sachrechtsebene gefunden werden.[660] Dieses Ergebnis korreliert mit der bereits getroffenen Feststellung, dass das Aneignungsrechtsmodell weder in den sachlichen Anwendungsbereich der Verordnung fällt noch erbrechtlich i.S.d. EuErbVO qualifiziert werden kann.

---

659 Daran zweifelnd *Dutta*, RabelsZ 73 (2009), 547, 597; Erman/*Hohloch*, EuErbVO Art. 33 Rn. 5 (beide gehen allerdings davon aus, dass das Aneignungsrecht öffentlich-rechtlich zu qualifizieren ist).

660 **A.A.** *Nordmeier*, IPRax 2013, 418, 423 sieht eine kollisionsrechtliche Anpassung als vorzugswürdig an, weil der Normenmangel „vorwiegend durch einen kollisionsrechtlichen Webfehler“ entstehe; zudem liege eine interne Lücke der Verordnung vor, weil diese Konstellation nicht aus dem Anwendungsbereich der Verordnung herausfalle, siehe *ders.*, IPRax 2013, 418, 423 Fn. 61.

e. *Stellungnahme*

Nachdem für den vorliegenden Fall die Lösung durch eine kollisionsrechtliche Anpassung ausgeschlossen wurde, ist zu bewerten, welcher Vorschlag der sachrechtlichen Anpassung vorzuziehen ist. Vertreten wird die Annahme eines Aneignungsrechts im Erbrechtsstaat, in dem erbenloser Nachlass belegen ist, oder die Modifizierung des Aneignungsrechts im Aneignungsrechtsstaat, so dass sich dieses auf den gesamten Nachlass erstreckt.[661] Der letztere Vorschlag führt dazu, dass entgegen den Funktionen des Aneignungsrechts, das insbesondere zur Vermeidung von herrenlosem Vermögen im Gebiet des Aneignungsrechtsstaates dienen soll, und der damit einhergehenden sachenrechtlichen Qualifikation dem Aneignungsrecht eine andere Funktion, nämlich die Behandlung des gesamten Nachlassvermögens, zugeordnet wird und damit eine Veränderung dieser Vorschrift erfolgt.[662] Damit ist ein starker Eingriff in die Rechtsordnung des Aneignungsrechtsstaates verbunden, weil die Erfassung des gesamten Nachlasses nicht dem Konzept des Aneignungsrechts entspricht. Zudem besteht für den im Aneignungsrechtsstaat belegenen Nachlass kein Zuordnungsproblem, so dass es fraglich erscheint, ob eine Anpassung in dieser Rechtsordnung als geringer Eingriff gewertet werden kann. Dieser Vorschlag beachtet damit unzureichend die Funktionen des Aneignungsrechts und geht im Gegensatz zu der hier vertretenen Auffassung davon aus, dass lediglich die öffentlich-rechtliche Ausgestaltung des Aneignungsrechts dazu führt, dass sich dieses auf das jeweilige Territorium des Aneignungsrechtsstaats beschränkt. Im Vergleich stellt sich die Annahme eines Aneignungsrechts im Erbrechtsstaat als geringerer Eingriff dar, weil nicht ein vorhandenes Recht, welches lediglich für Vermögen im Belegenheitsstaat konzipiert ist, in dieser entscheidenden Funktion verändert werden muss und sich außerdem das Problem der Zuordnung des Vermögens auch in dem jeweiligen Erbrechtsstaat stellt, so dass sich eine Lösung in dem betroffenen Staat anbietet. Darüber hinaus ist den Erbrechtsstaaten i.d.R. ein Aneignungsrecht, das den Staat als Normadressaten nennt, in anderen Zusammenhängen nicht völlig unbekannt.[663] Folglich ist bei der sachrechtlichen Anpassung die Annahme eines Aneignungsrechts im Erbrechtsstaat vorzugswürdig.

---

661 Siehe dazu oben unter 2. Teil A VI 2 c bb und cc.

662 Vgl. *Nordmeier*, IPRax 2013, 418, 423.

663 Vgl. z.B. in Deutschland § 928 Abs. 2 BGB.

f. Ergebnis

Löst man den negativen Konflikt durch eine Anpassung, ist zunächst die sachrechtliche Anpassung der kollisionsrechtlichen Anpassung vorzuziehen. I.R.d. sachrechtlichen Anpassung ist die Annahme eines Aneignungsrechts im Erbrechtsstaat zur Zuordnung des erbenlosen Nachlasses überzeugender.

3. Normierung eines Aneignungsrechts durch die Erbrechtsstaaten

Eine weitere mögliche Lösung des negativen Konflikts besteht in der Normierung eines Aneignungsrechts in den Rechtsordnungen der Erbrechtsstaaten.[664] Im Vergleich zur sachrechtlichen Anpassung, in deren Rahmen ein Aneignungsrecht für den erbenlosen Nachlass im Erbrechtsstaat konstruiert wird, hat dieser Weg den Vorteil, dass eine Anpassung im Einzelfall beim Vorliegen des negativen Konflikts nicht notwendig ist. Durch das Vorliegen eines solchen Rechts wird der negative Konflikt von vornherein vermieden, wodurch ein erhöhtes Maß an Rechtssicherheit geschaffen wird. Grundsätzlich problematisch ist, dass diese Lösung in den Händen der Mitgliedstaaten liegt und diese gesetzgeberisch tätig werden müssen; ein tatsächlicher Nachteil gegenüber der sachrechtlichen Anpassung, die ebenfalls in den Händen der Gerichte der Mitgliedstaaten liegt, ist dies aber nicht. Aufgrund der durch Art. 33 EuErbVO geschaffenen Lage, nach der die Lösung des negativen Konflikts grundsätzlich auf Seiten der jeweiligen Mitgliedstaaten aufzulösen ist, ist die Normierung eines einschlägigen Aneignungsrechts in den Rechtsordnungen der Erbrechtsstaaten eine sinnvolle Lösung, weil dadurch eine einheitliche und voraussehbare Behandlung ermöglicht wird.

4. Reform des Art. 33 EuErbVO

Teilweise wird es als sinnvoll erachtet, den Art. 33 EuErbVO zu reformieren,[665] um beide Arten des Konflikts einer Lösung durch die Verordnung zuzuführen. Aus diesem Grund sollen im Folgenden sowohl der positive als auch der negative Konflikt und ihre Lösung durch den Art. 33 EuErbVO betrachtet und unter Aufzeigen von alternativen Lösungen bewertet werden.

---

664 So auch Rauscher/*Hertel*, EuZPR/EuIPR, Bd. 5, EuErbVO Art. 33 Rn. 4; Ein Beispiel für diesen Lösungsweg ist das in Deutschland in § 32 IntErbRVG normierte Aneignungsrecht.

665 Vgl. *Nordmeier*, IPRax 2013, 418, 424.

a. Lösung der möglichen Konflikte unter Geltung des Art. 33 EuErbVO

Art. 33 EuErbVO beinhaltet eine Lösung des positiven Konflikts, indem das zum Erbstatut gehörende Fiskuserbrecht zuwückweicht und dadurch dem anwendbaren Aneignungsrecht den Vorrang gewährt. Folge dieses Weges ist, dass eine Beschränkung des über das Erbstatut anwendbaren Fiskuserbrechts erfolgt, wodurch zwar der Erbrechtsstaat nicht vollständig den Zugriff auf das erbenlose Vermögen verliert, jedoch auf das im eigenen Territorium belegene Vermögen verwiesen ist. Damit entsteht die Situation, dass beide im Falle eines positiven Konflikts betroffene Staaten auf den in ihren jeweiligen Territorien belegenen erbenlosen Nachlass zugreifen können. Die Zuordnung des erbenlosen Nachlasses wird im Ergebnis nicht vom Anknüpfungspunkt des letzten gewöhnlichen Aufenthalts des Erblassers abhängig gemacht und eine gerechte Verteilung des Nachlasses unter den betroffenen Staaten erzielt, welche durch den bestehenden Schutzvorbehalt auch ausreichend die Interessen von potentiellen Nachlassgläubigern berücksichtigt. Hinsichtlich des negativen Konflikts besteht von Seiten des Art. 33 EuErbVO keine explizite Lösung. Diese wird damit den jeweiligen nationalen Rechtsordnungen überlassen. Das Bedürfnis einer Reform des Art. 33 EuErbVO könnte sich daher aus dieser fehlenden Regelung des negativen Konflikts ergeben.

b. Alternative Lösungsmöglichkeiten zu Art. 33 EuErbVO

Auf internationalprivatrechtlicher Ebene gibt es den Vorschlag, den auftretenden Konflikten durch eine seitens der Verordnung festgelegte einheitliche erbrechtliche Qualifikation beider Modelle zu begegnen.[666] Dieser Vorschlag unterscheidet sich von der Frage der oben behandelten Anpassung[667] in der Weise, dass durch die festgelegte Qualifikation erst gar keine Anpassungslage entstehen würde, weil stets nur eines der Modelle für den gesamten Nachlass anwendbar wäre. An diese festgelegte Qualifikation wären die Mitgliedstaaten der EU gebunden, wobei allerdings fraglich bliebe, ob eine erbrechtliche Qualifikation der Aneignungsrechte dazu führen würde, dass die Aneignungsrechtsstaaten Vermögen außerhalb des eigenen Territoriums beanspruchen würden.[668] Denn der Grund für die fehlende erbrechtliche Qualifikation der Aneignungsrechte besteht darin, dass diese andere Funktionen wahrnehmen, denen die erbrechtliche Qualifikation nicht gerecht wird. Daher bestehen gegen diesen Weg dieselben Bedenken,

---

666 So der Vorschlag für Fälle innerhalb der EU von *Dutta*, RabelsZ 73 (2009), 547, 596 f.
667 Siehe oben unter 2. Teil A VI 2.
668 *Dutta*, RabelsZ 73 (2009), 547, 597.

die gegen eine kollisionsrechtliche Anpassung sprechen, durch die Aneignungsrechte vom Erbstatut erfasst werden: Im Grunde stellt dieser Vorschlag den Versuch dar, die beiden Modelle für die Zuordnung von erbenlosem Nachlass über das Internationale Privatrecht zu vereinheitlichen. Gelingen kann dies nicht, denn die unterschiedliche Ausgestaltung im Sachrecht bleibt bestehen und bildet weiterhin die Grundlage für die Frage nach der Anwendung auf internationale Erbfälle. Eine vereinheitlichte Qualifikation der Zugriffsrechte auf den erbenlosen Nachlass ist abzulehnen, weil hierdurch entweder eine sachrechtliche und damit kompetenzrechtlich nicht gedeckte Abschaffung von Aneignungsrechten verbunden wäre[669] oder die Vereinheitlichung wirkungslos bliebe, wenn die Aneignungsrechte das ausländische Nachlassvermögen nicht beanspruchten.

Schließlich wird eine Regelung vorgeschlagen, bei der im Falle eines erbenlosen Nachlasses für die Frage der Zuordnung des Vermögens auf das jeweilige Recht des Staates verwiesen wird, in dem Vermögen belegen ist.[670] Dies sei aufgrund der Möglichkeit einer einfachen Abwicklung von erbenlosen Nachlässen im internationalen Bereich sowie aufgrund der Klarheit der Regelung vorzugswürdig.[671] Hervorzuheben ist außerdem, dass eine solche Reform des Art. 33 EuErbVO, durch die auch der negative Konflikt erfasst wird, insbesondere den Vorzug hätte, dass nicht jeder Mitgliedstaat eine eigene Lösung für den negativen Konflikt entwickeln müsste. Eine einheitliche Lösung würde eine Steigerung der Rechtssicherheit und Vorhersehbarkeit für eventuell vorhandene Nachlassgläubiger bedeuten und damit dem ErwG 7 S. 2 EuErbVO, der das Bedürfnis für einen effektiven Schutz der Nachlassgläubiger hervorhebt, entsprechen. Die Verweisung auf das Belegenheitsrecht des erbenlosen Nachlasses hätte allerdings im Ergebnis zu einer vollständigen Abschaffung des erbrechtlichen Modells geführt. Diese fehlende Berücksichtigung ist wohl auch der Grund, warum sich diese Option nicht in der EuErbVO durchgesetzt hat.

In Betracht käme außerdem eine Ergänzung des Art. 33 EuErbVO, die verdeutlicht, dass im Falle des negativen Konflikts die Zuordnung des Vermögens

---

669 Vgl. Rauscher/*Rauscher*, EuZPR/EuIPR, 3. Aufl. 2010, Einf. EG-ErbVO-E Rn. 72 spricht von einer mittelbaren Einwirkung in das materielle Recht der Mitgliedstaaten; siehe auch unter 2. Teil A I 2: keine Kompetenz der EU zur Harmonisierung von materiellem Recht.

670 Als Alternative nennend Bonomi/Wautelet/*Bonomi*, EuErbVO Art. 33 Rn. 13; *Nordmeier*, IPRax 2013, 418, 424; zudem wurde dies noch als Option für die Regelung dieser Frage im Verordnungsvorschlag vom 29.6.2011 genannt: EU Dok. 11870/11, 30 Art. 24 Option 2.

671 *Nordmeier*, IPRax 2013, 418, 424.

seitens des jeweiligen Belegenheitsstaates zu erfolgen hat. Dies könnte in der Form vorgenommen werden, dass Art. 33 EuErbVO um einen zweiten Absatz ergänzt wird, in dem als Tatbestand das Vorliegen des negativen Konflikts und als Rechtsfolge der Verweis auf das jeweilige Belegenheitsrecht geregelt wird. Dadurch entstünde allerdings kein Unterschied zur derzeitigen Lösung des negativen Konflikts, die darin besteht, dass der jeweilige Belegenheitsstaat auf das Vermögen zugreift. Die Verdeutlichung dieser Lösung durch eine Normierung könnte allenfalls unter dem Aspekt der erhöhten Rechtssicherheit von Bedeutung sein.

Es zeigt sich, dass die Vorschläge zu einer Reform des Art. 33 EuErbVO keine ausreichenden Vorteile bieten, um sie der jetzigen Lösung vorzuziehen.

5. *Ergebnis*

Die vorangehenden Ausführungen haben gezeigt, dass die Regelung des Art. 33 EuErbVO die Lösung des negativen Konflikts auf der sachrechtlichen Ebene intendiert. Damit ist es den jeweiligen Mitgliedstaaten überlassen, wie sie mit dieser Situation verfahren. Es kann eine richterrechtliche Anpassung im Einzelfall vorgenommen oder eine Normierung eines eigenen Aneignungsrechts angestrebt werden. Die Normierung eines Aneignungsrechts führt zu einem Entfallen des negativen Konflikts und zu einem hohen Grad an Rechtssicherheit aufgrund der Vorhersehbarkeit und Klarheit der Lösung eines internationalen erbenlosen Nachlasses. Es handelt sich demnach um eine vorbeugende Lösung. Ob weitere Mitgliedstaaten ein solches Aneignungsrecht neben ihrem Fiskuserbrecht normieren, hängt wohl davon ab, wie die Häufigkeit des Auftretens des negativen Konflikts und damit die Wichtigkeit dieser Problemlage in den einzelnen Mitgliedstaaten wahrgenommen wird.[672] Der Art. 33 der neuen EuErbVO bietet zumindest einen Anreiz diesen Schritt zu vollziehen.

VII. § 32 IntErbRVG

§ 32 IntErbRVG stellt die Lösung des negativen Konflikts bei einem internationalen erbenlosen Nachlass durch den deutschen Gesetzgeber dar. Daher soll im Folgenden eine nähere Betrachtung dieser Vorschrift erfolgen, bei der die Qualifikation und die Europarechtskonformität betrachtet werden. Zudem werden

---

672 Vgl. zu bereits existierenden Aneignungsrechten zur Lösung des negativen Konflikts unter 2. Teil A VII 4.

dem § 32 IntErbRVG vergleichbare Regelungen in anderen Mitgliedstaaten dargestellt.

1. *Qualifikation*

Fraglich ist, von welcher Kollisionsnorm das Aneignungsrecht gem. § 32 IntErbRVG zur Anwendung berufen wird. Es könnte sich bei § 32 IntErbRVG um eine selbstbegrenzte Sachnorm handeln, die über einen eigenen kollisionsrechtlichen Anwendungsbefehl verfügt. Ein solcher eigener kollisionsrechtlicher Gehalt einer Sachnorm ist im Wege des Spezialitätsgrundsatzes gegenüber einer objektiven Qualifikation anhand der Grundsätze einer funktionalen Qualifikation vorrangig zu beachten.

Ein eigener kollisionsrechtlicher Gehalt des § 32 IntErbRVG könnte aufgrund der Beschränkung des Aneignungsrechtes auf inländisches Vermögen in Absatz 3 angenommen werden. Gem. Absatz 3 der Vorschrift übt die zuständige Stelle das Aneignungsrecht durch Erklärung gegenüber dem örtlich zuständigen Nachlassgericht aus und legt in dieser Erklärung fest „in welchem Umfang sie in Bezug auf das in Deutschland belegene Vermögen von dem Aneignungsrecht Gebrauch macht". Mit dieser Formulierung wird klargestellt, dass das in § 32 IntErbRVG enthaltene Aneignungsrecht lediglich für das in Deutschland belegene Vermögen anwendbar ist.[673] Ob es sich hierbei um eine kollisionsrechtliche Regelung handelt, kann anhand des Alternativentests überprüft werden. Demnach liegt ein kollisionsrechtlicher Gehalt dann vor, wenn die Alternative zur Anwendung des Aneignungsrechts des § 32 IntErbRVG die Anwendung einer Vorschrift einer anderen Rechtsordnung ist, während eine sachrechtliche Regelung vorliegt, wenn die Alternative aus derselben Rechtsordnung stammt. Im vorliegenden Fall könnte die Alternative zur Anwendung des § 32 IntErbRVG, wenn Vermögen außerhalb von Deutschland belegen ist, § 1936 BGB sein, welcher keine Beschränkung auf in Deutschland belegenes Vermögen enthält. Dann würde es sich bei der Beschränkung auf inländisches Vermögen bei § 32 Abs. 3 IntErbRVG um eine lediglich sachrechtliche Regelung handeln. Das Aneignungsrecht des § 32 IntErbRVG soll allerdings nur dann zur Anwendung kommen, wenn das Erbrecht eines anderen Staates anwendbar ist.[674] Der

---

673 So explizit die Gesetzesbegründung BT Drs. 18/4201, S. 47 nach der das Aneignungsrecht nur zur Anwendung kommen kann, wenn sich Nachlassvermögen in Deutschland befindet.

674 BT Drs. 18/4201 Gesetzesbegründung, S. 47; vgl. noch zum Referentenentwurf, der dies im Wortlaut ausdrücklich regelte: *Kunz*, GPR 2014, 285, 293; *Wagner/Scholz*, FamRZ 2014, 714, 717.

Wortlaut des § 32 Abs. 1 IntErbRVG ist in dieser Hinsicht jedoch nicht eindeutig, weil nur von „dem anzuwendenden Erbrecht" gesprochen wird. Dabei kann es sich auch um das deutsche Erbrecht handeln.[675] Ein Aneignungsrecht des Staates ist jedoch nur dann denkbar, wenn dieser nicht schon bereits aufgrund von § 1936 BGB Träger des Nachlasses ist.[676] Im Ausnahmefall, in dem der Träger des Nachlasses gem. § 1936 BGB und die berechtigte Aneignungsstelle gem. § 32 IntErbRVG auseinanderfallen und damit ein Eingreifen des Aneignungsrechts trotz Anwendbarkeit deutschen Erbrechts und damit des Fiskuserbrechts möglich ist, ist der Wortlaut des § 32 Abs. 1 IntErbRVG dahingehend teleologisch zu reduzieren, dass von dem „anzuwendenden Erbrecht" nur ausländische Erbstatute erfasst werden.[677] Das Aneignungsrecht des § 32 IntErbRVG kommt dementsprechend nur zur Anwendung, wenn ein ausländisches Erbstatut anwendbar ist. § 1936 BGB, der zum deutschen Erbstatut gehört, kann damit nicht als Alternative zu § 32 IntErbRVG zur Anwendung kommen, wenn Nachlassvermögen nicht im Inland belegen ist. Alternative zur Anwendung von § 32 IntErbRVG ist daher eine ausländische Vorschrift, wenn Vermögen außerhalb von Deutschland belegen ist.

Die Beschränkung auf inländisches Vermögen stellt somit eine kollisionsrechtliche Regelung dar, welche an die Belegenheit des Vemögens anknüpft. Diese kollisionsrechtliche Anknüpfung entspricht auch den Funktionen des Aneignungsrechts: Das Aneignungsrecht soll den Normenmangel im Falle eines negativen Konflikts verhindern und dafür sorgen, das inländisches Vermögen zur Vermeidung von Herrenlosigkeit einem Rechtssubjekt zugeordnet werden kann. Die Vermeidung der Herrenlosigkeit soll lediglich für das eigene Territorium sichergestellt werden, so dass es der Funktion des § 32 IntErbRVG entspricht, für das im Inland belegene Vermögen anwendbar zu sein. Bei § 32 IntErbRVG handelt es sich somit um eine selbstbeschränkte Sachnorm.[678]

2. *Erbenlosigkeit als Vorfrage–Europarechtskonformität*

Die Anwendbarkeit des Aneignungsrechts erfordert, dass gem. § 32 Abs. 1 IntErbRVG „nach dem anzuwendenden Erbrecht weder ein durch Verfügung von Todes wegen eingesetzter Erbe noch eine natürliche Person als gesetzlicher Erbe vorhanden ist". Bei dieser Voraussetzung der Erbenlosigkeit handelt es sich

675 Dutta/Weber/*Dutta*, IntErbRVG § 32 Rn. 16.
676 Dutta/Weber/*Dutta*, IntErbRVG § 32 Rn. 17.
677 Dutta/Weber/*Dutta*, IntErbRVG § 32 Rn. 18.
678 So auch jurisPK-BGB/*Ludwig*, EuErbVO Art. 33 Rn. 9.

um eine Vorfrage, die nach dem anwendbaren Erbstatut zu entscheiden ist.[679] Allerdings unterscheidet sich die Formulierung hinsichtlich der Voraussetzung der Erbenlosigkeit in § 32 Abs. 1 IntErbRVG von der in Art. 33 EuErbVO gewählten. In Art. 33 EuErbVO darf weder ein durch Verfügung von Todes wegen eingesetzter Erbe oder Vermächtnisnehmer vorhanden sein. Insofern scheint § 32 Abs. 1 IntErbRVG die Vorfrage der Erbenlosigkeit zu beschränken, indem das Vorhandensein von Vermächtnisnehmern nicht die Annahme der Erbenlosigkeit verhindert. Wie festgestellt wurde, umfasst die Voraussetzung der Erbenlosigkeit i.S.d. EuErbVO jedoch auch das Fehlen von Vindikationslegataren.[680] Durch die fehlende Nennung der Vermächtnisnehmer in § 32 Abs. 1 IntErbRVG sowie durch § 32 Abs. 6 IntErbRVG, der Bezug auf die Umdeutung von Vindikationslegaten nimmt und festlegt, dass die aneignende Stelle als Erbe im Verhältnis zum umgedeuteten Damnationslegat gilt,[681] wird deutlich, dass diese Vorschrift in seiner Anwendung davon ausgeht, dass Vindikationslegate nicht zu berücksichtigen sind. Nach diesem Verständnis greift das Aneignungsrecht des § 32 IntErbRVG auch dann ein, wenn zwar kein Erbe, jedoch ein Vindikationslegatar vorhanden ist.

Der deutsche Gesetzgeber geht demnach davon aus, dass die Voraussetzungen der Erbenlosigkeit gem. Art. 33 EuErbVO und gem. § 32 Abs. 1 IntErbRVG schon dann erfüllt sind, wenn ein Vindikationslegat vorliegt, weil dieses in ein Damnationslegat umzudeuten ist.[682] Die Auffassung, dass die Umdeutung eines Vindikationslegats in ein Damnationslegat auch unter Geltung der EuErbVO weiterhin möglich ist, ist jedoch abzulehnen.[683] Aus diesem Grund ist die Anwendung eines Aneignungsrechts i.S.d. Art. 33 EuErbVO nur zulässig, wenn kein natürlicher Erbe und kein Vindikationslegatar vorhanden sind. Das Aneignungsrecht der deutschen Begeleitgesetzgebung müsste daher in europarechtskonformer Weise angepasst werden. § 32 Abs. 1 IntErbRVG müsste sich auch auf das Vorhandensein eines Vindikationslegats erstrecken; eine Anwendbarkeit des deutschen Aneignungsrechts müsste davon abhängig sein, wenn auch

679 BR Drs. 644/14 Gesetzesbegründung, S. 53 Klärung der „erbrechtlichen Vorfragen"; BT Drs. 18/4201 Gesetzesbegründung, S. 47; *Wilsch*, in: Internationales Erbrecht 2017, § 3 Rn. 17.

680 Siehe unter 2. Teil A IV 2 b bb.

681 Vgl. NK-BGB/*Looschelders*, EuErbVO Art. 33 Rn. 10 (nennt noch § 32 Abs. 4 S. 3 IntErbRVG-E).

682 BT Drs. 18/4201 Gesetzesbegründung, S. 48.

683 Vgl. hierzu unter 2. Teil A IV 2 b bb (3).

kein Vindikationslegat vorhanden ist.[684] § 32 Abs. 6 IntErbRVG dürfte nur ausländische Vindikationslegate betreffen:[685] im Verhältnis zu Damnationslegaten müsste die aneignende Stelle als Erbe gelten. Damit wird dem Schutz der Nachlassgläubiger gem. Art. 33 EuErbVO entsprochen. Denn liegt ein Damnationslegat vor, ist die Durchsetzung des schuldrechtlichen Anspruchs in der Tat davon abhängig, dass sich der Staat das erbenlose Nachlassvermögen aneignet und als Anspruchsgegner für den Damnationslegatar bereit steht. § 32 IntErbRVG ist in seiner jetzigen Gestalt unionsrechtswidrig und wird nach dem Grundsatz des Vorrangs des Unionsrechts verdrängt.[686]

3. *Auswirkungen auf das Verhältnis zu Staaten mit Fiskuserbrecht*

Befindet sich Nachlassvermögen in Deutschland, während jedoch ein ausländisches Erbstatut anwendbar ist, das den Zugriff auf den erbenlosen Nachlass als Fiskuserbrecht ausgestaltet hat, ergibt sich durch § 32 IntErbRVG eine Änderung der Rechtslage auch in diesem Verhältnis. Da es sich bei § 32 IntErbRVG um ein Aneignungsrecht i.S.d. Art. 33 EuErbVO handelt, wird das ausländische Erbstatut mit seinem Fiskuserbrecht gem. Art. 33 EuErbVO beschränkt und das in Deutschland belegene Vermögen durch das Aneignungsrecht des § 32 IntErbRVG erfasst.[687] Die Normierung des Aneignungsrechts führt demnach dazu, dass bei Belegenheit von Nachlassvermögen in Deutschland, jedoch ausländischem Erbstatut, nicht nur der negative Konflikt vermieden wird, sondern auch verhindert wird, dass ein ausländisches Fiskuserbrecht den in Deutschland belegenen Nachlass ergreifen kann. Ist deutsches Recht Erbstatut, behält der deutsche Staat hingegen die Möglichkeit, auf das Nachlassvermögen in anderen Erbrechtsstaaten zuzugreifen, wenn diese nicht neben dem Fiskuserbrecht über ein Aneignungsrecht verfügen.[688] Allerdings räumt § 32 Abs. 3 S. 2 IntErbRVG der deutschen Stelle die Möglichkeit ein, nicht vom Aneignungsrecht Gebrauch machen zu müssen. Die Gewährung des Zugriffs durch ein ausländisches Fiskuserbrecht ist somit nicht ausgeschlossen. Dennoch besteht durch die Normierung

---

684 Vgl. beckOGK/*J. Schmidt*, EuErbVO Art. 33 Rn. 31; bei einer Konstellation mit einem Vindikationslegat kann allerdings eine teilweise Erbenlosigkeit in Betracht kommen, die eine Anwendbarkeit von Art. 33 EuErbVO begründet.

685 Vgl. NK-BGB/*Looschelders*, EuErbVO Anhang zu Art. 33 Rn. 5.

686 Dutta/Weber/*Dutta*, IntErbRVG § 32 Rn. 14.

687 Vgl. *Kunz*, GPR 2014, 285, 293.

688 Vgl. Dutta/Weber/*Dutta*, IntErbRVG § 32 Rn. 6 merkt an, dass sich der deutsche Staat durch diese Regelung „das Beste aus beiden Welt“ nimmt.

von § 32 IntErbRVG ohne Klarstellung, dass hiervon nur der negative Konflikt erfasst werden soll, die Gefahr, dass sich die Zugriffsberechtigung auf den erbenlosen Nachlass in der Europäischen Union dahin entwickelt, dass stets nur der Belegenheitsstaat diese ausüben kann. Folgen weitere Mitgliedstaaten dem deutschen Vorbild, könnte im Ergebnis doch die verworfene Option zu Art. 33 EuErbVO, nach der stets das Recht des Belegenheitsstaats anwendbar gewesen wäre, zum Durchbruch gelangen. Art. 33 EuErbVO könnte folglich zum Ende des erbrechtlichen Modells beitragen.

4. Weitere Staaten mit Aneignungsrecht als Lösung des negativen Konflikts

Die Lösung des negativen Konflikts im Falle eines internationalen erbenlosen Nachlasses durch die Regelung eines eigenen Aneignungsrechts stellt innerhalb der Staaten der EU keinen vollständig neuen Lösungsweg dar.

In Griechenland besteht mit Art. 972 des griechischen Zivilgesetzbuches ein besonderes Aneignungsrecht des Staates für das Vermögen von ohne Erben Verstorbenen, welches neben dem in Art. 1824 des griechischen Zivilgesetzbuches geregelten Fiskuserbrecht besteht. Der Anwendungsbereich dieses Aneignungsrecht ist dann eröffnet, wenn das Recht eines Aneignungsrechtsstaates Erbstatut ist und damit nicht auf den in Griechenland belegenen Nachlass zugreift, und das griechische Fiskuserbrecht nicht zur Anwendung berufen ist, da griechisches Recht nicht Erbstatut ist.[689] Es handelt sich damit um eine Lösung für den negativen Konflikt. Das griechische Aneignungsrecht entspricht in seiner Wirkung dem § 32 IntErbRVG, beschränkt sich allerdings explizit auf den negativen Konflikt, so dass weiterhin die Möglichkeit des Zugriffs eines Erbrechtsstaates auf in Griechenland belegenes Vermögen besteht.

In Italien besteht mit Art. 49 des italienischen Gesetzes zum Internationalen Privatrecht eine Vorschrift, die in Italien belegenes Nachlassvermögen dem Erwerb durch den italienischen Staat unterwirft, wenn nach der berufenen Rechtsordnung kein Erbe vorhanden ist und auch der ausländische Staat nicht als Erbe fungiert. Der Sinn dieser Vorschrift besteht in der Lösung des negativen Konflikts, also der Situation, dass der ausländische Staat über ein Aneignungsrecht verfügt und das italienische Fiskuserbrecht nicht anwendbar ist, weil italienisches Recht nicht Erbstatut ist.[690]

---

689 *Heckel*, Das Fiskuserbrecht im internationalen Privatrecht, 2006, S. 132.

690 Caravaca/Davì/Mansel ESR Art. 33 m.n. 24; *Heckel*, Das Fiskuserbrecht im internationalen Privatrecht, 2006, S. 133.

Somit zeigt sich, dass der Weg der Bewältigung des negativen Konflikts durch ein neben dem Fiskuserbrecht bestehendes Aneignungsrecht schon vor der EuErbVO bekannt war. Die bestehenden Aneignungsrechte fügen sich in den durch Art. 33 EuErbVO vorgegebenen Lösungsweg ein. Allerdings ermöglicht es die Regelung des Art. 33 EuErbVO, dass sich diese Aneignungsrechte auch gegenüber zum Erbstatut gehörenden Fiskuserbrechten durchsetzen. Dies geht über die von den dargestellten ausländischen Rechten intendierte Regelungsweite – Lösung des negativen Konflikts – hinaus (berufene Rechtsordnung enthält Aneignungsrecht, eigenes Fikuserbrecht ist nicht zur Anwendung berufen).

VIII. Zusammenfassung der Ergebnisse zum Internationalen Erbrecht

1. Vor Geltung der Europäischen Erbrechtsverordnung existierte keine besondere Regelung im deutschen Kollisionsrecht, die sich mit der Behandlung von erbenlosem Nachlass bei grenzüberschreitenden Sachverhalten befasst hat. Mit der seit dem 17. August 2015 geltenden EuErbVO besteht mit Art. 33 EuErbVO eine Regelung für solche Fälle.
2. Bei Art. 33 EuErbVO handelt es sich um eine kollisionsrechtliche und nicht um eine sachrechtliche Vorschrift. Art. 33 EuErbVO ist eine unselbstständige Kollisionsnorm, weil die Norm nicht selbst das anwendbare Recht für den Zugriff auf den erbenlosen Nachlass, sondern ein Zurückweichen des Erbstatuts in einem positiven Konflikt bestimmt. Daher kann Art. 33 EuErbVO als die Normierung einer kollisionsrechtlichen Anpassung beschrieben werden.
3. Die erste Voraussetzung für die Anwendung des Art. 33 EuErbVO ist das Vorliegen eines erbenlosen Nachlasses. Die Feststellung der Erbenlosigkeit unterliegt dem Erbstatut. Das Vorliegen eines Vindikationslegats verhindert die Feststellung eines erbenlosen Nachlasses i.S.d. EuErbVO. Das bedeutet, dass im Gegensatz zur vor Geltung der EuErbVO üblichen Umdeutung eines Vindikationslegats in ein Damnationslegat, die Einsetzung des Vindikationslegatars und der Übergang des Vermögens in diesem Rahmen dem Erbstatut unterliegen. Mithin ist die Wirkung des Vindikationslegats i.R.d. EuErbVO erbrechtlich zu qualifizieren und eine Anpassung im Wege der Umdeutung in ein Damnationslegat abzulehnen. Sind Teile des Nachlasses von einem Vindikationslegat erfasst, kann daher in Bezug auf dieses Vermögen aufgrund fehlender Erbenlosigkeit i.S.d. Art. 33 EuErbVO kein Aneignungsrecht geltend gemacht werden.
4. Ist ein Nachlass nach dem Erbstatut als teilweise erbenlos anzusehen, kann hinsichtlich des erbenlosen Teils des Nachlasses Art. 33 EuErbVO eingreifen

und damit einem Aneignungsrecht dem Vorrang vor dem Erbstatut gewähren. Dies ergibt sich aus einer teleologischen Auslegung des Art. 33 EuErbVO: Die Vorschrift dient der Vermeidung des positiven Konflikts, der auch bei einem teilweise erbenlosen Nachlass möglich ist.

5. Bei einer Anwendbarkeit eines Aneignungsrechts in einem Mitgliedstaat kann die erneute Überprüfung der Erbenlosigkeit im Wege einer Vorfrage nicht in Abweichung zur Erbenlosigkeit i.S.d. Art. 33 EuErbVO dazu führen, dass die Erbeinsetzung des Staates durch ein Fiskuserbrecht zur Verneinung der Anwendbarkeit des Aneignungsrechts führt. Die Mitgliedstaaten sind an die Definition der Erbenlosigkeit, wie sie in der EuErbVO mit Art. 33 EuErbVO vorgegeben wird, gebunden. Andernfalls würde die Lösung des Art. 33 EuErbVO in vielen Fällen nicht ihre Wirkung erzielen. Anders stellt sich dies für Drittstaaten dar: Wird ein Fiskuserbrecht als gewöhnliche Erbeinsetzung akzeptiert, ist das betreffende Aneignungsrecht aufgrund fehlender Erbenlosigkeit nach dem Verständnis des Drittstaates nicht einschlägig.
6. Die im Wortlaut des Art. 33 EuErbVO bestehende Beschränkung auf mitgliedstaatliche Aneignungsrechte ist nicht auf drittstaatliche Aneignungsrechte zu erweitern. Zwar sind die Kollisionsnormen der EuErbVO gem. Art. 20 EuErbVO universell anwendbar und dies ist primärrechtlich auch zulässig. Der positive Konflikt bei einem grenzüberschreitenden Nachlass soll dennoch lediglich im Verhältnis zu Mitgliedstaaten gelöst werden, weil hierdurch gewährleistet wird, dass die Berücksichtigung eines Fiskuserbrechts durch einen Drittstaat zum vollständigen Zugriff durch das erbrechtlich zu qualifizierende Fiskuserbrecht führt. Die Gleichbehandlung von Erbrechts- und Aneignungsrechtsmodell beschränkt sich damit auf Mitgliedstaaten. Als Drittstaaten sind auch das Vereinigte Königreich, Irland und Dänemark anzusehen.
7. Der als Fiskuserbrecht ausgestaltete Zugriff des Staates auf erbenlosen Nachlass ist erbrechtlich zu qualifizieren und wird damit von der erbrechtlichen Kollisionsnorm der EuErbVO zur Anwendung berufen. Die Ausgestaltung als Aneignungsrecht ist hingegen sachenrechtlich zu qualifizieren, wodurch die Anwendbarkeit des jeweiligen Aneignungsrechts von der Belegenheit von Vermögen im eigenen Territorium abhängig ist. Eine öffentlich-rechtliche Qualifikation ist trotz des historischen Ursprungs dieser Rechte, der eine solche Qualifikation nahe legt, unter Anwendung eines modernen und europäisch-einheitlichen Verständnisses von öffentlichem Recht nicht vorzugswürdig. Ebenso ist eine Qualifikation als materielle Eingriffsnorm abzulehnen, weil Aneignungsrechte nicht überwiegend öffentliche Interessen verfolgen. Eine erbrechtliche Qualifikation scheidet aufgrund fehlender

Funktionsentsprechung aus: Das Aneignungsrecht stellt eine Alternative zum Fiskuserbrecht dar und verfolgt damit vordergründig die Vermeidung von Herrenlosigkeit und nur subsidiär die Befriedigung der Nachlassgläubiger.

8. Der in Art. 1 Abs. 1 S. 1 EuErbVO mit der Rechtsnachfolge von Todes wegen umschriebene sachliche Anwendungsbereich der EuErbVO ist genauso zu verstehen wie der Verweisungsbegriff „Rechtsnachfolge von Todes wegen" in den Kollisionsnormen der EuErbVO. Daher fallen die sachenrechtlich zu qualifizierenden Aneignungsrechte aus dem sachlichen Anwendungsbereich der EuErbVO heraus.
9. Beim nicht von Art. 33 EuErbVO gelösten negativen Konflikt handelt es sich um einen Fall der Anpassung und nicht um eine rein sachrechtliche Lückenfüllung. Dieser Anpassungsfall ist durch eine sachrechtliche Anpassung zu lösen, weil eine kollisionsrechtliche Anpassung nicht im Einklang mit dem sachlichen Anwendungsbereich und den Wertungen der EuErbVO steht. Die sachrechtliche Anpassung erfolgt im Wege der Konstruktion eines Aneignungsrechts für den erbenlosen Nachlass im Erbrechtsstaat.
10. Eine weitere Lösung des negativen Konflikts stellt die Normierung eines Aneignungsrechts in den Erbrechtsstaaten dar. Dies ist in Deutschland mit § 32 IntErbRVG erfolgt. Bei § 32 IntErbRVG handelt es sich um eine selbstbegrenzte Sachnorm, die nur für in Deutschland belegenes Vermögen anwendbar ist. Die Funktionen dieses Aneignungsrechts stimmen mit denen der schon bestehenden Aneignungsrechte in den Aneignungsrechtsstaaten überein. Das Aneignungsrecht ist allerdings nur anwendbar, wenn ausländisches Recht Erbstatut ist. Ist deutsches Recht Erbstatut besteht mit § 1936 BGB bereits eine anwendbare Regelung für erbenlosen Nachlass.
11. § 32 IntErbRVG ist entgegen seinem Wortlaut dann nicht anwendbar, wenn nach dem fremden Erbstatut ein Vindikationslegat besteht, dass sich auf einen in Deutschland belegenen Teil des Nachlasses bezieht. Die Umdeutung eines Vindikationslegats in ein Damnationslegat ist unter Geltung der EuErbVO nicht aufrechtzuerhalten. § 32 Abs. 1 und 6 IntErbRVG sind in europarechtskonformer Weise auszulegen und anzuwenden.
12. Zusammenfassend ist zu Art. 33 EuErbVO zu sagen, dass der positive Konflikt gerecht gelöst wurde. Allerdings wirft die EuErbVO im Bereich eines erbenlosen Nachlasses diverse Probleme auf, welche die Anwendung des Art. 33 EuErbVO auch bei einem positiven Konflikt verkomplizieren können. Neben diesen Problemen fehlt eine Lösung des negativen Konflikts vollständig und ist den jeweiligen Sachrechten überlassen. Um die in den nationalen Rechtsordnungen bestehenden Ausgestaltungen des staatlichen Zugriffsrechts in ihrer Wirkung aufrecht zu erhalten, stellt der derzeitige

Weg des Art. 33 EuErbVO jedoch die überzeugendste Lösung dar. Die fehlende Regelung des negativen Konflikts erfordert die gesetzgeberische Tätigkeit der Mitgliedstaaten. Letzten Endes besteht damit die Tendenz, dass sich das aneignungsrechtliche Modell im europäischen Bereich in Erbrechtsstaaten neben dem Erbrechtsmodell etabliert und damit eine Zurückdrängung der Zugriffsmöglichkeit im europäischen Ausland mittels eines Fiskuserbrechts stattfindet, wenn keine ausdrückliche Beschränkung auf den Fall des negativen Konflikts erfolgt.

B. Internationales Gesellschaftsrecht

Im Internationalen Gesellschaftsrecht treten aufgrund des britischen Aneignungsrechts für das ehemalige Vermögen einer mit konstitutiver Wirkung aus dem Register gelöschten Gesellschaft Sachverhalte auf, bei denen sich die Frage der Zuordnung von außerhalb von Großbritannien belegenem Vermögen stellt.

Im Internationalen Erbrecht hat sich mit Einführung der EuErbVO in Deutschland eine Lösung des durch das Aneignungsrecht bedingten Normenmangels (negativer Konflikt) durch Normierung eines dem deutschen Recht zuvor unbekannten Aneignungsrechts für erbenlosen Nachlass aufgetan. Diese Lösung zur Beseitigung des negativen Konflikts zeigt, dass neue Wege – Normierung der sachrechtlichen Anpassung – zur Lösung besonderer Problemstellungen im Internationalen Privatrecht möglich sind. Dementsprechend soll im Folgenden untersucht werden, ob dieser Weg auch als Lösung in Bezug auf das britische Aneignungsrecht im Internationalen Gesellschaftsrechts gangbar und empfehlenswert ist.

I. Relevante Konstellationen

Es ist in einem ersten Schritt aufzuzeigen, welche Bedingungen vorliegen müssen, damit das britische Aneignungsrecht aus sec. 1012 CA 2006 in einem grenzüberschreitenden Sachverhalt eine Rolle spielt. Es bedarf hierfür einer britischen Gesellschaft, die mit konstitutiver Wirkung aus dem Register gelöscht wird und zum Zeitpunkt der Löschung noch über Vermögen verfügt hat. Dieses wird aufgrund der konstitutiven Löschung herrenlos, denn die Gesellschaft fällt als Rechtspersönlichkeit und damit als Trägerin von Rechten und Pflichten weg. Das Aneignungsrecht führt zur Zuordnung des Vermögens an die Krone oder an eine der anderen einschlägigen Institutionen. Damit ein grenzüberschreitender Sachverhalt vorliegt, muss das Vermögen oder zumindest Teile des Vermögens außerhalb Großbritanniens belegen sein. Gleichgültig ist hierbei, ob die Gesellschaft ihren Sitz in Großbritannien oder in dem Staat, in dem auch das Vermögen belegen ist, hat. Die bisher von den Gerichten behandelten Fälle betrafen jedoch in der Regel Gesellschaften mit Sitz in Deutschland und damit außerhalb von Großbritannien (sog. Zuzugsfälle).[691] Hat die Gesellschaft ihren Sitz im Gründungsstaat, entstehen keine Unstimmigkeiten über den zu wählenden Anknüpfungspunkt, denn sowohl Gründungs- als auch Sitztheorie führen zur Anwendbarkeit desselben Gesellschaftsrechts.[692]

II. Anknüpfungspunkt und -umfang des Internationalen Gesellschaftsrechts in der EU

Entscheidend für die weitere Bearbeitung ist die Feststellung des Anknüpfungspunktes im Internationalen Gesellschaftsrecht sowie die Reichweite des Gesellschaftsstatuts. Hieraus ergeben sich die Grundlagen für die Frage, ob das britische Aneignungsrecht gesellschaftsrechtlich zu qualifizieren ist und welches Recht von der gesellschaftsrechtlichen Kollisionsnorm zur Anwendung berufen wird.

1. Anknüpfungspunkt für das Gesellschaftsstatut

Als Anknüpfungspunkt für das Gesellschaftsstatut kommt das Recht des Staates, in dem die Gesellschaft gegründet wurde oder das Recht des Staates, in dem die Gesellschaft ihren Sitz hat, in Betracht.[693] Nach der Gründungstheorie ist auf die Gesellschaft das Recht der Rechtsordnung anzuwenden, in der diese gegründet wurde, ihren Satzungssitz hat und registriert ist.[694] Hingegen wird nach der Sitztheorie auf das Gesellschaftsrecht der Rechtsordnung verwiesen, in der die betreffende Gesellschaft ihren tatsächlichen (effektiven) Verwaltungssitz hat.[695] Das ist der Ort, der nach außen als Tätigkeitsort der Geschäftsführung

---

691 OLG Hamm NJW-RR 2014, 995; OLG Celle NZG 2012, 738; OLG Düsseldorf NZG 2010, 1226; OLG Brandenburg, Urteil v. 15.7.2009 – 3 U 146/08, BeckRS 2009, 20471; OLG Nürnberg 2008 NZG 2008, 76; KG NZG 2012, 230; KG, Beschluss vom 15.10.2009–8 U 34/09 BeckRS 2009, 88784 = NZG 2010, 310; Konstellation ohne Sitz der Gesellschaft in Deutschland: OLG Jena NZG 2007, 877.

692 Vgl. *Mansel*, in: LA Kegel 2002, S. 111, 114.

693 Vgl. MüKoBGB/*Kindler*, IntGesR Rn. 351.

694 *Kropholler*, Internationales Privatrecht, [6]2006 § 55 I 4 (S. 575); Gebauer/Wiedmann/*Weller*, Kapitel 21 Handels- und Gesellschaftsrecht Rn. 21.

695 *Kegel/Schurig*, Internationales Privatrecht, [9]2004 § 17 II 1 (S. 572f.); MüKoBGB/*Kindler*, IntGesR Rn. 5; *Kropholler*, Internationales Privatrecht, [6]2006 § 55 I 2 (S. 571).

erkennbar ist,[696] also der Ort, der den Mittelpunkt der geschäftlichen Tätigkeit der Gesellschaft[697] darstellt.

a. Autonomes deutsches Internationales Gesellschaftsrecht

Im autonomen deutschen Internationalen Gesellschaftsrecht besteht keine kodifizierte gesellschaftsrechtliche Kollisionsnorm, der ein Anknüpfungspunkt entnommen werden könnte. Gewohnheitsrechtlich gilt jedoch die Sitztheorie.[698]

b. EuGH-Rechtsprechung zur Niederlassungsfreiheit

Der EuGH hat in der Anwendung von Vorschriften des Sitzstaates auf zugezogene Gesellschaften mehrfach einen Verstoß gegen die primärrechtlich verbürgte Niederlassungsfreiheit von Gesellschaften innerhalb der EU gem. Artt. 49, 54 AEUV gesehen. Die Beschränkung auf sog. Zuzugsfälle von Gesellschaften[699] bedeutet, dass es um Fälle geht, in denen eine Gesellschaft ihren Sitz aus dem Gründungsstaat in einen anderen Mitgliedstaat verlegt. Diese Fälle werden im Folgenden kurz dargestellt.

In der Entscheidung in der Rechtssache *Centros*[700] vom 9.3.1999 führte der EuGH aus, dass die Versagung der Eintragung einer britischen Limited in das dänische Handelsregister mit dem Hinweis der fehlenden Geschäftstätigkeit im Vereinigten Königreich einen Verstoß gegen die Niederlassungsfreiheit darstelle.

Die nächste die Niederlassungsfreiheit von zugezogenen Gesellschaften betreffende Entscheidung des EuGH fand in der Rechtssache *Überseering*[701] am 5.11.2002 statt, in der dieser urteilte, dass ein Verstoß gegen die Niederlassungsfreiheit dann gegeben sei, wenn einer Gesellschaft, die wirksam in einem Mitgliedstaat gegründet wurde, bei einer Sitzverlegung in einen anderen Mitgliedstaat die Rechts- und Parteifähigkeit aberkannt werde.

Schließlich erkannte der EuGH in der Entscheidung zur Rechtssache *Inspire Art*[702] vom 30.9.2003 darin einen Verstoß gegen die Niederlassungsfreiheit, dass einer britischen Limited die Einhaltung der Kapitalaufbringungs- und Gründungsvorschriften für Gesellschaften niederländischen Rechts auferlegt wurde,

---

696 *Kropholler*, Internationales Privatrecht, ^{6}2006 § 55 I 2 (S. 571).

697 *Kegel/Schurig*, Internationales Privatrecht, ^{9}2004 § 17 II 1 (S. 572).

698 Vgl. BGHZ 178, 192 = NJW 2009, 289 Rn. 19; Statt aller MüKoBGB/*Kindler*, IntGesR Rn. 5 mwN.

699 Gebauer/Wiedmann/*Weller*, Kapitel 21 Handels- und Gesellschaftsrecht Rn. 21.

700 EuGH 9.3.1999, Rs. C 212/27, Slg. 1999, I-1459–*Centros*.

701 EuGH 05.11.2002, Rs C-208/00, Slg. 2002, I-9919 – *Überseering*.

702 EuGH 30.9.2003, Rs. C 167/01, Slg. 2003, I-10155 – *Inspire Art*.

weil diese ihre Geschäfte über eine Zweigniederlassung in Amsterdam abwickeln wollte. Der EuGH befand, dass die Niederlassungsfreiheit Gesellschaften auch dann schütze, wenn der Gründungsstaat und der Staat der ausschließlichen oder fast ausschließlichen Geschäftstätigkeit (Sitzstaat) auseinanderfallen.[703] Die Niederlassungsfreiheit umfasse das Recht, die Gesellschaft unter einem bestimmten Recht eines Mitgliedstaates zu gründen, um die strengeren Regeln des Staates des eigentlichen wirtschaftlichen Mittelpunktes der Gesellschaft zu umgehen.[704]

c. BGH- Rechtsprechung in Reaktion auf die EuGH-Rechtsprechung

Die Rechtssache *Überseering* basierte auf einem vom BGH initiierten Vorabentscheidungsverfahren, in dessen Anschluss der BGH urteilte, dass für vom Schutzbereich der Artt. 49, 54 AEUV erfasste Gesellschaften die Rechtsfähigkeit nach dem Gründungsstatut anerkannt werden müsse.[705] In einem weiteren Urteil erweiterte der BGH die Anwendung des Gründungsstatuts auf die persönliche Haftung der Gesellschafter und Organe.[706]

Im Urteil zur Rechtssache *Trabrennbahn*[707] wird konstatiert, dass „sich der BGH für diejenigen Auslandsgesellschaften, die in einem Mitgliedstaat der Europäischen Union oder des EWR oder in einem mit diesen auf Grund eines Staatsvertrags in Bezug auf die Niederlassungsfreiheit gleichgestellten Staat gegründet worden sind, der so genannten Gründungstheorie angeschlossen" habe[708]. Gleichzeitig urteilte der BGH jedoch, dass für Gesellschaften aus Drittstaaten die Sitztheorie fortgelte und sich für solche Gesellschaften demnach keine Abweichung von der früheren Rechtsprechung des BGH ergebe.[709]

d. Folgerung für das Internationale Gesellschaftsrecht in Deutschland

Die Rechtsprechung von EuGH und BGH haben nicht zu einer vollständigen Klarheit hinsichtlich der Frage nach dem Anknüpfungspunkt für aus Mitgliedstaaten zugezogene Gesellschaften geführt. Denn es ist umstritten, inwiefern die Rechtsprechung des EuGH zur Niederlassungsfreiheit von Gesellschaften den

703 EuGH 09.03.1999, Rs C-212/97, Slg. 1999, I-1459 – *Centros,* Tz. 29; EuGH 30.9.2003, Rs. C 167/01, Slg. 2003, I-10155 – *Inspire Art,* Tz. 137ff.
704 EuGH 30.9.2003, Rs. C 167/01, Slg. 2003, I-10155 – *Inspire Art,* Tz. 138.
705 BGHZ 154, 185 = NJW 2003, 1461f.
706 BGH NJW 2005, 1648, 1649.
707 BGHZ 178, 192 = NJW 2009, 289.
708 BGHZ 178, 192 = NJW 2009, 289, 290.
709 BGHZ 178, 192 = NJW 2009, 289, 290f.

vollständigen Übergang zur Anknüpfung an das Gründungsstatut bedingt. Den Artt. 49, 54 AEUV wird zum Teil ein kollisionsrechtlicher Gehalt beigemessen, der zur vollständigen Anwendung der Gründungstheorie führe,[710] während andererseits vertreten wird, dass das Gründungsrecht der Gesellschaft nur dann anzuwenden sei, wenn in der konkreten Anwendung des Sitzrechts ein Verstoß gegen die Niederlassungsfreiheit besteht[711]. Es wird allerdings auch unter Verneinung eines kollisionsrechtlichen Gehalts der Artt. 49, 54 AEUV angenommen, dass nur durch eine grundsätzliche Anwendung des Gründungsrechts den Vorgaben des EuGH zur Reichweite der Niederlassungsfreiheit entsprochen werden könne.[712] Des Weiteren ist die Anwendung des Gründungsstatuts für Gesellschaften aus europäischen Mitgliedstaaten inzwischen ständige Rechtsprechung des BGH geworden.[713] Schlussendlich wird noch auf die Lehre vom Einheitsstatut im Internationalen Gesellschaftsrecht abgestellt, die dazu führe, dass wenn bestimmte gesellschaftsrechtliche Aspekte aus Gründen der Niederlassungsfreiheit dem Gründungsrecht zu unterstellen seien, die gesamten gesellschaftsrechtlichen Fragen einheitlich diesem Gesellschaftsstatut unterzuordnen seien.[714] Mithin ist es überzeugend für das Internationale Gesellschaftsrecht in den Mitgliedstaaten der EU eine Anknüpfung an das Gründungsstatut vorzunehmen, wenn Gesellschaften aus einem anderen Mitgliedstaat zuziehen. Für das Internationale Gesellschaftsrecht in Deutschland besteht hierdurch eine gespaltene Anknüpfung: Gesellschaften aus der EU und des EWR unterliegen

---

710 *Behrens*, IPRax 2004, 20, 25; *Eidenmüller*, Vorschläge u. Berichte zur Reform des Int. GesR, 2007, S. 469, 473; *Leible/Hoffmann*, EuZW 2003, 677, 681 „Zuzugsstaat wird bereits kollisionsrechtlich (!) durch die Grundfreiheiten gebunden"; *Weller*, IPRax 2009, 202, 205; Gebauer/Wiedmann/*ders.*, Kapitel 21 Handels- und Gesellschaftsrecht Rn. 21; *Zimmer*, NJW 2003, 3585, 3591.

711 *Altmeppen*, NJW 2004, 97, 98; *Fleischer*, in: Europäische Auslandsgesellschaften in Deutschland 2005, S. 94f.; *Forsthoff/Schulz*, in: Grenzüberschreitende Gesellschaften, [2]2006, § 16 Rn. 1; Grabitz/Hilf/Nettesheim/*Forsthoff*, AEUV Art. 54 Rn. 40; MüKoBGB/*Kindler*, IntGesR Rn. 123–131, 143; *ders.*, NJW 2003, 1073, 1076; *Rehm*, in: Ausländische Kapitalgesellschaften im deutschen Recht 2004, Rn. 71.

712 *Fleischer*, in: Europäische Auslandsgesellschaften in Deutschland 2005, S. 96; Grabitz/Hilf/Nettesheim/*Forsthoff*, AEUV Art. 54 Rn. 41.

713 BGH NJW 2005, 1648; BGH NJW 2007, 2328; BGH NJW 2007, 1529; BGH NJW 2009, 289; BGH 8.10.2009 – IX ZR 227/06, BeckRS 2009, 28205; BGH NJW 2011, 844; BGH NJW 2011, 3784; BGH NJW 2013, 3656.

714 *Jansen*, Zur Behandlung einer gelöschten limited company als Restgesellschaft in der Bundesrepublik Deutschland, 2015, S. 75

der Gründungstheorie, während für Gesellschaften aus Drittstaaten die Sitztheorie gilt.[715]

2. Umfang des Gesellschaftsstatuts

Nachdem festgestellt wurde, dass für Gesellschaften aus europäischen Mitgliedstaaten das Gründungsstatut anwendbar ist, muss der Umfang des Gesellschaftsstatuts bestimmt werden. Aus deutscher Sicht kann auf den prägnanten Satz des BGH verwiesen werden, demzufolge dem Gesellschaftsstatut die Regeln unterfallen, nach denen eine Gesellschaft „entsteht, lebt und vergeht".[716] Dies bedeutet, dass das Gesellschaftsstatut insbesondere auch die Voraussetzungen und Rechtsfolgen der Auflösung, Abwicklung und Beendigung einer Gesellschaft umfasst.[717] Auch unter Betrachtung des Umfangs des Gesellschaftsstatuts aus einer europäischen Perspektive wird dieser Umfang des Gesellschaftsstatuts bestätigt. Unstreitig werden die Rechts- und Parteifähigkeit, die Auflösung sowie die Liquidation und das Erlöschen der Rechtspersönlichkeit als gesellschaftsrechtliche Regelungen dem jeweiligen Gesellschaftsstatut zugeordnet.[718]

3. Vorschlag für eine Regelung des Internationalen Gesellschaftsrechts

Aufgrund der weiterhin nicht vollständig übereinstimmend bewerteten Fragen zur Anknüpfung von Gesellschaften innerhalb der EU,[719] besteht weiterhin ein Bedürfnis dafür, ein einheitliches Internationales Gesellschaftsrecht durch eine europäische Gesetzgebung zu schaffen.[720] Die auf eine solche Regelung zielenden Vorschläge werden im Folgenden kurz skizziert.

Der Deutsche Rat für Internationales Privatrecht hat am 9.2.2006 einen Vorschlag für eine Regelung des Internationalen Gesellschaftsrechts auf europäischer und nationaler Ebene verabschiedet.[721] Der Vorschlag sieht vor, dass

---

715 MüKoBGB/*Kindler*, IntGesR Rn. 5, 153f.; *Kropholler*, Internationales Privatrecht, [6]2006 § 55 I 6 (S. 581); Gebauer/Wiedmann/*Weller*, Kapitel 21 Handels- und Gesellschaftsrecht Rn. 24.

716 BGHZ 25, 134, 134 = NJW 1957, 1433, 1434 („entsteht, lebt und vergeht").

717 *Borges*, IPRax 2005, 134, 137; MüKoBGB/*Kindler*, IntGesR Rn. 636; *Kropholler*, Internationales Privatrecht, [6]2006 § 55 II 3 (S. 582f.); *Leible/Lehmann*, GmbHR 2007, 1095, 1097; *J. Schmidt*, ZIP 2007, 1712.

718 Vgl. *Eidenmüller*, Vorschläge u. Berichte zur Reform des Int. GesR, 2007, S. 469, 478.

719 Siehe dazu 2. Teil B II 1 d.

720 Vgl. Kieninger, IPRax 2017, 200, 202.

721 Vorschlag der Spezialkommission für die Neugestaltung des Internationalen Gesellschaftsrechts auf europäischer/deutscher Ebene, in: Sonnenberger (Hrsg.), Vorschläge

eine solche Regelung einheitlich für Gesellschaften aus EU/EWR- und Drittstaaten sein solle, um eine unterschiedliche Bestimmung des Gesellschaftsstatuts zu vermeiden.[722] Gem. Art. 2 Abs. 1 des Vorschlags sollen Gesellschaften dem Recht des Staates unterliegen, in dem sie in ein öffentliches Register eingetragen sind; ist die Gesellschaft nicht in ein Register eingetragen, soll gem. Art. 2 Abs. 2 des Vorschlags diese dem Recht unterliegen, nach dem sie organisiert ist.[723] Eine Anknüpfung an den effektiven Verwaltungssitz solle demnach nicht mehr erfolgen, wodurch der europarechtlichen Niederlassungsfreiheit entsprochen werde.[724] Die in dem Vorschlag vorgesehene Anknüpfung stellt eine Variante der Gründungstheorie dar.[725] Gem. Art. 3 Abs. 1 Nr. 2 des Vorschlags soll die Reichweite des auf eine Gesellschaft anzuwendenden Rechts die Gründung, die Umwandlung und die Auflösung umfassen, wobei zur Auflösung auch die anschließende Liquidation gehöre.[726] Weitgehend auf Basis des Vorschlags des Deutschen Rates für Internationales Privatrecht veröffentlichte das Bundesministerium der Justiz am 7.1.2008 einen Referentenentwurf für ein Gesetz zum Internationalen Privatrecht der Gesellschaften, Vereine und juristischen Personen des Privatrechts,[727] der jedoch nicht weiter verfolgt wurde.[728]

---

und Berichte zur Reform des europäischen und deutschen internationalen Gesellschaftsrechts, 2007, S. 3, 5.

722 Vorschlag der Spezialkommission für die Neugestaltung des Internationalen Gesellschaftsrechts auf europäischer/deutscher Ebene, in: Sonnenberger (Hrsg.), Vorschläge und Berichte zur Reform des europäischen und deutschen internationalen Gesellschaftsrechts, 2007, S. 3, 6f., 17–19.

723 Vorschlag der Spezialkommission für die Neugestaltung des Internationalen Gesellschaftsrechts auf europäischer/deutscher Ebene, in: Sonnenberger (Hrsg.), Vorschläge und Berichte zur Reform des europäischen und deutschen internationalen Gesellschaftsrechts, 2007, S. 3, 7.

724 Vorschlag der Spezialkommission für die Neugestaltung des Internationalen Gesellschaftsrechts auf europäischer/deutscher Ebene, in: Sonnenberger (Hrsg.), Vorschläge und Berichte zur Reform des europäischen und deutschen internationalen Gesellschaftsrechts, 2007, S. 3, 20f.

725 MüKoBGB/*Kindler*, IntGesR Rn. 64.

726 Vorschlag der Spezialkommission für die Neugestaltung des Internationalen Gesellschaftsrechts auf europäischer/deutscher Ebene, in: Sonnenberger (Hrsg.), Vorschläge und Berichte zur Reform des europäischen und deutschen internationalen Gesellschaftsrechts, 2007, S. 3, 7, 26f.

727 Abrufbar unter beck-aktuell Gesetzgebung: http://rsw.beck.de/aktuell/gesetzgebung/gesetzgebungsvorhaben-zusaetzliche-materialien/internationales-privatrecht-der-gesellschafen [abgerufen am 7.3.2017].

728 Vgl. zu den Gründen MüKoBGB/*Kindler*, IntGesR Rn. 64f.

Aktueller, nämlich aus September 2016, ist ein Entwurf zu einer Regelung des Internationalen Gesellschaftsrechts durch eine europäsiche Verordnung der Groupe européen de droit international privé.[729] Gem. Art. 3 dieses Entwurfs sollen Gesellschaften dem Recht des Staates unterliegen, in dem sie in ein öffentliches Register eingetragen sind; ist die Gesellschaft nicht eingetragen, soll die Gesellschaft dem Recht unterliegen, nach dem sie organisiert ist. Gem. Art. 5 lit. a des Entwurfs umfasst die Reichweite des anzuwendenden Rechts die Auflösung einer Gesellschaft. Der Entwurf der Groupe européen de droit international privé entspricht in diesen Punkten dem Vorschlag des Deutschen Rates für Internationales Privatrecht von 2006.

Die Europäische Kommission hat in einer Mitteilung vom 11.3.2014 zur Justizagenda der Europäischen Union bis 2020 festgehalten, dass der Fokus bei der Entwicklung des europäischen Rechtsraums für die nächsten Jahre auf der Konsolidierung und der Kodifizierung liegen soll.[730] Hieraus ergibt sich, dass das Vorantreiben von weiteren gesetzgeberischen Einzelmaßnahmen, wie eine Verordung zum Internationalen Gesellschaftsrecht, nicht mehr primäres Ziel der EU ist; vielmehr wird eine größere Kohärenz der bereits bestehenden EU-Rechts angestrebt.[731]

Die in den Vorschlägen zur Regelung des Internationalen Gesellschaftsrechts enthaltenen Vorschriften entsprechen den gefundenen Ergebnissen zum derzeitigen Stand des Anknüpfungspunkts und Umfang des Gesellschaftsstatuts für Gesellschaften aus Mitgliedstaaten der EU.[732]

4. *Bedeutung für die relevanten Konstellationen*

Für den hier interessierenden Fall der außerhalb des Vereinigten Königreiches aktiven Limited bedeutet das, dass diese auch in den anderen Mitgliedstaaten der EU nach ihrem Gründungsrecht und damit nach britischem Gesellschaftsrecht

---

729 GEDIP, IPRax 2017, 321; Entwurf auch online abrufbar unter: http://www.gedip-egpil.eu/documents/Milan%202016/GEDIPs%20Proposal%20on%20Companies.pdf [abgerufen am 7.3.2017].

730 Mitteilung der Kommission an das Europäische Parlament, den Rat, den Europäischen Wirtschafts- und Sozialausschuss und den Ausschuss der Regionen, Die EU-Justizagenda für 2020 – Stärkung von Vertrauen, Mobilität und Wachstum in der Union, KOM (2014) 144 final, S. 6 u. 9.

731 *Basedow*, in: Kohärenz im Internationalen Privat- und Verfahrensrecht der Europäischen Union 2016, S. 3, 4.

732 Siehe dazu oben unter 2. Teil B II 1 u. 2.

behandelt werden muss. Zum Gesellschaftsstatut gehört dabei grundsätzlich auch der Bereich der Auflösung, Abwicklung und Beendigung einer Gesellschaft.

III. Das Regelungssystem der Löschung einer britischen Gesellschaft aus dem Register

In diesem Teil steht die Frage nach der Anwendbarkeit des Aneignungsrechts auf außerhalb Großbritanniens belegenes Vermögen im Mittelpunkt. Um zu einem vollständigen Bild dieses Aneignungsrechts zu gelangen, müssen jedoch sowohl der dem Aneignungsrecht vorhergehende Schritt – die konstitutive Löschung der Gesellschaft – als auch der dem Aneignungsrecht mögliche nachfolgende Schritt – die Wiedereintragung der Gesellschaft – in die Betrachtung miteinbezogen werden. Für diese Schritte muss ebenfalls die Frage nach ihrer Anwendbarkeit außerhalb von Großbritannien beantwortet werden. Die jeweilige Anwendbarkeit der Vorschriften außerhalb von Großbritannien ist von ihrer Qualifikation abhängig.

1. Konstitutive Löschung der britischen Gesellschaft

Die Löschung der britischen Gesellschaft aus dem Register führt zur vollständigen Beendigung, so dass diese aufhört, als Rechtssubjekt zu existieren.[733] Für Gesellschaften mit Verwaltungssitz im Vereinigten Königreich gilt diese Regelung unproblematisch, denn befinden sich Verwaltungssitz und Gründungsort im selben Staat, führen die unterschiedlichen Anknüpfungen stets zum Recht dieses Staates.[734] Für Gesellschaften mit Verwaltungssitz in einem anderen europäischen Mitgliedstaat ist dies von der Qualifikation der Regelung abhängig. Die Frage der rechtlichen Existenz einer Gesellschaft und damit die Frage der Beendigung der Gesellschaft unterliegt als gesellschaftsrechtliche Regelung dem Gesellschaftsstatut. Hinsichtlich dieser Frage wird unumstritten eine Anknüpfung an das Recht des Staates, in dem die Gesellschaft gegründet wurde, vertreten.[735] Das Entfallen der Rechtsfähigkeit

---

733 Siehe dazu oben unter 1. Teil D II 2.

734 Vgl. zu dieser Konstellation *Behrens*, in: FS Ott 2002, S. 313, 317; *Mansel*, in: LA Kegel 2002, S. 111, 114.

735 OLG Hamm, Urteil v. 11.4.2014 – I-12 U 142/13, NJW-RR 2014, 995, 996; OLG Hamm, Urteil v. 1.2.2011 – 7 U 27/10, BeckRS 2011, 06176; OLG Düsseldorf, NZG 2010, 1226, 1227; KG, Beschluss v. 12.3.2010 – 14 AktG 1/09, BeckRS 2010, 11130; KG, Beschluss v. 15.10.2009 – 8 U 34/09, BeckRS 2009, 88784; OLG Nürnberg, NZG 2008, 76, 77; OLG Jena, NZG 2007, 877, 878; LG Gera, Beschluss v. 3.5.2007 – 1 HK T 25/07, BeckRS 2008, 11484; LG Duisburg, NZG 2007, 637, 638; AG Duisburg, NZG

müsse ebenso wie die Voraussetzungen der Rechtsfähigkeit entsprechend der Rechtsprechung des EuGH zur Niederlassungsfreiheit dem Gründungsstatut unterliegen.[736] Daher wirkt sich die konstitutive Löschung ebenfalls auf eine Gesellschaft mit Sitz in Deutschland oder einem anderen Mitgliedstaat der EU aus.

2. *Aneignungsrecht für das Vermögen der gelöschten Gesellschaft*

Nach britischem Recht steht noch vorhandenes Vermögen der gelöschten Gesellschaft als *bona vacantia* der Krone, dem Herzogtum Lancaster oder dem jeweiligen Herzog von Cornwall zu, sec. 1012 (1) CA 2006. Fraglich ist, ob dieses Aneignungsrecht auch solches Vermögen erfasst, das im Ausland belegen ist. Dies ist von der Qualifikation des Aneignungsrechts abhängig.

a. *Gesellschaftsrechtliche Qualifikation mit anschließender territorialer Begrenzung*

Ein Teil der Literatur qualifiziert das betreffende Aneignungsrecht zwar gesellschaftsrechtlich, geht jedoch im Ergebnis davon aus, dass sich dieses territorial auf in England belegenes Vermögen beschränkt.[737]

Die gesellschaftsrechtliche Qualifikation wird damit begründet, dass es sich um eine Universalsukzession handele und in solchen Fällen regelmäßig auf die

---

2003, 1167, 1168; *Borges*, IPRax 2005, 134, 137; *Dehmel*, Registerlöschung und Wiedereintragung einer englischen Private Company Limited by Shares mit deutschem Verwaltungssitz, 2017, 51f.; *Grimm*, Das Schicksal des in Deutschland belegenen Vermögens der Limited nach ihrer Löschung im englischen Register, 2010, S. 11; *Heide*, „Striking off the register", 2011, S. 102; *Jansen*, Zur Behandlung einer gelöschten limited company als Restgesellschaft in der Bundesrepublik Deutschland, 2015, S. 78; MüKoBGB/*Kindler*, IntGesR Rn. 637 (erkennt jedoch eine Ausnahme, wenn noch Vermögen vorhanden ist); *Leible/Lehmann*, GmbHR 2007, 1095, 1097; *Naendrup*, Striking Off and Restoration–Part 31, Companies Act 2006, 2012, S. 127; *Röder*, RIW 2007, 866, 867; *J. Schmidt*, ZIP 2007, 1712; *dies.*, ZIP 2008, 2400; *Zimmer/Naendrup*, ZGR 2007, 789, 802.

736 *Borges*, IPRax 2005, 134, 137; *Leible/Lehmann*, GmbHR 2007, 1095, 1097 (Löschung als „actus contrarius" zur Gründung); *Metzing*, EWS 2017, 92, 94; *J. Schmidt*, ZIP 2007, 1712.

737 *Dehmel*, Registerlöschung und Wiedereintragung einer englischen Private Company Limited by Shares mit deutschem Verwaltungssitz, 2017, S. 53–56; *Heide*, „Striking off the register", 2011, S. 84; *Jansen*, Zur Behandlung einer gelöschten limited company als Restgesellschaft in der Bundesrepublik Deutschland, 2015, S. 90.

für das zugrundeliegende Lebensverhältnis zuständige Kollisionsnorm zurückgegriffen werde.[738] Auch die systematische Stellung der Vorschrift im Companies Act sowie der Wortlaut, der sich auf die Löschung der Gesellschaft und die Wiedereintragungsmöglichkeit bezieht, sprächen für eine gesellschaftsrechtliche Qualifikation.[739] Des Weiteren wird ein Vergleich zum Aneignungsrecht für erbenlosen Nachlass gezogen, welches mehrheitlich erbrechtlich qualifiziert werde und dies für den vergleichbaren Fall des Aneignungsrechts für das Vermögen der gelöschten Gesellschaft eine gesellschaftsrechtliche Qualifikation nahelege.[740] Für eine gesellschaftsrechtliche Qualifikation sprächen zudem die Interessen der Gesellschafter, welche an der Anwendung des bei Gründung der Gesellschaft gewählten Gesellschaftsrechts interessiert seien.[741] Die trotz der gesellschaftsrechtlichen Qualifikation vertretene territoriale Begrenzung des Aneignungsrechts wird mit der abweichenden Qualifikation des Aneignungsrechts aus britischer Sicht begründet: es handele sich um ein hoheitlich geprägtes Aneignungsrecht, welches gem. der situs-Regel angewendet werde.[742] Im Ergebnis sei das britische Aneignungsrecht als selbstbegrenzte Sachnorm zu verstehen.[743]

738 *Heide*, „Striking off the register", 2011, S. 149; *Jansen*, Zur Behandlung einer gelöschten limited company als Restgesellschaft in der Bundesrepublik Deutschland, 2015, S. 82.

739 *Heide*, „Striking off the register", 2011, S. 150; *Jansen*, Zur Behandlung einer gelöschten limited company als Restgesellschaft in der Bundesrepublik Deutschland, 2015, S. 85.

740 *Heide*, „Striking off the register", 2011, S. 149; *Jansen*, Zur Behandlung einer gelöschten limited company als Restgesellschaft in der Bundesrepublik Deutschland, 2015, S. 88.

741 *Heide*, „Striking off the register", 2011, S. 151.

742 *Heide*, „Striking off the register", 2011, S. 84 sachenrechtliche Vorschrift, die dem Sachstatut unterliegt; *Jansen*, Zur Behandlung einer gelöschten limited company als Restgesellschaft in der Bundesrepublik Deutschland, 2015, S. 95 Anknüpfung an die lex rei sitae.

743 *Dehmel*, Registerlöschung und Wiedereintragung einer englischen Private Company Limited by Shares mit deutschem Verwaltungssitz, 2017, 58f.; *Heide*, „Striking off the register", 2011, S. 84 qualifiziert zunächst gesellschaftsrechtlich, entnimmt der Regelung jedoch das Belegenheitsprinzips; im Ergebnis ebenfalls *Jansen*, Zur Behandlung einer gelöschten limited company als Restgesellschaft in der Bundesrepublik Deutschland, 2015, S. 100, der dies als „autolimitierende Funktion" im Anschluss an die gesellschaftsrechtliche Qualifikation ansieht.

b. *Gesellschaftsrechtliche Qualifikation ohne anschließende territoriale Begrenzung*

Es wird auch eine gesellschaftsrechtliche Qualifikation des britischen Aneignungsrechts ohne anschließende territoriale Begrenzung auf in Großbritannien belegenes Vermögen vertreten.[744]

Dieses Ergebnis wird durch eine funktional-autonome Qualifikation des Aneignungsrechts i.V.m. der Möglichkeit der Wiedereintragung der Gesellschaft erreicht.[745] Das Aneignungsrecht bilde nur den Hintergrund für das britische Regelungssystem zur Ordnung des Vermögens einer konstitutiv aus dem Register gelöschten Gesellschaft.[746] Daher müsse zum Verständnis der Funktion des Aneignungsrechts die Möglichkeit der Wiedereintragung der Gesellschaft mit der Folge der Wiederauferstehung *ex tunc* mit in die Betrachtung einbezogen werden. Die Wiedereintragung samt der anschließenden Möglichkeit zur Abwicklung der Gesellschaft gehöre zum zu beachtenden britischen Gesellschaftsstatut.[747] Das britische Gesellschaftsrecht verfüge damit über ein umfassendes und abschließendes System zur Behandlung von Vermögen einer gelöschten Gesellschaft, welches eine geordnete Abwicklung enthalte.[748] Das Vorhandensein dieses Regelungssystems und seine Zugehörigkeit zum Gesellschaftsstatut würden dazu führen, dass eine gesonderte Behandlung des deutschen Vermögens, etwa durch Annahme einer Restgesellschaft und Vornahme

---

744 Schall/*Schall/Günther*, CA 2006 ssec 1000–1011 Rn. 23, 25; *Schall*, ZVI 2007, 236, 238; *N. Schmidt*, ZInsO 2009, 1635, 1637; für Österreich: Der Oberste Gerichtshof hält eine Anwendbarkeit des Aneignungsrechts für ausländisches Vermögen für überzeugend, OGH 19. 3. 2015 6 Ob 178/14s; Der Oberste Gerichtshof geht von einer Anwendung des Aneignungsrechts für in Österreich belegenes Vermögen aus, OGH 19. 10. 2011 4 Ob 119/11w.

745 Schall/*Schall/Günther*, CA 2006 ssec 1000–1011 Rn. 23.

746 Schall/*Schall/Günther*, CA 2006 ssec 1000–1011 Rn. 23f.

747 *Dehmel*, Registerlöschung und Wiedereintragung einer englischen Private Company Limited by Shares mit deutschem Verwaltungssitz, 2017, S. 54 erkennt ebenfalls diesen systematischen Zusammenhang der Regelungen, ist im Ergebnis jedoch nicht für eine unbeschränkte Anwendung des Aneignungsrechts; Schall/*Schall/Günther*, CA 2006 ssec 1000–1011 Rn. 20, 22ff.

748 Schall/*Schall/Günther*, CA 2006 ssec 1000–1011 Rn. 20, 22, 24; dies erkennt im Ansatz auch *Jansen*, Zur Behandlung einer gelöschten limited company als Restgesellschaft in der Bundesrepublik Deutschland, 2015, S. 92, der jedoch das Aneignungsrecht selbst als Kompensation für das liquidationslose Erlöschen der Gesellschaft ansieht und sich dabei nicht auf die Möglichkeit der Wiedereintragung bezieht.

einer Nachtragsliquidation, ausgeschlossen sei.[749] Das Territorialitätsprinzip könne diesen Regelungen nicht entgegenstehen, da über das Internationale Gesellschaftsrecht die Löschung der Gesellschaft und die damit einhergehenden Rechtsfolgen zu beachten seien.[750]

c. Öffentlich-rechtliche Qualifikation – Anwendung des Territorialitätsprinzips

Überwiegend wird eine öffentlich-rechtliche Qualifikation des Aneignungsrechts vertreten und die Anwendung dieser Vorschrift außerhalb des britischen Territoriums abgelehnt.[751]

Die öffentlich-rechtliche Qualifikation wird damit begründet, dass durch das Aneignungsrecht der Krone eine privilegierte Stellung eingeräumt werde, die sich von der für Privatpersonen unterscheide.[752] Zudem gelte das Aneignungsrecht unabhängig vom Gesellschaftsstatut,[753] denn es erfasse auch das Vermögen ausländischer Gesellschaften trotz Geltung der Gründungstheorie in England.[754] Außerdem verfüge diese Regelung nicht über eine gesellschaftsrechtliche Regelungsfunktion und sei daher jedenfalls nicht gesellschaftsrechtlich zu

---

749 Schall/*Schall/Günther*, CA 2006 ssec 1000–1011 Rn. 20.

750 Schall/*Schall/Günther*, CA 2006 ssec 1000–1011 Rn. 23.

751 Vgl. OLG Hamm, Urteil v. 11.4.2014 - I-12 U 142/13, NJW-RR 2014, 995, 996 „Territorialprinzip"; KG, Beschluss v. 15.10.2009 - 8 U 34/09, BeckRS 2009, 88784 „Territorialitätsprinzip"; OLG Nürnberg, NZG 2008, 76, 77 „Territorialitätsprinzip"; AG Duisburg, Beschluss v. 14.10.2003 - 63 IN 48/03, NZG 2003, 1167, 1168 nimmt eine Beschränkung des Aneignungsrechts auf das „britische Hoheitsgebiet" an; *Behrens*, in: FS Ott 2002, S. 313, 323; *Grimm*, Das Schicksal des in Deutschland belegenen Vermögens der Limited nach ihrer Löschung im englischen Register, 2010, S. 11; *Klöhn/Schwarz*, IPRax 2015, 413; *Knütel*, RIW 2004, 503, 504; *Lamprecht*, ZEuP 2008, 289, 297; *Mansel/Thorn/Wagner*, IPRax 2010, 1, 3; *Naendrup*, Striking Off and Restoration–Part 31, Companies Act 2006, 2012, S. 139; *Nikol*, Die Auswirkungen der Nichtbeachtung englischer handelsrechtlicher Publizitätspflichten auf eine Private Company Limited by Shares mit Verwaltungssitz in Deutschland, 2013, S. 142; *Röder*, RIW 2007, 866, 867; *Schwarz*, DB 2013, 799, 800; *Süß*, DNotZ 2005, 180, 189; *Zimmer/Naendrup*, ZGR 2007, 789, 804.

752 *Nikol*, Die Auswirkungen der Nichtbeachtung englischer handelsrechtlicher Publizitätspflichten auf eine Private Company Limited by Shares mit Verwaltungssitz in Deutschland, 2013, S. 142.

753 *Behrens*, in: FS Ott 2002, S. 313, 324.

754 *Nikol*, Die Auswirkungen der Nichtbeachtung englischer handelsrechtlicher Publizitätspflichten auf eine Private Company Limited by Shares mit Verwaltungssitz in Deutschland, 2013, S. 142.

qualifizieren.[755] Angeführt wird zudem der Wortlaut, der nur zwischen Territorien in Großbritannien unterscheide[756] und damit eine Anwendung auf Vermögen außerhalb dieser Territorien ausschließe.

d. *Sachenrechtliche Qualifikation*

Teilweise wird eine sachenrechtliche Qualifikation des Aneignungsrechts in Betracht gezogen.[757]

e. *Eingriffsrechtliche Qualifikation*

Des Weiteren wird dem britischen Aneignungsrecht selbst ein kollisionsrechtlicher Gehalt entnommen und dieses somit als versteckte einseitige Kollisionsnorm eingeordnet.[758] Die territoriale Beschränkung des Aneignungsrechts führe zu der Annahme einer versteckten einseitigen Kollisionsregel, die an die Belegenheit des Vermögens im britischen Territorium anknüpfe.[759]

f. *Ablehnung der Ansicht des AG Charlottenburg*

Das AG Charlottenburg vertritt in einer als unzulässig abgewiesenen[760] Vorlage an den EuGH die Auffassung, dass durch das britische Aneignungsrecht auch

---

755 *Behrens*, in: FS Ott 2002, S. 313, 324.

756 *J. Schmidt*, ZIP 2007, 1712, 1713.

757 KG, Beschluss v. 12.3.2010 – 14 AktG 1/09, BeckRS 2010, 11130 verweist sowohl auf Art. 43 Abs. 1 EGBGB als auch auf das Territorialitätsprinzip; OLG Jena, NZG 2007, 877, 878; LG Gera, Beschluss vom 03.05.2007–1 HK T 24/07, BeckRS 2008, 11484; *Behrens*, in: FS Ott 2002, S. 313, 323 „hoheitliches oder allenfalls sachenrechtliches Recht"; *Grimm*, Das Schicksal des in Deutschland belegenen Vermögens der Limited nach ihrer Löschung im englischen Register, 2010, S. 12 „als sachenrechtliche Frage zu qualifizieren"; *Krömker/Otte*, BB 2008, 964 „Territorialitätsprinzip des Art. 43 EGBGB";; *Triebel/Hase/Melerski*, Die Limited in Deutschland, 2006 Rn. 646 „Territorialitätsprinzip des Art. 43 Abs. 1 EGBGB".

758 *Heide*, „Striking off the register", 2011, S. 84 qualifiziert zunächst gesellschaftsrechtlich, entnimmt der Regelung jedoch das Belegenheitsprinzips; im Ergebnis ebenfalls *Jansen*, Zur Behandlung einer gelöschten limited company als Restgesellschaft in der Bundesrepublik Deutschland, 2015, S. 100, der dies als „autolimitierende Funktion" im Anschluss an die gesellschaftsrechtliche Qualifikation ansieht; *Mansel*, in: LA Kegel 2002, S. 111, 118; *Metzing*, EWS 2017, 92, 95 der hierfür den Wortlaut der Norm anführt.

759 *Mansel*, in: LA Kegel 2002, S. 111, 119.

760 EuGH 12. 1. 2010, Rs. C-497/08, ECLI: EU: C:2010:5 – Amiraike Berlin, Slg. 2010, I-101.

Vermögen in Deutschland erfasst werde.[761] Das Gericht folgerte diese Ansicht aus der Annahme, dass das britische Aneignungsrecht eine enteignende Maßnahme darstelle, die zwar nach allgemeinen völkerrechtlichen Grundsätzen auf das jeweilige Territorium beschränkt sei. Die Bundesrepublik Deutschland habe aber durch den Abschluss des EG-Vertrages a.F. und den darin enthaltenen Grundfreiheiten den Eintritt enteignender Maßnahmen auf dem eigenen Hoheitsgebiet zugestimmt, wenn sich eine Gesellschaft, die über Vermögen in Deutschland verfügt, bewusst in Ausübung der ihr gewährten Niederlassungsfreiheit dem Gesellschaftsrecht eines anderen Mitgliedstaates unterstellt habe und die enteignende Maßnahme von diesem Mitgliedstaat vorgenommen werde.[762] Die Auffassung des AG Charlottenburg wird einhellig und überzeugend abgelehnt.[763] Die Ablehnung wird damit begründet, dass es sich bei dem Aneignungsrecht zum einen nicht um eine Enteignung handele[764] und zum anderen die Niederlassungsfreiheit auf den Schutz von Gesellschaften und nicht auf die Gewährung der Durchsetzung bestimmter Rechte durch einen Staat im Ausland ausgerichtet sei.[765] Der EuGH hat in seinem Urteil zur Rechtssache *Kornhaas* betont, dass die primärrechtliche Niederlassungsfreiheit die Gründung einer Gesellschaft und die Niederlassung in einem anderen Mitgliedstaat schützt.[766] Betrifft eine nationale Vorschrift nicht diese Aspekte, könne keine Beeinträchtigung der Niederlassungsfreiheit vorliegen. Diese Rechtsprechung kann auf den vorliegenden Fall übertragen werden, denn die Nichterfassung von ausländischem Vermögen durch das britische Aneignungsrecht betrifft nicht die genannten Aspekte der primärrechtlichen Niederlassungsfreiheit.

---

761 Vorlage des AG Charlottenburg GmbHR 2009, 321, 322.

762 Vorlage des AG Charlottenburg GmbHR 2009, 321, 322.

763 *Dehmel*, Registerlöschung und Wiedereintragung einer englischen Private Company Limited by Shares mit deutschem Verwaltungssitz, 2017, S. 57; MüKoBGB/*von Hein*, Einl. IPR Rn. 122 Fn. 406; *Mansel/Thorn/Wagner*, IPRax 2010, 1, 2f.; *Metzing*, EWS 2017, 92, 95; *Naendrup*, Striking Off and Restoration–Part 31, Companies Act 2006, 2012, 139f.; *Nikol*, Die Auswirkungen der Nichtbeachtung englischer handelsrechtlicher Publizitätspflichten auf eine Private Company Limited by Shares mit Verwaltungssitz in Deutschland, 2013, 134f.; *Querfurth*, GWR 2009, 93; *J. Schmidt*, EWiR 2009, 379, 380; *Schwarz*, DB 2013, 799, 800.

764 *J. Schmidt*, EWiR 2009, 380.

765 *Mansel/Thorn/Wagner*, IPRax 2010, 1, 3; *J. Schmidt*, EWiR 2009, 380; *Schwarz*, DB 2013, 799, 800.

766 EuGH 10.12.2015, Rs. C-594/14, ECLI: EU: C:2015:806 – *Kornhaas*, Tz. 28 = NJW 2016, 223.

g. Stellungnahme

Die ganz h.M. in Literatur und Rechtsprechung gelangt im Ergebnis dazu, dass das Aneignungsrecht nur anwendbar ist, wenn Vermögen innerhalb des Territoriums des Aneignungsrechtsstaats belegen ist. Die Begründungen dieses Ergebnisses, die auf der jeweiligen Qualifikation des Aneignungsrechts beruhen, divergieren allerdings erheblich. Daher ist eine Überprüfung der Qualifikationsfrage vorzunehmen.

Die in dieser Arbeit herangezogene funktionale Qualifikationsmethode beruht auf einer Herausarbeitung der Funktionen der Kollisionsnormen und der betreffenden Rechtsinstitute.[767] Besteht eine Funktionsentsprechung zwischen einer Kollisionsnorm und dem Rechtsinstitut, ist eine Qualifikation möglich.

aa. Funktionen des Aneignungsrechts

Das Aneignungsrecht dient zweifellos der Zuordnung des inländischen Vermögens der konstitutiv aus dem Register gelöschten Gesellschaft, um eine Herrenlosigkeit dieses Vermögens zu vermeiden. Jedoch besteht durch die Möglichkeit der Wiedereintragung die Funktion des Aneignungsrechts nicht zwingend in der endgültigen und abschließenden Zuordnung des Vermögens. Solange die Möglichkeit der Wiedereintragung besteht (sechs Jahre), hat das Aneignungsrecht neben der Zuordnung des Vermögens vor allem die Funktion eine ordnungsgemäße Liquidation oder eine Weiterführung der Gesellschaft nach Wiedereintragung abzusichern. Die Funktion des Aneignungsrechts besteht damit neben der schlichten Vermögenszuordnung darin, das Vermögen für Gläubiger und Gesellschafter zu schützen.[768] Von dieser Funktion ist jedoch nicht umfasst, das Vermögen der gelöschten Gesellschaft ohne Weiteres zu liquidieren, sondern lediglich die Voraussetzung einer Liquidation – das Vorhandensein von Vermögen – aufrecht zu erhalten. Diese Schutzfunktion bezieht sich ebenfalls auf die Möglichkeit der Fortführung der Gesellschaft nach Wiedereintragung. Eine Fortführung der Gesellschaft ist nämlich nur dann möglich, wenn das Vermögen der Gesellschaft noch erhalten ist und dadurch die wirtschaftliche Grundlage für eine aktive Gesellschaft besteht. Damit ergibt sich, dass das Aneignungsrecht für das Vermögen von gelöschten Gesellschaften nicht auf die Funktion der bloßen Vermögenszuordnung reduziert werden kann, sondern im Zusammenhang mit der Möglichkeit der Wiedereintragung der Gesellschaft eine Sicherungsfunktion

767 Vgl. hierzu unter 2. Teil A IV 2 b bb (1) (f).

768 *Jansen*, Zur Behandlung einer gelöschten limited company als Restgesellschaft in der Bundesrepublik Deutschland, 2015, S. 112 „vermögenserhaltende Wirkung".

für das Vermögen ausübt, die es ermöglicht, die Gesellschaft ordnungsgemäß zu liquidieren oder fortzuführen. Die Beurteilung der Funktionen des Aneignungsrechts darf nicht isoliert stattfinden, sondern muss die Regelungen zur Wiedereintragung mitberücksichtigen. Die Funktionen des Aneignungsrechts sind allerdings temporär variabel: Nach Ablauf der Frist für eine mögliche Wiedereintragung dient das Aneignungsrecht nur noch der Funktion, herrenloses Vermögen im Territorium Großbritanniens durch eine Zuordnung an den Staat zu vermeiden.

bb. Kollisionsnorm mit entsprechenden Funktionen

Für die Qualifikation des Aneignungsrechts muss eine Kollisionsnorm gefunden werden, die mit den Funktionen des Aneignungsrechts übereinstimmt.

Bestünde die Funktion allein in der Zuordnung des in Großbritannien belegenen Vermögens an den Staat, könnte eine Funktionsentsprechung mit der sachenrechtlichen Kollisionsnorm anzunehmen sein, weil diese ebenfalls über die Funktion der Zuordnung von Vermögen innerhalb eines bestimmten Territoriums verfügt. Wie aber festgestellt wurde, gehen die Funktionen des Aneignungsrechts über die bloße Vermögenszuordnung hinaus und dienen den Regelungen zur Abwicklung oder Weiterführung der Gesellschaft nach Wiedereintragung. Bei den Regelungen zur Abwicklung oder Weiterführung handelt es sich um eindeutig gesellschaftsrechtlich zu qualifizierende Fragen, weil diese unmittelbar die Existenz und Behandlung der Gesellschaft betreffen. Das Aneignungsrecht steht durch die Sicherungs- und Erhaltungsfunktion in einem solch engen Zusammenhang zu diesen Regelungen, dass diese Funktionen des Aneignungsrechts denen der gesellschaftsrechtlichen Kollisionsnorm entsprechen und eine gesellschaftsrechtliche Qualifikation zu bejahen ist. Diese Funktionen des Aneignungsrechts können zudem nur durch eine Erfassung des gesamten Vermögens der gelöschten Gesellschaft vollständig verwirklicht werden. Gewährleistet wird dies durch die gesellschaftsrechtliche Anknüpfung, die das Gründungsrecht unabhängig von der Belegenheit des Vermögens für anwendbar erklärt.

Eine öffentlich-rechtliche Qualifikation des Aneignungsrechts ist insbesondere im Hinblick auf die gesellschaftsrechtlichen Funktionen, die das Aneignungsrecht beinhaltet, und die den Schwerpunkt dieser Vorschrift darstellen, abzulehnen.[769] Zudem ist auch fraglich, inwiefern das Aneignungsrecht den Staat in seiner Funktion als Träger von Hoheitsgewalt anspricht, weil dieser aus

---

769 Vgl. auch *Dehmel*, Registerlöschung und Wiedereintragung einer englischen Private Company Limited by Shares mit deutschem Verwaltungssitz, 2017, S. 54 nach dem

der Aneignung keine besondere Rechtsposition erhält, sondern lediglich die weiteren gesellschaftsrechtlichen Möglichkeiten für die ehemalige Gesellschaft (Abwicklung oder Weiterführung) wahrt.

Beim Aneignungsrecht könnte es sich allerdings um eine selbstbegrenzte Sachnorm (formale Eingriffsnorm) handeln, die unabhängig von den gewöhnlichen Kollisionsnormen anzuknüpfen ist. Dies würde im Ergebnis dazu führen, dass kein Unterschied für die Frage der internationalen Anwendbarkeit des Aneignungsrechts zu einer öffentlich-rechtlichen Qualifikation bestünde. Bei dieser führt das Territorialitätsprinzip zu einer Beschränkung des räumlichen Anwendungsbereichs der Norm auf das jeweilige Staatsterritorium. Eine selbstbegrenzte Sachnorm läge vor, wenn das Aneignungsrecht über einen eigenen speziellen kollisionsrechtlichen Regelungsgehalt verfügen würde, der eine Anknüpfung vorgibt. Eine solche spezielle in der Sachnorm enthaltene kollisionsrechtliche Regelung würde der aus deutscher Sicht vorzuziehenden gesellschaftsrechtlichen Qualifikation aufgrund der Gesamtverweisung der gesellschaftsrechtlichen Kollisionsnorm vorgehen. Ein in der Sachnorm enthaltener kollisionsrechtlicher Gehalt kann entweder ausdrücklich bestimmt sein oder dem Wortlaut durch Auslegung entnommen werden. Der Wortlaut der Vorschrift weist das Recht zur Aneignung je nach Lage des Falles („as the case may be") entweder der Krone, dem Herzogtum Lancaster oder dem jeweiligen Herzog von Cornwall zu. Diese Formulierung findet sich parallel im britischen Aneignungsrecht für erbenlosen Nachlass, für welches deswegen eine Einordnung als selbstbegrenzte Sachnorm zu bejahen ist.[770] Allerdings kann diese Einordnung nicht ohne eine weitere Überprüfung übernommen werden, denn für die Entscheidung, welcher Institution das Aneignungsrecht zukommt, kann neben der Belegenheit des Vermögens auch der Ort des sog. *registered office* herangezogen werden.[771] Die in Großbritannien zuständige Stelle für das Aneignungsrecht (*Bona Vacantia Division* des *Government Legal Departement*) vertritt die Rechtsauffassung, dass diejenige Institution zur Aneignung berechtigt ist, in dessen Gebiet sich das *registered office* und das Vermögen befinden; fallen diese Kriterien auseinander, ist hingegen der Ort des *registered office* i.d.R. („usually")

---

zwar der Staat hoheitlich zugreift, die gesellschaftsrechtlichen Aspekte des Aneignungsrechts aber überwiegen.

770 Siehe oben unter 2. Teil A V 2 c bb (1) i.

771 *Nikol*, Die Auswirkungen der Nichtbeachtung englischer handelsrechtlicher Publizitätspflichten auf eine Private Company Limited by Shares mit Verwaltungssitz in Deutschland, 2013, S. 136.

ausschlaggebend.[772] Gleichzeitig wird jedoch klargestellt, dass sich die *Bona Vacantia Division* nicht mit im Ausland belegenem Vermögen befasst.[773] Dementsprechend scheint bei ausländischem Vermögen nicht das *registered office*, sondern die Belegenheit des Vermögens ausschlaggebend zu sein. In diesem Fall besteht somit eine Ausnahme von der grundsätzlichen Regel („usually"), dass der Ort des *registered office* ausschlaggebend ist. Die Rechtsauffassung der Bona Vacantia Division bestätigt damit die Einordnung des Aneignungsrechts als selbstbegrenzte Sachnorm aufgrund des Vergleichs mit dem Aneignungsrecht für erbenlosen Nachlass. Dem Aneignungsrecht kann durch Auslegung der kollisionsrechtliche Gehalt entnommen werden, dass es nur dann anwendbar ist, wenn Vermögen in Großbritannien belegen ist. Die funktional-teleologische Qualifikation, die zu einem abweichenden Ergebnis kommt, vermag es nicht den vom britischen Gesetzgeber der Norm beigefügten speziellen kollisionsrechtlichen Gehalt zu überwinden.

cc. Zwischenergebnis

Beim Aneignungsrecht für das ehemalige Vermögen einer gelöschten Gesellschaft handelt es sich um eine selbstbegrenzte Sachnorm, welche die kollisionsrechtliche Anwendbarkeit von der Belegenheit des Vermögens im Inland abhängig macht.

h. Ergebnis

Die Qualifikation des Aneignungsrechts als selbstbegrenzte Sachnorm hat zur Folge, dass lediglich das in Großbritannien belegene Vermögen der gelöschten Gesellschaft erfasst wird. Eine Erfassung des ausländischen Vermögens findet durch das Aneignungsrecht nicht statt. Dementsprechend fehlt es an einer anwendbaren Regelung für die Zuordnung des in Deutschland belegenen Vermögens: die britische Regelung ist aufgrund des eigenen kollisionsrechtlichen Gehalts nicht anwendbar; eine deutsche gesellschaftsrechtliche Regelung greift mangels anwendbaren deutschen Gesellschaftsrechts nicht ein. Hierdurch wird ein negativer Konflikt verursacht.

---

772 Policy paper Bona Vacantia dissolved companies (BVC1) vom 6. Dezember 2013, Absatz Jurisdiction and its importance in bona vacantia (abrufbar unter https://www.gov.uk/government/publications/bona-vacantia-dissolved-companies-bvc1/bona-vacantia-dissolved-companies-bvc1)

773 Ebd.: „BVD do not deal with foreign assets".

3. *Wiedereintragung der Gesellschaft (restoration to the register)*

Wie festgestellt wurde handelt es sich bei der Vermögenszuordnung durch das Aneignungsrecht nicht um eine endgültige und abschließende Behandlung des ehemaligen Vermögens der gelöschten Gesellschaft. Eng mit dem Aneignungsrecht verknüpft ist die Möglichkeit der Wiedereintragung der Gesellschaft mit der Wirkung, dass diese so wieder aufersteht, als wäre sie nie erloschen (sec. 1028 (1), 1032 (1) CA 2006). Dieser enge Zusammenhang zeigt sich darin, dass in sec. 1012 (2) CA 2006 auf die mögliche Wiedereintragung hingewiesen wird. Damit erfolgt zudem ein Rückfall des angeeigneten Vermögens an die Gesellschaft. Wurde das Vermögen veräußert, erhält die wiederauferstandene Gesellschaft einen angemessenen Wertersatz, sec. 1034 CA 2006.

a. *Belegenheit des Vermögens im Ausland als Hinderungsgrund der Wiedereintragung?*

Soll eine aus dem Register gelöschte Gesellschaft wieder eingetragen und damit zum Zwecke der Abwicklung oder Weiterführung wiederbelebt werden, stellt sich zunächst für die zu betrachtende Konstellation die Frage, ob eine solche Wiedereintragung nach den britischen Vorschriften ausgeschlossen ist, wenn das hauptsächliche oder gesamte Vermögen außerhalb von Großbritannien belegen ist.[774] Eine solche Beschränkung könnte sich aus dem Aspekt ergeben, dass es sich beim Aneignungsrecht für das ehemalige Vermögen einer gelöschten Gesellschaft um eine selbstbegrenzte Sachnorm handelt und nur in Großbritannien belegenes Vermögen erfasst und daher eine Abwicklung nach britischen Regeln nicht in Betracht kommen könnte.[775] Den einschlägigen Vorschriften zur Wiedereinsetzung der Gesellschaft, sec. 1024, 1025 und sec. 1029, 1030 CA 2006 lässt sich jedoch die Voraussetzung der Belegenheit von Vermögen in Großbritannien nicht entnehmen. Die Voraussetzung der Zustimmung des Crown representative zur Wiedereintragung gem. sec. 1025 (3) CA 2006 gilt nur für die Fälle, in denen das Vermögen der gelöschten Gesellschaft an die Krone gefallen ist. Daraus ergibt sich nicht, dass Bedingung der Wiedereintragung die Belegenheit von Vermögen in Großbritannien ist, das als *bona vacantia* der Krone gem. sec. 1012 CA 2006 zufällt.[776] Somit ist es für die Möglichkeit der Wiedereintragung einer britischen Gesellschaft nicht hinderlich, wenn sich das Vermögen außerhalb von Großbritannien befindet.

---

774 Vgl. *Lamprecht*, ZEuP 2008, 289, 299.
775 Dieser Auffassung ist *Mansel*, in: LA Kegel 2002, S. 111, 116.
776 Vgl. *Lamprecht*, ZEuP 2008, 289, 299.

b. Qualifikation der Wiedereintragung und seiner Rechtsfolgen

Es stellt sich die Frage, ob sich der Vermögensrückfall auf das gesamte Vermögen der Gesellschaft und damit auch auf im Ausland belegenes Vermögen erstreckt. Dies ist wiederum von der Qualifikation der britischen Vorschriften zur Wiedereintragung der Gesellschaft abhängig.

aa. Gleichlauf mit dem Aneignungsrecht

Es wird vertreten, dass die Wiedereintragung der Gesellschaft und der damit verbundene Vermögensrückfall an die Gesellschaft nicht für ausländisches Vermögen in Betracht kommt.[777]

Zur Begründung wird auf die Beschränkung des Aneignungsrechts auf in Großbritannien belegenes Vermögen verwiesen, wodurch eine Abwicklungsbefugnis eines britischen Gerichts für ausländisches Vermögen fehle.[778] Zudem sei aufgrund des Territorialitätsprinzips bei der Löschung der Gesellschaft eine „Aufspaltung" des Vermögens eingetreten mit der Folge, dass Großbritannien seine Hoheitsgewalt über im Ausland belegenes Vermögen verloren habe.[779] Dementsprechend begrenze sich der Vermögensrückfall i.R.d. Wiedereintragung auf das in Großbritannien belegene Vermögen.[780]

bb. Gesellschaftsrechtliche Qualifikation

Andere vertreten, dass der Vermögensrückfall an die Gesellschaft nach Wiedereintragung auch für ausländisches Vermögen gilt.[781]

---

777 *Dehmel*, Registerlöschung und Wiedereintragung einer englischen Private Company Limited by Shares mit deutschem Verwaltungssitz, 2017, S. 182; *Mansel*, in: LA Kegel 2002, S. 111, 116; *J. Schmidt*, ZIP 2008, 2400, 2404; *dies.*, ZIP 2007, 1712, 1714.

778 *Mansel*, in: LA Kegel 2002, S. 111, 116.

779 *J. Schmidt*, ZIP 2008, 2400, 2404; *dies.*, ZIP 2007, 1712, 1714.

780 *J. Schmidt*, ZIP 2008, 2400, 2404.

781 *Dehmel*, Registerlöschung und Wiedereintragung einer englischen Private Company Limited by Shares mit deutschem Verwaltungssitz, 2017, S. 183 der sich dafür ausspricht die Wiedereintragung im vollen Umfang in Deutschland zu berücksichtigen; *Grimm*, Das Schicksal des in Deutschland belegenen Vermögens der Limited nach ihrer Löschung im englischen Register, 2010, S. 10; *Heide*, „Striking off the register", 2011, S. 103; *Jansen*, Zur Behandlung einer gelöschten limited company als Restgesellschaft in der Bundesrepublik Deutschland, 2015, S. 118; *Krömker/Otte*, BB 2008, 964, 966; *Lamprecht*, ZEuP 2008, 289, 303; *Naendrup*, Striking Off and Restoration–Part 31, Companies Act 2006, 2012, S. 206; *Röder*, RIW 2007, 866, 868; *Zimmer/Naendrup*, ZGR 2007, 789, 815–817.

Die Möglichkeit der Wiedereintragung sei gesellschaftsrechtlich zu qualifizieren und der Vermögensrückfall stelle einen Teil dieser Wiedereintragung dar.[782] Es könne nicht von einer „Aufgabe" des außerhalb Großbritanniens belegenen Vermögens ausgegangen werden, weil sich das britische Liquidationsverfahren als Teil des Gesellschaftsstatuts auf das gesamte Vermögen der Gesellschaft erstrecke.[783] Das Gesellschaftsstatut gehe als Gesamtstatut dem Einzelstatut für die Zuordnung des Vermögens vor.[784] Auch das Territorialitätsprinzip greife nicht ein, denn der Rückerwerb des Vermögens begünstige Private.[785] Die fehlende Anknüpfung zum britischen Gesellschaftsrecht zwischen Löschung und Wiedereintragung stehe der Erstreckung auf das gesamte Vermögen nicht entgegen, weil dies die Konzeption des britischen Gesellschaftsrechts vorsehe und kein Sonderfall der Gesellschaft mit Sitz im Ausland darstelle.[786] Die Anwendung der britischen Vorschriften zur Wiedereintragung der Gesellschaft sei zudem durch die europäische Niederlassungsfreiheit geboten, da es zur vollständigen Wiederauferstehung der britischen Gesellschaft komme, die nach ihrem Gründungsrecht zu behandeln sei.[787]

cc. Stellungnahme

Es ist zu beurteilen, ob das Verfahren der Wiedereintragung der Gesellschaft mit seinen Rechtsfolgen gesellschaftsrechtlich oder entsprechend dem Aneignungsrecht für das ehemalige Vermögen der Gesellschaft zu qualifizieren ist.

Die Wiedereintragung der Gesellschaft führt zum vollständigen Wiederaufleben dieser als Rechtspersönlichkeit. Der im Falle der Wiedereintragung nur temporäre Zustand der Löschung der Gesellschaft wird damit rückwirkend

---

782 *Heide*, „Striking off the register", 2011, S. 103; *Jansen*, Zur Behandlung einer gelöschten limited company als Restgesellschaft in der Bundesrepublik Deutschland, 2015, S. 118.

783 *Jansen*, Zur Behandlung einer gelöschten limited company als Restgesellschaft in der Bundesrepublik Deutschland, 2015, S. 118.

784 *Heide*, „Striking off the register", 2011, S. 194; *Jansen*, Zur Behandlung einer gelöschten limited company als Restgesellschaft in der Bundesrepublik Deutschland, 2015, S. 118.

785 *Heide*, „Striking off the register", 2011, S. 193; *Jansen*, Zur Behandlung einer gelöschten limited company als Restgesellschaft in der Bundesrepublik Deutschland, 2015, S. 118; **a.A.** *Dehmel*, Registerlöschung und Wiedereintragung einer englischen Private Company Limited by Shares mit deutschem Verwaltungssitz, 2017, S. 182 der hier von einem Entzug von Eigentum durch einen ausländischen Staat spricht.

786 *Naendrup*, Striking Off and Restoration–Part 31, Companies Act 2006, 2012, S. 207

787 *Lamprecht*, ZEuP 2008, 289, 303; *Röder*, RIW 2007, 866, 868; *Zimmer/Naendrup*, ZGR 2007, 789, 815.

(ex tunc) aufgehoben. Mit diesem Verfahren soll sowohl die Fortführung der Gesellschaft als auch deren ordnungsgemäße Liquidation ermöglicht werden. Erkennbar wird durch die Möglichkeit der Wiedereintragung auch, dass die vorangegangene Löschung der Gesellschaft keine Sanktion des britischen Gesellschaftsrechts darstellt, weil es sich nicht um eine endgültige Löschung handelt; vielmehr steht der Gedanke im Vordergrund, nur aktive Gesellschaften im Register zu führen sowie die Gesellschafter zur Einhaltung der Publizitätspflichten zu bewegen.[788] Diese Zwecke der Wiedereintragung sind funktional einer Kollisionsnorm zuzuordnen. Das (Wieder-)Erlangen der Rechtsfähigkeit als juristische Person, die (Fort-)Führung der Gesellschaft sowie die Liquidation der Gesellschaft stellen gesellschaftsrechtliche Regelungen dar, die daher dem Gesellschaftsstatut zuzuordnen sind. Das Gesellschaftsstatut unterliegt für Gesellschaften aus Mitgliedstaaten dem Gründungrecht. Die Anwendbarkeit des gründungsrechtlichen Gesellschaftsstatuts führt dazu, dass die Wiedereintragung mit ihren Folgen außerhalb von Großbritannien wirksam ist. Zweifel an der gesellschaftsrechtlichen Qualifikation der Wiedereintragung werden aufgrund der Rechtsfolge des Rückfalls des Vermögens an die wiederauferstandene Gesellschaft geäußert. Daher ist diese Rechtsfolge einer gesonderten Betrachtung zu unterziehen. Beim Rückfall des Vermögens an die Gesellschaft handelt es sich um einen Teil des als Gesamtregelung zu verstehenden Systems von konstitutiver Löschung der Gesellschaft mit der Möglichkeit der Wiedereintragung derselben. Ohne den Rückfall des Vermögens an die Gesellschaft sind die Zwecke der Wiedereintragung – Fortführung der Gesellschaft oder ordnungsgemäße Liquidation – nicht denkbar, weil es für die Fortführung an der wirtschaftlichen Grundlage fehlen und es für eine ordnungsgemäße Liquidation an liquidationsfähigen Vermögen mangeln würde. Sinn und Zweck des Vermögensrückfalls sowie der untrennbare Zusammenhang mit der Wiedereintragung der Gesellschaft sprechen daher für eine gesellschaftsrechtliche Qualifikation, wodurch ein Rückfall für das gesamte ehemalige Vermögen unabhängig von seiner Belegenheit eintritt. Im Falle einer Liquidation ermöglicht die Erfassung des gesamten Vermögens zudem eine einheitliche Abwicklung der Gesellschaft nach den gesellschaftsrechtlichen Vorschriften des Gründungsrechts.[789] Eine

788 *Heide*, „Striking off the register“, 2011, S. 219; Schall/*Schall/Günther*, CA 2006 ssec 1000–1011 Rn. 8f., 20.

789 Vgl. *Heide*, „Striking off the register“, 2011, S. 112; *Jansen*, Zur Behandlung einer gelöschten limited company als Restgesellschaft in der Bundesrepublik Deutschland, 2015, S. 112.

solche einheitliche Abwicklung entspricht den Interessen von Gläubigern und Gesellschaftern, da insbesondere, wenn eine Gesellschaft in einem oder mehreren Staaten Vermögen hat, eine jeweils gesonderte Abwicklung unübersichtlich wäre. Für die Gesellschafter entspricht die Anwendung dieser Regelungen ihrer Rechtswahl und verhindert die Notwendigkeit der Beachtung von gesellschaftsrechtlichen Regelungen mehrerer Staaten. Der fehlende Sanktionscharakter der Löschung wirkt sich auch auf die Frage der Qualifikation der Wiedereintragung und des Vermögensanfalls aus. Denn qualifiziert man diesen Vorgang nicht gesellschaftsrechtlich und lässt ihn daher für Gesellschaften außerhalb von Großbritannien unangewendet, stellt dies ein deutlich strengeres Vorgehen dar, als es vom britischen Gesellschaftsrecht vorgesehen ist, welches sogar eine Fortführung der Gesellschaft erlauben würde.[790] Eine gesellschaftsrechtliche Qualifikation wird mit der Begründung abgelehnt, dass das britische Recht seine Herrschaft über das ausländische Vermögen durch die Löschung der Gesellschaft verloren habe: es sei das „gesellschaftsrechtliche Band“ zwischen der Gesellschaft und dem ausländischen Vermögen durchtrennt[791]. Dieses Argument überzeugt jedoch nicht, denn allein aus dem Umstand, dass sich das Aneignungsrecht nicht auf im Ausland belegenes Vermögen erstreckt, kann nicht gefolgert werden, dass ab diesem Zeitpunkt auch alle weiteren gesellschaftsrechtlich zu qualifizierenden Regelungen des Gründungsrechts nicht mehr anzuwenden sind. Vielmehr gilt es, dass ausländische Gesellschaftsstatut soweit wie möglich zu beachten. Die Schlussfolgerung, dass auch die Wiedereintragung und der Rückfall des Vermögens dem Territorialitätsprinzip unterliegen, beruht auf der Anwendung der Lehre von der Restgesellschaft. Damit wird die Frage nach der Qualifikation der Regelungen zur Wiedereintragung der Gesellschaft jedoch aus einer Perspektive vorgenommen, bei der die Lösung der Problematik im deutschen Recht schon feststeht: Anwendung der Lehre von der Restgesellschaft zur Zuordnung des Vermögens und Abwicklung gem. den Grundsätzen einer Nachtragsliquidation. Die Qualifikation der Vorschriften zur Widereintragung erfolgt schließlich unter Berücksichtigung dieses Lösungsweges und die territoriale Begrenzung erfolgt, um zu große Friktionen mit der favorisierten Lösung zur Behandlung des inländischen Vermögens zu vermeiden. Dieser Weg ist nicht überzeugend, weil die Notwendigkeit der zu treffenden Anpassungen im deutschen Recht erst vollständig ersichtlich ist, wenn eine Qualifikation aller betreffenden Regelungen erfolgt ist. Auch das Territorialitätsprinzip kann nicht als Begründung

790 Vgl. *Heide*, „Striking off the register“, 2011, S. 219.

791 *J. Schmidt*, ZIP 2007, 1712, 1714; *dies.*, ZIP 2008, 2400, 2404.

herhalten. Dieses ist nach der hier vertretenen Auffassung schon nicht der Grund, warum das Aneignungsrecht für das ehemalige Vermögen der Gesellschaft nicht auf im Ausland belegenes Vermögen anwendbar ist. Zudem stellt der Rückfall des Vermögens an die Gesellschaft keinen öffentlich-rechtlichen oder enteignungsrechtlichen Vorgang dar.[792] Ein Gleichlauf mit der Qualifikation des Aneignungsrechts ist daher nicht angebracht, denn schon dort hat sich gezeigt, dass bei funktionaler Betrachtung eine einheitliche gesellschaftsrechtliche Qualifikation sinnvoll wäre, die jedoch aufgrund der speziellen in der Aneignungsregelung enthaltenen Kollisionsregel (selbstbegrenzte Sachnorm) verdrängt wird.[793] Insgesamt ist festzustellen, dass die Frage nach der Wiedereintragung und ihrer Wirkung für im Ausland belegenes Vermögen in vielen Betrachtungen getrennt von der Löschung der Gesellschaft und dem Aneignungsrecht erfolgt.[794] Es werden zunächst nur die Probleme der Löschung der Gesellschaft und der Beschränkung des Aneignungsrechts auf in Großbritannien belegenes Vermögen erörtert. Quasi als Anhang erfolgt die Betrachtung der Rolle der Wiedereintragung. Dieser gesonderten Betrachtung ist jedoch zu widersprechen, denn zwischen Löschung der Gesellschaft, Aneignung des herrenlosen Vermögens, der Wiedereintragung samt Rückfall des Vermögens sowie der Möglichkeit der anschließenden ordnungsgemäßen Liquidation besteht ein enger sachlicher Zusammenhang, weil es sich jeweils um Regelungen eines vollständigen und abschließenden Regimes zur Abwicklung von Gesellschaften handelt.[795] Es ist daher nicht überzeugend, einen Rückfall des im Ausland belegenen Vermögens mit der Begründung abzulehnen, dass dadurch eine Nachtragsliquidation nach deutschen Vorschriften erschwert werde und „unerträgliche Schwebezustände" entstünden. Vielmehr ist es in diesem Fall Aufgabe der deutschen Rechtsanwender die Zuordnung des Vermögens zu regeln und gleichzeitig eine größtmögliche Beachtung des ausländischen Gesellschaftsstatuts zu erreichen. Das Gegenteil ist jedoch der Fall, wenn die Möglichkeit des Wiederauflebens der Rechtspersönlichkeit, das Weiterbetreiben der Gesellschaft sowie die ordnungsgemäße Liquidation nach dem einschlägigen Gesellschaftsstatut unberücksichtigt bleiben.

---

792 Vgl. *Heide*, „Striking off the register", 2011, S. 194.

793 Siehe hierzu unter 2. Teil B III 2 f.

794 Siehe unter anderem bei *Naendrup*, Striking Off and Restoration–Part 31, Companies Act 2006, 2012, S. 201ff.; *Nikol*, Die Auswirkungen der Nichtbeachtung englischer handelsrechtlicher Publizitätspflichten auf eine Private Company Limited by Shares mit Verwaltungssitz in Deutschland, 2013, S. 168ff. „Überprüfung des Ergebnisses anhand der Restoration".

795 Vgl. Schall/*Schall/Günther*, CA 2006 ssec 1000–1011 Rn. 24.

dd. Ergebnis

Das Verfahren der Wiedereintragung ist mit seinen Rechtsfolgen gesellschaftsrechtlich zu qualifizieren. Aufgrund der Verweisung auf das Gründungsstatut ist dieses somit auch in anderen Mitgliedstaaten wirksam.

c. Gesonderte Liquidation des in Deutschland belegenen Vermögens

Dem nach dem Gründungsstatut zu erfolgenden Vermögensrückfall an die Gesellschaft könnte der Schutz von Gläubigern entgegenstehen, welcher der Anwendung dieser Vorschrift (der Wiedereintragung samt Vermögensrückfall) entgegenstehen und eine gesonderte Abwicklung von in Deutschland belegenem Vermögen notwendig machen könnte.[796] Dogmatisch könnte dieser Weg über die Annahme eines ordre-public-Vorbehalts begründet werden. Maßstab für das Eingreifen des ordre-public-Vorbehalts ist, dass die Anwendung des ausländischen Rechts gegen wesentliche Grundsätze der inländischen Rechtsordnung verstößt.[797] Nicht möglich ist hingegen die Anwendung deutscher Liquidationsvorschriften aufgrund der Annahme einer versteckten Rückverweisung des britischen Rechts auf das Belegenheitsrecht.[798] Dem britischen Recht kann nur insofern eine Rückverweisung auf das deutsche Recht entnommen werden, wie es selbst keine anwendbare gesellschaftsrechtliche Regelung enthält.[799] Wie

---

796 Vgl. OLG Celle, NZG 2012, 738 betont ebenfalls das Interesse der Gläubiger an der Liquidation des Vermögens; OLG Düsseldorf, NZG 2010, 1226, 1227 verweist darauf, dass die Annahme einer Restgesellschaft den Schutz der Gläubiger bewirkt, weil diesen der Zugriff auf das inländische Vermögen ermöglicht wird; KG, Beschluss v. 12.3.2010 – 14 AktG 1/09, BeckRS 2010, 11130 es sei den „inländischen Gläubigern nicht zumutbar, ihre Ansprüche gegenüber der britischen Krone durchzusetzen"; OLG Nürnberg, NZG 2008, 76, 77 führt für die Anwendung der Theorie der Restgesellschaft den Schutz der Gläubiger an, denen dadurch ein Zugriff auf das inländische Vermögen der gelöschten Gesellschaft ermöglicht wird; OLG Jena, NZG 2007, 877, 878 es sei „für die inländischen Gläubiger nicht zumutbar, wollte man sie auf den Weg verweisen, ihre Ansprüche in einem aufwendigen und komplizierten Verfahren gegenüber dem Companies House durchzusetzen"; *Lamprecht*, ZEuP 2008, 289, 304.

797 Vgl. *Kegel/Schurig*, Internationales Privatrecht, [9]2004 § 16 I (S. 516f.); *Kropholler*, Internationales Privatrecht, [6]2006 § 36 II 1 (S. 245).

798 Für diesen Weg jedoch MüKoBGB/*Kindler*, IntGesR Rn. 637; *Lamprecht*, ZEuP 2008, 289, 300; *Mansel*, in: LA Kegel 2002, S. 111, 118; *Mansel/Thorn/Wagner*, IPRax 2010, 1, 3.

799 Vgl. *Grimm*, Das Schicksal des in Deutschland belegenen Vermögens der Limited nach ihrer Löschung im englischen Register, 2010, S. 34 lehnt die Prämisse für die Restgesellschaft, dass das englische Recht das deutsche Recht durch eine Rückverweisung

gezeigt enthält das britische Gesellschaftsrecht jedoch Regelungen für die Liquidation des Gesellschaftsvermögens. Daraus folgt, dass eine Rückverweisung nicht die Verweisung auf deutsche Liquidationsvorschriften mitumfassen kann. Es ist daher zu überprüfen, ob der Schutz der Gläubiger tatsächlich eine Anwendung von deutschen Vorschriften zur Abwicklung des Vermögens in Deutschland notwendig macht. Als problematisch wird es angesehen, Gläubiger, die nur im Inland mit der Gesellschaft rechtsgeschäftlich verkehrt haben, für die Durchsetzung ihrer Rechte auf die britischen Regelungen und Gerichte zu verweisen.[800] Zunächst ist festzuhalten, dass das britische Recht durch die Möglichkeit der Wiedereintragung und der anschließenden Liquidation den Gläubigern ermöglicht, ihre Forderungen durchzusetzen und damit einen dem deutschen Recht vergleichbaren Schutz der Gläubiger gewährleistet.[801] Es kann daher nicht argumentiert werden, dass deutsches Recht eine Liquidation ermöglichen müsste, da potentielle Gläubiger durch das britische Recht eine solche nicht betreiben könnten. Gründe für eine Liquidation nach deutschen Vorschriften könnten im höheren Aufwand und in den höheren Kosten des Verfahrens der Wiedereintragung vor britischen Gerichten gesehen werden. Der höhere Aufwand und die höheren Kosten sind jedoch nicht ausreichend, um eine Abweichung von der Anwendung britischen Gesellschaftsrechts anzunehmen, denn bei Eingehung rechtlicher Beziehungen mit der Gesellschaft ist für die Beteiligten erkennbar, dass es sich um eine nach ausländischem Recht gegründete Gesellschaft handelt. Daher ist eine Verweisung auf britische Vorschriften und Gerichte nicht unvorhersehbar.[802] Die Kosten der Wiedereintragung für deutsche Gläubiger sind vertretbar[803] und nur deswegen höher als für britische Gläubiger, weil zusätzliche Kosten für eine aufwendigere Rechtsberatung zum britischen Gesellschaftsrecht

---

zur Abwicklung „ermächtigt" hat, ab; *Heide*, „Striking off the register", 2011, S. 219; *Jansen*, Zur Behandlung einer gelöschten limited company als Restgesellschaft in der Bundesrepublik Deutschland, 2015, S. 251.

800 *Lamprecht*, ZEuP 2008, 289, 304.

801 *Heide*, „Striking off the register", 2011, S. 248.

802 Vgl. EuGH 30.9.2003, Rs. C 167/01, Slg. 2003, I-10155 – *Inspire Art*, Tz. 135; *Grimm*, Das Schicksal des in Deutschland belegenen Vermögens der Limited nach ihrer Löschung im englischen Register, 2010, S. 33; *Heide*, „Striking off the register", 2011, S. 248; *Jansen*, Zur Behandlung einer gelöschten limited company als Restgesellschaft in der Bundesrepublik Deutschland, 2015, S. 260 (behandelt diese Frage unter Rechtfertigung der Beeinträchtigung der Niederlassungsfreiheit); Schall/*Schall/Günther*, CA 2006 ssec 1000–1011 Rn. 20.

803 Schall/*Schall/Günther*, CA 2006 ssec 1000–1011 Rn. 20 gehen von 250–300 Pfund zuzüglich Anwalts- und Gerichtskosten aus.

notwendig werden, was unmittelbar mit der erkennbaren ausländischen Rechtsform zusammenhängt. Denn ein Nachtragsliquidationsverfahren verursacht ebenfalls Kosten.[804] Hinzu kommt, dass kleine Gläubiger davon profitieren können, dass große Gläubiger die Wiedereintragung mit Wirkung erga omnes betreiben.[805] Das Scheitern der Wiedereintragung aufgrund mangelnden Vermögens, würde auch eine Liquidation nach deutschen Vorschriften verhindern, denn bei einer Nachtragsliquidation müssten die Kosten des Verfahrens gedeckt werden können.[806] Es zeigt sich somit, dass das britische Recht den Gläubigern umfassend ermöglicht, ihre Forderungen zu verfolgen und allein aus der Tatsache, dass deutsche Gläubiger nicht vor deutschen Gerichten nach deutschen Vorschriften vorgehen können, keine Abweichung vom britischen Gesellschaftsstatut anzunehmen ist.[807] Hinzu kommt, dass eine gesonderte Behandlung des Vermögens in Deutschland eine Umgehung der vorgesehenen Liquidation in Großbritannien darstellen würde. Dadurch würden in Großbritannien lebende Gläubiger der Gesellschaft benachteiligt werden, denn diese vertrauen darauf, dass eine Liquidation von einem Antrag auf Wiedereintragung vor britischen Gerichten abhängig ist und keine gesonderte Abwicklung von im Ausland belegenen Vermögen stattfindet, bei der sie unberücksichtigt bleiben könnten.[808]

d. *Verstoß gegen die Niederlassungsfreiheit durch Vornahme einer Nachtragsliquidation*

Teilweise wird in der Vornahme der Abwicklung des in Deutschland belegenen Teils des ehemaligen Vermögens der Gesellschaft ein Verstoß gegen die Niederlassungsfreiheit gem. Artt. 49, 54 AEUV gesehen.[809]

---

804 *Heide*, „Striking off the register“, 2011, S. 248

805 *Grimm*, Das Schicksal des in Deutschland belegenen Vermögens der Limited nach ihrer Löschung im englischen Register, 2010, S. 33.

806 *Grimm*, Das Schicksal des in Deutschland belegenen Vermögens der Limited nach ihrer Löschung im englischen Register, 2010, S. 33

807 *Röder*, RIW 2007, 866, 867 sieht das Verfahren der Wiedereintragung für deutsche Gläubiger nicht als „per se unzumutbar“ an.

808 Vgl. *Grimm*, Das Schicksal des in Deutschland belegenen Vermögens der Limited nach ihrer Löschung im englischen Register, 2010, S. 29.

809 *Grimm*, Das Schicksal des in Deutschland belegenen Vermögens der Limited nach ihrer Löschung im englischen Register, 2010, S. 17; *Heide*, „Striking off the register“, 2011, S. 248; *Jansen*, Zur Behandlung einer gelöschten limited company als Restgesellschaft in der Bundesrepublik Deutschland, 2015, S. 251; das AG Charlottenburg hat in der Nichtanwendung des britischen Aneignungsrechts einen Verstoß gegen die Niederlassungsfreiheit gesehen, vgl. dazu oben unter 2. Teil B III 2 f. Die hier aufgeworfene

aa. Geltung der Niederlassungsfreiheit für den Zeitraum der Löschung?

Die Besonderheit des vorliegenden Falles ist, dass sich die Frage der Beeinträchtigung der Niederlassungsfreiheit der ausländischen Gesellschaft für einen Zeitraum stellt, in dem diese Gesellschaft aufgrund von konstitutiver Löschung aus dem Register nicht mehr existent ist. Aus diesem Grund wird einem möglichen Berufen auf die Niederlassungsfreiheit entgegengehalten, dass dies für eine nicht mehr existente Gesellschaft grundsätzlich nicht möglich sei.[810] Stattdessen wird die Frage nach der Geltung des Gründungsrechts aufgrund der Niederlassungsfreiheit erst dann aufgeworfen, wenn eine Wiedereintragung tatsächlich erfolgt ist und die ausländische Gesellschaft wieder existiert.[811] Für die Geltung der Niederlassungsfreiheit auch für den Zeitraum, in dem die Gesellschaft nicht existiert, könnten jedoch die folgenden Erwägungen sprechen. Zunächst wird die grundsätzliche Struktur des Gesellschaftsrechts angeführt, welche neben Regelungen für die Gründung und die Führung der Gesellschaft stets Regelungen für das Ende der Gesellschaft und den Zeitraum danach enthalte. Daher könne eine Nichtanwendung des Gründungsstatuts im Zeitraum nach dem Ende der Gesellschaft ebenso einen Eingriff in die Niederlassungsfreiheit sein, wie die Nichtanwendung des Gründungsstatuts während der Existenz der Gesellschaft.[812] Des Weiteren sei es nicht ausreichend, für die Frage der Verletzung der Niederlassungsfreiheit lediglich auf den aktuellen Zeitpunkt abzustellen, hier also der, in dem die Gesellschaft nicht mehr existiert. Vielmehr müsse beachtet werden, dass von Regelungen Vorwirkungen ausgehen können, die sich in der Weise auf die Niederlassungsfreiheit auswirken, dass diese schon durch die Aussicht auf

Fragestellung befasst sich mit der Frage, ob die gesonderte Liquidation des Vermögens einer gelöschten Limited als ein Verstoß gegen die Niederlassungsfreiheit angesehen werden kann und beleuchtet damit einen anderen Aspekt der Niederlassungsfreiheit.

810 OLG Hamm, Urteil v. 11.4.2014 – I-12 U 142/13, NJW-RR 2014, 995, 996; OLG Düsseldorf, NZG 2010, 1226, 1227; *Borges*, IPRax 2005, 134, 137; *Leible/Lehmann*, GmbHR 2007, 1095, 1098; *Röder*, RIW 2007, 866, 867; *J. Schmidt*, ZIP 2007, 1712, 1713; *Zimmer/Naendrup*, ZGR 2007, 789, 812.

811 Vgl. *Borges*, IPRax 2005, 134, 140 bezweifelt die Anwendbarkeit deutschen Gesellschaftsrechts nach den Grundsätzen der Sitztheorie, wenn die Gesellschaft in Großbritannien wieder eingetragen wird; *Lamprecht*, ZEuP 2008, 289, 303; *Röder*, RIW 2007, 866, 868 die Wiedereintragung der Gesellschaft sei „wegen der europarechtlichen Vorgaben anzuerkennen"; *J. Schmidt*, ZIP 2008, 2400, 2404 vertritt den Standpunkt, dass aufgrund der Niederlassungsfreiheit eine Wiedereintragung nicht vollständig unbeachtet bleiben könne; *Zimmer/Naendrup*, ZGR 2007, 789, 815.

812 *Lamprecht*, ZEuP 2008, 289, 292.

das Eingreifen dieser Regelungen behindert werde oder weniger attraktiv sei.[813] Außerdem könne die Reichweite des Schutzbereichs der Niederlassungsfreiheit nicht davon abhängig gemacht werden, welche Rechtswirkung der Löschung einer Gesellschaft aus dem Register durch das jeweilige nationale Recht beigemessen wird, insbesondere dann, wenn die konstitutive Löschung wieder rückgängig gemacht werden kann.[814]

Gerade der Fall der gelöschten Gesellschaft britischen Rechts zeigt, dass auch für den Zeitraum nach der Löschung gesellschaftsrechtliche Regelungen bestehen, die über die Anknüpfung an das Gründungsstatut grundsätzlich zur Anwendung kommen. Daher ist es nicht von vornherein ausgeschlossen, dass die Nichtanwendung dieser Vorschriften des Gründungsstatuts einen Eingriff in die Niederlassungsfreiheit darstellt. Auch das Argument der Vorwirkungen trifft in diesem Fall zu, denn die gesonderte Abwicklung des Vermögens in Deutschland versperrt bzw. erschwert die Möglichkeiten des britischen Rechts der ordnungsgemäßen Liquidation oder der Fortführung der Gesellschaft durch Wiedereintragung. Da diese Möglichkeiten einen Ausgleich für die konstitutive Löschung der Gesellschaft darstellen, könnte die Aussicht darauf, dass durch die Sitzverlegung diese Möglichkeiten der Gesellschaft entzogen werden, schon zu einem früheren Zeitpunkt die Niederlassungsfreiheit beeinträchtigen. Dann hat die Anwendung der deutschen Vorschriften zur Liquidation eine Vorwirkung auf die Ausübung der Niederlassungsfreiheit, weil sie dessen Ausübung weniger attraktiv macht. Es ist daher die Möglichkeit der Beeinträchtigung der Niederlassungsfreiheit durch die gesonderte Abwicklung des in Deutschland belegenen Vermögens nach deutschen Vorschriften gegeben.

bb. Nicht gerechtfertigter Eingriff in die Niederlassungsfreiheit?

Es ist zu überprüfen, ob die Abwicklung des in Deutschland belegenen Vermögens der gelöschten Gesellschaft nach deutschen Vorschriften einen nicht gerechtfertigten Eingriff in die Niederlassungsfreiheit darstellt.

---

813 *Lamprecht*, ZEuP 2008, 289, 292; allgemein zur Beachtung von Vorwirkungen bei den Grundfreiheiten Grabitz/Hilf/Nettesheim/*Forsthoff*, AEUV Art. 49 Rn. 72; vgl. auch EuGH 30.11.1995 – Rs. C-55/94, Slg. 1995 I-04165 – *Gebhard*, Tz. 37 = NJW 1996, 579, 581 Beeinträchtigung der Niederlassungsfreiheit, wenn „nationale Maßnahmen" die Ausübung der grundlegenden Freiheiten „behindern oder weniger attraktiv machen können".

814 Vgl. *Lamprecht*, ZEuP 2008, 289, 292; *Lochner/Deckers*, in: FS Meilicke 2010, S. 439, 451.

Für die Sichtweise, dass in diesem Vorgehen eine Verletzung der Niederlassungsfreiheit zu sehen ist, wird angeführt, dass die Gründer und Gesellschafter in ihrer durch die Niederlassungsfreiheit geschützten Rechtswahl beeinflusst würden, wenn eine Abwicklung nicht nach dem Gründungsstatut, sondern nach deutschen Vorschriften vorgenommen werde.[815] Weiterhin wird die Abwicklung des Vermögens deswegen als Eingriff in die Niederlassungsfreiheit gewertet, weil das britische Recht der Gesellschaft nach der Wiedereintragung eine Fortführung ermögliche, die durch die gesonderte Abwicklung be- bzw. verhindert werde.[816] Die Beeinträchtigung wird auch darin gesehen, dass durch die getrennte Abwicklung der verschiedenen Vermögensmassen im Gegensatz zur Abwicklung des gesamten Vermögens nach britischen Vorschriften ein Nachteil für die Gesellschaft durch erhöhte Kosten entstünde.[817]

Eine Beeinträchtigung der Niederlassungsfreiheit ist zu bejahen, weil die gesonderte Abwicklung des Vermögens in Deutschland dazu führt, dass die vom britischen Gesellschaftsrecht als Ausgleich für die konstitutive Löschung der Gesellschaft vorgesehenen Wege nicht mehr in ausreichender Weise wahrgenommen werden können. Denn auch, wenn die Wiedereintragung der Gesellschaft in Deutschland berücksichtigt wird, sind durch die gesonderte Abwicklung des Vermögens unumkehrbare Tatsachen geschaffen worden, die eine einheitliche Abwicklung des Vermögens ebenso wie eine Fortführung der Gesellschaft verhindern. Durch die gesonderte Abwicklung entstehen der Gesellschaft höhere Kosten und ein höherer Aufwand. Für die Gläubiger birgt dieses Verfahren die Gefahr, dass bis zu einer ordnungsgemäßen, einheitlichen Abwicklung nach britischen Vorschriften Teile des Vermögens schon abgewickelt sind. Die Veräußerung des Vermögens in einem Liquidationsverfahren verhindert zudem die Fortführung der Gesellschaft, weil im Gegensatz zum britischen Recht keine Rückübertragung des Vermögens oder ein Wertersatz für veräußertes Vermögen bei einer Wiedereintragung vorgesehen ist.[818] Eine Beeinträchtigung der Niederlassungsfreiheit liegt somit vor. Der Schutz von Gläubigern stellt keinen

---

815 *Grimm*, Das Schicksal des in Deutschland belegenen Vermögens der Limited nach ihrer Löschung im englischen Register, 2010, S. 17.

816 *Heide*, „Striking off the register", 2011, S. 248.

817 *Jansen*, Zur Behandlung einer gelöschten limited company als Restgesellschaft in der Bundesrepublik Deutschland, 2015, S. 345.

818 **A.A.**: *Jansen*, Zur Behandlung einer gelöschten limited company als Restgesellschaft in der Bundesrepublik Deutschland, 2015, S. 346 sieht hierin keine Beeinträchtigung der Niederlassungsfreiheit, weil die Veräußerung des Vermögens auch nach dem Gründungsrecht möglich sei und dann nur ein Wertersatz erfolge.

zwingenden Grund des Allgemeininteresses dar, welcher eine Rechtfertigung der Beeinträchtigung sein könnte, weil der Schutz der Gläubiger durch das Gründungsrecht ausreichend berücksichtigt wird.[819]

cc. Ergebnis

Die Anwendung deutscher Vorschriften zur Liquidierung des in Deutschland belegenen Vermögens ist damit als ein nicht gerechtfertigter Eingriff in die Niederlassungsfreiheit anzusehen.

e. Gesamtergebnis

Die Wiedereintragung der Gesellschaft und der damit erfolgende Rückfall des Vermögens an die wiederauferstehende Limited ist gesellschaftsrechtlich zu qualifizieren und erstreckt sich folglich auch auf das im Ausland belegene Vermögen. Dem Schutz der Gläubiger wird zudem durch die Möglichkeit der Beantragung der Wiedereintragung ausreichend Rechnung getragen, so dass eine Abwicklung des Vermögens nach deutschen Vorschriften nicht notwendig ist. Zudem kann in einer gesonderten Abwicklung des Vermögens in Deutschland eine nicht gerechtfertigte Beeinträchtigung der Niederlassungsfreiheit von Gesellschaften in der EU gem. Artt. 49, 54 AEUV gesehen werden.

4. Konsequenzen der gefundenen Ergebnisse

Nachdem die konstitutive Löschung, das Aneignungsrecht und die Wiedereintragung mit ihren Rechtsfolgen qualifiziert wurden und damit die Anwendbarkeit dieser Regelungen außerhalb von Großbritannien geklärt ist, stellt sich die Frage, welche Konsequenzen sich hieraus ergeben.

a. Notwendigkeit eines Zuordnungssubjekts für das ausländische Vermögen

Die konstitutive Löschung der Gesellschaft ist als Teil des Gründungsstatuts auch im Ausland zu berücksichtigen. Gleichzeitig erfasst jedoch das Aneignungsrecht für das Vermögen der gelöschten Gesellschaft als selbstbegrenzte Sachnorm nur das in Großbritannien belegene Vermögen. Es fehlt demnach an einer Zuordnung für das in Deutschland belegene Vermögen.

Das anwendbare britische Gesellschaftsrecht enthält keine Regelung für das ausländische Vermögen, während das deutsche Gesellschaftsrecht, welches eine Gesellschaft solange als fortbestehend ansieht, wie noch Vermögen vorhanden

---

819 Vgl. dazu oben unter 2. Teil B III 3 c.

ist, nicht anwendbar ist. Damit stellt diese Konstellation einen Fall der Anpassung dar (negativer Konflikt): für das im Ausland (Deutschland) belegene Vermögen fehlt es an einer anwendbaren Regelung.

b. Möglichst weitgehende Berücksichtigung des Gründungsstatuts

Auch, wenn sich das Aneignungsrecht nicht auf das im Ausland belegene Vermögen erstreckt, sieht das britische Gesellschaftsrecht nach der Löschung der Gesellschaft weiterhin Regelungen vor. Diese betreffen die Fragen nach einer ordnungsgemäßen Abwicklung oder nach einer Fortführung der Gesellschaft und setzen jeweils eine Wiedereintragung derselben voraus (restoration to the register). Die Möglichkeit der Wiedereintragung mit ihren Folgen ist als Teil des Gesellschaftsstatuts zu beachten. Das zeigt, dass mit der Löschung der Gesellschaft und dem Eingreifen des nicht gesellschaftsrechtlich zu qualifizierenden Aneignungsrechts für das ehemalige Vermögen der Gesellschaft nicht das vollständige Wegfallen gesellschaftsrechtlicher Regelungen des Gründungsstatuts einhergeht und daher nicht davon ausgegangen werden kann, dass ab dem Zeitpunkt der Löschung Regelungen des Gründungsstatuts keine Anwendung mehr finden.[820] Vielmehr müssen diese Regelungen mit dem Gedanken der größtmöglichen Schonung des Gesellschaftsstatuts[821] beachtet werden.

Für die Vornahme der Anpassung ergibt sich der Grundsatz, dass diese einen möglichst geringen Eingriff in die beteiligten Rechtsordnungen darstellen soll. Das Vorhandensein der gesellschaftsrechtlichen Regelungen für den Zeitraum nach der Löschung der Gesellschaft verdeutlicht die Bedeutung dieses Grundsatzes: eine Anpassung für die Frage nach der Zuordnung des ausländischen Vermögens muss diese Regelungen so weit wie möglich beachten und darf nicht über einen notwendigen Eingriff in die beteiligten Rechtsordnungen hinausgehen. Dies gilt insbesondere für eine gesonderte Abwicklung des ausländischen Vermögens, welche dazu führen würde, dass das austarierte britische System von Löschung und Wiedereintragung nicht zur Geltung kommen könnte.

c. Zusammenfassung

Die Problematik beschränkt sich auf die Frage nach der Zuordnung des Vermögens,[822] während sich die Abwicklungsmöglichkeiten weiterhin nach britischen

---

820 Vgl. *Heide*, „Striking off the register", 2011, S. 199.

821 Vgl. OLG Jena, NZG 2007, 877, 878.

822 Vgl. *Grimm*, Das Schicksal des in Deutschland belegenen Vermögens der Limited nach ihrer Löschung im englischen Register, 2010, S. 34; *Heide*, „Striking off the register", 2011, S. 192.

Gesellschaftsrecht richten. Das Erlöschen der Gesellschaft führt nicht zur vollständigen Unanwendbarkeit gesellschaftsrechtlicher Regelungen, die die Zeit nach der Löschung betreffen. Ebenso wie in Deutschland die Lehre vom Doppeltatbestand dazu führt, dass auf eine Gesellschaft – solange Vermögen vorhanden ist – das deutsche Gesellschaftsstatut anzuwenden ist, so führen die britischen Regelungen dazu, dass – solange eine Wiedereintragung möglich ist – das britische Gesellschaftsstatut anwendbar ist.[823]

IV. Vertretene Lösungswege

Es werden im Folgenden die vertretenen Lösungswege für die Behandlung des Vermögens einer gelöschten Gesellschaft in Deutschland dargestellt. Der Schwerpunkt der nachfolgenden Bearbeitung liegt auf der Überprüfung der jeweiligen Standpunkte dahingehend, inwiefern es diesen gelingt, eine Regelung für die Zuordnung des Vermögens unter gleichzeitiger Berücksichtigung der Möglichkeit der Wiedereintragung zu schaffen.

1. Anwendbarkeit deutschen Sachrechts

In einem ersten Schritt wird die Frage aufgeworfen, wie man zur Anwendbarkeit deutschen Sachrechts gelangt. Überwiegend wird hierzu die Annahme einer versteckten Rückverweisung des Aneignungsrechts auf deutsches Recht angenommen.[824] Daneben wird die Möglichkeit einer Sonderanknüpfung angesprochen.[825]

2. Zuordnung an eine fingierte Rechtspersönlichkeit

Für die Zuordnung des Vermögens in Deutschland wird vorgeschlagen, eine Gesellschaft als Vermögensträger zu fingieren.

a. Grundsätze der sog. Rest- und Spaltgesellschaft

Ganz überwiegend werden die Grundsätze der Figur der Rest- und Spaltgesellschaft auf den Fall der gelöschten Limited übertragen, wodurch bei Vorliegen

---

823 Vgl. *Lamprecht*, ZEuP 2008, 289, 292

824 *Lamprecht*, ZEuP 2008, 289, 300; *Mansel*, in: LA Kegel 2002, S. 111, 118; *Mansel/Thorn/Wagner*, IPRax 2010, 1, 3.

825 *Heide*, „Striking off the register“, 2011, S. 190; *Mansel*, in: LA Kegel 2002, S. 111, 122 schlägt diesen Weg als Alternative vor, wenn dem anwendbaren Recht keine Rückverweisung entnommen werden kann.

von Vermögen in Deutschland das Fortbestehen der Gesellschaft („Teil-Identität“) oder das Entstehen einer neuen Gesellschaft als Gesamtrechtsnachfolgerin fingiert wird.[826] Der vorrangige Zweck über diese Grundsätze eine Gesellschaft zu fingieren, ist es, eine Abwicklung des in Deutschland belegenen Vermögens zu ermöglichen.[827] Umstritten ist die Möglichkeit der werbenden Tätigkeit der fingierten Gesellschaft.[828]

b. *Annahme einer „Restvermögensgesellschaft“*

Im Gegensatz zur Übertragung der Grundsätze der Rest- und Spaltgesellschaft, die auch eine Liquidation nach deutschen Vorschriften ermöglichen sollen, wird vorgeschlagen eine „Restvermögensgesellschaft“ zu fingieren, die nur zum Zwecke der Zuordnung des Vermögens bestehe und an deren Bestand keine weiteren Rechtsfolgen zu knüpfen seien.[829]

---

826 BGH, Beschluss vom 22.11.2016 – II ZB 19/15, BeckRS 2016, 115039 für eine Gesellschaft mit Sitz in Nassau/Bahamas; OLG Hamm NJW-RR 2014, 995, 996; OLG Celle NZG 2012, 738; OLG Düsseldorf NZG 2010, 1226, 1227; OLG Brandenburg, Urteil v. 15.7.2009 – 3 U 146/08, BeckRS 2009, 20471 lehnt eine Restgesellschaft lediglich aufgrund fehlenden inländischen Vermögens ab; OLG Nürnberg 2008 NZG 2008, 76, 77; OLG Jena NZG 2007, 877, 878; KG NZG 2012, 230, 231; KG, Beschluss vom 12.03.2010–14 AktG 1/09, BeckRS 2010, 11130; KG, Beschluss vom 15.10.2009–8 U 34/09 BeckRS 2009, 88784 = NZG 2010, 310 (Ls.); LG Gera, Beschluss vom 03.05.2007–1 HK T 24/07, BeckRS 2008, 11484 = NZG 2009, 310 (Ls.); *Borges*, IPRax 2005, 134, 136; *Dehmel*, Registerlöschung und Wiedereintragung einer englischen Private Company Limited by Shares mit deutschem Verwaltungssitz, 2017, S. 63; *Jooß*, GWR 2010, 340; *Knütel*, RIW 2004, 503, 505; *Krömker/Otte*, BB 2008, 964; *Röder*, RIW 2007, 866, 867; *Schwarz*, DB 2013, 799, 800; *J. Schmidt*, ZIP 2008, 2400; *dies.*, ZIP 2007, 1712; *Süß*, DNotZ 2005, 180, 189; *Zimmer/Naendrup*, ZGR 2007, 789, 803; für Osterreich: OGH 19. 3. 2015 6 Ob 178/14s das Gericht schließt sich der Theorie der Restgesellschaft an, wenn das Aneignungsrecht nicht in Österreich belegenes Vermögen erfasst.

827 Für eine reine Liquidationsgesellschaft: OLG Nürnberg, NZG 2008, 76, 77; OLG Jena, NZG 2007, 877, 878; *Knütel*, RIW 2004, 503, 505; *Krömker/Otte*, BB 2008, 964, 965; *Lamprecht*, ZEuP 2008, 289, 307; *J. Schmidt*, ZIP 2008, 2400, 2401; *dies.*, ZIP 2007, 1712, 1713; *Schulz*, NZG 2005, 415.

828 Diese Möglichkeit bejahend, allerdings verbunden mit einem Wechsel der Rechtsform („Statutenwechsel“): *Borges*, IPRax 2005, 134, 139; *Jooß*, GWR 2010, 340, 341; *Naendrup*, Striking Off and Restoration–Part 31, Companies Act 2006, 2012, S. 166; *Röder*, RIW 2007, 866, 868; *Zimmer/Naendrup*, ZGR 2007, 789, 804–809.

829 *Heide*, „Striking off the register“, 2011, S. 192.

3. *Zuordnung an Gesellschafter*

Vertreten wird ein Übergang des Vermögens auf die ehemaligen Gesellschafter der gelöschten Gesellschaft, die damit eine Bruchteilsgemeinschaft bilden.[830] Ein entsprechender Übertragungstatbestand müsste durch Rechtsfortbildung entwickelt werden. Bei den Gesellschaftern würde es sich nach Löschung der Gesellschaft um die am nächsten stehenden Bezugspersonen handeln. Die Zuordnung zu den Gesellschaftern als Personenmehrheit würde dabei lediglich dem Zweck der Vermögenszuordnung dienen, jedenfalls solange eine Wiedereintragung der Gesellschaft möglich ist. Daher sei mit der Zuordnung an die Gesellschafter keine Liquidationsfrage, sondern nur die Vermögenszuordnung verbunden. Ein Nachteil sei für die Gläubiger nicht gegeben, weil die Situation mit den britischen Regelungen vergleichbar sei.

4. *Zuordnung an Erbengemeinschaft*

Als weiterer Lösungsansatz wird die Zuordnung des Vermögens über eine analoge Anwendung von erbrechtlichen Vorschriften vertreten.[831] Die ehemaligen Gesellschafter werden dabei als Erben ihrer ehemaligen Gesellschaft angesehen. Die Frage nach der Abwicklung des ehemaligen Vermögens der Gesellschaft wird der aus den Gesellschaftern bestehenden Erbengemeinschaft überlassen (§ 1981 Abs. 1 BGB analog). Gleichzeitig erhalten jedoch auch die Gläubiger gem. § 1981 Abs. 2 BGB analog (Anordnung der Nachlassverwaltung) das Recht über die Behandlung des Vermögens mitzubestimmen. Damit beinhaltet dieser Lösungsweg die Möglichkeit der Liquidierung des in Deutschland belegenen Vermögens.

5. *Ablehnung der Zuordnung an den Staat*

Eine Zuordnung des Vermögens an den Staat über eine analoge Anwendung einer bestehenden Vorschrift wird mehrfach als Lösung angedacht, im Ergebnis jedoch einhellig abgelehnt.[832]

---

830 *Grimm*, Das Schicksal des in Deutschland belegenen Vermögens der Limited nach ihrer Löschung im englischen Register, 2010, S. 23.

831 *Jansen*, Zur Behandlung einer gelöschten limited company als Restgesellschaft in der Bundesrepublik Deutschland, 2015, S. 275.

832 *Behrens*, in: FS Ott 2002, S. 313, 325; *Dehmel*, Registerlöschung und Wiedereintragung einer englischen Private Company Limited by Shares mit deutschem Verwaltungssitz, 2017, 59f.; *Knütel*, RIW 2004, 503, 504; *Lamprecht*, ZEuP 2008, 289, 300; *Mansel*, in: LA Kegel 2002, S. 111, 120; *Metzing*, EWS 2017, 92, 95f.; *J. Schmidt*, ZIP 2008, 2400; *dies.*, ZIP 2007, 1712, 1713.

Zu diesem Zweck könnten die §§ 958 Abs. 1, 928 Abs. 1 BGB sowie die §§ 45 Abs. 3, 46 S. 1 BGB herangezogen werden.

Die §§ 45 Abs. 3, 46 S. 1 BGB bestimmen, dass das Vermögen eines aufgelösten Vereins, der nicht lediglich den Interessen seiner Mitglieder diente, an den Fiskus fällt; hierzu findet § 1936 BGB entsprechende Anwendung. Gegen die Möglichkeit der Anwendung dieser Vorschriften wird vorgebracht, dass diese nicht für privatnützige Vereine gelten, der Zweck der Vorschriften über eine Liquidation des Vereinsvermögens hinausgehe und eine vermögensrechtliche Bereicherung des deutschen Staates durch den Ausschluss der privatnützigen Vereine nicht vorgesehen sei.[833]

Insgesamt spreche gegen die analoge Anwendung eines Aneignungsrechts für das ehemalige Gesellschaftsvermögen, dass dadurch eine endgültige Zuordnung des Vermögens an den Staat erfolgen würde, ohne dass für Gesellschafter oder Gläubiger die Möglichkeit einer ordnungsgemäßen Abwicklung bestehen würde.[834] Es wird außerdem der aus § 45 Abs. 3 BGB hervorgehende Rechtsgedanke betont, nach dem die Mitglieder einer juristischen Person grundsätzlich Vorrang an deren Vermögen gegenüber dem Staat haben.[835]

6. *Stellungnahme*

Die vorgeschlagenen Lösungswege werden in dieser Stellungnahme lediglich hinsichtlich der Schlussfolgerungen zum britischen Regelungssystem der Löschung einer Gesellschaft, der Aneignung des Vermögens und der Möglichkeit der Wiedereintragung der Gesellschaft überprüft. Das bedeutet, dass nach der vertretenen Sichtweise von vornherein nur solche Lösungsvorschläge in Betracht gezogen werden können, die sich darauf beschränken, dass das Erlöschen der britischen Gesellschaft die Notwendigkeit der Vermögenszuordnung hervorruft, jedoch eine ordnungsgemäße Abwicklung des Vermögens nach deutschen Vorschriften ausschließen. Denn die Abwicklung des Vermögens wird durch das umfassende System des britischen Gesellschaftsrechts gewährleistet, das auch in diesem Bereich über die Gründungsanknüpfung zu beachten ist. Erst wenn eine britische Abwicklungsmöglichkeit nicht mehr besteht, kann eine

---

833 *Lamprecht*, ZEuP 2008, 289, 300.

834 *Mansel*, in: LA Kegel 2002, S. 111, 120.

835 *Knütel*, RIW 2004, 503, 505; für Österreich OGH 19. 3. 2015 6 Ob 178/14s das Gericht lehnt eine analoge Anwendung des Heimfallsrechts für erbenlosen Nachlass mit der Begründung ab, dass dieses als „ultima ratio“ anzusehen sei und bei gelöschten Gesellschaften nahestehende Personen auszumachen seien.

gesonderte Abwicklung des in Deutschland belegenen Vermögens in Betracht kommen. Dieser Weg setzt sich allerdings entscheidend von der Lösung des britischen Gesellschaftsrechts ab, das eine solche Möglichkeit nach Fristablauf nicht mehr gewährt.

Das Meinungsbild zur Verfahrensweise mit dem in Deutschland belegenen Vermögen der gelöschten Gesellschaft ist zweigeteilt. Zunächst besteht noch Einigkeit darüber, dass für das Vermögen der gelöschten Gesellschaft ein Zuordnungssubjekt gefunden werden muss, um eine Herrrenlosigkeit zu vermeiden. Jedoch sind im Anschluss die Meinungen geteilt, welchem Zweck die Vermögenszuordnung dient: Während auf der einen Seite mit der Zuordnung auch die Liquidation des Vermögens verbunden wird, ist auf der anderen Seite kein über die Zuordnung hinausgehender Zweck vorgesehen, zumindest solange eine Wiedereintragung der Gesellschaft nach britischem Recht möglich ist. Mit der in dieser Arbeit vertretenen Auffassung – keine gesonderte Abwicklung des in Deutschland belegenen Vermögens – korrelieren lediglich die Fiktion der „Restvermögensgesellschaft" sowie die Zuordnung des Vermögens an die ehemaligen Gesellschafter. Bei beiden Lösungen wird explizit darauf hingewiesen, dass eine Liquidation nach britischem Recht zu erfolgen hat und diese Lösung jeweils nur der Zuordnung des Vermögens dienen soll. Allerdings bestehen gegen diese beiden Lösungsvorschläge Vorbehalte. Gegen das Konstrukt einer „Restvermögensgesellschaft" spreche, dass hierfür eine doppelte Fiktion notwendig wäre und zwar erstens für das Bestehen der (Restvermögens-) Gesellschaft und zweitens für die Übertragung des Vermögens auf diese Gesellschaft. Zudem soll die „Restvermögensgesellschaft" britischem Recht unterliegen und demnach weder partei- noch rechtsfähig sein.[836] Dies werfe die ungelöste Frage auf, auf welche Weise die Gesellschaft Eigentümerin oder Inhaberin des Vermögens der gelöschten Gesellschaft sein kann, weil die hierzu notwendige Voraussetzung der Rechtsfähigkeit nicht vorliegen soll.[837] Gegen die Zuordnung des Vermögens an die ehemaligen Gesellschafter spreche zunächst, dass es auch hierfür der Fiktion eines Übertragungstatbestands bedürfe.[838] Des Weiteren entspreche diese Lösung nicht ausreichend den Interessen der Gläubiger, weil diesen keine

---

836 *Heide*, „Striking off the register", 2011, S. 243.

837 *Jansen*, Zur Behandlung einer gelöschten limited company als Restgesellschaft in der Bundesrepublik Deutschland, 2015, S. 207.

838 LG Gera, Beschluss v. 3.5.2007 – 1 HK T 24/07, BeckRS 2008, 11484; *Grimm*, Das Schicksal des in Deutschland belegenen Vermögens der Limited nach ihrer Löschung im englischen Register, 2010, S. 23 erkennt dies selbst; *Knütel*, RIW 2004, 503, 505; *Lochner/Deckers*, in: FS Meilicke 2010, S. 439, 448.

einheitliche Haftungsmasse mehr gegenüberstünde und eine Gefährdung durch das Vorhandensein mehrerer neuer Schuldner bestünde.[839] Außerdem sei es problematisch, dass die entstehende Bruchteilsgemeinschaft den Teilhabern die Verfügung über das Vermögen gem. § 747 S. 2 BGB ermöglichen würde, wodurch die im britischen Recht vorgesehene Vermögenssicherung mit der damit verbundenen Möglichkeit zur Wiedereintragung, um die Gesellschaft abzuwickeln oder fortzuführen, nicht berücksichtigt werde.[840]

Aus den vorgebrachten Argumenten gegen die Lösungsvorschläge, die ausdrücklich eine weitere Beachtung des britischen Gesellschaftsrechts vorsehen, ergibt sich, dass weiterhin Raum für eine Lösung besteht, die sich in das britische System der Löschung, Aneignung und Wiedereintragung einer Gesellschaft einfügt. Ob sich in Anlehnung an die Lösung im Internationalen Erbrecht die Einführung eines Aneignungsrechts des deutschen Staates hierfür eignet, soll im folgenden Abschnitt aufgezeigt werden.

V. Eigener Lösungsvorschlag

Auf der Grundlage der für die Konstellation der in Großbritannien gelöschten Gesellschaft gefundenen Ergebnisse soll der Versuch unternommen werden, eine Regelung vorzuschlagen, welche die auftretenden Probleme umfassend und unter Berücksichtigung der beteiligten Rechtsordnungen löst. In Anlehnung an das Vorgehen im Internationalen Erbrecht mit § 32 IntErbRVG soll dieser Vorschlag ein eigenes Aneignungsrecht des deutschen Staates beinhalten. Ein solches Aneignungsrecht kann, wie im Internationalen Erbrecht, Teil einer Begleitgesetzgebung eines zukünftigen europäischen oder autonomen Internationalen Gesellschaftsrechts sein.[841]

Aufgrund der Tatsache, dass in Literatur und Rechtsprechung schon Lösungsvorschläge für die Behandlung von in Deutschland belegenen Vermögen einer gelöschten Gesellschaft vorhanden sind,[842] sollen in einem ersten Schritt die Vorteile der Einführung eines solchen Aneignungsrechts aufgezeigt werden (unter

839 KG, Beschluss v. 12.3.2010 – 14 AktG 1/09, BeckRS 2010, 11130; OLG Jena, NZG 2007, 877, 878; LG Gera, Beschluss v. 3.5.2007 – 1 HK T 24/07, BeckRS 2008, 11484; *Heide*, „Striking off the register", 2011, S. 164; *Knütel*, RIW 2004, 503, 505; *Röder*, RIW 2007, 866, 867.

840 *Jansen*, Zur Behandlung einer gelöschten limited company als Restgesellschaft in der Bundesrepublik Deutschland, 2015, S. 260.

841 Siehe dazu oben unter 2. Teil B II 3.

842 Vgl. dazu oben unter 2. Teil B IV 2–5.

1.). Im zweiten Schritt wird die konkrete Ausgestaltung der Norm beschrieben (unter 2.). Anschließend wird erläutert, wie die weiteren aufgrund der Löschung der Gesellschaft bestehenden Fragestellungen unter Geltung eines Aneignungsrechts geregelt werden (unter 3.). Abschließend wird eine mögliche zugehörige Kollisionsnorm formuliert (unter 4.).

1. Vorteile der Einführung eines Aneignungsrechts gegenüber bisherigen Lösungen

Zunächst wird durch das Vorhandensein eines Aneignungsrechts, wie auch bei den anderen vorgeschlagenen Lösungen, die Herrenlosigkeit des Vermögens der gelöschten Gesellschaft vermieden, wodurch den Interessen des Rechtsverkehrs und den Interessen von Gläubigern und Gesellschaftern gedient wird. Die Wiedereintragungsmöglichkeit der Gesellschaft soll jedoch durch das Aneignungsrecht berücksichtigt werden, indem noch nicht veräußertes Vermögen an die Gesellschaft zurückübertragen wird und für schon veräußertes Vermögen ein Wertersatz erfolgt. Diese Lösung vermeidet damit die durch die Wiedereintragung auftretenden Konflikte bei den anderen vorgeschlagenen Lösungen und ermöglicht es Gläubigern und Gesellschaftern, das britische Regelungssystem effektiv nutzen zu können. Damit besteht die Funktion eines solchen Aneignungsrechts in der Zuordnung und Sicherung des Vermögens und ist damit hinsichtlich der Funktionen mit dem britischen Aneignungsrecht vergleichbar.

Durch das Bestehen einer gesetzlichen Regelung der Vermögenszuordnung werden Unsicherheiten des Rechtsverkehrs über die Eigentümerlage vermieden und das in einem höheren Maße als bei den vertretenen Lösungen, die auf Rechtsfortbildung und fingierten Vermögensträgern basieren. Ein Aneignungsrecht würde folglich jegliche Fiktionen zur Lösung der Frage nach der Behandlung des Vermögens einer ausländischen gelöschten Gesellschaft überflüssig machen. Das würde zu einer deutlich erhöhten Rechtssicherheit für Gläubiger und Gesellschafter führen, insbesondere, weil auch zu den meisten der vielen umstrittenen Folgefragen der Fiktion einer Restgesellschaft als h.M. keine gefestigte Rechtsprechung besteht.[843] Für die Restgesellschaft ist ungeklärt, ob es sich um eine reine Liquidationsgesellschaft handelt oder, ob auch eine werbende Tätigkeit möglich ist; weiter besteht Uneinigkeit über die Gesellschaftsform und

---

843 *Jansen*, Zur Behandlung einer gelöschten limited company als Restgesellschaft in der Bundesrepublik Deutschland, 2015, S. 253; *Metzing*, EWS 2017, 92, 97ff.; Schall/*Schall/Günther*, CA 2006 ssec 1000–1011 Rn. 19; *Werner*, GmbHR 2008, 43 f., 44 „Die Restgesellschaft wirft eine Vielzahl von Fragen auf".

das anzuwendende Gesellschaftsstatut und auch die Frage nach der Vertretung der Gesellschaft ist umstritten.[844] Für die Lösung der Normierung eines Aneignungsrechts spricht weiterhin, dass mit der Zuordnung des Vermögens an den Staat eine neutrale Instanz gewählt wird,[845] wodurch eine Beachtung der Interessen von Gläubigern und Gesellschaftern gewährleistet wird. Auch die grundsätzliche Wertung, dass die Gesellschafter dem Vermögen näher stehen als der Staat[846] wird nicht missachtet, denn eine endgültige Zuordnung des Vermögens ist nicht Ziel des Aneignungsrechts; vielmehr haben es Gläubiger und Gesellschafter durch Beantragung der Wiedereintragung in Großbritannien selber in der Hand, was mit dem Vermögen der gelöschten Gesellschaft geschieht. Das Vorhandensein eines solchen Rechts würde dazu beitragen, dass die interessierten Personengruppen eine Wiedereintragung der Gesellschaft in Großbritannien betreiben,[847] denn zum einen schärft das Aneignungsrechts das Bewusstsein, dass es sich um eine ausländische Gesellschaftsform handelt, deren Behandlung sich in der EU nach dem Gründungsrecht richtet, zum anderen sind Gläubiger und Gesellschafter auf das Verfahren der Wiedereintragung angewiesen, weil ihnen kein gesondertes Verfahren in Deutschland gewährt wird. Der Einführung eines Aneignungsrechts kann außerdem nicht substantiell vorgeworfen werden, dass Aneignungsrechte dem deutschen Recht fremd sind. Mit §§ 45, 46 BGB zeigt sich, dass ein Anfallsrecht für das Vermögen einer beendeten juristischen Person, auch wenn besondere Voraussetzungen vorliegen müssen, bekannt ist. Zwar besteht das Problem, dass eine deutsche Behörde mit dem britischen System der Löschung und Wiedereintragung einer britischen Gesellschaft nicht vertraut ist,[848] jedoch bringt die Geltung des gesellschaftsrechtlichen Gründungsstatuts auch ohne eine solche Regelung das Bedürfnis nach der Auseinandersetzung mit dem Gründungsstatut mit sich. Besonders der Vergleich mit dem Internationalen Erbrecht, bei dem als Lösung eines Normenmangels aufgrund

---

844 Vgl. Schall/*Schall/Günther*, CA 2006 ssec 1000–1011 Rn. 19; der BGH hat sich zur Frage der Vertretung einer Restegesellschaft dahingehend geäußert, dass zur Vertretung dieser ein Nachtragsliquidator analog § 273 Abs. 4 S. 1 AktG zu bestellen ist, BGH, Beschluss vom 22.11.2016 – II ZB 19/15, BeckRS 2016, 115039.

845 Vgl. *Grimm*, Das Schicksal des in Deutschland belegenen Vermögens der Limited nach ihrer Löschung im englischen Register, 2010, S. 25.

846 *Grimm*, Das Schicksal des in Deutschland belegenen Vermögens der Limited nach ihrer Löschung im englischen Register, 2010, S. 26; *Knütel*, RIW 2004, 503, 505.

847 *Grimm*, Das Schicksal des in Deutschland belegenen Vermögens der Limited nach ihrer Löschung im englischen Register, 2010, S. 25.

848 Vgl. Schall/*Schall/Günther*, CA 2006 ssec 1000–1011 Rn. 25.

eines ausländischen Aneignungsrechts für erbenlosen Nachlass im Zuge der EuErbVO ein dem deutschen Recht bis dahin unbekanntes Aneignungsrecht für in Deutschland belegenen erbenlosen Nachlass eingeführt wurde, zeigt, dass die Einführung eines solchen Rechts möglich ist, wenn dadurch eine sinnvolle Lösung der Anpassungslage erreicht werden kann. Dennoch besteht mit dem Aspekt der aktiven Rolle des Staates im Bereich der Abwicklung einer ausländischen Gesellschaft ein dem deutschen Recht unbekanntes Vorgehen. Angesichts der letztlich relativ geringen Anzahl der Fälle und aufgrund der bestehenden Bedenken gegen die übrigen vorgeschlagenen Lösungswege bildet dies aber kein ausschlaggebendes Argument gegen diesen Lösungsvorschlag. Ein weiterer entscheidender Vorteil, der für die Einführung eines Aneignungsrechts spricht, ist, dass dadurch der Eingriff in die beteiligten Rechtsordnungen gering gehalten wird. Für die britische Rechtsordnung ergibt sich keine Besonderheit, weil sich diese für die Zuordnung von ausländischem Vermögen einer gelöschten Gesellschaft nicht zuständig sieht und die weiteren an die Löschung der Gesellschaft anknüpfenden Regelungen des Gesellschaftsrechts (Wiedereintragung mit ihren jeweiligen Folgen) Anwendung finden. Im Gegensatz dazu, besteht ein deutlicher Eingriff in die deutsche Rechtsordnung. Allerdings müsste auch ohne die Einführung eines solchen Rechts eine Lösung für die Behandlung des inländischen Vermögens gefunden werden, die wie gezeigt wurde, umstritten ist und in den meisten Fällen das anwendbare Gründungsstatut nicht ausreichend berücksichtigt. Die Einführung des Aneignungsrechts steht damit in Alternative zu richterrechtlichen Fiktionen oder einer analogen Anwendung von bestehenden Vorschriften, die zu Rechtsunsicherheit führen. Die Vorteile der Einführung eines solchen Rechts überwiegen den Eingriff in die deutsche Rechtsordnung. Insbesondere trifft das Aneignungsrecht nur die problematische Konstellation der im Ausland konstitutiv gelöschten Gesellschaft und lässt alle übrigen gesellschaftsrechtlichen Fälle unberührt.

2. *Vorschlag der Sachnorm*

Im Folgenden wird zunächst der Wortlaut der Sachnorm formuliert und im Anschluss auf den Inhalt derselben eingegangen.

a. *Wortlaut der Sachnorm*

§ XX

Absatz 1: *Stellt das zuständige Registergericht fest, dass die ausländische Gesellschaft als Rechtspersönlichkeit weggefallen ist, im Inland noch Vermögen der ehemaligen Gesellschaft belegen ist und eine anwendbare Vorschrift des ausländischen Rechts, welche die Zuordnung des Vermögens regelt, fehlt, so teilt es dies der für die Ausübung des Aneignungsrechts zuständigen Stelle mit.*

Absatz 2: *Für die Feststellung nach Absatz 1 ist das Registergericht örtlich zuständig, bei dem die Zweigniederlassung der ausländischen Gesellschaft eingetragen ist. Fehlt es an einer solchen Eintragung, ist das Registergericht XY zuständig.*

Absatz 3: *Die für die Ausübung des Aneignungsrechts zuständige Stelle übt das Aneignungsrecht durch Erklärung gegenüber dem zuständigen Gericht aus. Für die Ausübung des Aneignungsrechts ist die Bundesanstalt für Immobilien zuständig.*

Absatz 4: *Mit dem Eingang der Erklärung über die Ausübung des Aneignungsrechts nach Absatz 3 beim zuständigen Gericht geht das betroffene Aktivvermögen auf den Bund über. Das betreffende Gericht stellt hierüber eine Bescheinigung aus.*

Absatz 5: *Die Ausübung des Aneignungsrechts lässt ein weiteres Vorgehen nach dem Gründungsrecht unberührt.*

Absatz 6: *Der Staat ist befugt über das Vermögen zu verfügen. Im Falle einer zu beachtenden Wiederauferstehung der Gesellschaft ist der Erlös aus der Veräußerung abzüglich angemessener Verwaltungskosten an die Gesellschaft auszukehren. Nicht veräußertes Vermögen ist an die wiederauferstandene Gesellschaft zurückzuübertragen.*

Absatz 7: *Bestehen nach dem anwendbaren ausländischen Gesellschaftsstatut keine Regelungen, welche die weitere Behandlung des Vermögens betreffen, erfolgt eine Abwicklung des Vermögens nach den Grundsätzen deutschen Gesellschaftsrechts.*

b. Inhalt der Sachnorm

Die Norm, die das Aneignungsrecht für das inländische Vermögen einer gelöschten ausländischen Gesellschaft enthält, muss mehreren Zielen gerecht werden. Sie muss so gestaltet sein, dass eine rechtssichere Zuordnung des Vermögens der gelöschten Gesellschaft ermöglicht wird und auch die Möglichkeit der Wiedereintragung nach dem ausländischen Gesellschaftsrecht berücksichtigen.

Im ersten Absatz wird geregelt, dass das zuständige Registergericht die Voraussetzungen für die Ausübung des Aneignungsrechts feststellt. Diese sind das Erlöschen der ausländischen Gesellschaft, das Vorhandensein inländischen Vermögens und die fehlende Regelung der Zuordnung des Vermögens durch das anwendbare ausländische Recht. Liegen diese Voraussetzungen vor, hat das zuständige Gericht die für die Ausübung des Aneignungsrechts zuständige Stelle hierüber zu informieren. Für britische Gesellschaften kann auf die Veröffentlichungen im Internet des Companies House zurückgegriffen werden. Ist eine

Gesellschaft aus dem dortigen Register gelöscht worden, enthält die Gesellschaft den Vermerk „dissolved".

Der zweite Absatz bestimmt, welches Gericht für diese Feststellung zuständig ist. Die Prüfung der Voraussetzungen durch das Gericht erfolgt auf Antrag oder Anregung. Die Bestimmung des zuständigen Gerichts richtet sich vorliegend nach den Regeln für die internationale Zuständigkeit von Zivil- und Handelssachen. Gem. Artt. 4, 62, 63 Abs. 1 lit. b EuGVVO sind die Gerichte des Mitgliedstaates international zuständig, in dessen Hoheitsgebiet die Gesellschaft ihre Hauptverwaltung hat.[849] Für ausschließlich in Deutschland aktive Limiteds befindet sich diese in Deutschland. Für die örtliche Zuständigkeit ist auf die mitgliedstaatlichen Regelungen zurückzugreifen. Der allgemeine Gerichtsstand einer juristischen Person richtet sich gem. den §§ 12, 17 Abs. 1 ZPO oder gem. dem § 21 Abs. 1 ZPO nach dem Ort der Niederlassung.

Nach Absatz 3 übt die zuständige Stelle das Aneignungsrecht durch Erklärung gegenüber dem zuständigen Gericht aus. Als zuständige Stelle wird die Bundesanstalt für Immobilienaufgaben genannt. Diese stellt sich als geeignet dar, weil sie bereits für das Fiskuserbrecht des § 1936 BGB und das Aneignungsrecht des § 32 IntErbRVG als zuständige Stelle benannt ist und somit über Personal und Kenntnisse hinsichtlich solcher Vorgänge verfügt. Da es sich bei der betreffenden Konstellation um Ausnahmefälle handelt, ist nicht von einer Überforderung dieser Behörde auszugehen.

In Absatz 4 wird geregelt, dass mit Eingang der Erklärung beim zuständigen Gericht über die Ausübung des Aneignungsrechts das Aktivvermögen der gelöschten Gesellschaft auf den Bund übergeht. Über diese Rechtsfolge des Aneignungsrechts (Übergang des Aktivvermögens) stellt das zuständige Gericht eine Bescheinigung aus. Diese Bescheinigung dient zum Schutz des Rechtsverkehrs, da aus ihr der Übergang des Aktivvermögens hervorgeht und kann zudem für die Berichtigung von Registern oder als Nachweis des Vermögensübergangs gegenüber anderen Stellen genutzt werden. Die Beschränkung auf den Übergang des Aktivvermögens bewirkt, dass Gläubiger keine gesonderte Abwicklung in Deutschland vornehmen können, indem sie die Begleichung ihrer Forderungen durch den Staat verlangen. Dadurch wird zudem eine Motivation erzeugt, den vorgesehenen und anwendbaren Weg des Gründungsstatuts zu wählen.

---

849 Die Regelung der ausschließlichen Zuständigkeit in Art. 24 Nr. 2 EuGVVO greift nur bei kontradiktorischen Verfahren und nicht bei einseitigen Verfahren wie beispielsweise der Auflösung einer Gesellschaft durch das Registergericht, vgl. Musielak/Voit/*Stadler* EuGVVO Art. 24 Rn. 6.

Der Absatz 5 dient dazu, die Möglichkeit des Vorgehens nach dem anwendbaren Gründungsstatut der Gesellschaft trotz der Ausübung des Aneignungsrechts sicherzustellen. Damit wird insbesondere die Möglichkeit der Wiedereintragung der Gesellschaft, um diese fortzuführen oder ordnungsgemäß abzuwickeln, aufrecht erhalten. Das Aneignungsrecht steht damit unter dem Vorbehalt der Wiedereintragung und stellt keine endgültige Vermögenszuordnung dar. Gleichzeitig soll mit diesem Absatz klar gestellt werden, dass diese Vorschrift ihren Anwendungsbereich dort hat, wo das ausländische Gesellschaftsstatut trotz der Löschung noch Regelungen bereit hält. Denn handelt es sich um eine endgültige Löschung der Gesellschaft, an die sich keine weiteren Regelungen anschließen, ist die Anwendung des deutschen Aneignungsrechts nicht sachgerecht, weil dann ein Bedürfnis für eine Abwicklung des in Deutschland belegenen Vermögens besteht.

Absatz 6 der Vorschrift dient den Interessen des Staates, der nicht mit der Sicherungsfunktion des Vermögens bis zu einer möglichen Wiedereintragung und den damit verbundenene Kosten belastet werden soll. Daher ist der Staat befugt, über das Vermögen zu verfügen. Im Falle einer Wiedereintragung besteht für das veräußerte Vermögen eine Wertersatzpflicht abzüglich angemessener Verwaltungskosten. Nicht veräußertes Vermögen ist der Gesellschaft im Falle der Wiedereintragung zurückzuübertragen.

Absatz 7 eröffnet die Möglichkeit, eine Abwicklung des Vermögens vorzunehmen, wenn dies vom anwendbaren ausländischen Gesellschaftsstatut nicht mehr vorgesehen ist. Ein Konflikt mit dem Gründungsstatut besteht nicht, weil dieses keine konkurrierende Vorgehensweise bereit hält und eine Abwicklung nach deutschen Grundsätzen lediglich eine Besserstellung von Gläubigern und Gesellschaftern bewirkt. Dieser Absatz korreliert mit der zeitlichen Variabilität der Funktion des britischen Aneignungsrechts. Nach Ablauf der Frist von sechs Jahren dient dieses nicht mehr der Sicherung des Vermögens, sondern lediglich der Zuordnung des Vermögens. Eine Wiedereintragung mit der anschließenden Befriedigung der Gläubiger wird im britischen Gesellschaftsrecht dann nicht mehr vorgesehen. Das bietet die Möglichkeit, eine Abwicklung nach deutschem Recht für das in Deutschland belegene Vermögen vorzunehmen. Durch diesen Absatz wird zudem eine ausreichende Flexibilität für die Behandlung des Vermögens der gelöschten Gesellschaft geschaffen. Es wird die Möglichkeit erhalten, das Vermögen nach deutschen Regelungen abzuwickeln. Dies kann auch in solchen Fällen eine Rolle spielen, in denen keine Anknüpfung an das Gründungsstatut erfolgt, in dem Regelungen zur Abwicklung enthalten sind.[850]

---

850 Zu dieser Möglichkeit im Rahmen des Austritts Großbritanniens aus der EU siehe unter 2. Teil B VII.

3. *Lösung weiterer Fragestellungen*

Neben der Frage der Zuordnung des Vermögens bestehen weitere Bereiche, in denen sich die Frage nach einer bestehenden und anwendbaren Regelung nach Löschung der Gesellschaft stellt. Dazu gehören die Frage nach der Haftung von ehemaligen Direktoren und Gesellschaftern und die Frage nach der Wirksamkeit von Veräußerungen des Vermögens von Gesellschaftern und Direktoren.

Das britische Gesellschaftsrecht stellt zunächst klar, dass eine bestandene Haftungsbeschränkung von ehemaligen Direktoren und Gesellschaftern so bestehen bleibt, als wenn die Gesellschaft nicht gelöscht worden wäre, sec. 1000 (7) (a) CA 2006. Dies betrifft jedoch nicht die Situation, dass Direktoren und Gesellschafter nach Löschung der Gesellschaft weiterhin im Namen dieser Rechtsgeschäfte eingehen. Handeln Direktoren und Gesellschafter nach der Löschung im Namen der ehemaligen Gesellschaft, trifft sie nach h.M. die Handelndenhaftung für Vertreter ohne Vertretungsmacht gem. § 179 Abs. 1 BGB (analog),[851] wenn das betreffende Rechtsgeschäft deutschem Recht unterliegt.[852] Erfolgt eine Wiedereintragung der Gesellschaft, liegt ex tunc die Vertretungsmacht, die bei Existenz der Gesellschaft bestand, wieder vor.[853] Dies ergibt sich aus ssec. 1028 (1), 1032 (1), nach denen so zu verfahren ist, als ob die Gesellschaft nie gelöscht worden

851 OLG Brandenburg, Urteil v. 15.7.2009 – 3 U 146/08, BeckRS, 20471 spricht eine Haftung aus § 179 Abs 1 BGB analog an, lässt diese aufgrund rechtsgeschäftlichen Handelns jedoch scheitern; LG Duisburg, NZG 2007, 637, 639 nimmt eine Handelndenhaftung nach allgemeinem deutschen Zivilrecht an, wenn im Namen der nicht mehr existenten Limited gehandelt wird; *Grimm*, Das Schicksal des in Deutschland belegenen Vermögens der Limited nach ihrer Löschung im englischen Register, 2010, S. 27; *Happ/Holler*, DStR 2004, 730, 736; *Heide*, „Striking off the register", 2011, S. 123; *Jansen*, Zur Behandlung einer gelöschten limited company als Restgesellschaft in der Bundesrepublik Deutschland, 2015, S. 329; *J. Schmidt*, ZIP 2008, 2400, 2404; *dies.*, ZIP 2007, 1712, 1714; *Süß*, DNotZ 2005, 180, 189.

852 Unter der Annahme, dass die Haftung für Handeln ohne Vertretungsmacht dem Geschäftsstatut und nicht dem Vollmachtsstatut unterliegt *J. Schmidt*, ZIP 2008, 2400, 2404; andernfalls gelten die englischen Grundsätze für die Vertretung ohne Vertretungsmacht: so wohl Schall/*Schall/Günther*, CA 2006 ssec 1000–1011 Rn. 15 der ohne Differenzierung auf die englischen Grundsätze zur Vertretung ohne Vertretungsmacht verweist.

853 *Grimm*, Das Schicksal des in Deutschland belegenen Vermögens der Limited nach ihrer Löschung im englischen Register, 2010, S. 29; *Lamprecht*, ZEuP 2008, 289, 296; Schall/*Schall/Günther*, CA 2006 ssec 1000–1011 Rn. 27; *Zimmer/Naendrup*, ZGR 2007, 789, 814.

wäre. Demnach entsteht die Problematik des Handelns ohne Vertretungsmacht nur in solchen Fällen, in denen eine Wiedereintragung nicht mehr stattfindet, weil sich der Haftende nach Wiedereintragung wieder auf seine Vertretungsmacht berufen kann.[854]

Bei der Wirksamkeit von Veräußerung des Vermögens ist zu unterscheiden: handelt die englische Krone gilt sec. 1034 (2) CA 2006[855]: die Veräußerung ist wirksam und bleibt auch von einer eventuellen Wiedereintragung der Gesellschaft unberührt. Handeln die Direktoren oder Gesellschafter und ist deutsches Recht anwendbar, gelten die §§ 932 ff. BGB und § 816 BGB.[856] Die Gutglaubensvorschriften ermöglichen den Schutz des Rechtsverkehrs, während § 816 BGB dafür sorgt, dass im Falle einer Wiedereintragung der Erlös der Veräußerung an die Gesellschaft fließt. Veräußerungen durch den deutschen Staat sind gemäß des neu zu schaffenden Aneignungsrechts in Anlehnung an die britische Regelung des sec. 1034 (2) CA 2006 wirksam und nicht von der Wiederauferstehung der Gesellschaft betroffen, es besteht lediglich eine Pflicht zum Wertersatz.

4. Normierung einer zugehörigen Kollisionsnorm in einem europäischen Internationalen Gesellschaftsrecht

Um zur Anwendbarkeit einer deutschen Regelung für die Zuordnung des inländischen Vermögens der gelöschten Gesellschaft zu gelangen, kann es vorteilhaft sein, eine Kollisionsnorm zu erlassen, die eine diesbezügliche Regelung enthält.[857] Mit einer solchen Regelung wäre ein höherer Grad an Rechtssicherheit verbunden, denn eine einzelfallbezogene Auslegung des ausländischen Aneignungsrechts und der Ausbau zu einer allseitigen Kollisionsregel (versteckte Rückverweisung) wären nicht mehr notwendig. Zudem würde mit einer solchen Kollisionsnorm eine Koordinierung zwischen dem britischen System der Registerlöschung und dem deutschen Aneignungsrecht für Vermögen solcher Gesellschaften in Deutschland erlangt, weil sich die Anwendbarkeit deutschen Rechts explizit auf die Frage nach der Zuordnung des Vermögens beschränkt. Hierdurch werden die vorgesehenen Regelungen des ausländischen Gesellschaftsstatuts (Wiedereintragung der Gesellschaft) nicht beeinträchtigt.

---

854 Vgl. *Jansen*, Zur Behandlung einer gelöschten limited company als Restgesellschaft in der Bundesrepublik Deutschland, 2015, S. 331.

855 Schall/*Schall/Günther*, CA 2006 ssec 1000–1011 Rn. 28.

856 Schall/*Schall/Günther*, CA 2006 ssec 1000–1011 Rn. 28.

857 *Mansel*, in: LA Kegel 2002, S. 111, 122 schlägt dies als Alternative zum Weg über eine versteckte Rückverweisung auf deutsches Recht vor.

Der Wortlaut einer solchen Kollisionsnorm könnte wie folgt lauten: „*Sieht das Recht des Staates, auf das die gesellschaftsrechtliche Kollisionsnorm verweist, keine Regelung für ausländisches Vermögen einer gelöschten Gesellschaft vor, ist für die Frage der Zuordnung dieses Vermögens das jeweilige Belegenheitsrecht anwendbar.*“

VI. Möglichkeit eines positiven Konflikts im Internationalen Gesellschaftsrecht

Fraglich ist, ob das Bestehen des britischen Aneignungsrechts auch die Gefahr eines positiven Konflikts begründen kann. Dies wäre der Fall, wenn das Vermögen einer ausländischen Gesellschaft mit Sitz im Vereinigten Königreich bei ihrer Auflösung als *bona vacantia* von der Krone nach sec. 1012 (1) CA 2006 angeeignet wird. Innerhalb der Europäischen Union unterliegt die Gesellschaft dem Gründungsrecht, das auch über die Abwicklung des Vermögens der Gesellschaft befindet. Ein positiver Konflikt setzt also voraus, dass das in Großbritannien belegene Vermögen zum einen vom britischen Aneignungsrecht und zum anderen von einer ausländischen gesellschaftsrechtlichen Regelung erfasst wird. In diese Richtung deutet die britische Feststellung hin, nach der auch das in Großbritannien belegene Vermögen einer ausländischen Gesellschaft als *bona vacantia* an die Krone übertragen wird.[858] Es ist aber zu beachten, dass die Bezeichnung „dissolved“ im britischen Gesellschaftsrecht die Beendigung meint und damit den Wegfall der Rechtspersönlichkeit der betreffenden Gesellschaft. Mithin geht es um Fälle, in denen die ausländische Gesellschaft nicht mehr existent ist, aber noch ehemaliges Vermögen in Großbritannien vorhanden ist. Um eine Zuordnung dieses Vermögens zu gewährleisten, greift das Aneignungsrecht gem. sec. 1012 (1) CA 2006 ein. Ein positiver Konflikt entsteht daraus nicht. Solange die Gesellschaft noch nicht beendet ist, unterliegt die Behandlung des Vermögens, insbesondere die Liquidation, dem ausländischen Gesellschaftsrecht und wird nicht vom britischen Regelungsregime beansprucht.[859] Verdeutlichen lässt sich dies anhand der deutschen GmbH. Die GmbH gilt erst dann als

---

858 *Re Banque Industrielle de Moscou* [1952] Ch. 919; *Re Azoff-Don Commercial Bank* [1954] Ch. 315; *Dicey/Collins/Morris*, The Conflict of Laws, [15]2012 Rn. 30–058.

859 Vgl. *Fletcher*, Cross-border insolvency, 1992, S. 234f. „With regards to the english assets of a foreign company which is undergoing liquidation abroad [...] there is no rule of English private international law whereby the proprietary effects of the foreign liquidation are regarded as extending beyond the territorial limits of the jurisdiction in which the liquidation has taken place.“

beendet, wenn die Löschung aus dem Register erfolgt ist und kein Vermögen mehr vorhanden ist (Lehre vom Doppeltatbestand). Der in einer Vorfrage zu klärende Status „dissolved" der GmbH kann daher nicht eintreten, wenn noch Vermögen in Großbritannien vorhanden ist. Verfolgen andere Staaten nicht die Lehre vom Doppeltatbestand, greift das britische Aneignungsrecht auch nur dann ein, wenn nach dem ausländischen Recht davon ausgegangen wird, dass die Gesellschaft nicht mehr existiert und daher keine gesellschaftsrechtlichen Regelungen mehr eingreifen können. Das heißt, dass das britische Aneignungsrecht nur dann das in Großbritannien belegene Vermögen ergreifen möchte, wenn dieses keiner anwendbaren ausländischen Regelung mehr unterliegt und sich daher die Frage der Zuordnung des Vermögens durch das Aneignungsrecht lösen lässt.

VII. Ausblick – Auswirkungen des britischen Referendums zum Austritt aus der EU

Am 23.6.2016 hat die britische Bevölkerung in einem Volksentscheid mehrheitlich gegen einen Verbleib Großbritanniens in der Europäischen Union gestimmt. Die genauen Auswirkungen dieses Ergebnisses auf das Verhältnis Großbritanniens zur EU sind jedoch sehr ungewiss. Für die in diesem Rahmen besprochene Konstellation im Internationalen Gesellschaftsrecht spielt die Mitgliedschaft von Großbritannien eine entscheidende Rolle, weil diese der Grund für die Gründungsanknüpfung im Internationalen Gesellschaftsrecht ist, wenn eine britische Gesellschaft ihren Sitz in Deutschland hat. Die deutsche Rechtsprechung geht gegenüber Drittstaaten weiterhin von der Geltung der Sitztheorie aus. Es ist somit von Relevanz, welche Auswirkungen das britische Referendum zum Austritt aus der EU haben wird. Im Folgenden wird daher kurz auf die im Vertrag über die Europäische Union vorgesehene Möglichkeit des Austritts einzelner Mitgliedstaaten eingegangen, zudem werden mögliche künftige Szenarien zum Verhältnis Großbritanniens zur EU dargestellt.

Für den Fall eines Austritts Großbritanniens, bei dem eine Gründungsanknüpfung für Gesellschaften nicht geregelt wird, besteht bereits der Vorschlag an britische Limiteds sich in Limiteds nach irischem Recht umzuwandeln (grenzüberschreitender Formwechsel).[860] Solchen Gesellschaften mit Sitz in anderen

860 *Freitag/Korch*, ZIP 2016, 1361, 1364; *Schall*, ZfPW 2016, 407, 445ff. der allerdings auf die Beschränkung durch die Rechtsprechung des EuGH in der Rs. *Vale* hinweist, wenn es sich um eine sog. „Briefkastengesellschaft" handelt. Eine grenzüberschreitende Verschmelzung auf eine irische Gesellschaft sei jedoch problemlos möglich.

europäischen Mitgliedstaaten würde dadurch weiterhin die Anknüpfung an das Gründungsrecht aufgrund der europarechtlichen Niederlassungsfreiheit ermöglicht werden. Gleichzeitig würde die in dieser Arbeit dargestellte Konstellation weiterhin bestehen bleiben, weil auch das irische Recht über ein Aneignungsrecht für aus dem Register gelöschte Gesellschaften kennt.[861]

Der in dieser Arbeit vorgeschlagene Lösungsweg der Normierung eines Aneignungsrechts für das in Deutschland belegene Vermögen von aus dem Register gelöschten Gesellschaften kann jedoch weiterhin relevant bleiben. Denn durch einen Austritt Großbritanniens, der keine Regelung der Gründungsanknüpfung für das Gesellschaftstatut enthält, könnte sich der Bedarf an einer rechtssicheren Abwicklung britischer Gesellschaften in Deutschland erhöhen, weil das Interesse an der Weiterführung solcher Gesellschaften, die nicht vollumfänglich anerkannt werden, sinkt. Die vorgeschlagene gesetzliche Normierung enthält durch ihren Absatz 7 die Möglichkeit, dass ein in Deutschland belegenes Restvermögen einem deutschen Abwicklungsregime zugeführt wird, wenn aufgrund der Anwendung der Sitztheorie nicht mehr auf die ausländischen Regelungen zur Abwicklung zurückgegriffen werden kann.

Die Konstellation, in der eine Limited ihren Sitz in Großbritannien hat und Vermögen nach der Löschung aus dem Register in Deutschland vorhanden ist, wird von den möglichen Auswirkungen des Referendums nicht betroffen.

1. Art. 50 EUV

Im Vertrag über die Europäische Union besteht mit Art. 50 eine Regelung zum Austritt einzelner Staaten aus der EU. Diese Regelung dient der Klarstellung darüber, dass die Möglickeit zum Austritt für die jeweiligen Mitgliedstaaten besteht.[862] Darüber hinaus sorgt Art. 50 EUV dafür, dass es ein festgelegtes unionsrechtliches Verfahren für den Austritt gibt und die beteiligten Unionsorgane Einfluss auf die Austrittsvereinbarung nehmen können.[863]

Die Einleitung des Austrittsverfahrens stellt ein einseitiges Gestaltungsrecht jedes Mitgliedstaats dar und ist von der Mitteilung an den Europäischen Rat gem. Art. 50 Abs. 2 S. 1 EUV abhängig,[864] die seitens Großbritanniens am 29.3.2017 erfolgt ist.

---

861 Vgl. dazu oben unter 1. Teil D.

862 Grabitz/Hilf/Nettesheim/*Dörr*, EUV Art. 50 Rn. 3; von der Groeben/Schwarze/Hatje/*Meng*, EUV Art. 50 Rn. 2.

863 Grabitz/Hilf/Nettesheim/*Dörr*, EUV Art. 50 Rn. 5.

864 Grabitz/Hilf/Nettesheim/*Dörr*, EUV Art. 50 Rn. 17.

Gem Art. 50 Abs. 2 S. 2 EUV soll die EU mit dem austretenden Staat ein Austrittsabkommen aushandeln, das auch den Rahmen der künftigen Beziehungen zwischen der EU und diesem Staat berücksichtigt. Art. 50 Abs. 3 EUV bestimmt, dass die Verträge ab dem Zeitpunkt des Inkrafttretens des Austrittsabkommens, spätestens aber zwei Jahre nach der Mitteilung des Austritts gem. Art. 50 Abs. 2 S. 1 EUV auf den betroffenen Staat keine Anwendung mehr finden. Gem. Art. 1 Abs. 3 EUV sind unter den Verträgen der AEUV und der EUV zu verstehen. Damit sind die Verträge sowie die von der EU und Drittstaaten ausgehandelten Abkommen territorial nicht mehr auf den ausgetretenen Mitgliedsstaat anwendbar.[865] Nach dem Austritt ist der betreffende Staat im Verhältnis zu den übrigen Mitgliedsstaaten der EU als Drittstaat anzusehen, es sei denn, aus dem Austrittsabkommen ergibt sich eine gesonderte Stellung dieses Staates im Verhältnis zur EU.[866]

2. Szenarien des zukünftigen Verhältnisses von Großbritannien zur EU

Für das Verhältnis von Großbritannien zur EU sind mehrere Szenarien denkbar, wobei zu berücksichtigen ist, dass es sich um einen Prozess der politischen Willensbildung mit vielen Akteuren (Mitgliedstaaten, Europäisches Parlament, Großbritannien) handelt, so dass das tatsächliche zukünftige Verhältnis schwer vorauszusehen ist. Da die EU jedoch mit einigen Staaten besondere Beziehungen pflegt, kann anhand dieser Beispiele auf die zukünftigen Beziehungen von Großbritannien und der EU geschlossen werden.

a. Großbritannien bleibt Mitgliedstaat der EU

Trotz des Votums der britischen Bevölkerung für einen Austritt aus der Europäischen Union, hängt die Einleitung des Austrittsverfahrens gem. Art. 50 Abs. 2 S. 1 EUV von der Mitteilung des austrittswilligen Mitgliedstaates an den Europäischen Rat ab. Großbritannien hat diese Mitteilung zwar am 29.3.2017 vorgenommen, die weitere Entwicklung des Austrittsprozesses ist aber auch stark von innenpolitischen Entwicklungen in Großbritannien abhängig. Im unwahrscheinlichen Fall, dass sich Großbritannien doch für eine weitere Mitgliedschaft in der EU entscheidet, würden wie bisher die primärrechtlich verankerte Niederlassungsfreiheit und die dazugehörige Rechtsprechung des EuGH gelten.

---

865 Grabitz/Hilf/Nettesheim/*Dörr*, EUV Art. 50 Rn. 38f.

866 Grabitz/Hilf/Nettesheim/*Dörr*, EUV Art. 50 Rn. 40; von der Groeben/Schwarze/Hatje/*Meng*, EUV Art. 50 Rn. 10.

b. Norwegisches Modell (EWR-Abkommen)

Das Abkommen über den Europäischen Wirtschaftsraum (EWR-Abkommen)[867] besteht zwischen Norwegen, Island, Liechtenstein und der Europäischen Union und ihren Mitgliedstaaten. Beim EWR-Abkommen handelt es sich um ein Assoziationsabkommen gem. Art. 217 AEUV, durch das die beteiligten Staaten weitgehend an das Binnenmarktrecht in der EU (Warenverkehrs-, Dienstleistungsverkehrs-, Kapitalverkehrs- und Niederlassungsfreiheit sowie Arbeitnehmerfreizügigkeit) gebunden werden.[868] Gem. Art. 10 EWR-Abkommen ist die Erhebung von Zöllen und Abgaben gleicher Wirkung verboten. Gem. Art. 6 und 7 EWR-Abkommen sind die beteiligten Staaten verpflichtet, den zum Zeitpunkt des Abschlusses des Abkommens bestehenden Rechtsbestand in der EU nach der Rechtsprechung des EuGH zu übernehmen. Änderungen des europäischen Sekundärrechts sind nach der Maßgabe des Art. 102 EWR-Abkommen ebenfalls umzusetzen. Mit der Geltung der Niederlassungsfreiheit für Gesellschaften gem. Artt. 31, 34 EWR-Abkommen betrifft die Rechtsprechung des EuGH zur Niederlassungsfreiheit von Gesellschaften auch die EWR-Staaten. Nach der Rechtsprechung des BGH gilt die Gründungstheorie im Verhältnis zu EU- und EWR-Staaten.[869]

Großbritannien ist als Mitgliedstaat der EU auch Vertragsstaat des EWR-Abkommens. Ein Austritt aus dem EWR-Abkommen ist dort nicht explizit geregelt. Tritt Großbritannien aus der EU aus, stellt sich die Frage nach den Auswirkungen auf das Verhältnis Großbritanniens zum EWR-Abkommen. Zum großen Teil wird die Ansicht vertreten, dass ein Austritt Großbritanniens aus der EU auch automatisch einen Austritt aus dem EWR-Abkommen zur Folge hat und daher für ein Weitergelten des EWR-Abkommens im Verhältnis zu Großbritannien ein neuer Beitritt erfolgen müsste. [870] Teilweise wird vertreten, dass für einen Austritt Großbritanniens aus dem EWR-Abkommen eine gesonderte Kündigung notwendig ist.[871]

Im Rahmen des Austrittsabkommens gem. Art. 50 Abs. 2 S. 2 EUV könnte vereinbart werden, dass Großbritannien dem EWR-Abkommen beitritt, auch wenn

---

867 EG ABl. L 1, 3 vom 3.1.1994.

868 Grabitz/Hilf/Nettesheim/*Vöneky/Beylage-Haarmann*, AEUV Art. 217 Rn. 73; Calliess/Ruffert/*Schmalenbach*, AEUV Art. 217 Rn. 40.

869 Vgl. oben unter 2. Teil B II 1.

870 Vgl. *Basedow*, ZEuP 2016, 567, 569; *Freitag/Korch*, ZIP 2016, 1361, 1362; *Mäsch/Gausing/Peters*, IPRax 2017, 49, 51; *Teichmann/Knaier*, IWRZ 2016, 243, 244; *Weller/Thomale/Benz*, NJW 2016, 2378, 2380.

871 *Hess*, IPRax 2016, 415, 418 Fn. 126.

dieses Ergebnis aufgrund der weiteren, von Großbritannien nicht gewünschten, Freiheiten im EWR-Abkommen als unwahrscheinlich angesehen wird.[872] Im Falle des Beitritts zum EWR-Abkommen würde die Niederlassungsfreiheit weiterhin Gültigkeit haben.

c. *Schweizer Modell*

Zwischen der Schweiz und der Europäischen Union bestehen eine Reihe von bilateralen Abkommen zu bestimmten Bereichen. Ein Abkommen zur Anerkennung von Gesellschaften und zur Niederlassungsfreiheit wurde jedoch nicht abgeschlossen. Im Verhältnis zur Schweiz gilt daher keine die Gesellschaften betreffende Niederlassungsfreiheit. Der BGH vertritt aus diesem Grund gegenüber Gesellschaften schweizerischen Rechts die Sitztheorie.[873] Dieses Verhältnis der EU zur Schweiz könnte auch für die künftigen Beziehungen von Großbritannien zur EU maßgebend sein.

In bestimmten Bereichen könnten aber bilaterale Abkommen die Regeln zwischen Großbritannien und der EU bestimmen, so auch in Bezug auf die gegenseitige Anerkennung von Gesellschaften.[874] Durch eine solche Vereinbarung könnte eine Beibehaltung des status quo nach einem Austritt Großbritanniens aus der EU erreicht werden.

d. *Keine gesonderte Vereinbarung beim Austritt Großbritanniens*

Wird bei einem Austritt Großbritanniens aus der EU kein gesondertes Abkommen über die künftigen Beziehungen abgeschlossen, gelten jedenfalls die im Rahmen der WTO bestehenden Abkommen General Agreement on Tariffs and Trade (GATT), General Agreement on Trade in Services (GATS) und Trade Related Aspects of Intellectual Property Rights (TRIPS). Eine Vereinbarung zur Anerkennung von ausländischen Gesellschaften und zur Niederlassungsfreiheit ist in diesen Abkommen nicht enthalten.

3. *Auswirkungen der unterschiedlichen Szenarien*

Tritt Großbritannien nicht aus der EU aus, weil die Mitteilung über den Austrittswunsch gem. Art. 50 Abs. 2 S. 1 EUV unterbleibt oder wird Großbritannien

---

872 *Basedow*, ZEuP 2016, 567, 569; *Freitag/Korch*, ZIP 2016, 1361, 1362; *Hess*, IPRax 2016, 415, 418 Fn. 126; *Lehmann/Zetsche, JZ 2017, 62f.*; *Teichmann/Knaier*, IWRZ 2016, 243, 244; *Weller/Thomale/Benz*, NJW 2016, 2378, 2380.

873 BGHZ 178, 192 = NJW 2009, 289.

874 Vgl. *Freitag/Korch*, ZIP 2016, 1361, 1362; *Teichmann/Knaier*, IWRZ 2016, 243, 244.

im Rahmen der Austrittsverhandlungen gem. Art. 50 Abs. 2 S. 2–4 EUV erneut Vertragspartei des EWR-Abkommens, bleibt die derzeitige Rechtslage im Internationalen Gesellschaftsrecht bestehen. Britische Gesellschaften mit Sitz in anderen europäischen Mitgliedstaaten sind weiterhin vollumfänglich nach ihrem Gründungsrecht zu beurteilen. Für Gesellschaftsgründer außerhalb von Großbritannien dürfte in diesem Fall die Rechtsform der Limited weiterhin Attraktivität besitzen.

Werden mit Großbritannien im Rahmen der Austrittsverhandlungen mehrere bilaterale Vereinbarungen in unterschiedlichen Bereichen nach dem Vorbild des Verhältnisses der Schweiz zur EU abgeschlossen, ist es von den jeweiligen auszuhandelnden Abkommen abhängig, ob in diesen eine Regelung zur Niederlassungsfreiheit von Geselschaften enthalten ist. Treffen die EU und Großbritannien kein Abkommen, das die künftigen Beziehungen beinhaltet, besteht auch keine Regelung zur Niederlassungsfreiheit von britischen Gesellschaften in den Mitgliedstaaten der EU, es sei denn, es bestehen zwischen einzelnen Mitgliedstaaten der EU und Großbritannien noch Freihandelsabkommen, die eine solche Regelung enthalten.

Im Verhältnis zwischen Deutschland und Großbritannien würde aus deutscher internationalprivatrechtlicher Sicht im Einklang mit dem *Trabrennbahn*-Urteil des BGH[875] die Sitztheorie auf britische Gesellschaften angewandt werden. Um dieser Folge zu entgehen, bestünde grundsätzlich die Möglichkeit im autonomen deutschen Kollisionsrecht eine generelle Anknüpfung an das Gründungsrecht von Gesellschaften zu verankern,[876] wie auch schon seit längerer Zeit von wissenschaftlicher Seite empfohlen wird.[877]

4. Notwendigkeit einer Korrektur in der deutschen Rechtsordnung

Für Gesellschaften britischen Rechts mit Sitz in Deutschland wird diskutiert, wie den rechtlichen Folgen einer in Zukunft möglicherweise fehlenden Anknüpfung an das Gründungsrecht begegnet werden kann.

a. Bestandsschutz

Für Gesellschaften britischen Rechts, die schon vor dem Votum zum Austritt Großbritanniens aus der EU ihren Sitz in Deutschland hatten, wird die Notwendigkeit einer Ergebniskorrektur der in Zukunft geltenden Anknüpfung an den

875 BGHZ 178, 192 = NJW 2009, 289; vgl. dazu auch oben unter 2. Teil B II 1 c.
876 Vgl. *Weller/Thomale/Benz*, NJW 2016, 2378, 2381.
877 Vgl. dazu oben unter 2. Teil B II 3.

Sitz der Gesellschaft angenommen.[878] Einem solchen Wechsel des Gesellschaftsstatuts sei durch eine kollisionsrechtliche Regelung zu begegnen, welche die Interessen der Gläubiger, der Gesellschafter und des Rechtsverkehrs allgemein berücksichtige.[879] Für die Außenbeziehungen von solchen Gesellschaften könnte übergangsweise eine Fortgeltung der gründungsrechtlichen Anknüpfung nach dem endgültigen Austritt Großbritanniens aus der EU beschlossen werden.[880]

b. Umwandlung der Auslandsgesellschaften kraft Gesetzes

Ein weiterer Vorschlag ist, Auslandsgesellschaften mit Sitz in Deutschland kraft Gesetzes zu einem bestimmten Zeitpunkt in eine Rechtsform des Sitzstaates umzuwandeln.[881] Durch diese Vorgehensweise bestünde Rechtssicherheit, weil für alle englischen Gesellschaften einheitlich das Sitzrecht zur Anwendung kommt.[882]

VIII. Zusammenfassung der Ergebnisse zum Internationalen Gesellschaftsrecht

1. Für Gesellschaften aus europäischen Mitgliedstaaten ist das Gründungsstatut anwendbar. Das Gesellschaftsstatut umfasst insbesondere auch die Voraussetzungen und Rechtsfolgen der Auflösung, Abwicklung und Beendigung einer Gesellschaft.
2. Die konstitutive Löschung einer britischen Gesellschaft aus dem Register ist eine gesellschaftsrechtlich zu qualifizierende Regelung und wirkt sich daher auch für britische Gesellschaften mit Sitz in einem anderen Mitgliedstaat aus.
3. Bei der Qualifikation des britischen Aneignungsrechts für das Vermögen einer gelöschten Gesellschaft zeigt sich bei einer funktionalen Betrachtung,

---

878 *Freitag/Korch*, ZIP 2016, 1361, 1363f.; *Mäsch/Gausing/Peters*, IPRax 2017, 49, 52f.; *Schall*, ZfPW 2016, 407, 412f.; *Weller/Thomale/Benz*, NJW 2016, 2378, 2382.

879 *Mäsch/Gausing/Peters*, IPRax 2017, 49, 53.

880 *Mäsch/Gausing/Peters*, IPRax 2017, 49, 53 für einen Zeitraum von 36 Monaten; *Freitag/Korch*, ZIP 2016, 1361, 1364 betreffende Gesellschaften sollten für einen Zeitraum von 2 Jahren nach einem Austritt weiter als britische Gesellschaften angesehen werden; *Weller/Thomale/Benz*, NJW 2016, 2378, 2381f.; **a.A.** *Seeger*, DStR 2016, 1817, 1819ff.; *Seggewiße/Weber*, GmbHR 2016, 1302, 1303 halten die Übergangsfrist des Art. 50 Abs. 3 EUV bereits für ausreichend; ebenso *Teichmann/Knaier*, IWRZ 2016, 243, 245.

881 *Lehmann/Zetsche*, JZ 2017, 62, 68f.

882 *Lehmann/Zetsche*, JZ 2017, 62, 69.

dass der britische Lösungsweg, wie in anderen europäischen Rechtsordnungen, keine endgültige Zuordnung des Vermögens an den Staat beabsichtigt und sowohl eine ordnungsgemäße Abwicklung als auch eine Weiterführung der Gesellschaft ermöglicht. Unter diesen Gesichtspunkten führt die funktionale Methode zu einer gesellschaftsrechtlichen Qualifikation des Aneignungsrechts. Aufgrund des eigenen kollisionsrechtlichen Gehalts des Aneignungsrechts (selbstbegrenzte Sachnorm), der der allgemeinen Kollisionsnorm im Wege des Spezialitätsgrundsatzes vorgeht, ist im Ergebnis eine Beschränkung des Aneignungsrechts auf das in Großbritannien belegene Vermögen anzunehmen.

4. Die Regelungen zur Wiedereintragung der britischen Gesellschaft sind aufgrund ihrer Funktionen (Wiedererlangen der Rechtsfähigkeit zur Abwicklung oder Fortführung der Gesellschaft) gesellschaftsrechtlich zu qualifizieren und haben daher Auswirkungen auf Gesellschaften mit Sitz außerhalb von Großbritannien.
5. Eine gesonderte Liquidation des in Deutschland belegenen Vermögens einer gelöschten britischen Gesellschaft ist aufgrund des Bestehens eines ausdifferenzierten Abwicklungssystems in Großbritannien abzulehnen und würde einen Verstoß gegen die europäische Niederlassungsfreiheit begründen.
6. Die Beschränkung des britischen Aneignungsrechts auf das in Großbritannien belegene Vermögen führt zu einem negativen Konflikt für das im Ausland belegene Vermögen. In Deutschland hat dieser Fall schon mehrere Oberlandesgerichte beschäftigt und wurde stets anhand der Fiktion einer sog. Restgesellschaft als Zuordnungssubjekt gelöst. Dieser Lösungsweg berücksichtigt jedoch unzureichend das britische Gesellschaftsrecht mit seinem austarierten Abwicklungsregime über die Wiedereintragung der Gesellschaft. Außerdem besteht Uneinheitlichkeit in einzelnen Fragen bei der Fiktion der Restgesellschaft, so dass kein hoher Grad an Rechtssicherheit erreicht worden ist.

   In dieser Arbeit wird deswegen vorgeschlagen, in Anlehnung an § 32 IntErbRVG ein Aneignungsrecht für das in Deutschland belegene Vermögen einer gelöschten ausländischen Gesellschaft zu normieren. Dadurch wird eine vorhersehbare Lösung des negativen Konflikts geschaffen, die das ausländische Gesellschaftsstatut mit der Möglichkeit der Wiedereintragung der Gesellschaft zur Abwicklung oder Fortführung berücksichtigt und nicht gegen die primärrechtliche Niederlassungsfreiheit in der Europäischen Union verstößt. Gleichzeitig wird durch eine solche Regelung eine vorhersehbare und rechtssichere Anwendung von deutschem Gesellschaftsrecht zur Abwicklung des Vermögens geschaffen, wenn eine ausländische Regelung nicht eingreift, sei es, weil es an einer solchen Regelung fehlt oder, weil eine solche Regelung aufgrund des Kollisionsrechts nicht anwendbar ist.

7. Zur Klarstellung, dass im Falle einer im Ausland gelöschten Gesellschaft deutsches Belegenheitsrecht mit dem Aneignungsrecht zur Anwendung kommen soll, kann im Rahmen eines zukünftigen europäischen Internationalen Gesellschaftsrecht eine Kollisionsnorm erlassen werden, die für die Frage der Zuordnung des Vermögens auf das Belegenheitsrecht verweist, wenn das Gründungsstatut keine Regelung für die Zuordnung von ausländischem Vermögen vorsieht.

C. Vergleich der Problematik von Aneignungsrechten im Internationalen Erb- und Gesellschaftsrecht

Abschließend soll ein Vergleich der beiden Erscheinungsformen von Aneignungsrechten und deren Bedeutung im Internationalen Privatrecht erfolgen.

1. Verweis auf die Vergleichbarkeit der Aneignungsrechte

Teiweise wird im Rahmen der Qualifikation der Aneignungsrechte im Internationalen Erb- und Gesellschaftsrecht auf eine Vergleichbarkeit dieser hingewiesen.[883] Geht man allerdings davon aus, dass eine öffentlich-rechtliche Qualifikation der Aneignungsrechte abzulehnen ist, stehen bei der weiteren Qualifikation jeweils unterschiedliche Funktionen im Vordergrund, die auch eine unterschiedliche Qualifikation rechtfertigen können. Ein Vergleich der beiden Erscheinungsformen von Aneignungsrechten ergibt lediglich im britischen Recht einen Gleichlauf, weil es sich bei beiden Regelungen um selbstbegrenzte Sachnormen handelt, deren eigener kollisionsrechtlicher Gehalt den gewöhnlichen Kollisionsnormen vorgeht. Hieraus lässt sich jedoch für andere Aneignungsrechte, die keine selbstbegrenzte Sachnormen darstellen, kein Rückschluss auf deren Qualifikation anhand der funktionalen Methode ziehen. Die Methode der funktionalen Qualifikation ist gerade darauf angelegt, nicht aufgrund von formalen Erwägungen (hier das Vorliegen eines Aneignungsrechts mit dem Staat als Normadressaten) die Erfassung durch eine Kollisionsnorm anzunehmen, sondern jedes Rechtsinstitut individuell aufgrund einer Funktionsentsprechung mit einer Kollisionsnorm unter diese zu subsumieren.

---

883 *Heide*, „Striking off the register", 2011, S. 149; *Jansen*, Zur Behandlung einer gelöschten limited company als Restgesellschaft in der Bundesrepublik Deutschland, 2015 S. 88f., 93.

Bei Aneignungsrechten für erbenlosen Nachlass steht die Funktion der Zuordnung des Vermögens zur Vermeidung von Herrenlosigkeit im jeweiligen Territorium im Vordergrund, wodurch eine sachenrechtliche Qualifikation gerechtfertigt ist. Zwar dient das Aneignungsrecht auch der ordnungsgemäßen Abwicklung des Nachlasses im Hinblick auf eventuelle Nachlassgläubiger, aber eben nur beschränkt auf den im Territorium des Staates belegenen Nachlass. Diese Funktion ist daher im Vergleich zur Funktion der Vermeidung von Herrenlosigkeit als nachrangig zu betrachten.

Bei Aneignungsrechten für das ehemalige Vermögen von gelöschten Gesellschaften steht die Sicherungsfunktion für die Möglichkeit der Wiedereintragung gleichberechtigt neben der Funktion der Vermögenszuordnung zur Vermeidung von Herrenlosigkeit. Die Sicherungsfunktion zur Gewährleistung einer ordnungsgemäßen Abwicklung oder Weiterführung der Gesellschaft rechtfertigt unter Anwendung der funktionalen Methode eine gesellschaftsrechtliche Qualifikation mit der Folge der Erfassung des gesamten ehemaligen Vermögens der Gesellschaft unabhängig von seiner Belegenheit. Dieser funktionalen Qualifikation geht jedoch der eigene kollisionsrechtliche Gehalt des Aneignungsrechts (formale Eingriffsnorm) vor, so dass das Aneignungsrecht nur das im jeweiligen Territorium belegene Vermögen erfasst.

Daran zeigt sich aber, dass die Aneignungsrechte in den verschiedenen Bereichen in ihren Funktionen nicht vollständig übereinstimmen. Der vielfach vorgenommene Vergleich zur Qualifikation des Aneignungsrechts für gelöschte Gesellschaften und dem Aneignungsrecht für erbenlosen Nachlass ist aus der Sicht einer funktionalen Qualifikation daher nicht gewinnbringend.

2. Auftreten von Konflikten

Aufgrund der Qualifikation des britischen Aneignungsrechts für das Vermögen einer gelöschten Gesellschaft als formale Eingriffsnorm kommt es im Ergebnis zu einem Gleichlauf mit den Aneignungsrechten für erbenlosen Nachlass. Beide Rechtsinstitute knüpfen an die Belegenheit von Vermögen im jeweiligen Territorium an und beschränken sich daher auch auf dieses. Im Internationalen Gesellschaftsrecht ensteht daraus stets ein negativer Konflikt, wenn die gelöschte Gesellschaft im Zeitpunkt der Löschung über im Ausland belegenes Vermögen verfügte. Im Internationalen Erbrecht entsteht dann ein negativer Konflikt, wenn Vermögen im Ausland belegen ist und das ausländische Fiskuserbrecht nicht zur Anwendung berufen ist. In beiden Fällen stellt sich die Frage, wie im Ausland mit dem Vermögen zu verfahren ist. An diesem Punkt besteht damit die Möglichkeit, einen parallelen Lösungsweg für die negativen Konflikte zu entwickeln, wie es im Rahmen dieser Arbeit mit dem Vorschlag eines Aneignungsrechts für das in Deutschland belegene Vermögen der gelöschten Gesellschaft in Anlehnung an § 32 IntErbRVG auch geschehen ist. Das Aneignungsrecht für das Vermögen einer gelöschten ausländischen Gesellschaft ist an die Besonderheiten der Konstellation anzupassen, wozu insbesondere die Berucksichtigung der Wiedereintragung im ausländischen Gesellschaftsrecht gehört. Daher ist die Lösungsfindung im Internationalen Gesellschaftsrecht komplexer als im Internationalen Erbrecht, weil das ausländische Gesellschaftsstatut weiterhin berücksichtigt werden muss, während es im Internationalen Erbrecht aufgrund fehlender weitergehender Regelungen keinen Unterschied macht, welcher Staat auf den erbenlosen Nachlass zugreift.

Im Unterschied zum Internationalen Erbrecht besteht im Internationalen Gesellschaftsrecht jedoch keine Konkurrenzsituation der beteiligten Staaten in Form eines positiven Konflikts. Während das Aneignungsrecht für den erbenlosen Nachlass auf den Nachlass zugreifen möchte, auch wenn ein ausländisches Fiskuserbrecht zur Anwendung berufen ist,[884] ist das Aneignungsrecht für das Vermögen einer gelöschten Gesellschaft nicht schon bei Auflösung einer ausländischen Gesellschaft anwendbar, sondern erst, wenn diese nach ausländischem Recht vollständig beendet („dissolved") ist.

884 Einzelne Aneignungsrechte sehen das Fiskuserbrecht als gewöhnliche Erbenstellung an und verneinen damit eine Erbenlosigkeit des Nachlasses. Dann entsteht ebenfalls keine Konkurrenzsituation zwischen den beteiligten Staaten. Möglich ist das aufgrund der Gleichstellung von Fiskuserbrecht und Aneignungsrecht durch Art. 33 EuErbVO jedoch nur im Verhältnis zu Drittstaaten.

Literaturverzeichnis

Altmeppen, Holger, Schutz vor „europäischen" Kapitalgesellschaften, NJW 2004, S. 97–104.

Bachner, Thomas/Gasser, Christina, Restvermögen einer gelöschten Limited – Stellungnahme zum Vorlagebeschluss des Amtsgerichts Charlottenburg v. 7.11.2008–Amiraike Berlin GmbH und Aero Campus Cottbus Ltd (C-497/08), ZfRV 2009, S. 113–122.

Bailey, Edward/Groves, Hugo, Corporate Insolvency: Law and Practice, 5. Aufl., London 2017.

Bajons, Ena-Marlis/Fischer-Czermak, Constanze/Fucik, Robert/Schauer, Martin/Scheuba, Elisabeth, Europäische Erbrechtsverordnung – (2012/650/EU vom 4. Juli 2012), Wien 2012 (zit. *Bajons/Fischer-Czermak/Fucik*, Europäische Erbrechtsverordnung).

Bamberger, Heinz Georg/Roth, Herbert/Hau, Wolfgang/Poseck, Roman (Hrsg.), Beck'scher Online-Kommentar BGB, 46. Edition, München 2018 (zit. BeckOK BGB/*Bearbeiter*).

von Bar, Christian/Mankowski, Peter, Internationales Privatrecht – Band I–Allgemeine Lehren, 2. Aufl., München 2003.

Basedow, Jürgen, The Communitarization of the Conflict of laws under the Treaty of Amsterdam, CML Rev. 2000, S. 687–708.

Basedow, Jürgen, Brexit und das Privat- und Wirtschaftsrecht, ZEuP 2016, S. 567–572.

Basedow, Jürgen, Kohärenz im Internationalen Privat- und Verfahrensrecht der Europäischen Union – Eine einleitende Orientierung, in: von Hein, Jan/Rühl, Gisela (Hrsg.), Kohärenz im Internationalen Privat- und Verfahrensrecht der Europäischen Union, Tubingen 2016, S. 3–23.

Baumbach, Adolf/Hueck, Alfred (Hrsg.), Gesetz betreffend die Gesellschaften mit beschränkter Haftung – GmbHG, 21. Aufl., München 2017 (zit. Baumbach/Hueck/*Bearbeiter*).

Behrens, Peter, Die englische Krone als Rechtsnachfolgerin in herrenlose Gesellschaftsvermögen in Deutschland?, in: Schäfer, Hans-Bernd (Hrsg.), Konsequenzen wirtschaftsrechtlicher Normen – Kreditrecht–Verbraucherschutz–allgemeines Wirtschaftsrecht; Festschrift für Claus Ott zum 65. Geburtstag, Wiesbaden 2002, S. 313–326.

Behrens, Peter, Gemeinschaftsrechtliche Grenzen der Anwendung inländischen Gesellschaftsrechts auf Auslandsgesellschaften nach Inspire Art – (zu

EuGH, 30.9.2003–Rs. C-167/01–Kamer van Koophandel en Fabrieken voor Amsterdam/Inspire Art Ltd.), IPRax 2004, S. 20–26.

Bergquist, Ulf/Damascelli, Domenico/Frimston, Richard/Lagarde, Paul/Odersky, Felix/Reinhartz, Barbara (Hrsg.), EU-Erbrechtsverordnung - Kommentar, Köln 2015 (zit. EU-ErbVO Kommentar/*Bearbeiter*).

Blase, Volker, Das Heimfallrecht der englischen Krone - Münster, Univ., Diss. 1965.

Bonomi, Andrea/Wautelet, Patrick (Hrsg.), Le droit européen des successions - Commentaire du règlement n° 650/2012 du 4 juillet 2012, 2. Aufl., Bruxelles 2016 (zit. Bonomi/Wautelet/*Bearbeiter*).

Borges, Georg, Der rechtliche Status der im Registerstaat erloschenen Gesellschaft - (zu AG Duisburg, 14.10.2003–63 IN 48/03, unten S. 151, Nr. 13), IPRax 2005, S. 134–141.

Bradley, Anthony W./Ewing, Keith D., Constitutional and administrative law, 15. Aufl., New York 2011.

Brox, Hans/Walker, Wolf-Dietrich, Erbrecht, 27. Aufl., München 2016.

Brunner, Heinrich, Quellen und Geschichte des Deutschen Rechts, 5. Aufl., Leipzig um 1900.

Bungert, Hartwig, Ausländisches Fiskuserbrecht vor deutschen Gerichten, MDR 1991, S. 713–717.

Buschbaum, Markus, Die künftige Erbrechtsverordnung–Wegbereiter für den acquis im europäischen Kollisionsrecht, in: Beckmann, Roland Michael/Mansel, Heinz-Peter/Matusche-Beckmann, Annemarie (Hrsg.), Weitsicht in Versicherung und Wirtschaft - Gedächtnisschrift für Ulrich Hübner, Heidelberg, Neckar 2012, S. 589–605.

Buschbaum, Markus, Europäisches Nachlasszeugnis und Annahme öffentlicher Urkunden–neue Mechanismen zur grenzüberschreitenden Nachlassabwicklung und ihr Verhältnis zum materiellen Sachenrecht, in: Hager, Johannes (Hrsg.), Die neue europäische Erbrechtsverordnung - Tagungsband, Baden-Baden 2013 (zit. *Buschbaum*, Die neue europäische Erbrechtsverordnung).

Buschbaum, Markus/Kohler, Marius, Vereinheitlichung des Erbkollisionsrecht in Europa - Eine kritische Würdigung des Kommissionsvorschlags zur Erbrechtsverordnung Erster Teil, GPR 2010, S. 106–113.

Calliess, Christian/Ruffert, Matthias (Hrsg.), EUV, AEUV Kommentar - Das Verfassungsrecht der Europäischen Union mit Europäischer Grundrechtecharta; Kommentar, 5. Aufl., München 2016 (zit. Calliess/Ruffert/*Bearbeiter*).

Caravaca, Alfonoso-Luis Calvo/Davì, Angelo/Mansel, Heinz-Peter, The EU Succession Regulation, A Commentary, Cambridge 2016 (zit. Caravaca/Davì/Mansel ESR).

Cozian, Maurice/Viandier, Alain/Deboissy, Florence, Droit des sociétés, 21. Aufl., Paris impr. 2008.

Dasser, Felix/Oberhammer, Paul (Hrsg.), Lugano-Übereinkommen (LuGÜ) – Übereinkommen über die gerichtliche Zuständigkeit und die Anerkennung und Vollstreckung von Entscheidungen in Zivil- und Handelssachen vom 30. Oktober 2007: Kommentar, 2. Aufl., Bern 2011 (zit. Dasser/Oberhammer/*Bearbeiter*).

Dehmel, Alexander, Registerlöschung und Wiedereintragung einer englischen Private Company Limited by Shares mit deutschem Verwaltungssitz, Wiesbaden 2017.

Deixler-Hübner, Astrid/Schauer, Martin (Hrsg.), Kommentar zur EU-Erbrechtsverordnung, Wien 2015 (zit. Deixler-Hübner/Schauer/*Bearbeiter*).

Denkinger, Miriam, Europäisches Erbkollisionsrecht–Einheit trotz Vielfalt?, Köln 2009.

Dicey, A. V./Collins, Lawrence/Morris, J. H. C., The Conflict of Laws, 15. Aufl., London 2012.

Döbereiner, Christoph, Das internationale Erbrecht nach der EU-Erbrechtsverordnung (Teil I), MittBayNot 2013, S. 358–366.

Döbereiner, Christoph, Vindikationslegate unter Geltung der EU-Erbrechtsverordnung – Praktische Anmerkungen aus notarieller Sicht, GPR 2014, S. 42–44.

Dörner, Heinrich, Qualifikation im IPR–ein Buch mit sieben Siegeln? StAZ 1988, S. 345–352.

Dörner, Heinrich, Der Entwurf einer europäischen Verordnung zum Internationalen Erb- und Erbverfahrensrecht–Überblick und ausgewählte Probleme, ZEV 2010, S. 221–228.

Dörner, Heinrich, Der Zugriff des Staates auf erbenlose Nachlässe–Fiskuserbrecht oder hoheitliche Aneignung?, IPRax 2012, S. 235–238.

Dörner, Heinrich, EuErbVO: Die Verordnung zum Internationalen Erb- und Erbverfahrensrecht ist in Kraft!, ZEV 2012, S. 505–513.

Dutta, Anatol, Succession and Wills in the Conflict of Laws on the Eve of Europeanisation, RabelsZ 73 (2009), S. 547–606.

Dutta, Anatol, Zivil- und Handelssache, in: Basedow, Jürgen/Hopt, Klaus J./Zimmermann, Reinhard (Hrsg.), Handwörterbuch des Europäischen Privatrechts – Band II, Tübingen 2009.

Dutta, Anatol, Europäische Integration und nationales Privatrecht nach dem Vertrag von Lissabon: die Rolle des Internationalen Privatrechts, EuZW 2010, S. 530–534.

Dutta, Anatol, Das neue internationale Erbrecht der Europäischen Union–Eine erste Lektüre der Erbrechtsverordnung, FamRZ 2013, S. 4–15.

Dutta, Anatol, Die europäische Erbrechtsverordnung vor ihrem Anwendungsbeginn: Zehn ausgewählte Streitstandsminiaturen, IPRax 2015, S. 32–39.

Dutta, Anatol/Weber, Johannes (Hrsg.), Beck'sche Kurzkommentare–Internationales Erbrecht, München 2016 (zit. Dutta/Weber/*Bearbeiter*).

Eidenmüller, Horst, Sitzung vom 26./27. November 2004–Die Reichweite des Gesellschaftsstatuts, in: Sonnenberger, Hans Jürgen (Hrsg.), Vorschläge und Berichte zur Reform des europäischen und deutschen internationalen Gesellschaftsrechts – Vorgelegt im Auftrag der zweiten Kommission des Deutschen Rates für Internationales Privatrecht, Spezialkommission Internationales Gesellschaftsrecht, Tübingen 2007, S. 469–496 (zit. *Eidenmüller*, Vorschläge u. Berichte zur Reform des Int. GesR).

Erman, Walter (Begr.): Bürgerliches Gesetzbuch – Handkommentar mit AGG, EGBGB (Auszug), ErbbauRG, HausratsVO, LPartG, ProdHaftG, UKlaG, VAHRG und WEG. Band II, 14. Aufl., Münster 2014 (zit. Erman/*Bearbeiter* 14. Aufl. 2014).

Erman, Walter (Begr.): Bürgerliches Gesetzbuch – Handkommentar mit AGG, EGBGB (Auszug), ErbbauRG, LPartG, ProdHaftG, UKlaG, VBVG, VersAusglG und WEG. Band II, 15. Aufl., Münster 2017 (zit. Erman/*Bearbeiter*).

Ferid, Murad, Internationales Privatrecht – Das neue Recht–Ein Leitfaden für Praxis und Ausbildung, Frankfurt am Main 1986.

Firsching, Karl, Das Anfallsrecht des Fiskus bei erblosem Nachlaß, IPRax 1986, S. 25–27.

Firsching, Karl, Das Erbrecht des Fiskus im deutschen und österreichischen internationalen Privatrecht, in: Rechberger, Walter H./Welser, Rudolf (Hrsg.), Festschrift für Winfried Kralik zum 65. Geburtstag: Verfahrensrecht–Privatrecht, Wien 1986, S. 371–376.

Firsching, Karl/von Hoffmann, Bernd, Internationales Privatrecht – einschließlich der Grundzüge des Internationalen Zivilverfahrensrecht, München 1997.

Fleischer, Holger, Kapitalschutz und Durchgriffshaftung bei Auslandsgesellschaften, in: Lutter, Marcus (Hrsg.), Europäische Auslandsgesellschaften in Deutschland – Mit Rechts- und Steuerfragen des Wegzugs deutscher Gesellschaften, Köln 2005.

Fletcher, Ian F., Cross-border insolvency – National and comparative studies: reports delivered at the XIII International Congress of Comparative Law, Montreal, 1990, Tübingen 1992.

Forsthoff, Ulrich/Schulz, Martin, § 16–Gläubigerschutz bei EU-Auslandsgesellschaften, in: Hirte, Heribert/Bücker, Thomas (Hrsg.), Grenzüberschreitende Gesellschaften – Praxishandbuch [für ausländische Kapitalgesellschaften mit Sitz im Inland], 2. Aufl., Köln [u.a.] 2006.

Frank, Susanne/Döbereiner, Christoph, Nachlassfälle mit Auslandsbezug, Bielefeld 2015.

Freitag, Robert/Korch, Stefan, Gedanken zum Brexit–Mögliche Auswirkungen im Internationalen Gesellschaftsrecht, ZIP 2016, S. 1361–1368.

French, Derek, Mayson, French & Ryan on Company Law, 35. Aufl. 2018–2019.

Gärtner, Franz, Die Behandlung ausländischer Vindikationslegate im deutschen Recht, München 2014.

Gebauer, Martin/Wiedmann, Thomas (Hrsg.), Zivilrecht unter europäischem Einfluss – Die richtlinienkonforme Auslegung des BGB und anderer Gesetze–Kommentierung der wichtigsten EG-Verordnungen, 2. Aufl., Stuttgart [u.a.] 2010 (zit. Gebauer/Wiedmann/*Bearbeiter*).

GEDIP (Groupe européen de droit international privé), Draft rules on the law applicable to companies and other bodies, IPRax 2017, S. 321–323.

Geimer, Reinhold, Anmerkung zu BGH, Urteil vom 28.09.1994–IV ZR 95/93 (Keine Anerkennung eines sog. Vindikationslegats in Deutschland), MittBayNot 1995, S. 224–226.

Grabitz, Eberhard/Hilf, Meinhard/Nettesheim, Martin (Hrsg.), Das Recht der Europäischen Union: EUV/AEUV, 63. Ergänzungslieferung, München 2017 (zit. Grabitz/Hilf/Nettesheim/*Bearbeiter*).

Graupner, Rudolf/Dreyling, Anette, Erblose Nachlässe im deutsch-britischen internationalen Privatrecht, ZVglRWiss 1983, S. 193–215.

Greeske, Marion, Die Kollisionsnormen der neuen EU-Erbrechtsverordnung, Frankfurt am Main 2014.

Grimm, Alexander, Das Schicksal des in Deutschland belegenen Vermögens der Limited nach ihrer Löschung im englischen Register, Halle (Saale) 2010.

Groeben, Hans von der/Schwarze, Jürgen/Hatje, Armin (Hrsg.), Europäisches Unionsrecht – Vertrag über die Europäische Union–Vertrag über die

Arbeitsweise der Europäischen Union–Charta der Grundrechte der Europäischen Union, 7. Aufl., Baden-Baden 2015 (zit. von der Groeben/Schwarze/Hatje/*Bearbeiter*).

Gsell, *Beate/Krüger*, *Wolfgang/Lorenz*, *Stephan/Reymann*, *Christoph* (Hrsg.), beck-online.Grosskommentar, München 2018 (zit. beckOGK/*Bearbeiter*).

Hachenburg, *Max* (Hrsg.), Gesetz betreffend die Gesellschaften mit beschränkter Haftung (GmbHG) – Grosskommentar, 8. Aufl., Berlin [etc.] 1997 (zit. Hachenburg/*Bearbeiter*).

Hannigan, *Brenda*, Company law, 4. Aufl., Oxford 2015.

Happ, *Wilhelm/Holler*, *Lorenz*, „Limited" statt GmbH? Risiken und Kosten werden gern verschwiegen, DStR 2004, S. 730–736.

Hauser, *Paul*, Eingriffsnormen in der Rom I-Verordnung, Tübingen 2012.

Hausmaninger, *Herbert/Selb*, *Walter*, Römisches Privatrecht, 9. Aufl., Wien 2001.

Heckel, *Martin*, Das Fiskuserbrecht im internationalen Privatrecht – Eine rechtsvergleichende Untersuchung im Hinblick auf ein künftiges europäisches Erbkollisionsrecht, Tübingen 2006.

Heide, *Florence*, „Striking off the register" – Die Rechtsfolgen einer gelöschten Limited im deutschen Rechtsverkehr, Frankfurt am Main [u.a.] 2011.

Heinze, *Christian*, Bausteine eines Allgemeinen Teils des europäischen Internationalen Privatrechts, in: Baetge, Dietmar/von Hein, Jan/Hinden, Michael von (Hrsg.), Die richtige Ordnung – Festschrift für Jan Kropholler zum 70. Geburtstag, Türbingen 2008, S. 105–127.

Heiss, *Helmut/Kaufmann-Mohi*, *Emese*, „Qualifikation" Ein Regelungsgegenstand für eine Rom 0-Verordnung?, in: Leible, Stefan/Unberath, Hannes (Hrsg.), Brauchen wir eine Rom 0-Verordnung? – Überlegungen zu einem Allgemeinen Teil des europäischen IPR, Jena 2013.

Heller, *Christoph*, Die vermögenslose GmbH, Köln 1989.

Hellner, *Michael*, Probleme des allgemeinen Teils des Internationalen Privatrechts, in: Dutta, Anatol/Herrler, Sebastian (Hrsg.), Die Europäische Erbrechtsverordnung – Tagungsband zum wissenschaftlichen Symposium anlässlich des 20-jährigen Bestehens des Deutschen Notarinstituts am 11. Oktober 2013 in Würzburg, München 2014, S. 107–111.

Henssler, *Martin/Strohn*, *Lutz* (Hrsg.), Gesellschaftsrecht – BGB, HGB, PartGG, GmbHG, AktG, UmwG, GenG, InsO, AnfG, IntGesR, 3. Aufl., München 2016 (zit. Henssler/Strohn/*Bearbeiter*).

Hertel, *Christian*, Anm. zu Hanseat. OLG Bremen: Nachweis der Unrichtigkeit des Grundbuchs durch ausländische Erbscheine, DNotZ 2012, S. 688–691.

Hertel, Christian, Nachweis der Erbfolge im Grundbuchverfahren – bisher und nach der EuErbVO, ZEV 2013, S. 539–541.

Hertel, Christian, Die Abgrenzung des Erbstatuts vom Sachstatut und vom Gesellschaftsstatut, in: Dutta, Anatol/Herrler, Sebastian (Hrsg.), Die Europäische Erbrechtsverordnung – Tagungsband zum wissenschaftlichen Symposium anlässlich des 20-jährigen Bestehens des Deutschen Notarinstituts am 11. Oktober 2013 in Würzburg, München 2014.

Herweg, Cornelia, Die Vereinheitlichung des internationalen Erbrechts im europäischen Binnenmarkt, Baden-Baden 2004.

Hess, Burkhard, Back to the Past: BREXIT und das europäische internationale Privat- und Verfahrensrecht, IPRax 2016, S. 415–418.

von Hoffmann, Bernd/Thorn, Karsten, Internationales Privatrecht – Einschliesslich der Grundzüge des internationalen Zivilverfahrensrechts, 9. Aufl., München 2007.

Hönn, Günther, Die konstitutive Wirkung der Löschung von Kapitalgesellschaften, ZHR 1974, S. 50–79.

Hüßtege, Rainer/Mansel, Heinz-Peter (Hrsg.), Bürgerliches Gesetzbuch – Rom-Verordnungen–EuErbVO–HUP. Band 6, 2. Aufl., Baden-Baden 2015 (zit. NK-BGB/*Bearbeiter*).

Jansen, Jean David, Zur Behandlung einer gelöschten limited company als Restgesellschaft in der Bundesrepublik Deutschland, Baden-Baden 2015.

Janzen, Ulrike, Die EU-Erbrechtsverordnung, DNotZ 2012, S. 484–493.

Jayme, Erik, Das Europäische IPR löst sich vom Binnenmarkt – Tagung der Europäischen Gruppe für Internationales Privatrecht in Hamburg, IPRax 2008, S. 72–73.

Jayme, Erik, Kodifikation und Allgemeiner Teil im IPR, in: Leible, Stefan/Unberath, Hannes (Hrsg.), Brauchen wir eine Rom 0-Verordnung? – Überlegungen zu einem Allgemeinen Teil des europäischen IPR, Jena 2013, S. 34–49.

Jooß, Alexander, Die erloschene Limited, GWR 2010, S. 340–344.

Kaser, Max/Knütel, Rolf, Römisches Privatrecht, 17. Aufl., München 2003.

Kegel, Gerhard/Schurig, Klaus, Internationales Privatrecht, 9. Aufl., München 2004.

Kieninger, Eva-Maria, Die weitere Kodifikation des europäischen IPR, IPRax 2017, S. 200–208.

Kindler, Peter, Auf dem Weg zur Europäischen Briefkastengesellschaft? Die „Überseering"-Entscheidung des EuGH und das internationale Privatrecht, NJW 2003, S. 1073–1079.

Kindler, Peter, Vom Staatsangehörigkeits- zum Domizilprinzip: das künftige internationale Erbrecht der Europäischen Union, IPRax 2010, S. 44–50.

Kindler, Peter, Italienisches Handels- und Wirtschaftsrecht – Handbuch, 2. Aufl., Frankfurt am Main 2014.

Kipp, Theodor/Coing, Helmut, Erbrecht – ein Lehrbuch, 10. Aufl., Tübingen 1955.

Kleinschmidt, Jens, Optionales Erbrecht: Das Nachlasszeugnis als Herausforderung an das Kollisionsrecht, RabelsZ 77 (2013), S. 723–784.

Klöhn, Lars/Schwarz, Philip, Das Gesellschaftsstatut der Restgesellschaft, IPRax 2015.

Knütel, Christian, Nachtragsliquidation des inländischen Vermögens einer englischen Kapitalgesellschaft, RIW 2004, S. 503–505.

Köhler, Andreas, Eingriffsnormen–der „unfertige Teil" des europäischen IPR, Tübingen 2013.

Köhler, Andreas, in: Gierl, Walter/Köhler, Andreas u.a. (Hrsg.), Internationales Erbrecht – EUErbVO, IntErbRVG, 2. Aufl., Baden-Baden 2017.

Kreuzer, Karl F., Die Vergemeinschaftung des Kollisionsrechts für außervertragliche Schuldverhältnisse (Rom II), in: Reichelt, Gerte/Rechberg, Walter H. (Hrsg.), Europäisches Kollisionsrecht, Wien 2004, S. 13–62.

Kroiß, Ludwig/Horn, Claus-Henrik/Solomon, Dennis (Hrsg.), Nachfolgerecht – Erbrechtliche Spezialgesetze; Zivilrecht, Strafrecht, Verwaltungsrecht, Steuerrecht, Verfahrensrecht, IPR, Baden-Baden 2015 (zit. NK-NachfolgeR/*Bearbeiter*).

Krömker, Michael/Otte, Sabine, Die gelöschte Limited mit Restvermögen in Deutschland: Stehen Gläubiger und Gesellschafter im Regen?, BB 2008, S. 964–967.

Kropholler, Jan, Die Anpassung im Kollisionsrecht, in: Ferid, Murad/Heldrich, Andreas u.a. (Hrsg.), Konflikt und Ordnung – Festschr. für Murad Ferid zum 70. Geburtstag, München 1978, S. 279–289.

Kropholler, Jan, Die Auslegung von EG-Verordnungen zum Internationalen Privat- und Verfahrensrecht–Eine Skizze -, in: Basedow, Jürgen (Hrsg.), Aufbruch nach Europa – 75 Jahre Max-Planck-Institut für Privatrecht, Tübingen 2001, S. 583–594.

Kropholler, Jan, Internationales Privatrecht – Einschliesslich der Grundbegriffe des internationalen Zivilverfahrensrechts, 6. Aufl., Tübingen 2006.

Kropholler, Jan/von Hein, Jan, Europäisches Zivilprozessrecht – Kommentar–Internationale Zuständigkeit, Anerkennung und Vollstreckung von

Entscheidungen in Zivil- und Handelssachen, 9. Aufl., Frankfurt am Main 2011.

Kuckein, Mathias, Die „Berücksichtigung" von Eingriffsnormen im deutschen und englischen internationalen Vertragsrecht, Tübingen 2008.

Kühn, Anna-Lisa, Die gestörte Gesamtschuld im Internationalen Privatrecht - Am Beispiel einer Spaltung des Mehrpersonenverhältnisses zwischen deutschem und englischem Recht, Tübingen 2014.

Kühne, Gunther, Methodeneinheit und Methodenvielfalt im Internationalen Privatrecht–Eine Generation nach „Kollisionsnorm und Sachrecht", in: Michaels, Ralf/Solomon, Dennis (Hrsg.), Liber Amicorum Klaus Schurig - Zum 70. Geburtstag, München 2012, S. 129–146.

Kunz, Lena, Die neue Europäische Erbrechtsverordnung–ein Überblick (Teil II), GPR 2012, S. 253–257.

Kunz, Lena, Der Referentenentwurf für ein Internationales Erbverfahrensgesetz - Überblick und Problemaufriss, GPR 2014, S. 285–294.

Lamprecht, Philipp, Gelöschte englische Limiteds in Deutschland–Die Spaltungstheorie im Zeitalter der Niederlassungsfreiheit, ZEuP 2008, S. 289–317.

Lange, Heinrich/Kuchinke, Kurt, Erbrecht - Ein Lehrbuch, 5. Aufl., München 2001.

Lange, Knut Werner, Die geplante Harmonisierung des Internationalen Erbrechts in Europa, ZVglRWiss 2011, S. 426–442.

Lange, Knut Werner, Erbrecht, 2. Aufl., München 2017.

Lechner, Kurt, Die EuErbVO im Spannungsfeld zwischen Erbstatut und Sachenrecht, IPRax 2013, S. 497–500.

Lechner, Kurt, Die Entwicklung der Erbrechtsverordnung–Eine Einführung zum Gesetzgebungsverfahren, in: Dutta, Anatol/Herrler, Sebastian (Hrsg.), Die Europäische Erbrechtsverordnung - Tagungsband zum wissenschaftlichen Symposium anlässlich des 20-jährigen Bestehens des Deutschen Notarinstituts am 11. Oktober 2013 in Würzburg, München 2014.

Lechner, Kurt, Die Entwicklung der Erbrechtsverordnung–eine rechtspolitische Betrachtung zum Gesetzgebungsverfahren, ZErb 2014, S. 188–195.

Lehmann, Daniel, Die EU-ErbVO: Babylon in Brüssel und Berlin - Ein Beitrag zur Auflösung der geradezu babylonischen Sprachverwirrung um die EU-Erbrechtsverordnung, ZErb 2013, S. 25–30.

Lehmann, Matthias, Auf der Suche nach dem Sitz des Rechtsverhältnisses: Savigny und die Rom I-VO, in: Bernreuther,

Jörn/Freitag, Robert u.a. (Hrsg.), Festschrift für Ulrich Spellenberg, München 2010, S. 245–260.

Lehmann, Matthias/Zetsche, Dirk, Die Auswirkungen des Brexit auf das Zivil- und Wirtschaftsrecht, JZ 2017, S. 62–71.

Leible, Stefan/Hoffmann, Jochen, Wie inspiriert ist „Inspire Art"?, EuZW 2003, S. 677–683.

Leible, Stefan/Lehmann, Matthias, Auswirkungen der Löschung einer Private Limited Company auf ihr in Deutschland belegenes Vermögen, GmbHR 2007, S. 1095–1098.

Leible, Stefan/Staudinger, Ansgar, Europäisches Organisations- und Verfassungsrecht – Art. 65 EGV im System der EG-Kompetenzen, EuLF 2000/01, S. 225–235.

Leipold, Dieter, Erbrecht – Ein Lehrbuch mit Fällen und Kontrollfragen, 21. Aufl., Tübingen 2016.

Löber, Burckhardt/Huzel, Erhard, Erbrecht in Spanien, in: Süß, Rembert (Hrsg.), Erbrecht in Europa, 2. Aufl., Angelbachtal 2008.

Lochner, Daniel/Deckers, Stefanie, Aktionärseigenschaft einer gelöschten Limited, in: Herlinghaus, Andreas/Heidel, Thomas u.a. (Hrsg.), Festschrift für Wienand Meilicke, Baden-Baden 2010, S. 439–459.

Looschelders, Dirk, Die Anpassung im internationalen Privatrecht – Zur Methodik der Rechtsanwendung in Fällen mit wesentlicher Verbindung zu mehreren nicht miteinander harmonierenden Rechtsordnungen, Heidelberg 1995.

Looschelders, Dirk (Hrsg.), Springer Praxiskommentare: Internationales Privatrecht – Art. 3–46 EGBGB, Berlin/New York 2004 (zit. SpringerPK/*Bearbeiter*).

Looschelders, Dirk, Die allgemeinen Lehren des Internationalen Privatrechts im Rahmen der Europäischen Erbrechtsverordnung, in: Hilbig-Lugani, Katharina/Jakob, Dominique u.a. (Hrsg.), Zwischenbilanz – Festschrift für Dagmar Coester-Waltjen zum 70. Geburtstag am 11. Juli 2015, Bielefeld 2015, S. 531–542.

Lorenz, Stephan, Staatserbrecht bei deutsch-österreichischen Erbfällen, RPfleger 1993, S. 433–434.

von Lübtow, Ulrich, Erbrecht, Berlin 1971.

Majer, Christian Friedrich, Die Geltung der EU-Erbrechtsverordnung für reine Drittstaatensachverhalte, ZEV 2011, S. 445–450.

Maletzky, Martin, Das Erbrecht des Fiskus, München 2001.

Mankowski, Peter, Verbraucherkreditverträge mit Auslandsbezug: Kollisionsrechtlicher Dienstleistungsbegriff und sachliche Abgrenzung von Eingriffsrecht, RIW 2006, S. 321–331.

Mansel, Heinz-Peter, Internationalprivatrechtliche Anpassung bei Liquidationsgesellschaften im deutsch-englischen Rechtsverkehr, in: Krüger, Hilmar (Hrsg.), Liber amicorum Gerhard Kegel, München 2002, S. 111–123.

Mansel, Heinz-Peter, Vereinheitlichung des Internationalen Erbrechts in der Europäischen Gemeinschaft – Kompetenzfragen und Regelungsgrundsätze, Festschrift für Prof. Dr. Tuğrul Ansay'a Armağan 2006 (Ankara), S. 185–226.

Mansel, Heinz-Peter/Thorn, Karsten/Wagner, Rolf, Europäisches Kollisionsrecht 2009: Hoffnungen durch den Vertrag von Lissabon, IPRax 2010, S. 1–96.

Mansel, Heinz-Peter/Thorn, Karsten/Wagner, Rolf, Europäisches Kollisionsrecht 2015: Neubesinnung, IPRax 2016, S. 1–33.

Maresch, Paul, Das Erbrecht des Fiskus – Inaugural-Dissertation zur Erlangung der juristischen Doktorwürde der hohen juristischen Fakultät der Königlichen Universität Greifswald, Greifswald 1900.

Margonski, Martin, Ausländische Vindikationslegate nach der EU-Erbrechtsverordnung, GPR 2013, S. 106–111.

Mäsch, Gerald, Rechtswahlfreiheit und Verbraucherschutz – Eine Untersuchung zu den Art. 29 I, 27 III und 34 EGBGB, Berlin 1993.

Mäsch, Gerald/Gausing, Bettina/Peters, Marcel, Deutsche Ltd., PLC und LLP: Gesellschaften mit beschränkter Lebensdauer?–Folgen eines Brexits für pseudo-englische Gesellschaften mit Verwaltungssitz in Deutschland, IPRax 2017, S. 49–55.

Max-Planck-Institut für ausländisches und internationales Privatrecht, Comments on the Succession Proposal, RabelsZ 74 (2010), S. 522–720.

Mayer, Hermann, Das Erbrecht des Fiskus – Inaugural-Dissertation zur Erlangung der Doktorwürde der Hohen Juristenfakultät der Eberhard-Karls-Universität zu Tübingen, Tübingen 1908.

Mayer, Jörg, Fiskuserbrecht und Erbenermittlung: Probleme des „erbenlosen Nachlasses", ZEV 2010, S. 445–453.

Mayr, Peter G., Europäisches Zivilprozessrecht, Wien 2011.

Meyer-Sparenberg, Wolfgang, Staatsvertragliche Kollisionsnormen, Berlin 1990.

Metzing, Alexander, Rechtsfolgen des Erlöschens einer in Deutschlan tätigen Limited, EWS 2017, S. 92–102.

Michalski, Lutz/Heidinger, Andreas/Leible, Stefan/Schmidt, Jessica (Hrsg.), Kommentar zum Gesetz betreffend die Gesellschaften mit beschränkter Haftung (GmbH-Gesetz), 3. Aufl., München 2017 (zit. Michalski/*Bearbeiter*).

Müller-Lukoschek, Jutta, Die neue EU-Erbrechtsverordnung – Leitfaden mit Erläuterungen für die notarielle Praxis, 2. Aufl., Bonn 2015.

Münchener Kommentar zum Bürgerlichen Gesetzbuch: BGB – Band 7: Sachenrecht (§§ 854–1296), WEG, ErbbauRG, 7. Aufl., München 2017 (zit. MüKoBGB/*Bearbeiter*).

Münchener Kommentar zum Bürgerlichen Gesetzbuch: BGB – Band 10: Erbrecht, §§ 1922–2385, §§ 27–35 BeurkG, 7. Aufl., München 2017 (zit. MüKoBGB/*Bearbeiter*).

Münchener Kommentar zum Bürgerlichen Gesetzbuch – Band 10: Einführungsgesetz zum Bürgerlichen Gesetzbuche (Art. 1–46), Internationales Privatrecht, 5. Aufl., München 2010 (zit. MüKoBGB/*Bearbeiter*).

Münchener Kommentar zum Bürgerlichen Gesetzbuch – Band 11: Internationales Privatrecht I, Europäisches Kollisionsrecht, Einführungsgesetz zum Bürgerlichen Gesetzbuche (Art. 1–26), 7. Aufl., München 2018 (zit. MüKoBGB/*Bearbeiter*).

Münchener Kommentar zum Bürgerlichen Gesetzbuch – Band 11: Internationales Privatrecht, Internationales Wirtschaftsrecht, Einführungsgesetz zum Bürgerlichen Gesetzbuche (Art. 25–248), 5. Aufl., München 2010 (zit. MüKoBGB/*Bearbeiter*).

Münchener Kommentar zum Bürgerlichen Gesetzbuch – Band 12: Internationales Privatrecht II, Internationales Wirtschaftsrecht, Einführungsgesetz zum Bürgerlichen Gesetzbuche (Art. 50–253), 7. Aufl., München 2018 (zit. MüKoBGB/*Bearbeiter*).

Münchener Kommentar zum Gesetz betreffend die Gesellschaften mit beschränkter Haftung–GmbHG, Band 1, 3. Aufl., München 2018 (zit. MüKoGmbHG/*Bearbeiter*).

Münchener Kommentar zum Gesetz betreffend die Gesellschaften mit beschränkter Haftung–GmbHG, Band 3, 2. Aufl., München 2016 (zit. MüKoGmbHG/*Bearbeiter*).

Muscheler, Karlheinz, Erbrecht Band 1, Tübingen 2010.

Musielak, Hans-Joachim/Voit, Wolfgang, Kommentar Zivilprozessordnung mit Gerichtsverfassungsgesetz, 15. Aufl., München 2018 (zit. Musielak/Voit/*Bearbeiter*).

Naendrup, Christoph, Striking Off and Restoration–Part 31, Companies Act 2006 – Rechtsfolgen der Löschung und Wiedereintragung einer überwiegend in Deutschland aktiven private company limited by shares englischen Rechts im Register des Companies House, Hamburg 2012.

Nawroth, Mario, Der versteckte Renvoi im deutschen internationalen Privatrecht, Hamburg 2007.

Nehne, Timo, Methodik und allgemeine Lehren des europäischen Internationalen Privatrechts, Tübingen 2012.

Neuner, Robert, Der Sinn der international-privatrechtlichen Norm: eine Kritik der Qualifikationstheorie, Brünn u.a. 1932.

Nikol, Dominik, Die Auswirkungen der Nichtbeachtung englischer handelsrechtlicher Publizitätspflichten auf eine Private Company Limited by Shares mit Verwaltungssitz in Deutschland, Frankfurt am Main 2013.

Nordmeier, Carl Friedrich, Erbenlose Nachlässe im Internationalen Privatrecht– versteckte Rückverweisung, § 29 öst. IPRG und Art. 33 EuErbVO, IPRax 2013, S. 418–425.

Odersky, Felix, Die Europäische Erbrechtsverordnung in der Gestaltungspraxis, notar 2013, S. 3–9.

Ohler, Christoph, Die Kollisionsordnung des Allgemeinen Verwaltungsrechts – Strukturen des deutschen Internationalen Verwaltungsrechts, Tübingen 2005.

Palandt, Otto (Hrsg.), Bürgerliches Gesetzbuch mit Nebengesetzen, 74. Aufl., München 2015 (zit. Palandt/*Bearbeiter* 74. Aufl. 2015).

Palandt, Otto (Hrsg.), Bürgerliches Gesetzbuch mit Nebengesetzen, 77. Aufl., München 2018 (zit. Palandt/*Bearbeiter*).

Palmer, N. E./McKendrick, Ewan, Interests in goods, 2. Aufl., London 1998.

Papathoma-Baetge, Anastasia, Einführung in das Gesellschaftsrecht von Zypern, ZVglRWiss 2001, S. 471–492.

Pfützner, Martin, Der Fiskus als gesetzlicher Erbe – Inaugural-Dissertation zur Erlangung der Doktorwürde bei der juristischen Fakultät der Universität Leipzig, Dresden 1904.

Pintens, Walter, Einführung in die Erbrechtsverordnung, in: Löhnig, Martin/Schwab, Dieter u.a. (Hrsg.), Erbfälle unter Geltung der Europäischen Erbrechtsverordnung, Bielefeld 2014 (zit. *Pintens*, Erbfälle unter Geltung der Europäischen Erbrechtsverordnung).

Planitz, Hans, Deutsches Privatrecht, Wien 1948.

Querfurth, Jan, Im Falle der Löschung einer Limited wegen Verstoßes gegen Publizitätspflichten fällt auch das in Deutschland belegene Vermögen der englischen Krone zu (Vorlage an EuGH) – AG Berlin-Charlottenburg, Beschluss vom 07.11.2008 – 99 AR 3845/08, nicht rechtskräftig; BeckRS 2009, 08540; Vorabentscheidungsersuchen gem. Art. 234 EG (EuGH, Az. C-497/08), GWR 2009, S. 93.

Raape, Leo, Internationales Privatrecht, 5. Aufl., Berlin, Frankfurt a. M. 1961.

Rauscher, Thomas, Internationales Privatrecht – Mit internationalem Verfahrensrecht, 4. Aufl., Heidelberg u.a. 2012.

Rauscher, Thomas (Hrsg.): Europäisches Zivilprozess- und Kollisionsrecht – EuZPR / EuIPR: Kommentar, Band I, Brüssel Ia-VO, 4. Aufl., Köln 2016 (zit. Rauscher/*Bearbeiter* EuZPR/EuIPR).

Rauscher, Thomas (Hrsg.): Europäisches Zivilprozess- und Kollisionsrecht – EuZPR / EuIPR: Kommentar, Band III, Rom I-VO / Rom II-VO, 4. Aufl., Köln 2016 (zit. Rauscher/*Bearbeiter* EuZPR/EuIPR).

Rauscher, Thomas (Hrsg.): Europäisches Zivilprozess- und Kollisionsrecht – EuZPR / EuIPR: Kommentar, Band IV, Brüssel IIa-VO; EG-UntVO; EG-ErbVO-E; HUntStProt 2007, 3. Aufl., München 2010 (zit. Rauscher/*Bearbeiter* EuZPR/EuIPR).

Rauscher, Thomas (Hrsg.): Europäisches Zivilprozess- und Kollisionsrecht – EuZPR / EuIPR: Kommentar, Band V, KSÜ / EU-ErbVO / HUntStProt 2007 / Rom III-VO, 4. Aufl., Köln 2016 (zit. Rauscher/*Bearbeiter* EuZPR/EuIPR).

Rehm, Gebhard, Völker- und europarechtliche Vorgaben für die Bestimmung des Gesellschaftsstatuts, in: Eidenmüller, Horst (Hrsg.), Ausländische Kapitalgesellschaften im deutschen Recht, München 2004.

Remde, Julia, Die Europäische Erbrechtsverordnung nach dem Vorschlag der Kommission vom 14. Oktober 2009, RNotZ 2012, S. 65–85.

Remien, Oliver, Private international law, CML Rev. 2001, S. 53–86.

Remien, Oliver, Engste Verbindung und Ausweichklauseln, in: Leible, Stefan/Unberath, Hannes (Hrsg.), Brauchen wir eine Rom 0-Verordnung? – Überlegungen zu einem Allgemeinen Teil des europäischen IPR, Jena 2013.

Richters, Patrick, Anwendungsprobleme der EuErbVO im deutsch-britischen Rechtsverkehr, ZEV 2012, S. 576–579.

Riering, Wolfgang, Haager Erbrechtsübereinkommen vom 1.8. 1989 (Übersetzt von Dr. Wolfgang Riering, Würzburg), MittRhNotK 1997, S. 271–281.

Röder, Erik, Kommentar zu OLG Thüringen vom 22.08.2007–6 W 244/07, RIW 2007, S. 866–868.

Roth, Günter H./Altmeppen, Holger (Hrsg.), Gesetz betreffend die Gesellschaften mit beschränkter Haftung (GmbHG), 8. Aufl., München 2015 (zit. Roth/Altmeppen).

Roth, Wulf-Henning, Europäische Kollisionsrechtsvereinheitlichung – Überblick–Kompetenzen–Grundfragen, EWS 2011, S. 314–328.

Roth, Wulf-Henning, Eingriffsnormen im internationalen Versicherungsrecht nach Unamar, in: Wandt, Manfred, Reiff, Peter/Looschelders, Dirk/Bayer,

Walter (Hrsg.), Versicherungsrecht, Haftungs- und Schadensrecht – Festschrift für Egon Lorenz zum 80. Geburtstag, Karlsruhe 2014.

Rühl, Gisela/von Hein, Jan, Towards a European Code on Private International Law, RabelsZ 2015, S. 701–751.

Schall, Alexander, Insolvenzverfahren und Haftung bei der Limited nach Geschäftseinstellung und Streichung im Companies Register, ZVI 2007, S. 236–239.

Schall, Alexander (Hrsg.), Companies Act – Kommentar, München 2014 (zit. Schall/*Bearbeiter*).

Schall, Alexander, Grenzüberschreitende Umwandlungen der Limited (UK) mit deutschem Verwaltungssitz – Optionen für den Fall des Brexit, ZfPW 2016, S. 407–447.

Schaub, Renate, Die EU-Erbrechtsverordnung, in: Muscheler, Karlheinz (Hrsg.), Hereditare–Jahrbuch für Erbrecht und Schenkungsrecht – Band 3, 2013.

Schmidt, Jan Peter, Die kollisionsrechtliche Behandlung dinglich wirkender Vermächtnisse – Ein Prüfstein für Grundfragen des internationalen und des materiellen Privatrechts, RabelsZ 77 (2013), S. 1–30.

Schmidt, Jan Peter, Ausländische Vindikationslegate über im Inland belegene Immobilien – zur Bedeutung des Art. 1 Abs. 2 lit. l EuErbVO, ZEV 2014, S. 133–139.

Schmidt, Jessica, Anmerkung zu OLG Jena, Beschl. v. 22.8.2007–6 W 244/07 (nicht rechtskräftig); LG Gera, ZIP 2007, S. 1712–1714.

Schmidt, Jessica, Verfahren und Gefahren bei der Liquidation einer „Rest-Limited", ZIP 2008, S. 2400–2405.

Schmidt, Jessica, AG Charlottenburg EWiR Art. 43 EG 3/09 – Kurzkommentar zu AG Berlin-Charlottenburg, Beschl. v. 7.11.2008–99 AR 3845/08, EWiR 2009.

Schmidt, Karsten, Löschung und Beendigung der GmbH, GmbHR 1988, S. 209–213.

Schmidt, Nikolaus, The Dissolved Limited–Wegfall eines Rechtssubjekts?, ZInsO 2009, S. 1635–1637.

Schoch, Friedrich/Schneider, Jens-Peter/Bier, Wolfgang (Hrsg.), Verwaltungsgerichtsordnung Kommentar – Band I, 27. Aufl., München 2014 (zit. Schoch/Schneider/Bier/*Bearbeiter*).

Schoch, Friedrich/Schneider, Jens-Peter/Bier, Wolfgang (Hrsg.), Verwaltungsgerichtsordnung Kommentar – Band I, 33. Ergänzungslieferung, München 2017 (zit. Schoch/Schneider/Bier/*Bearbeiter*).

Scholz, Franz (Hrsg.), Kommentar zum GmbH-Gesetz – Mit Anhang Konzernrecht, Band 3: §§ 53–85, 11. Aufl., Köln 2015 (zit. Scholz/*Bearbeiter*).

Schulz, Thomas, Die Verteilung von inländischem Restvermögen aufgelöster ausländischer Gesellschaften, NZG 2005, S. 415–418.

Schurig, Klaus, Kollisionsnorm und Sachrecht – Zu Struktur, Standort und Methode des internationalen Privatrechts, Berlin 1981.

Schurig, Klaus, Zwingendes Recht, „Eingriffsnormen" und neues IPR, RabelsZ 54 (1990), S. 217–248.

Schwarz, Philip, Die Vertretung der Restgesellschaft, DB 2013, S. 799–806.

Schwimann, Michael, Das staatliche Heimfallsrecht im deutschen und österreichischen internationalen Privatrecht, ZfRV 1966, S. 57–60.

Seeger, Marc, Die Folgen des „Brexit" für die britische Limited mit Verwaltungssitz in Deutschland, DStR 2016, S. 1817–1824.

Seggewiße, Oliver/Weber, Angela, Auswirkungen eines britischen Austritts aus der Europäischen Union auf die in Deutschland tätigen Limiteds, GmbHR 2016, S. 1302–1304.

Siehr, Kurt, Normen mit eigener Bestimmung ihres räumlich-persönlichen Anwendungsbereichs im Kollisionsrecht der Bundesrepublik Deutschland, RabelsZ 46 (1982), S. 355–383.

Simon, Ulrich/Buschbaum, Markus, Die neue EU-Erbrechtsverordnung, NJW 2012, S. 2393–2398.

Simons, Thomas/Hausmann, Rainer (Hrsg.), Brüssel I-Verordnung – Kommentar zu VO (EG) 44/2001 und zum Übereinkommen von Lugano, München 2012 (zit. Simons/Hausmann/*Bearbeiter*).

Sinning, Wilhelm, Der Fiskus als gesetzlicher Erbe – Inaugural-Dissertation der Hohen juristischen Fakultät der Königlichen Universität Marburg, Marburg 1914.

Soergel, Hans Theodor (Hrsg.), Bürgerliches Gesetzbuch – Mit Einführungsgesetz und Nebengesetzen Band 10: Einführungsgesetz, 12. Aufl., Stuttgart [u.a.] 1996 (zit. Soergel/*Bearbeiter*).

Soltész, Ulrich, Der Begriff der Zivilsache im europäischen Zivilprozessrecht – Zur Auslegung von Art. 1 Abs. 1 EuGVÜ, Frankfurt am Main/ New York 1998.

Staudingers Kommentar zum Bürgerlichen Gesetzbuch – Einleitung zum Erbrecht; §§ 1922–1966, Neubearbeitung 2017, Berlin 2017 (zit. Staudinger/*Bearbeiter*).

Staudingers Kommentar zum Bürgerlichen Gesetzbuch – EGBGB/IPR Internationales Privatrecht (Einleitung zum IPR), Neubearbeitung 2012, Berlin 2012 (zit. Staudinger/*Bearbeiter*).

Staudingers Kommentar zum Bürgerlichen Gesetzbuch – EGBGB/IPR Art. 3–6 EGBGB (IPR-Allgemeiner Teil), Neubearbeitung 2013, Berlin 2013 (zit. Staudinger/*Bearbeiter*).

Staudingers Kommentar zum Bürgerlichen Gesetzbuch – EGBGB/IPR Art. 25, 26 EGBGB (Internationales Erbrecht), Neubearbeitung 2007, Berlin 2007 (zit. Staudinger/*Bearbeiter*).

Staudingers Kommentar zum Bürgerlichen Gesetzbuch – EGBGB/IPR Internationales Sachenrecht, Bearbeitung 1996, Berlin 1996 (zit. Staudinger/*Bearbeiter* Bearbeitung 1996).

Staudingers Kommentar zum Bürgerlichen Gesetzbuch – EGBGB/IPR Art 43–46 EGBGB (Internationales Sachenrecht), Neubearbeitung 2015, Berlin 2015 (zit. Staudinger/*Bearbeiter*).

Staudingers Kommentar zum Bürgerlichen Gesetzbuch – EGBGB/IPR Einleitung zur Rom I-VO; Art 1–10 Rom I-VO (Internationales Vertragsrecht 1), Neubearbeitung 2016, Berlin 2016 (zit. Staudinger/*Bearbeiter*).

Streinz, Rudolf (Hrsg.), EUV/AEUV – Vertrag über die Europäische Union und Vertrag über die Arbeitsweise der Europäischen Union, 3. Aufl., München 2018 (zit. Streinz/*Bearbeiter*).

Struycken, Antoon, Das Internationale Privatrecht der Europäischen Gemeinschaft im Verhältnis zu Drittstaaten und zur Haager Konferenz, ZEuP 2004, S. 276–295.

Süß, Rembert, Häufige Probleme mit Zweigniederlassungen englischer Limited Companies, DNotZ 2005, S. 180–190.

Süß, Rembert, Das Europäische Nachlasszeugnis, ZEuP 2013, S. 725–750.

Teichmann, Christoph/Knaier, Ralf, Brexit–Was nun? – Auswirkungen des EU-Austritts auf englische Gesellschaften in Deutschland, IWRZ 2016, S. 243–247.

Tomaschek, Johann Adolf, Das Heimfallsrecht, Wien 1882.

Triebel, Volker/Hase, Karl von/Melerski, Peter, Die Limited in Deutschland – Leitfaden für die Unternehmens- und Beratungspraxis, Frankfurt am Main 2006.

Ulmer, Peter/Habersack, Mathias/Winter, Martin (Hrsg.), Gesetz betreffend die Gesellschaften mit beschränkter Haftung, Tübingen (zit. Ulmer/*Bearbeiter*).

Vogt, Richard, Das gesetzliche Erbrecht des Fiskus – Inaugural-Dissertation zur Erlangung der Doktorwürde bei der juristischen Fakultät der Universität Leipzig, Leipzig 1906.

Volmer, Michael, Die EU-Erbrechtsverordnung–erste Fragen an Dogmatik und Forensik, RPfleger 2013, S. 421–433.

Vorschlag der Spezialkommission für die Neugestaltung des Internationalen Gesellschaftsrechts auf europäischer/deutscher Ebene, in: Sonnenberger, Hans Jürgen (Hrsg.), Vorschläge und Berichte zur Reform des europäischen und deutschen internationalen Gesellschaftsrechts – Vorgelegt im Auftrag der zweiten Kommission des Deutschen Rates für Internationales Privatrecht, Spezialkommission Internationales Gesellschaftsrecht, Tübingen 2007, S. 3–63.

Wagner, Rolf, Zur Kompetenz der Europäischen Gemeinschaft in der justiziellen Zusammenarbeit in Zivilsachen, IPRax 2007.

Wagner, Rolf/Scholz, Philip, Der Referentenentwurf eines Gesetzes zur Durchführung der EU-Erbrechtsverordnung, FamRZ 2014, S. 714–722.

Weber, Helmut, Die Theorie der Qualifikation – Franz Kahn, Etienne Bartin und die Entwicklung ihrer Lehre bis zur universalen Anerkennung der Qualifikation als allgemeines Problem des Internationalen Privatrechts, 1890–1945, Tubingen 1986.

Weller, Marc-Philippe, Die Rechtsquellendogmatik des Gesellschaftskollisionsrechts, IPRax 2009, S. 202–208.

Weller, Marc-Philippe, Anknüpfungsprinzipien im Europäischen Kollisionsrecht: Abschied von der „klassischen" IPR-Dogmatik?, IPRax 2011, S. 429–437.

Weller, Marc-Philippe/Thomale, Chris/Benz, Nina, Englische Gesellschaften und Unternehmensinsolvenzen in der Post-Brexit-EU, NJW 2016, S. 2378–2383.

Wendehorst, Christiane, Tatbestand–Reichweite–Qualifikation, in: Coester, Michael/Martiny, Dieter/Sachsen-Gessaphe, Karl August (Hrsg.), Privatrecht in Europa – Vielfalt, Kollision, Kooperation: Festschrift für Hans Jürgen Sonnenberger zum 70. Geburtstag, München 2004, S. 743–758.

Werner, Rüdiger, GmbHR-Kommentar zu OLG Nürnberg, GmbHR 2008, S. 43–44.

Westhoff, André O., Die Verbreitung der englischen Limited mit Verwaltungssitz in Deutschland, GmbHR 2007, S. 474–480.

Wilke, Felix M., Brauchen wir eine Rom 0-Verordnung? – Eine Skizze anlässlich einer Bayreuther Tagung, GPR 2012, S. 334–341.

Wilke, Felix M., Das internationale Erbrecht nach der neuen EU-Erbrechtsverordnung, RIW 2012, S. 601–609.

Wilke, Felix M., Einführung, in: Leible, Stefan/Unberath, Hannes (Hrsg.), Brauchen wir eine Rom 0-Verordnung? – Überlegungen zu einem Allgemeinen Teil des europäischen IPR, Jena 2013, S. 24–31.

Wilsch, Harald, EuErbVO: Die Verordnung in der deutschen Grundbuchpraxis, ZEV 2012, S. 530–532.

Wilsch, Harald, in: Gierl, Walter/Köhler, Andreas u.a. (Hrsg.), Internationales Erbrecht - EUErbVO, IntErbRVG, 2. Aufl., Baden-Baden 2017.

Wolff, Hans J./Bachof, Otto/Stober, Rolf/Kluth, Winfried, Verwaltungsrecht I – Ein Studienbuch, 13. Aufl., München 2017.

Wolff, Martin, Das Internationale Privatrecht Deutschlands, 3. Aufl., Berlin u.a. 1954.

Würdinger, Markus (Hrsg.), juris Praxiskommentar BGB – Band 6– Internationales Privatrecht, 7. Aufl., Saarbrücken 2014 (zit. jurisPK-BGB/*Bearbeiter*).

Ziemons, Hildegard/Jaeger, Carsten (Hrsg.), Beck'scher Online Kommentar GmbHG, 35. Edition, München 2018 (zit. BeckOK GmbHG/*Bearbeiter*).

Zimmer, Daniel, Nach „Inspire Art": Grenzenlose Gestaltungsfreiheit für deutsche Unternehmen?, NJW 2003, S. 3585–3592.

Zimmer, Daniel/Naendrup, Christoph, For Whom the Bell Tolls – Folgen einer Nichtbeachtung englischer Publizitätsgebote durch in Deutschland aktive Limited Companies, ZGR 2007, S. 789–817.

INTERNATIONALRECHTLICHE STUDIEN

Beiträge zum Internationalen Privatrecht, zum Einheitsrecht und zur Rechtsvergleichung

Herausgegeben von Ulrich Magnus und Peter Mankowski

Band 1 Birgit Reimers-Zocher: Beweislastfragen im Haager und Wiener Kaufrecht. 1995.

Band 2 Lenja Vespermann: Schadensersatz bei Beeinträchtigung rechts- oder sittenwidriger Interessen im deutschen und französischen Recht. 1996.

Band 3 Peter Cypra: Die Rechtsbehelfe im Verfahren der Vollstreckbarerklärung nach dem EuGVÜ unter besonderer Berücksichtigung der Ausgestaltung in Deutschland und Frankreich. 1996.

Band 4 Brigitta Lurger: Regulierung und Deregulierung im europäischen Privatrecht. 1997.

Band 5 Uta Gutknecht: Das Nacherfüllungsrecht des Verkäufers bei Kauf- und Werklieferungsverträgen. Rechtsvergleichende Untersuchung zum CISG, zum US-amerikanischen Uniform Commercial Code, zum deutschen Recht und zu dem Vorschlag der Kommission zur Überarbeitung des deutschen Schuldrechts. 1996.

Band 6 Stefan Abel: Die Qualifikation der Schenkung. Zur Methode der Qualifikation im Internationalen Schuldvertragsrecht. 1997.

Band 7 Daniel Kötz: Verkäuferpflichten und Rechtsbehelfe des Käufers im neuen norwegischen Kaufrecht vom 13. Mai 1988 Nr. 27 im Vergleich zum UN-Kaufrecht vom 11. April 1980 (CISG). 1997.

Band 8 Olaf Beier: Grundsätze eines europäischen transportmittelübergreifenden Schadensrechts für den Gütertransport. Eine rechtsvergleichende Untersuchung unter besonderer Berücksichtigung der CMR, der ER/CIM 1990, des WA/HP und der HVR. 1999.

Band 9 Ulrich Krüger: Modifizierte Erfolgshaftung im UN-Kaufrecht. Die Haftungsbefreiung bei Lieferung vertragswidriger Ware gemäß Art. 79 CISG. 1999.

Band 10 Wolf-Henning Hammer: Das Zurückhaltungsrecht gemäß Art. 71 CISG im Vergleich zu den Kaufgesetzen der nordischen Staaten unter Einbeziehung transportrechtlicher Aspekte. Eine rechtsvergleichende Studie. 1999.

Band 11 Ulrich Quay: Der Consulting-Vertrag im Internationalen Privatrecht. 2000.

Band 12 Axel Halfmeier: Die Veröffentlichung privater Tatsachen als unerlaubte Handlung. Eine rechtsvergleichende Untersuchung. 2000.

Band 13 Stephanie Scholz: Lohngleichheit durch Verfahren. Eine Studie zur Förderung der Lohngleichheit durch verfahrensrechtliche Ansätze. 2000.

Band 14 Tarlk Cebecioglu: Stellung des Ausländers im Zivilprozeß. Eine rechtsvergleichende Untersuchung des türkischen und deutschen Rechts. 2000.

Band 15 Gunnar Straube: Sozialrechtliche Eingriffsnormen im Internationalen Privatrecht. 2001.

Band 16 Daniela de Lukowicz: Divergenzen in der Rechtsprechung zum CISG. Auf dem Weg zu einer einheitlichen Auslegung und Anwendung? 2001.

Band 17 Mohamed Hassan Fadlalla Ali: Das islamische Ehe- und Kindschaftsrecht im Sudan. Mit Hinweisen zu den Lehren der Islamischen Rechtsschule, der anwendbaren Familienrechtsvorschriften für Nichtmuslime im Sudan und im deutschen Familienrecht. 2001.

Band 18 Ole Lando/Ulrich Magnus/Monika Novak-Stief (Hrsg./eds.): Angleichung des materiellen und des internationalen Privatrechts in der EU. Harmonisation of Substantive and International Private Law. 2003.

Band 19 Florian Schulz: Der Ersatzlieferungs- und Nachbesserungsanspruch des Käufers im internen deutschen Recht, im UCC und im CISG. Eine rechtsvergleichende Untersuchung unter Berücksichtigung der Schuldrechtskommission, der EG-Richtlinie 1999/44/EG und des Diskussionsentwurfs eines Schuldrechtsmodernisierungsgesetzes. 2002.

Band 20 Ingo Janert: Die Aufrechnung im internationalen Vertragsrecht. 2002.

Band 21 Armin Jentsch: Die Erhaltungspflichten des Verkäufers und des Käufers im UN-Kaufrecht im Vergleich zum US-amerikanischen Uniform Commercial Code und zum deutschen Recht. 2002.

Band 22 Martin Taschner: Arbeitsvertragsstatut und zwingende Bestimmungen nach dem Europäischen Schuldvertragsübereinkommen. Einheitliche Auslegung. 2003.

Band 23 Klaus Bitterich: Die Neuregelung des Internationalen Verbrauchervertragsrechts in Art. 29a EGBGB. 2003.

Band 24 Sascha J. Morgenroth: Umsetzung der Verbrauchsgüterkaufrichtlinie in Spanien und Deutschland. Umsetzung der Richtlinie 1999/44/EG des Europäischen Parlaments und des Rates vom 25. Mai 1999 zu bestimmten Aspekten des Verbrauchsgüterkaufs und der Garantien für Verbrauchsgüter in Spanien und Deutschland. 2003.

Band 25 Markus Renfert: Über die Europäisierung der ordre public Klausel. 2003.

Band 26 Henning Mordhorst: Die Behandlung vertraglicher Mobiliarsicherheiten im US-amerika¬nischen und deutschen Insolvenzrecht. 2003.

Band 27 Hans Markus Wulf: UN-Kaufrecht und eCommerce. Problembereiche bei der Anwendung des Wiener Übereinkommens auf Internet-Verträge. 2003.

Band 28 Julia Kaiser: Freiheit oder Schutz? Die Scheidungsfolgenvereinbarung im deutschen und im englischen Recht. 2003.

Band 29 Astrid Hillebrenner: Die private Zustimmung zu Rechtsgeschäften Dritter im englischen, dänischen und deutschen Recht. 2004.

Band 30 Irene von der Heyde: Das deutsche und italienische internationale Kindschaftsrecht im Rechtsvergleich. Favor filii oder favor filiationis? 2004.

Band 31 Sven-Michael Werner: Recht im Systemwandel. *Ein Land, zwei Systeme* und das Kontinuitätsproblem in Hongkong. 2004.

Band 32 Holger Ellenberger: Wirtschaftsrelevante Kollisionsnormen im japanischen internationalen Privatrecht. 2004.

Band 33 Sebastian Kaufmann: Parol Evidence Rule und Merger Clauses im internationalen Einheitsrecht. 2004.

Band 34 Britta Christina Weber: Eigentumsübertragung und gutgläubiger Erwerb beim Kauf von beweglichen Sachen im vietnamesischen Zivilgesetzbuch von 1995. Eine rechtsvergleichende Analyse unter Berücksichtigung des Eigentumsbegriffs im vietnamesischen Recht. 2004.

Band 35 Alexander von Saucken: Die Reform des österreichischen Schiedsverfahrensrechts auf der Basis des UNCITRAL-Modellgesetzes über die internationale Handelsschiedsgerichtsbarkeit. Ein Diskussionsbeitrag. 2004.

Band 36 Jasnica Garašićć: Anerkennung ausländischer Insolvenzverfahren. Teil 1 und Teil 2. Ein Vergleich des kroatischen, des deutschen und des schweizerischen Rechts sowie der Europäischen Verordnung über Insolvenzverfahren, des Istanbuler Übereinkommens und des UNCITRAL-Modellgesetzes. 2005.

Band 37 Eugenia Kurzynsky-Singer: Anknüpfung und Reichweite des Vollmachtsstatuts. 2005.

Band 38 Timo Utermark: Rechtsgeschichte und Rechtsvergleichung bei Ernst Rabel. 2005.

Band 39 Mohamed Lakmes: Die IPR-Anknüpfung der Schuldverträge. Ein Vergleich zwischen dem deutschen und dem syrischen Recht. 2005.

Band 40 Christian Haas: Vertragsstrukturen privatfinanzierter Infrastrukturprojekte. Nationale und internationale Perspektiven. 2005.

Band 41 Tanja Herzog-Engels: Gesellschaftsrechtliche Formvorschriften und Internationales Privatrecht. 2005.

Band 42 Hassan Siahpoosh: Das Familien- und Erbrecht im Iran. 2006.

Band 43 Carola Reifenrath: Das Vertragsrecht Hongkongs und dessen zukünftige Entwicklung. Unter besonderer Berücksichtigung des englischen Common Law. 2006.

Band 44 Arkadiusz Wudarski: Der Pfandbrief und sein Treuhänder. Eine rechtsvergleichende Untersuchung zum polnischen und deutschen Recht. 2006.

Band 45 Ulla Liukkunen: Cross-Border Services and Choice of Law. A Comparative Study of the European Approach. 2006.

Band 46 Claire Anna Reifner: Die Umsetzung der Verbrauchsgüterkaufrichtlinie in Italien und Deutschland. 2007.

Band 47 Shahriar Rabbanifar: Vergleich des Rechts der öffentlichen Unternehmen in Deutschland, Iran und Polen. 2007.

Band 48 Judith Farokhmanesh: Der Schutz des Urhebers im internationalen Vertragsrecht. Funk¬tion, Reichweite und Effektivität zwingender Bestimmungen im deutschen, französischen und englischen Recht. 2007.

Band 49 Christoph Hellriegel: Schuldnerschutz in Polen. Rechtsvergleichende Untersuchung eines universalen Regelungsproblems. 2007.

Band 50 Ingemar Carl: Einstweiliger Rechtsschutz bei *Torpedoklagen*. 2007.

Band 51 Gabriele Wunsch: Möglichkeiten und Grenzen eines europäischen Hypothekarkredits. Problemanalyse und Lösungswege für die Schaffung eines Binnenmarktes für Grundpfandrechte unter Berücksichtigung des deutschen, englischen, schwedischen und spanischen Rechts. 2009.

Band 52 Sven Kuchmann: Die Haftung des Geschäftsführers einer deutschen GmbH und des Gerente einer argentinischen SRL im Rechtsvergleich. 2008.

Band 53 María Elena Alvarez de Pfeifle: Der Ordre Public-Vorbehalt als Versagungsgrund der Anerkennung und Vollstreckbarerklärung internationaler Schiedssprüche. Unter Berücksichtigung des deutschen, schweizerischen, französischen und englischen Rechts sowie des UNCITRAL-Modellgesetzes. 2009.

Band 54 Amir-Said Ghassabeh: Die Zustellung einer *punitive-damages*-Sammelklage an beklagte deutsche Unternehmen. Zugleich ein Beitrag zum „unnötigen" transatlantischen Justizkonflikt. 2009.

Band 55 Gunnar Lennart Schmüser: Das Zusammenspiel zwischen Haupt- und Sekundärinsolvenzverfahren nach der EuInsVO. 2009.

Band 56 Johanna Siemonsen: Die deutschen Ausführungsvorschriften zur Europäischen Insolvenzverordnung. 2009.

Band 57 Dan Malika Gunasekera: Civil Liability for Bunker Oil Pollution Damage. 2010.

Band 58 Sarah Mukaddes Oguz: Das türkische und das europäische Verbraucherrecht. Eine vergleichende Analyse mit Blick auf die Beitrittsbestrebungen der Türkei zur Europäischen Union. 2010.

Band 59 Niklas Wielandt: Die einseitig verpflichtende Schuldzusage. Eine rechtsvergleichende Untersuchung des abstrakten, kausalen und nicht rechtsgeschäftlichen Schuldanerkenntnisses und Schuldversprechens nach deutschem und englischem Recht. 2010.

Band 60 Lars Meyer: Non-Performance and Remedies under International Contract Law Principles and Indian Contract Law. A comparative survey of the UNIDROIT Princi-ples of International Commercial Contracts, the Principles of European Contract Law, and Indian statutory contract law. 2010.

Band 61 Farzana Soleimankehl-Hanke: Afghanistan zwischen Islam und Gleichberechtigung. Widersprüche in der afghanischen Verfassung am Beispiel des afghanischen Familien- und Erbrechts. 2011.

Band 62 Sören Koch: Der Ersatz frustrierter Aufwendungen im norwegischen Recht. 2011.

Band 63 Vanessa Seibel: Der Geschäftsführer in der Insolvenz der Gesellschaft. Eine rechtsvergleichende und rechtsökonomische Betrachtung von GmbH und LLC. 2012.

Band 64 Dorothea von Domarus: Internationales Arzthaftungsrecht nach Inkrafttreten der Rom I- und Rom II-Verordnung. Ein Rechtsvergleich mit den USA unter besonderer Berücksichtigung der Bundesstaaten New York, Kalifornien und Louisiana. 2013.

Band 65 Nils Rasmus Grenda: Erwerb und Schutz des Eigentums an Mobilien im deutschen und schwedischen Recht. 2013.

Band 66 Tristan Wegner: Überseekauf im Agrarhandel. Die Kontraktpraxis nach GAFTA und Einheitsbedingungen. Eine rechtsvergleichende Darstellung. 2013.

Band 67 Marjam Waladan: Das iranische Familienrecht unter der besonderen Berücksichtigung der Rechte von Frauen und Kindern. 2013.

Band 68 Gesine Osieka: Zivilrechtliche Haftung deutscher Unternehmen für menschenrechtsbeeinträchtigende Handlungen ihrer Zulieferer. 2014.

Band 69 Cordula Giesecke: Interessengerechte Rechtswahl im Kaufrecht. Vertragswidrigkeit, Mängelrüge und Vertragsaufhebung – UN-Kaufrecht, deutsches, französisches und schweizerisches Recht im Vergleich. 2014.

Band 70 Philipp Raben: Das Modellgesetz als geeignetes Instrument europäischer Vertragsrechtsharmonisierung. 2015.

Band 71 Yanfei Zeng: Sonderkontrolle der Vertragsstrafe. Eine Untersuchung zu Begründungen der Kontrolle. 2015.

Band 72 Marcel Streeck: Die Situation der Schuldnerin im englischen und im deutschen Insolvenzrecht. Eine rechtsvergleichende Untersuchung. 2016.

Band 73 Antje Böhme: Die (strikte) Haftung für Tiere im deutschen und US-amerikanischen Recht. 2016.

Band 74 Christian Beuck: Voraussetzungen und Rechtsbehelfe beim einheitlichen Vollstreckungstitel nach der EuVTVO. 2017.

Band 75 Martin Balcer: Die Umsetzung der europäischen Verbrauchsgüterkaufrichtlinie in Polen. Unter besonderer Berücksichtigung der RL-Konformität des Umsetzungsgesetzes über die besonderen Voraussetzungen des Verbrauchsgüterkaufs sowie über die Änderungen des Zivilgesetzbuches vom 27. Juli 2002. 2017.

Band 76 Andreas Holzgreve: Ausländische Beweissicherungsverfahren im inländischen Prozess. Ein Anwendungsfall der Substitution im Internationalen Zivilprozessrecht. 2018.

Band 77 Benedikt von Erdmann: Aneignungsrechte im europäischen Internationalen Privatrecht. Die Regelung des Art. 33 EuErbVO und die Möglichkeit der Übertragung der Lösung des negativen Konflikts durch § 32 IntErbRVG auf die Problematik im Internationalen Gesellschaftsrecht. 2018.

www.peterlang.de

www.ingramcontent.com/pod-product-compliance
Ingram Content Group UK Ltd.
Pitfield, Milton Keynes, MK11 3LW, UK
UKHW021840290926
8980IPUK00005B/568

9 783631 77320